Damiano Anselmi

IL SISTEMA DEI PARTITI GOVERNATI DAGLI ELETTORI

come funziona in America,
come realizzarlo in Italia

Immagine copertina fronte: James Kingman © Fotolia
Immagine copertina retro: FocalPoint © Fotolia

Sommario

Introduzione

L'Italia sta attraversando una nuova fase di transizione politica. Viene archiviato un sistema partitico, non è chiaro quale sistema nuovo emergerà al suo posto. Mancano progetti innovativi, idee veramente "rivoluzionarie", speranze, prospettive ed obiettivi maggiori. I gruppi che si candidano a sostituire i partiti decadenti si stanno muovendo un po' a caso, senza metodo. I tempi ristretti limitano le possibilità e la creatività. È alto il rischio che i nuovi partiti diventino in breve tempo cloni dei partiti vecchi, che un si stema partitico confuso e fallimentare sia sostituito da un sistema altrettanto disordinato.

Chi ha avuto nella vita l'occasione di avvicinarsi ad un partito italiano, per coltivare il proprio interesse personale verso la politica o magari per semplice curiosità, si è sicuramente reso conto col passare del tempo, partecipando alle varie iniziative, alle riunioni e ai congressi, seguendo le campagne elettorali e le procedure di selezione dei candidati, che "qualcosa non funziona". Tuttavia, è difficile farsi un'idea chiara fin da subito di cosa non funzioni, andare oltre la denuncia generica, proporre soluzioni concrete, valutare quali proposte di miglioramento siano effettivamente realizzabili. Questo è un lavoro che richiede tempo e pazienza. L'interazione con un partito politico "decadente" può comunque essere sfruttata proprio per identificare il problema con maggiore precisione e cercare la soluzione. Le domande principali da porsi sono: "*cos'è* il partito politico con cui mi sto relazionando? quali sono i suoi obiettivi? come funziona?" E poi: "cosa dovrebbe essere, invece, un partito politico? quali dovrebbero essere i suoi obiettivi? Come dovrebbe funzionare per raggiungere quegli obiettivi?" Queste domande rimandano tutte al problema "maggiore": cos'è la democrazia rappresentativa? quali sono i suoi obiettivi? come deve funzionare per raggiungere quegli obiettivi?

È sicuramente utile, e doveroso, chiedersi quali risposte diano i sistemi politici e partitici delle più importanti democrazie attualmente esistenti. Una veloce disamina di quei sistemi può convincerci facilmente che per rispondere alle domande che ci siamo posti può essere conveniente cominciare studiando i partiti americani, e che questo lavoro potrebbe essere addirittura sufficiente. Occorre però andare al nocciolo della questione, immergersi completamente dentro quei partiti, per capire come si sviluppa il rapporto tra partiti ed elettori in tutte le sue fasi, in modo da identificare il punto in cui quel rapporto viene interrotto nei partiti italiani, e capire come riallacciarlo. Per gli obiettivi che ci poniamo noi questi argomenti sono molto più importanti delle pur interessanti analisi sulle leggi elettorali, i sistemi istituzionali e la Costituzione, e dei confronti tra la nostra Costituzione e la Costituzione americana. Allo stesso tempo, quelli che dobbiamo affrontare sono argomenti meno immediati da studiare, perché di solito attraggono meno attenzione, anche da parte degli studiosi, rispetto agli altri argomenti elencati sopra. In molti casi ciò che succede dentro i partiti lascia poche tracce ufficiali, ed è richiesto un lavoro supplementare per "dissotterrare" l'informazione necessaria, dispersa tra libri, giornali, documenti di partito e internet. Ricomporre il mosaico richiede un lavoro non banale, ma occorre dire che grazie ad internet oggi molte informazioni, ufficiali o meno, sulle attività interne ai partiti, di tutto il mondo, sono finalmente reperibili con una fatica abbastanza limitata. Una volta riusciti nell'impresa i frutti di quel lavoro possono essere messi a disposizione di tutti coloro che sono interessati.

Il sistema dei partiti americani è molto diverso e molto lontano dai sistemi partitici a cui siamo abituati. Prima di avanzare proposte per importare quel sistema in Italia o realizzare qui un sistema ispirato a quello, è necessario immergersi completamente nel sistema americano, riuscire a staccare la mente dal nostro e dai suoi problemi, capire veramente cosa sono i partiti americani, come si sono evoluti e come funzionano, come si è arrivati al sistema moderno. Lo faremo ripercorrendo la loro storia dalle origini ad oggi, e poi studiando la loro organizzazione attuale e il loro funzionamento.

Oggi la democrazia americana rappresenta i valori e le aspirazioni del popolo americano in modo soddisfacente, è efficiente e trasparente. Per raggiungere questo traguardo furono necessari due secoli, e un dinamismo e un'adattabilità straordinari. Un movimento evolutivo graduale, spontaneo e irreversibile, di cui soltanto oggi possiamo apprezzare il fine, produsse un sistema molto diverso da quello che i padri fondatori avevano in mente, un sistema che, per le sue proprietà, qui chiameremo "il sistema dei partiti governati dai propri elettori".

Gli strumenti fondamentali del governo popolare dei partiti americani moderni sono la convention dei delegati e le primarie dirette. Mediante le primarie gli elettori designano i candidati alle elezioni e i propri rappresentanti (delegati) alla convention. La convention è il governo del partito e la sua autorità più alta. Essa stabilisce le regole, indirizza l'attività politica, dirime le controversie, elabora il programma elettorale e decide su qualunque questione lo ritenga opportuno. Sequenzializzando le primarie e correlandole alla convention in una maniera che spiegheremo in dettaglio, si ottiene un sistema che garantisce la piena, tempestiva e paritaria partecipazione degli elettori a tutte le attività del partito, la corretta rappresentanza della volontà popolare, e permette a tutti di candidarsi alle primarie, quindi alle cariche pubbliche, non soltanto formalmente, ma con effettive possibilità di vincere.

Al di fuori degli Stati Uniti, le elezioni primarie sono più l'eccezione che la regola. Sporadici esperimenti furono fatti recentemente in Europa, in alcuni stati del Sudamerica e in Asia. Del sistema dei partiti governati dagli elettori, cioè del sistema fatto di primarie sequenziali correlate alla convention, non si conoscono esempi rilevanti al di fuori degli Stati Uniti. Per questo il viaggio che faremo in questo libro è più che mai utile e necessario.

Esistono democrazie profondamente diverse tra loro. Per esempio, la democrazia americana differisce sostanzialmente dalle democrazie europee, nelle forme di partecipazione e coinvolgimento degli elettori, nella natura, struttura e organizzazione dei partiti, nell'effettivo potere di cui godono gli elettori. Sono possibili "tante" democrazie, oppure la democrazia è una soltanto? Le varie democrazie che conosciamo sono egualmente soddisfacenti? Anche queste sono domande importanti a cui bisogna rispondere.

La democrazia va pensata come concetto universale. Può essere adattata, nei dettagli, a diversi e molteplici contesti, ma la sostanza non può dipendere dalla sua realizzazione particolare. Differenze sostanziali tra sistemi diversi non possono che essere segnali che alcune "democrazie" non sono vere democrazie, ma "democrazie reali".

La contraddizione tra diversità e universalità incompatibili mostra che il significato del concetto universale di democrazia non è ancora completamente chiaro. Studiare a fondo la democrazia americana, come si è evoluta fino alla sua forma moderna, come funziona oggi e come funzionava in passato, quale ruolo hanno oggi e hanno avuto in passato gli elettori, quale i partiti, quali strumenti sono impiegati per dare voce al popolo, ci può aiutare anche a definire il concetto universale di democrazia rappresentativa.

Siamo abituati a chiamare democrazia rappresentativa un sistema qualunque "provvisto di lezioni", nelle quali il popolo elegge i propri rappresentanti "con procedure qualunque". Non ci curiamo abbastanza di come sono selezionati i candidati e non indaghiamo a sufficienza quello che succede all'interno dei partiti. Eppure, la selezione dei candidati è un passaggio cruciale del processo di selezione dei rappresentanti. Non solo, ma molti elettori non hanno idea di come funzionano i partiti a cui danno il loro voto. Sono però consapevoli che quei partiti non li coinvolgono mai nelle decisioni che riguardano il governo del partito, ma si fanno vivi sempre e soltanto quando hanno bisogno di voti. In quanto libere associazioni di liberi cittadini, i partiti possono certamente regolarsi come meglio credono, ma è anche vero che nel valutare una democrazia in quanto tale occorre tener conto delle effettive possibilità di partecipazione degli elettori, non delle possibilità teoriche. Poiché i partiti fungono, o dovrebbero fungere, da tramite tra i cittadini e le istituzioni, è quanto mai necessario occuparsi in dettaglio della loro natura, le loro regole e le loro procedure. Se i partiti non funzionano adeguatamente, non funziona la democrazia. Torniamo così al significato del concetto di democrazia, e alla sua universalità. Si può parlare di democrazia rappresentativa quando le candidature sono decise "dall'alto", senza alcuna consultazione popolare, in riunioni di vertice che coinvolgono un numero ristretto di persone, o riunioni informali tra capi partito, capi corrente e rappresentanti eletti? È democrazia quella in cui i partiti decidono le proprie regole senza consultare i propri elettori? Quella in cui esistono gli "iscritti" che comprano delle "tessere", cioè pagano per ottenere come privilegio quello che dovrebbe essere un loro diritto, il diritto di contribuire paritariamente alle decisioni del partito nel quale si riconoscono? Spesso, e quasi involontariamente, non caratterizziamo la democrazia in maniera affermativa e sufficientemente precisa per quello che essa *è*. Più spesso svicoliamo il problema e ci accontentiamo di qualificare la democrazia "in negativo", cioè per quello che essa *non è*: dittatura, totalitarismo, monarchia, aristocrazia, oligarchia, eccetera. Siamo tutti felici di avere superato, era anche ora, questi sistemi antidemocratici, alcuni dei quali veramente aberranti, ma ci basta questo? Tra tante "non-dittature" possibili, "non-monarchie", "non-oligarchie", eccetera, magari provviste di elezioni, una sola è *la* democrazia.

Affinché un sistema politico possa essere chiamato democrazia rappresentativa occorre che soddisfi alcuni criteri che definiremo con precisione. Per esempio, occorre che *tutti* i passaggi del processo che porta alla selezione dei rappresentanti dei cittadini siano rimessi agli elettori in modo paritario, e soltanto a loro. In particolare, gli elettori devono designare i candidati alle elezioni, stabilire le regole dei partiti, il programma politico e il programma elettorale. A ciascun elettore deve essere garantita completa, tempestiva e paritaria opportunità di prender parte a tutte le decisioni del partito. Gli elettori devono essere consultati con modalità che garantiscano la corretta rappresentanza della loro volontà. Inoltre, tutti gli elettori devono avere il diritto a candidarsi con effettive possibilità di vincere. Più precisamente, il vantaggio di cui gode chi è già famoso o molto ricco deve essere ridotto al minimo, affinché sia appunto soltanto un vantaggio e non si trasformi in privilegio, perché sulla linea di partenza tutti i candidati devono avere la possibilità di gareggiare per vincere, e l'unico criterio che determina il risultato finale deve essere la volontà popolare, non una serie di vantaggi e rendite di posizione a favore degli uni, svantaggi e penalizzazioni oggettive a sfavore degli altri. In altre parole, la democrazia rappresentativa richiede che i partiti siano partiti di elettori, governati dagli elettori.

In passato, la politica americana attraversò difficoltà simili a

11

quelle che affliggono attualmente la politica italiana. Tra queste, menzioniamo la mancanza di trasparenza; la rappresentanza non corretta della volontà popolare; il problema delle candidature decise dall'alto, senza alcuna consultazione popolare, o addirittura ribaltando il risultato delle consultazioni popolari; la politica delle correnti, dei boss e delle fazioni; le estenuanti dispute e polemiche tra i sostenitori di fazioni avversarie; gli accordi di compromesso al ribasso per non scontentare nessuno; la mancanza di criteri oggettivi per identificare i candidati più forti e popolari, e con maggiori possibilità di battere gli avversari; il controllo elitario esercitato da gruppi di privilegiati sul processo di selezione dei rappresentanti dei cittadini. Questi problemi furono superati poco meno di quarant'anni fa, dopo quasi due secoli di tentativi. Se questa evoluzione fu possibile in un luogo, gli Stati Uniti, essa è possibile ovunque: in Italia, in Europa e in tutto il mondo.

Nella prima parte del libro studieremo la storia dei partiti americani, dalle origini all'epoca moderna, focalizzando l'attenzione sulla loro organizzazione e struttura, sulle forme di partecipazione degli elettori, sul processo di nomina dei candidati. Nella seconda parte analizzeremo il funzionamento del sistema dei partiti aperti e governati dagli elettori, fatto di convention e primarie dirette sequenziali correlate alla convention. Le elezioni per le cariche pubbliche, contrapposte alle elezioni primarie, saranno chiamate "elezioni generali". Nella terza parte del libro elaboreremo un progetto praticamente realizzabile per traformare un qualunque sistema partitico, quindi anche quello italiano attuale o futuro, nel sistema dei partiti governati dagli elettori.

Storia dei partiti americani

Oggi negli Stati Uniti le elezioni primarie sono impiegate per selezionare i candidati a qualunque tipo di elezioni, e le convention governano i partiti a tutti i livelli. Per comprendere il processo storico che portò al sistema dei partiti governati dagli elettori, è utile focalizzare l'attenzione sulla convention nazionale, le primarie presidenziali e il funzionamento dei partiti a livello nazionale. Allo stesso tempo, tuttavia, occorre discutere in un certo dettaglio anche le convention locali, le primarie locali e il funzionamento dei partiti a livello locale.

La politica americana è sempre stata dominata da due grandi partiti, che nel corso della storia hanno cambiato spesso elettorato di riferimento, collocazione politica e obiettivi. Tuttavia, in varie epoche i partiti minori, detti anche "terzi partiti", diedero contributi importanti, alle volte determinanti, al processo evolutivo. Per questa ragione è necessario includere, nella nostra analisi, alcuni terzi partiti. La storia dei partiti americani si divide in sei tronconi principali, detti "sistemi partitici".

Il sistema della convention fu sperimentato a livello locale negli anni 1820. Il passaggio al livello nazionale fu relativamente breve. La prima convention nazionale si tenne nel 1830. Tranne rare eccezioni, la convention nazionale nominò sempre i candidati alla presidenza e alla vicepresidenza. Le primarie locali furono introdotte nel 1842. Le primarie presidenziali furono introdotte parecchi decenni dopo, nel 1912. Fino al 1968 la scelta dei candidati alla presidenza e alla vicepresidenza rimase saldamente sotto il controllo della convention. Dal 1972 ad oggi la designazione del candidato presidente è determinata, di fatto, dalle elezioni primarie dirette, quindi dagli elettori. Le principali tappe evolutive del processo di nomina dei candidati alle elezioni presidenziali furono: *i*) la fase del "caucus congressuale"; *ii*) la fase del sistema caucus/convention, o delle primarie indirette; *iii*) la fase del sistema primarie/caucus/convention; *iv*) la fase delle elezioni primarie dirette.

i. Nella prima fase post-rivoluzionaria, dal 1796 al 1824, le candidature erano stabilite dai partiti senza consultare il popolo. Il candidato presidente di un partito era nominato, con votazione a maggioranza assoluta, dal *caucus congressuale*, cioè l'assemblea dei rappresentanti del partito in carica al Congresso, riunita appositamente. Con un sistema equivalente, oggi in Italia il candidato presidente del Consiglio (che con un abuso di linguaggio chiameremo semplicemente "candidato premier") di un partito, o coalizione, sarebbe nominato, a maggioranza assoluta, dall'assemblea formata dai deputati e senatori di quel partito, o coalizione, riunita appositamente e con sufficiente anticipo rispetto alle elezioni.

ii. La convention nazionale nacque nel 1830-31 e aprì le porte alla nomina dei candidati mediante consultazione popolare. Nella fase del sistema caucus/convention, dal 1832 al 1908, il popolo era consultato soltanto in maniera indiretta, mediante "raduni di massa", detti *caucus*.

iii. Le prime elezioni presidenziali in cui le primarie ebbero un ruolo rilevante furono quelle del 1912. La fase del sistema primarie/caucus/convention, dai primi anni del ventesimo secolo al 1968, vide la coesistenza, alle volte conflittuale, di primarie dirette, primarie indirette, caucus e convention. Il popolo era consultato parzialmente in maniera diretta e parzialmente in maniera indiretta. Il peso delle consultazioni popolari dirette per la selezione dei candidati non era determinante.

iv. La fase attuale iniziò recentemente, tra il 1969 e il 1972, con l'introduzione delle primarie moderne e la conseguente riorganizzazione dei partiti. Si caratterizza per il fatto che nel complesso il popolo è consultato direttamente e in modo determinante per la scelta del candidato alla presidenza.

Le quattro date-chiave del processo di evoluzione sono dunque il 1830, che vide la nascita della convention nazionale, il 1842, anno di nascita delle primarie, il 1912, in cui furono introdotte le primarie presidenziali, e il 1972, quando una serie di riforme portarono al sistema moderno dei partiti aperti e governati dagli elettori.

Fase del caucus congressuale

Nel periodo compreso tra il 1796 e il 1824 i candidati alla presidenza e alla vicepresidenza di una fazione o partito furono designati mediante riunioni informali di rappresentanti al Congresso appartenenti a quella fazione o partito. Non era prevista alcuna forma di consultazione popolare allo scopo.

Significato e origine del termine "caucus"
Negli Stati Uniti la parola "caucus" (pronuncia: kô′kəs, "cocus") vuol dire riunione politica chiusa, tipicamente tra rappresentanti e/o membri dello stesso partito. Le origini etimologiche del termine sono poco chiare. Si sa per certo che era già di uso corrente a Boston prima del 1780. Lo storico William Gordon, nella sua "Storia dell'indipendenza degli Stati Uniti d'America", datata 1788, usò la parola caucus in riferimento ad alcuni incontri tenutisi negli anni 1720 tra persone influenti. Scrisse che le riunioni coinvolgevano una ventina di convenuti ed avevano lo scopo di "pianificare l'introduzione di certe persone in posizioni di fiducia e di potere".

Secondo gli esperti, le ipotesi che potrebbero spiegare l'origine del termine caucus sono principalmente tre[1]. Potrebbe essere una versione alterata dell'espressione *caulkers' (meeting)*, che vuol dire "(riunione) di calafati", oppure venire dal latino medievale *caucus*, a sua volta dal greco *kaukus, kaukion*, che vuol dire tazza, tazzina, recipiente per bere, oppure dall'algonchiano *caucauasu*, consigliere.

La prima ipotesi si referisce alle riunioni che i calafati, cioè gli operai che turano le fessure della nave (*caulk* significa sigillare con una sostanza impermeabile), tenevano a Boston intorno al 1770 per protestare contro l'azione delle truppe britanniche. A corroborare questa teoria sta il fatto che alle volte si sente usare l'espressione "caucus meeting", che in inglese suona molto simile a "caulkers' meeting". Non è escluso, tuttavia, che l'assonanza sia una semplice coincidenza.

L'eventuale origine latina richiede una spiegazione più complessa. Nell'epoca coloniale erano frequenti riunioni tra persone che facevano lo stesso mestiere o, più in generale, avevano interessi comuni, particolarmente nel New England. Col tempo alcuni di questi gruppi si trasformarono in club politici informali. A Boston un club diede inizio alla pratica di dichiarare regolarmente quali candidati intendeva appoggiare a vari tipi di cariche locali. Esso fu chiamato "caucas clubb" dal futuro presidente John Adams in un diario del 1763. Adams riferisce alcuni particolari sulle riunioni di questo club, in base alle informazioni raccolte da colleghi e conoscenti. Il club riuniva persone influenti, che sceglievano un moderatore, mettevano ai voti varie questioni e selezionavano ufficiosamente persone da sponsorizzare quali candidati a ricoprire varie cariche pubbliche o esercitare mansioni particolari, tra cui reggenti, assessori, esattori e altri ruoli di responsabilità. Le riunioni di questi club esercitavano un'influenza notevole sulle nomine ufficiali alle cariche cittadine, e di fatto le anticipavano. Negli incontri si fumava molto e si beveva spesso una bevanda calda di acquavite, birra e zucchero, detta "flip". Questa usanza potrebbe spiegare l'origine latina della parola caucus, che vuol dire, appunto, recipiente per bere. Tuttavia, rimangono dubbi su quest'interpretazione, perché ricerche approfondite testimoniano che in quel tempo il termine latino era poco diffuso, anche tra le persone colte.

L'origine etimologia più probabile è invece quella algonchiana. Le lingue algonchiane sono lingue parlate da numerose tribù di indiani d'America, accomunate da una serie di somiglianze che fanno pensare ad una radice unica. Costituiscono una di queste tribù gli Algonchini, nativi della zona intorno a Montreal e al fiume Ottawa. La possibile origine algonchiana del termine caucus è rintracciabile nella parola "kaw-kaw-was" che presso gli Algonchini significa colui che dà consiglio, suggerisce, incoraggia. Essa proviene da un verbo che significa principalmente "parlare a", e quindi dare consiglio, suggerire, promuovere un'azione. Spesso si cita come sostegno indiretto a questa ipotesi il fatto che pure la nota parola inglese "powwow", usata per significare incontro, riunione, discussione, ha origini algonchiane, precisamente viene da "powwaw", che vuol dire cerimonia magica, o anche stregone, colui che ha il potere di prevedere il futuro grazie a visioni e divinazioni, a sua volta proveniente da "pawe-wa", che significa "egli sogna".

La Gran Bretagna importò la parola caucus dagli Stati Uniti intorno al 1870, ma con un significato diverso, cioè sistema di organizzazione partitica disciplinata, o "macchina politica".

La storia dei partiti americani inizia dunque con l'adozione di una parola-chiave dalle lingue degli indiani d'America. Questo fatto ha un significato simbolico importante. Sta a testimoniare che quella che stiamo per raccontare è la storia di un'avventura veramente nuova e unica, con la quale gli americani superarono il passato coloniale, si liberarono definitivamente della dipendenza, culturale oltre che politica, dai popoli e paesi di provenienza, e cominciarono il proprio viaggio nella storia, un viaggio che contribuì a creare la loro identità presente. Senza farci distrarre dalla ricerca di inesistenti relazioni tra il percorso fatto negli Stati Uniti e quelli fatti in Inghilterra o negli altri stati della "vecchia Europa", possiamo concentrarci meglio su questa storia affascinante e prettamente americana.

Le prime fazioni

Nel 1789 si tennero le prime elezioni presidenziali degli Stati Uniti. I candidati non furono nominati in modo formale, perché i partiti non esistevano ancora e nemmeno le fazioni erano chiaramente definite. L'intero processo di nomina e di elezione si svolse all'interno del collegio dei grandi elettori.

Secondo la Costituzione, ciascuno stato sceglie, nella maniera che giudica più opportuna, un numero di grandi elettori uguale al numero di suoi rappresentanti e senatori al Congresso. I grandi elettori si riuniscono nei rispettivi stati e votano. I risultati sono trasmessi al presidente del Senato, che procede al conteggio, in presenza dei rappresentanti e dei senatori. L'insieme dei grandi elettori è chiamato "collegio elettorale". Secondo la versione originaria della Costituzione, emendata nel giugno del 1804, ogni grande elettore aveva diritto ad esprimere due voti, per due persone diverse, con il vincolo che almeno una di esse provenisse da uno stato diverso da quello dell'elettore. Era eletto presidente il candidato che otteneva la maggioranza dei voti, purché fosse anche la maggioranza assoluta del collegio elettorale. Era eletto vicepresidente il secondo classificato.

17

Nel 1789 in cinque stati i grandi elettori furono scelti dai parlamenti statali, senza alcuna forma di consultazione popolare, in quattro stati mediante elezioni, in due stati mediante una combinazione dei due metodi[2]. Due stati non ebbero diritto ad alcun grande elettore, perché non avevano ancora ratificato la Costituzione. Negli stati in cui si votò, il diritto di voto fu soggetto ad importanti restrizioni in base alla proprietà terriera.

George Washington, che godeva di un grande consenso presso l'opinione pubblica, fu eletto dai grandi elettori all'unanimità. John Adams fu eletto vicepresidente abbastanza facilmente, anche se il consenso di cui godeva non era altrettanto indiscusso.

Le prime fazioni si delinearono molto presto, durante la presidenza di Washington, ma non erano ancora dei partiti veri e propri. Negli anni che precedettero il 1797 se ne potevano distinguere principalmente due, una governativa, riunita attorno al segretario del tesoro Alexander Hamilton e al vicepresidente John Adams, e una di opposizione, riunita attorno al segretario di stato Thomas Jefferson e al rappresentante James Madison. La fazione di Hamilton e Adams era detta anche federalista e voleva un governo nazionale più forte che bilanciasse il potere degli stati. Riuniva coloro che si erano battuti per scrivere e ratificare la Costituzione del 1787, e superare così quegli "Articoli della Confederazione e Unione Perpetua", che, ratificati nel 1781, avevano costituito il primo accordo tra i 13 stati fondatori e la prima Costituzione, dove gli Stati Uniti d'America erano definiti una "confederazione di stati sovrani". I federalisti erano inclini a interpretare la Costituzione del 1787 in senso lato, in modo da ampliare i poteri del Congresso. Inoltre, si battevano per la modernizzazione e lo sviluppo delle industrie e del commercio, e rappresentavano principalmente gli interessi delle zone urbane. Strettamente parlando, il presidente Washington non può essere collocato in alcuna fazione o partito, ma alcuni studiosi lo includono tra i federalisti perché durante la sua presidenza i federalisti tennero posizioni filogovernative.

Gli oppositori al governo di Washington provenivano principalmente dalle fila del movimento che pochi anni prima si era opposto alla ratifica della Costituzione. Furono inizialmente chiamati dai loro avversari antifederalisti. Si battevano per i diritti individuali e la sovranità degli stati contro le prevaricazioni del governo federale, per un'interpretazione stretta della Costituzione che limitasse i poteri del Congresso. Temevano accentramenti di poteri nelle mani del presidente, perché secondo loro mettevano a rischio il futuro della repubblica e potevano portare al ritorno della monarchia. Contrari alle modernizzazioni di Hamilton, difendevano l'economia agricola delle piantagioni e delle fattorie, e rappresentavano principalmente gli interessi delle zone rurali dell'entroterra.

Dopo la ratifica della Costituzione la dialettica politica tra le due opposte fazioni produsse un risultato di importanza capitale per la storia degli Stati Uniti: i primi dieci emendamenti alla Costituzione stessa, che formano la cosiddetta Carta dei Diritti (*Bill of Rights*). Se la Costituzione fu una vittoria federalista, la Carta dei Diritti fu in un certo senso la rivincita antifederalista. Oggi i primi dieci emendamenti sono più citati della Costituzione stessa e spesso identificati con essa.

La Carta dei Diritti fu ratificata alla fine del 1791. Essa specificava limitazioni ai poteri del Congresso, difendeva i diritti individuali dei cittadini, come la libertà di espressione, di stampa, di associazione e di religione. Stabiliva il diritto di portare armi. Proibiva forme irragionevoli di perquisizione, confisca e punizione, la privazione della vita, della libertà e della proprietà al di fuori della legge, l'obbligo di autoincriminazione e il doppio giudizio per uno stesso reato. Garantiva il diritto ad un giusto processo, pubblico, di durata ragionevole, con una giuria imparziale.

È bene notare che, anche se la Carta dei Diritti limitava i poteri del Congresso, non aveva alcun effetto sui poteri degli stati. Essa difendeva le libertà individuali da possibili prevaricazioni del governo federale, ma non dalle assai più frequenti prevaricazioni dei governi statali, che proseguirono per decenni. Pertanto, la Carta non rappresentava la conquista dei diritti individuali in quanto tali, ma pose comunque le basi per quella conquista, e ne fu l'ispirazione. Parecchio tempo fu necessario affinché anche le costituzioni statali fossero emendate nella direzione tracciata dal "Bill of Rights".

I federalisti controllarono il Congresso fino al 1800. Jefferson e Madison, che organizzarono le fazioni di opposizione al Congresso, cominciarono a farsi chiamare "repubblicani" a partire dal 1792. I repubblicani di Jefferson non hanno legami col Partito Repubblicano moderno, che nacque molto più tardi. Per distinguerli, molti studiosi chiamano i jeffersoniani "democratico-repubblicani", una denominazione che storicamente fu usata solo da alcuni gruppi locali di sostenitori di Jefferson.

Nelle elezioni del 1792 Washington fu facilmente confermato presidente, perché entrambe le fazioni erano favorevoli. Esse però si divisero sul nome del candidato alla vicepresidenza. I federalisti sostenevano ancora John Adams, ma i repubblicani erano orientati a cercare un candidato alternativo. Per identificarlo, un gruppo di leader repubblicani si riunì a Philadeplhia nell'ottobre di quell'anno. La scelta ricadde sul governatore dello stato di New York George Clinton. Quella riunione di repubblicani fu il primo esempio di riunione tra leader politici per la designazione di un candidato, cioè un caucus. Si può dire che diede ufficialmente inizio alla storia del processo di nomina dei candidati negli Stati Uniti.

Washington fu rieletto presidente all'unanimità, mentre Adams fu confermato vicepresidente con 77 voti e Clinton se ne aggiudicò 55. La competizione per la vicepresidenza fu la prova che ormai stavano nascendo i partiti.

Nascita del caucus congressuale

Il caucus congressuale è la riunione dei rappresentanti e senatori al Congresso appartenenti ad un partito, per designare i candidati di quel partito alla presidenza e alla vicepresidenza degli Stati Uniti. Il caucus repubblicano del 1792 non può ancora essere considerato un caucus congressuale, perché vi parteciparono leader di partito non meglio identificati. Il primo caucus congressuale si fa risalire al 1796, quando membri federalisti del Congresso si riunirono segretamente a Philadelphia per designare sia il candidato alla presidenza, John Adams, sia quello alla vicepresidenza, Thomas Pinckney[3]. Thomas Jefferson era il candidato repubblicano indiscusso alla presidenza, quindi non necessitava di essere designato con particolari procedure. Alcuni senatori repubblicani si riunirono ugualmente in un caucus per designare, come nel 1792, il candidato vicepresidente da affiancare allo stesso Jefferson. Tuttavia, non riuscirono a raggiungere un accordo e il caucus si concluse con un nulla di fatto.

Alle elezioni del 1796 i grandi elettori di 7 stati su 16 furono ancora scelti dai parlamenti statali, senza alcuna forma di consultazione popolare. Nel collegio elettorale Jefferson conquistò 68 voti contro i 71 di Adams. In qualità di secondo classificato, Jefferson diventò vicepresidente.

In quelle elezioni si manifestarono le lacune del meccanismo di voto del collegio elettorale previsto dalla versione originaria della Costituzione. L'elezione del presidente e quella del vicepresidente non erano separate, perché ogni grande elettore disponeva di due voti indistinti. Il candidato vicepresidente di una fazione poteva ricevere, magari col contributo della fazione avversaria, più voti del candidato presidente, e diventare presidente al suo posto. Per scongiurare questo rischio erano necessari accordi preventivi tra i grandi elettori, che però non erano facilmente pianificabili e potevano avere l'effetto di penalizzare un candidato alla presidenza.

Hamilton non vedeva Adams di buon occhio, e cercò di sfruttare questa falla nel sistema di voto per danneggiarlo. Si diede da fare per convincere più grandi elettori possibile a votare per Pinckney, il candidato vicepresidente dei federalisti, per farlo diventare presidente al posto di Adams. Gli elettori federalisti non seguirono il consiglio di Hamilton. Tuttavia, per essere sicuri di non dare a Pinckney abbastanza voti da eleggerlo presidente, non riuscirono nemmeno a dargliene abbastanza da eleggerlo vicepresidente. Fu così che Pinckney si classificò terzo con 59 voti e Jefferson divenne vicepresidente. L'elezione di Jefferson ebbe un impatto notevole sulla storia americana, perché preparò la prima alternanza al potere. Infatti, nei quattro anni successivi, Jefferson usò la sua posizione per attaccare le politiche di Adams, e questo lo aiutò a vincere le elezioni del 1800.

Nella prima fase storica, in particolare nel 1796 e nel 1800, i caucus congressuali erano semisegreti, e per questo furono presto oggetto di critiche. Nel 1796 un giornale antifederalista di Boston[4] denunciò "l'arroganza dei membri del Congresso che si riunivano in caucus elettivi per controllare i cittadini e i loro diritti costituzionali". Si trova menzione del caucus federalista del 1800 in un giornale repubblicano locale, il *Philadelphia Aurora*,

21

che attaccò quella riunione chiamandola una "conclave giacobina".

Il primo sistema partitico

Il primo sistema partitico è quello che si delineò con chiarezza verso la metà degli anni 1790, determinò la politica americana dal 1797 al 1820 e vide opporsi il "partito" federalista di Alexander Hamilton e il partito repubblicano di Thomas Jefferson e James Madison. Il "partito" federalista non si organizzò mai in partito vero e proprio, ma rimase sempre un'alleanza abbastanza blanda di persone che difendevano interessi particolari. Molti federalisti provenivano dalle classi più agiate ed erano visti dal popolo come degli aristocratici. Man mano che il diritto di voto fu esteso a fasce più ampie della popolazione, questo connotato divenne un handicap, e fu sfruttato abilmente dai repubblicani, i quali, al contrario, proclamavano la "fede nel popolo", volevano l'estensione del diritto di voto e si battevano per il controllo popolare sul governo. I federalisti, dal canto loro, affibbiarono ai repubblicani vari appellativi derisori, tra cui: antideferalisti, giacobini e perfino "democratici". Tuttavia, alcuni jeffersoniani cominciarono a sentirsi orgogliosi di essere chiamati "democratici", e col passare del tempo cominciarono ad usare questo appellativo per identificare loro stessi, stabilendo così la prima relazione con il Partito Democratico moderno, che nacque dopo le elezioni del 1832.

Lo stallo del 1800

Il metodo del caucus congressuale fu impiegato dal 1800 al 1824. Alle elezioni del 1800 il caucus congressuale repubblicano candidò Jefferson e riuscì finalmente a trovare un'intesa sul nome del candidato vicepresidente da affiancargli, che fu Aaron Burr. Membri federalisti del Congresso si riunirono in caucus presso il Senato e ricandidarono il presidente uscente John Adams. Le elezioni furono vinte nettamente dai repubblicani di Jefferson, ma nel collegio elettorale si verificò una situazione unica nella storia degli Stati Uniti.

I grandi elettori repubblicani cercarono di mettersi d'accordo per far mancare un solo voto a Burr, in modo da eleggere presidente Jefferson e vicepresidente Burr. A causa di un malinteso, tuttavia, il piano fallì: Jefferson e Burr ricevettero esattamente lo stesso numero di voti. Come sappiamo, la Costituzione non prevedeva ancora un meccanismo per distinguere l'elezione del presidente dall'elezione del vicepresidente. Quando i primi classificati erano a pari merito, come quando nessun candidato otteneva la maggioranza assoluta, la decisione era rimessa alla Camera dei Rappresentanti.

Il problema era che la Camera dei Rappresentanti era a maggioranza federalista. I federalisti cercarono di sfruttare la situazione a loro vantaggio, cioè far vincere Burr con il solo scopo di fermare Jefferson. Si creò uno stallo che si protrasse per una settimana, e ben 35 votazioni. Alla fine Hamilton si convinse che Jefferson era, dal suo punto di vista, il candidato meno dannoso per il paese, e si spese per superare l'impasse. Fu così che alla fine Jefferson fu eletto presidente alla 36esima votazione. Per evitare il ripetersi di una situazione come quella, nel 1804 fu ratificato il dodicesimo emendamento alla Costituzione. Esso stabilisce che il collegio elettorale vota per il presidente e per il vicepresidente distintamente.

Il dominio repubblicano
Dopo la vittoria del 1800 i repubblicani dominarono la politica degli Stati Uniti fino al 1824, guidando il paese per 7 mandati consecutivi, con Jefferson, Madison, James Monroe e John Quincy Adams. In quel periodo usarono sempre il sistema del caucus congressuale per nominare i candidati alla presidenza e alla vicepresidenza. Mentre i repubblicani crescevano, i federalisti cominciarono rapidamente a declinare. Nel 1804 non vi fu alcuna riunione formale di membri federalisti al Congresso per nominare i candidati, i quali furono selezionati informalmente, con metodi di cui non sono noti i dettagli. Nel 1808 e nel 1812, quando i federalisti registrarono un effimero ritorno di consenso, designarono i candidati con assemblee segrete di leader federalisti provenienti da vari stati dell'Unione. Quello del 1812 fu l'ultimo caucus federalista che designò un candidato alla presidenza. Nel 1816 non vi furono nemmeno candidati federalisti alla presidenza. Verso la metà degli anni 1820 il partito scomparve anche a livello locale.

I repubblicani diventarono così dominatori incontrastati della scena politica, e gli Stati Uniti conobbero un breve periodo di monopartitismo di fatto, tanto che nel 1820 Monroe fu confermato presidente quasi all'unanimità (gli venne a mancare un solo grande elettore).

L'apogeo del caucus congressuale

Il caucus repubblicano del 1804 riunì 108 rappresentanti e senatori al Congresso. Jefferson fu nominato per acclamazione, mentre Clinton fu votato candidato alla vicepresidenza. Apparvero i primi segni di organizzazione partitica: il caucus nominò un comitato di 13 persone incaricato di condurre la campagna elettorale. Questo comitato può essere visto come l'embrione dei comitati nazionali moderni. I resoconti delle attività del caucus apparvero sui giornali e i membri del Congresso cominciarono a discutere apertamente del sistema di nomina dei candidati mediante caucus. I leader federalisti scelsero i candidati alla presidenza e alla vicepresidenza in modo informale.

Nel 1808 il candidato nominato dal caucus repubblicano fu James Madison, che poi divenne presidente. Anche quel caucus nominò un comitato incaricato di curare la campagna elettorale, composto di 15 rappresentanti al Congresso. Tuttavia, il caucus fu teatro di duri scontri tra opposte fazioni. Molti leader del partito contestarono la convocazione e si rifiutarono di partecipare. James Monroe, uno dei candidati, non riconobbe la vittoria di Madison e corse alla presidenza ugualmente. Vari rappresentanti e senatori al Congresso firmarono un documento di protesta contro la designazione di Madison. Erano i primi segni di debolezza di questo sistema di designazione dei candidati.

Alcuni leader federalisti si riunirono in un caucus e confermarono i candidati nominati quattro anni prima, che furono facilmente sconfitti da Madison nelle elezioni generali.

Nel 1812 il caucus repubblicano riconfermò Madison senza problemi, mentre i federalisti si incontrarono segretamente nell'ultimo caucus presidenziale della loro storia. Nel 1816 i repubblicani furono senza veri avversari. Il caucus nominò Monroe con un margine ridotto, mentre nel paese si diffondevano forme di protesta contro il caucus. Nel 1820 il caucus repubblicano vide una scarsa partecipazione e non nominò alcun candidato. Il presidente uscente Monroe fu rieletto quasi all'unanimità.

Il declino del caucus congressuale

La mancanza di una vera opposizione non fu di giovamento ai repubblicani, che, anzi, si ritrovarono presto lacerati dalle divisioni interne. Esse affiorarono prepotentemente nelle elezioni presidenziali del 1824, che segnarono anche la fine del caucus congressuale. I principali candidati alla presidenza furono Andrew Jackson, William H. Crawford, Henry Clay e John Q. Adams. Un quinto candidato, John Calhoun, all'inizio sembrava intenzionato a correre per la presidenza, ma alla fine si accontentò della vicepresidenza.

Crawford era favorito dei membri repubblicani al Congresso, quindi tutti sapevano che il caucus congressuale avrebbe nominato lui, come infatti avvenne nel febbraio del 1824. Tuttavia, i rivali di Crawford, conoscendo in anticipo il risultato scontato, boicottarono il caucus e cominciarono fin dal 1823 a fare propaganda indipendente per sostenere le proprie candidature. Allo stesso tempo, attaccarono pubblicamente il caucus, con veemenza e in ogni occasione. Sostenevano che il caucus rifletteva soltanto la posizione di un convivio di pochi uomini politici, e non poteva quindi rappresentare l'intera nazione, dicevano che quella pratica era contraria allo spirito della Costituzione, favoriva intrighi e macchinazioni e tendeva alla corruzione. Alla fine al caucus repubblicano partecipò soltanto un quarto dei rappresentanti e senatori convocati. I rivali di Crawford si rifiutarono di riconoscere la sua nomina.

Il risentimento popolare contro il caucus si diffuse in tutta la nazione. Vari parlamenti statali approvarono risoluzioni contro il caucus congressuale. I caucus repubblicani dei parlamenti statali cominciarono a prendere posizione a favore di questo o quel candidato. Clay fu nominato dai caucus di 5 stati, Calhoun e Jackson da uno stato a testa, mentre Adams da molti stati del New England. I sostenitori dei candidati si radunanono in assemblee pubbliche spontanee e convention popolari in tutto il paese, per formalizzare investiture popolari al candidato preferito.

Poco prima delle elezioni, Calhoun rinunciò a correre per la presidenza e decise di appoggiare Jackson. Alle elezioni Andrew

Jackson si classificò primo, John Q. Adams secondo, William H. Crawford terzo e Henry Clay quarto, per numero di grandi elettori. Tuttavia, nessuno di loro ottenne la maggioranza assoluta. Secondo la Costituzione, in casi come questo l'elezione del presidente deve passare alla Camera dei Rappresentanti, che decide tra i primi tre classificati. I rappresentanti non votano singolarmente, ma per delegazioni statali, e ogni delegazione può esprimere un voto. Vince il candidato che ottiene la maggioranza assoluta.

Nel 1824 la Camera era presieduta da Henry Clay, che appoggiò Adams, il quale fu eletto presidente al primo scrutinio con un margine esiguo, mentre Calhoun ottenne facilmente la vicepresidenza. Poco dopo Adams nominò Clay segretario di stato. Jackson non riconobbe il risultato della votazione e accusò Adams e Clay di avere stretto un patto segreto, la presidenza all'uno in cambio della segreteria di stato all'altro. Jackson diede inizio ad una veemente campagna elettorale lunga quattro anni contro Adams. Fu la fine del partito repubblicano.

Con le elezioni del 1824 il caucus congressuale fu definitivamente superato. Non vi furono più dubbi sulla sua scarsa rappresentatività, anche perché il candidato nominato con quel sistema, Crawford, si era classificato soltanto terzo alle elezioni, e alla fine era stato sconfitto. Si erano cioè fatti strada sistemi di nomina alternativi, che, per quanto confusi, si erano rivelati più efficaci.

Le ragioni del declino del caucus congressuale

Al caucus congressuale fu riconosciuta autorevolezza per un paio di decenni, ma si rivelò presto inadatto e poco rappresentativo. Per farsi nominare, i candidati alla presidenza e alla vicepresidenza dovevano avere l'appoggio dei rappresentanti e senatori al Congresso. Il caucus congressuale tendeva dunque a sottomettere il presidente e il vicepresidente al potere legislativo. Se gli eletti a cariche legislative hanno il potere di decidere le candidature alle cariche esecutive il principio della separazione dei poteri viene chiaramente violato.

Inoltre il caucus congressuale non attribuiva alcun ruolo agli elettori nella scelta dei candidati. All'inizio partecipavano soltanto i rappresentanti e senatori del partito in carica al Congresso, ma poi il caucus fu allargato includendo delegati provenienti da zone sotto-rappresentate, come le aree geografiche dove il partito eleggeva pochi parlamentari. Si trattò di un piccolo progresso in direzione della convention. Per esempio, agli ultimi caucus del partito federalista furono invitati anche leader locali provenienti da vari stati, poiché i rappresentanti e senatori federalisti eletti da quegli stati al Congresso erano poco numerosi. Anche nel caucus allargato, tuttavia, il controllo rimaneva saldamente nelle mani di pochi rappresentanti eletti, leader politici, o delegati, i quali prendevano decisioni per tutto il partito e senza consultare gli elettori. Non solo, ma un insieme così ristretto era di fatto teatro di accordi poco chiari e macchinazioni, che permettevano a un numero ancor più ridotto di persone di concentrare la maggior parte del potere nelle loro mani. Inoltre, mentre faceva contenta una fazione, quella del candidato prescelto, il caucus scontentava tutte le altre, creando risentimento e recriminazioni. Inevitabilmente, i sostenitori dei candidati non designati si mettevano a fare campagna elettorale per proprio conto, rivolgendosi direttamente al popolo o cercando investiture dai caucus dei parlamenti statali. Contestando in maniera sempre più decisa il sistema che li penalizzava, suscitavano il risentimento popolare. Un numero crescente di persone lamentavano la mancanza di discussione pubblica e la chiusura delle riunioni. Il caucus veniva percepito come un sistema nondemocratico, pensato per sottrarre il potere al popolo e permettere a pochissime persone di esercitare un controllo elitario sul governo. I suoi detrattori lo chiamavano ironicamente "re caucus", per intendere che con quel sistema il popolo godeva della stessa considerazione di cui avrebbe goduto sotto una monarchia.

Gli oppositori al caucus facevano semplicemente i loro interessi, per difendersi da un sistema che li danneggiava palesemente. Spesso, mentre attaccavano il caucus congressuale, non si facevano scrupoli ad accettare le designazioni dei caucus statali. Tuttavia, l'opportunismo dei singoli, in questo come in molti altri casi della storia americana, suscitò sentimenti sinceramente democratici e fece fare i primi passi verso il sistema moderno.

Fase del sistema caucus/convention

Durante la campagna presidenziale del 1824 emerse la consapevolezza che i candidati alla presidenza dovevano essere designati con un sistema più appropriato e più democratico, che superasse il contestato caucus congressuale. Il dibattito sul sistema di nomina si estese a tutte le aree geografiche dell'Unione e fu seguito con partecipazione da innumerevoli giornali locali, i quali si fecero portavoce della richiesta che fosse il popolo ad organizzare spontaneamente incontri nelle contee, nelle città e nei distretti, assemblee e convention popolari per proporre le candidature, sostenere i candidati e nominare delegati da mandare in qualche luogo di incontro centrale dove potessero esprimere le proposte della comunità.

Nascita della convention popolare

Come è intuibile, la transizione dal metodo del caucus al metodo della convention ebbe luogo molto prima a livello locale che a livello nazionale. Le elezioni locali offrono infatti terreno fertile a sperimentazioni di più semplice realizzazione. Ciò facilitò anche la diffusione della tendenza a sostituire il caucus con la convention, e contribuì ad accrescere il movimento di opposizione al caucus congressuale.

Laddove un partito era debole, quindi poteva contare su pochi rappresentanti nelle istituzioni, il caucus quale "assemblea degli eletti" aveva poco senso. Occorreva allargare la partecipazione per rendere quel tipo di assemblee più rappresentative. L'idea della "convention" nasce da questa semplice necessità pratica. La convention di contea nacque nel New England[5] poco dopo la rivoluzione. Nel nord-est i sostenitori di Jefferson erano ancora una piccola minoranza, surclassati numericamente dai federalisti di John Adams, e contavano pochi rappresentanti e senatori nei parlamenti statali. Il caucus statale repubblicano, cioè l'assemblea che avrebbe dovuto riunire quei rappresentanti e senatori, non avrebbe avuto l'autorevolezza necessaria a decidere le candidature alle cariche locali. In alternativa, si fece strada una forma primitiva di convention di contea. Si trattava di un raduno di massa, esteso a livello di contea, nel quale i sostenitori di Jefferson selezionavano una lista di persone candidabili alle cariche statali. Successivamente, i parlamentari statali jeffersoniani selezionavano il candidato ufficiale del partito tra quelli presenti nella lista. La fazione jeffersoniana, che si presentava come il partito delle masse e accusava i federalisti di avere tendenze elitarie, iniziò così il suo processo di apertura al popolo. All'inizio del 1800 il sistema si diffuse rapidamente nella regione medioatlantica.

Per quanto diversi dal caucus congressuale, quei raduni furono chiamati ancora "caucus". Anche oggi il termine caucus conserva il significato di raduno di massa tra i sostenitori di un partito. Il sistema appena descritto avrebbe potuto essere chiamato tanto caucus quanto convention, perché aveva caratteristiche di entrambi. In particolare, i cittadini erano convocati per prendere direttamente decisioni in merito alle questioni del partito, quali le candidature. Si trattava di un sistema di consultazione fatto di un unico passaggio, usato ancora oggi in alcuni stati per scopi particolari che illustreremo in seguito.

Abbastanza presto quel tipo di consultazione si divise in due passaggi successivi, i caucus e la convention. Nel primo passaggio, fatto dei raduni di massa, cioè i caucus, i cittadini sceglievano propri "delegati", da inviare alla convention di contea. Nel secondo passaggio, la convention di contea, i delegati nominavano i candidati alle cariche elettive della contea. L'invenzione di questo metodo[5] risale agli anni 1820. I raduni di massa tra i sostenitori del partito erano organizzati in ciascuna città in cui era suddivisa la contea. Il metodo si diffuse rapidamente in vari altri stati.

Abbastanza presto, le convention di contea cominciarono ad essere utilizzate anche per scegliere delegati di contea da inviare a una convention statale di partito, la quale aveva il compito di scegliere i candidati del partito alle cariche statali. Il passo che separa la convention statale dalla convention nazionale sembrerebbe breve, se non fosse per le difficoltà di comunicazione e spostamento di quegli anni.

Il sistema a più livelli così organizzato si chiama caucus/convention. Esso rimase per decenni la struttura portante dei partiti e lo strumento fondamentale per regolare la partecipazione dei cittadini alla vita politica. Il caucus è il raduno di massa nel quale i sostenitori scelgono i propri rappresentanti da mandare alla convention, detti delegati. La convention è l'assemblea dei delegati e l'autorità più alta del partito nel territorio di riferimento. Essa decide su tutte le questioni del partito. In particolare, decide le regole, incluse le regole dei caucus e della convention stessa, e designa i candidati alle cariche pubbliche. In alcuni casi la convention di un livello ha il compito di scegliere i delegati da inviare alla convention del livello immediatamente superiore, la quale ha compiti simili, rapportate al livello superiore dell'organizzazione del partito.

Verso il secondo sistema partitico

Il periodo compreso tra il 1824 e il 1854 è identificato con il periodo del secondo sistema partitico, che si formò in seguito alla frantumazione del partito repubblicano fondato da Jefferson. Esso segnò la nascita dei partiti politici veri e propri.

Dopo le elezioni del 1824 Jackson continuò ad accusare Adams di aver stretto un patto scellerato con Clay per ottenere la presidenza e lo ritenne sempre un presidente illegittimo. I rappresentanti e senatori repubblicani del Congresso cominciarono a dividersi in pro-Adams e pro-Jackson.

Le elezioni presidenziali del 1828 furono elezioni di transizione: il caucus congressuale non era più praticabile e la convention nazionale, destinata a sostituirlo, non era ancora nata. I candidati principali, Adams e Jackson, ottennero investiture da parlamenti statali, convention e assemblee popolari e si presentarono alle elezioni senza partiti veri e propri al loro seguito. Jackson si prese l'agognata rivincita sul rivale, vincendo con un buon margine.

Jackson fu il primo presidente "del popolo", cioè di origini popolari. Riprese temi cari a Jefferson, contro le élite e il centralismo e usò i propri poteri di presidente con grande spregiudicatezza, di fatto rafforzandoli notevolmente rispetto ai poteri del Congresso. Per esempio, usò il veto presidenziale tutte le volte che ritenne nel suo interesse farlo, non solo per bloccare provvedimenti incostituzionali. Rottosi il rapporto di fiducia con alcuni ministri, ordinò a tutto il governo di dimettersi e ne nominò uno nuovo. Queste pratiche furono accolte con favore dal popolo, che vide in esse strumenti per rompere rendite di posizione e poteri consolidati. Favorendo la democratizzazione, i jacksoniani furono premiati con un crescente consenso popolare.

Dopo le elezioni del 1828 le opposte fazioni nelle quali si era diviso il vecchio partito repubblicano si organizzarono in partiti veri e propri. I sostenitori di Jackson si fecero chiamare democratico-repubblicani e i sostenitori di Adams e Clay nazional-repubblicani. La denominazione "repubblicani" fu conservata da entrambi per mantenere vivo il legame col partito repubblicano di Jefferson. I democratico-repubblicani vollero richiamare anche la fede nel popolo professata da Jefferson e la democrazia dell'"uomo comune" di Jackson, mentre i nazional-repubblicani scelsero quel nome per sottolineare che vedevano gli Stati Uniti come una nazione, da rafforzare come tale, invece che una semplice una confederazione di stati. Alcune posizioni dei nazional-repubblicani rieccheggiavano quelle dei defunti federalisti.

Nascita della convention nazionale

La prima convention nazionale della storia fu tenuta dal partito antimassonico e segnò un passaggio di importanza capitale nella storia dei partiti americani. Alla fine del 1700 e all'inizio del 1800 la massoneria era molto diffusa negli Stati Uniti, e molto potente. La lista dei presidenti massoni comprendeva George Washington, James Monroe e Andrew Jackson, assieme a tanti altri personaggi importanti del periodo rivoluzionario e immediatamente successivo, ma non Thomas Jefferson. Diventare massoni era una via tipica per intraprendere la carriera politica. Per un certo tempo la massoneria godette di un'ottima reputazione e una certa immunità, anche grazie al prestigio delle personalità politiche espresse dalle logge. Benché diffuso, lo scetticismo dell'opinione pubblica verso le pratiche massoniche rimase latente per lungo tempo.

Tuttavia, man mano che emergevano contestazioni contro pratiche poco trasparenti come il caucus congressuale, e cresceva la domanda di maggiore democratizzazione, si diffuse anche la contestazione verso qualunque pratica poco chiara potesse interferire sulla vita politica, e le logge massoniche diventarono, a torto o a ragione, bersaglio naturale degli attacchi.

Nel 1826 William Morgan, un ex-massone di Batavia, nello stato di New York, che minacciava di scrivere un libro rivelando i segreti delle confraternite, scomparve misteriosamente. La scomparsa di Morgan scosse l'opinione pubblica. Tuttavia, il processo contro i presunti responsabili si arenò presto, perché i leader massonici si rifiutarono di collaborare alle indagini. Così i compagni massoni di Morgan, sospettati del delitto, riuscirono ad evitare ulteriori inchieste giudiziarie. In conseguenza di questi fatti l'ostilità del popolo contro la massoneria si scatenò. Le logge massoniche furono accusate di esercitare un'influenza indebita sulla politica, un potere occulto non sancito democraticamente, di favorire i propri adepti a discapito della trasparenza e della volontà popolare. Dopo il caso Morgan alcuni si spinsero persino ad accusare i massoni di uccidere impunemente i propri oppositori interni.

Nel 1828, sulla scia di questi eventi, nacque il partito antimassonico. Nonostante il nome, il nuovo partito non aveva come unico scopo la lotta alla massoneria, ma puntava a diventare un partito nazionale. Faceva appello all'uomo comune, si opponeva ai privilegi, alle tendenze elitarie ancora forti e a tutte le forme di segretezza. Come soluzione proponeva il ricorso al voto popolare in tutte le occasioni possibili. Tra il 1828 e il 1831 il partito si diffuse nel New England e nelle zone medioatlantiche. In molti luoghi rappresentava la principale opposizione ai jacksoniani. Conseguì alcuni buoni risultati elettorali locali e nazionali, tra cui due governatorati e 53 rappresentanti al Congresso. Alle elezioni presidenziali del 1832 ottenne il 7,8%[2] del voto popolare, vincendo nel Vermont e conquistando 7 grandi elettori.

Il colpo inferto dal movimento antimassonico alla massoneria fu molto forte, tanto che le adesioni alle logge newyorkesi scesero dell'80% in dieci anni e tra il 1826 e il 1834 il numero di logge crollò del 90%[6]. Molti massoni secessionisti si unirono alla causa antimassonica. Il rapido declino della massoneria fu parallelo al declino dello stesso partito antimassonico, che vide sfumare uno dei motivi principali della sua battaglia politica. Nel 1833 il partito era già più debole, e nel 1834 contribuì, assieme al partito nazional-repubblicano e ad altri oppositori di Jackson, alla nascita del partito Whig.

Il partito antimassonico ebbe un ruolo molto importante non

tanto perché combatté la massoneria, ma perché si inserì nella fase di superamento delle pratiche poco trasparenti usate fino ad allora per nominare i candidati, come il caucus congressuale, e contribuì ad indirizzare l'evoluzione dei partiti verso una maggiore apertura ed un maggior coinvolgimento degli elettori. Dal 1828 e nella prima metà degli anni 1830 il partito antimassonico diede un grande impulso alla diffusione del sistema delle convention, a tutti i livelli, come sistema di organizzazione partitica e di selezione dei candidati. Al partito antimassonico si deve anche la prima convention nazionale della storia, che ebbe luogo nel settembre del 1830, a Philadelphia, e riunì 96 delegati da 11 stati. Ciascuno stato aveva diritto a un numero di delegati uguale al numero dei suoi grandi elettori. La convention approvò un appello alla popolazione che aveva tutte le caratteristiche del moderno *platform*, il documento programmatico adottato dalle convention nazionali, che sancisce i valori guida del partito e le posizioni sui temi importanti della campagna elettorale, in pratica il programma elettorale. Nell'appello del 1830[7] gli antimassonici denunciarono le pratiche delle logge massoniche, la loro segretezza e antidemocraticità, il pericolo che rappresentavano per la giovane democrazia americana. Si prefiggevano di "difendere i diritti, le leggi del paese e i tesori più sacri della libertà dalla terribile minaccia" massonica. Proponevano di abolire la massoneria, con metodi democratici, e di farlo in maniera che non potesse più riorganizzarsi. Affermavano che il metodo migliore e più sicuro per cacciare i massoni dalle cariche pubbliche era quello del voto. Rigettavano qualcunque sistema che non fosse quello del consenso, delle urne, delle schede elettorali, l'unico sistema che gli antimassonici consideravano moderato, sicuro, sufficiente. Invitavano i fratelli massoni ad abbandonare le logge e ad abbracciare la causa antimassonica in difesa degli interessi comuni.

Dopo aver sbrigato le questioni principali del partito, la convention nazionale del 1830 si aggiornò all'anno successivo, per nominare i candidati alla presidenza e alla vicepresidenza alle elezioni del 1832. La seconda convention antimassonica fu tenuta nel settembre 1831, a Baltimora, nel Maryland, e riunì 116 delegati da 13 stati. La maggioranza richiesta dagli antimassonici per nominare il candidato presidente era i tre quarti dei delegati, ma il candidato favorito, William Wirt, tra l'altro un ex-massone, fu nominato quasi unanimemente alla prima votazione. Oltre a nominare il candidato vicepresidente, la convention creò un comitato nazionale incaricato di organizzare la campagna elettorale e ribadì i contenuti del documento programmatico approvato l'anno prima.

La realizzazione di una convention nazionale, in un contesto di difficoltà di spostamento e comunicazione come quello della prima metà del 1800, rappresentò un enorme progresso. Il partito nazional-repubblicano riconobbe subito la validità del nuovo sistema per designare i candidati alla presidenza e tenne una convention nazionale nel dicembre del 1831, tre mesi dopo la seconda convention antimassonica. In mancanza di regole chiare per la selezione dei delegati, alcuni stati li fecero scegliere alle convention statali, altri ai caucus statali, altri ancora ai raduni di massa. Alla convention nazional-repubblicana parteciparono 168 delegati da 18 stati[8]. Il candidato alla presidenza nominato fu Henry Clay. In quell'occasione non fu approvato un vero documento programmatico, ma l'anno successivo i giovani nazional-repubblicani convocarono una convention nazionale propria nella quale approvarono un documento programmatico contenente proposte specifiche oltre che critiche all'amministrazione Jackson.

Nel 1832 anche i democratico-repubblicani convocarono una convention nazionale. La convention attribuì a ciascuno stato un numero di voti pari al numero dei suoi grandi elettori e adottò la regola dei due terzi, secondo la quale un candidato, per essere nominato, doveva ottenere i due terzi dei voti della convention. Le votazioni erano organizzate, come oggi, per delegazioni statali. Un membro di ciascuna delegazione riferiva all'assemblea i risultati della votazione della sua delegazione.

La convention nazionale democratica si riunì verso la fine di maggio. Il presidente uscente Jackson aveva già ricevuto l'investitura di un numero consistente di parlamenti statali, per cui non venne nominato formalmente dalla convention, che passò direttamente alla nomina del candidato vicepresidente. La convention non approvò alcun documento programmatico. Incaricò comitati statali di organizzare la campagna elettorale nei rispettivi stati.

Alle elezioni Jackson fu confermato presidente con ampio

margine.

Come abbiamo visto, la validità del nuovo metodo di governo dei partiti fu riconosciuta subito da tutti. Da quel momento in poi la convention nazionale rimase per sempre l'autorità massima dei partiti americani. Non solo, ma la convention democratica del 1832 fu una pietra miliare nella storia americana, perché sancì la nascita del Partito Democratico. Infatti, poco tempo dopo la riconferma di Jackson alla presidenza, i democratico-repubblicani cominciarono a farsi chiamare semplicemente "democratici", denominazione che conservarono per sempre. Da allora ogni 4 anni, senza soluzione di continuità, il Partito Democratico tenne una convention nazionale. Facendo i calcoli, la convention democratica del 2012 risulta essere la 46esima della storia.

Tra il 1828 e il 1860 i democratici ricoprirono la presidenza per 6 mandati su 9, e controllarono la Camera dei Rappresentanti per 24 anni e il Senato per 26 anni. Per contro, dopo la sconfitta del 1832 i nazional-repubblicani, poco organizzati, cessarono di esistere e i loro membri confluirono in gran parte nel nuovo partito anti-Jackson, i Whig, che nacque ufficialmente nel 1834 e ottenne la presidenza 3 volte, fino al 1952.

La convention nazionale fece fare un enorme progresso al processo di nomina dei candidati alla presidenza, che da allora in poi non fu più prerogativa dei membri del Congresso. Essa superò definitivamente "re caucus", sempre circondato dal sospetto di intrighi e macchinazioni, depose le oligarchie autoinvestitesi del potere di nomina, rimosse gli ultimi residui di tendenze aristocratiche tipiche del primo periodo della repubblica, realizzò una più completa separazione del potere esecutivo dal potere legislativo. Infine, favorì la coesione dei partiti attorno ai candidati nominati, perché eliminava alla radice i numerosi motivi di recriminazione che accompagnavano le decisioni del caucus congressuale.

A causa delle difficoltà di comunicazione e le grandi distanze geografiche che separavano i vari stati dell'Unione, per quasi un centinaio d'anni la convention fu l'unica occasione nella quale i leader di partito provenienti da zone lontane potevano incontrarsi e interagire personalmente, conoscere i rispettivi punti di vista, valutare le posizioni di ciascuno, raggiungere compromessi per risolvere le divergenze. Essa consentiva un'ampia partecipazione alle attività del partito, non soggetta al controllo del Congresso. Nonostante una serie di perplessità e critiche iniziali, e alterne fortune successive, la convention resiste ancora oggi. Non fu mai approvata alcuna legislazione precisa in merito: la convention rimane un prodotto spontaneo della dialettica politica americana.

Il sistema caucus/convention

Ogni stato elegge due senatori e un numero di rappresentanti al Congresso proporzionale alla sua popolazione. I senatori rimangono in carica 6 anni, i deputati 2. L'elezione diretta dei senatori fu introdotta soltanto nel 1913, col 17esimo emendamento alla Costituzione. Prima di quella data i senatori erano nominati dai parlamenti statali. Ogni due anni sono rinnovati un terzo del Senato e l'intera Camera dei Rappresentanti. Prima del 1842 i rappresentanti erano eletti a livello statale. A partire dal 1842, in applicazione di una legge varata dal Congresso, ogni stato fu diviso in "distretti congressuali", chiamati anche semplicemente "distretti", contigui, compatti e di popolazione circa uguale, ciascuno dei quali elegge un unico rappresentante. Gli Stati Uniti sono dunque suddivisi in stati, gli stati in distretti, i distretti in contee e le contee in città.

Ben presto, oltre alle convention di contea e alla convention statale, si tennero anche convention di distretto. La suddivisione territoriale utilizzata per le elezioni locali e presidenziali fu dunque replicata completamente nella struttura partitica, e utilizzata per consultare gli elettori sulle regole del partito, le questioni politiche e organizzative, e la designazione dei candidati nel territorio di competenza.

Il sistema caucus/convention è un sistema a molti livelli, usato ancora oggi. Nei caucus locali gli elettori scelgono i delegati che partecipano alla convention di contea. Le convention di contea scelgono i delegati di contea che partecipano alla convention statale e alle convention di distretto. La convention statale sceglie i delegati, detti "at large", che partecipano alla convention nazionale. Le convention di distretto scelgono i delegati di distretto che partecipano alla convention nazionale. Infine, i delegati alla convention nazionale scelgono il candidato alla presidenza degli Stati Uniti. Con "delegati statali" si intendono tutti i delegati alla convention nazionale provenienti dallo stesso stato, cioè l'insieme dei delegati "at large" e dei delegati di distretto.

Il livello più basso del sistema caucus/convention è il raduno di massa degli elettori, detto caucus. Alle volte, per distinguerlo dal caucus congressuale e dai caucus statali, esso è chiamato caucus locale. Altre volte è chiamato *precinct* caucus. Il "precinct" è l'unità più piccola nella quale è suddiviso il territorio per scopi elettorali, paragonabile alla nostra sezione elettorale. Un singolo caucus interessa un'area geografica che racchiude poche centinaia di elettori ed è dotato del proprio seggio. Tipici luoghi di raduno sono le chiese, le scuole, le biblioteche ed altri edifici pubblici, ma alle volte, soprattutto in passato, anche le case di privati cittadini. Prima di passare alle votazioni, i candidati delegati o i loro sostenitori, o i sostenitori dei candidati alla nomina (qualora i delegati alla convention nazionale dello stato a cui appartiene il precint siano selezionati, in tutto o in parte, col sistema caucus/convention), intervengono per presentarsi o presentare i candidati da loro sostenuti, illustrare le proposte e i programmi, e fare propaganda. Spesso si vota ancora in modo palese. Da ricordare che il voto segreto fu introdotto negli Stati Uniti soltanto verso la fine del 1800.

Oltre ad eleggere i delegati alla convention di contea, nei caucus locali i convenuti discutono di politica, prendono decisioni che riguardano il partito a livello locale, eleggono il comitato locale del partito, che deve eseguire le direttive del caucus dopo il suo aggiornamento.

Prima di aggiornarsi, le convention di contea, distrettuali, statali e nazionali eleggono, rispettivamente, i comitati di contea, distrettuali, statali e nazionali del partito. I comitati curano gli affari del partito nel rispettivo livello (locale, contea, distretto, stato, nazione) tra una convention e la successiva e si occupano degli aspetti organizzativi, come indire i caucus locali e le convention. Il Partito Democratico si dotò di un comitato nazionale a partire dal 1848. Prima di allora le convention nazionali del partito erano convocate per iniziativa spontanea di parlamentari statali democratici. Per esempio, le convention del 1832 e del 1840 furono convocate da rappresentanti democratici in carica al parlamento del New Hampshire. La convention del 1835 (con un anno d'anticipo rispetto alle elezioni) fu convocata direttamente dal presidente in carica Jackson.

Alle volte i primi due livelli, caucus locale e convention di contea, sono compattati in un livello unico, chiamato ancora convention di contea. In questo caso la partecipazione alla convention di contea è aperta a tutti i sostenitori del partito, senza l'intermediazione dei delegati.

Negli Stati Uniti il rinnovo delle cariche pubbliche ha scadenze regolari, ogni due anni, e di solito cade negli anni pari. Di conseguenza i caucus, come le primarie e le convention locali, si svolgono in tornate biennali. I caucus e le primarie presidenziali, come la convention nazionale, sono tenuti invece ogni quattro anni. Caucus e primarie possono essere più o meno aperti alla partecipazione di elettori registrati al partito, elettori indipendenti ed elettori registrati agli altri partiti.

Per quasi un secolo il sistema caucus/convention costituì la struttura portante dei partiti e regnò incontrastato sulla politica americana. Con quel sistema gli elettori selezionavano i candidati del partito a qualunque tipo di carica pubblica, locale e nazionale, stabilivano le regole del partito e il programma politico-elettorale. Di fatto, governavano i partiti dal basso. La convention nazionale era dunque l'autorità più alta del partito, come le convention locali erano le autorità locali del partito. Il sistema a molti livelli era anche un efficiente strumento di reclutamento dei futuri leader politici.

Il sistema caucus/convention e la convention nazionale furono due progressi importanti verso il sistema dei partiti governati dagli elettori. Tuttavia, la procedura del sistema a molti livelli era abbastanza complicata, e funzionò adeguatamente soltanto finché i politici non impararono a sfruttarla a proprio vantaggio, per alimentare ambizioni personali, favorire i propri candidati ai danni di quelli degli altri, e creare forme di controllo sul partito. Scambi di favori, machiavellismi e giochi di potere diventarono presto pratiche abituali. Molte convention si trasformarono in campi di battaglia dove si scontravano i boss rivali. Divenne chiaro che il sistema non permetteva veramente al popolo di governare il partito, e nemmeno di assegnare ai delegati un mandato chiaro e preciso. Il grado di apertura e trasparenza era ancora insufficiente, e la designazione dei candidati, benché popolare, rimaneva comunque una designazione indiretta e di fatto pilotabile da gruppi ristretti di persone.

Alla fase del sistema caucus/convention risale anche il primo utilizzo della parola "primarie", impiegata per indicare il caucus locale, alle volte detto "primary caucus", che è il primo passaggio del complesso processo a molti livelli appena descritto. Per distinguerlo dalle consultazioni che oggi chiamiamo "primarie", dove gli elettori eleggono i candidati direttamente, alle volte il sistema caucus/convention è anche detto sistema delle primarie indirette, mentre il sistema moderno è detto sistema delle primarie dirette. Il sistema caucus/convention è usato ancora oggi in alcuni stati dell'Unione per designare i candidati, come metodo alternativo a quello delle primarie, o per scegliere i nominativi dei delegati alla convention nazionale abbinati ai candidati alla nomina. Tuttavia, da circa quarant'anni il Partito Democratico, e in molti casi anche il Partito Repubblicano, utilizzano un sistema caucus/convention modernizzato, che, pur preservando la struttura a molti livelli, permette agli elettori di designare direttamente i candidati alla elezioni. Anche il caucus moderno è dunque una forma di primarie dirette e si differenzia da quelle solo per le modalità di svolgimento delle elezioni e la struttura a molti livelli.

Il secondo sistema partitico

Il periodo del secondo sistema partitico fu un periodo di grande instabilità politica, in cui nacquero e morirono parecchi partiti e movimenti dalla vita breve e travagliata, che fecero da contraltare alla stabilità del neonato Partito Democratico.

Il partito Whig nacque nel 1834 raccogliendo l'opposizione a Jackson, visto da molti come un monarca e un pericolo per la stabilità della neonata democrazia. Il nome rimandava al partito Whig britannico, nato 150 anni prima per contrastare la tirannia degli Stuart. I whig raccolsero membri del partito nazional-repubblicano e del partito antimassonico, e alcuni democratici del sud delusi da Jackson. Ripresero il programma di Henry Clay e dei nazional-repubblicani, per la modernizzazione del paese e la creazione di infrastrutture.

Il partito Whig fu penalizzato da continue divisioni interne, ma riuscì comunque a vincere le elezioni presidenziali per tre volte. Le prime a cui partecipò furono quelle del 1836. In quell'occasione i whig non tennero una convention nazionale e non nominarono un candidato unico alla presidenza. Invece, presentarono tre candidati diversi in tre zone diverse del paese, sperando di raccogliere più voti in questo modo e impedire al candidato democratico, Martin Van Buren, di ottenere la maggioranza assoluta dei grandi elettori. Nel collegio elettorale avrebbero poi fatto convergere i voti di tutti gli elettori vinti dai candidati whig su uno solo di essi, scelto non si sa come, che a quel punto sarebbe diventato presidente. Se il piano non avesse funzionato l'elezione sarebbe passata, pensavano, alla Camera dei Rappresentanti, come era successo nel 1824, dove i giochi sarebbero stati più aperti. Non si verificò nessuna di queste eventualità, perché i risultati elettorali consegnarono la maggioranza assoluta dei grandi elettori direttamente a Van Buren.

La prima convention nazionale whig fu quella del 1840, nella quale non fu adottato alcun documento programmatico e fu candidato alla presidenza l'eroe militare William H. Harrison. Anche nelle convention whig ciascuno stato disponeva di un numero di voti pari al numero di grandi elettori che gli sarebbero spettati nelle elezioni presidenziali successive. Invece della problematica regola dei due terzi, che stava già creando malumori all'interno del Partito Democratico, i wigh preferirono la più pratica regola della maggioranza assoluta. Dopo il declino dei whig quella regola fu ereditata dal Partito Repubblicano moderno, nel quale molti esponenti whig confluirono. Solo molto più tardi, nel 1936, il Partito Democratico abbandonò la regola dei due terzi a favore di quella della maggioranza assoluta.

I whig conobbero un periodo di successo negli anni 1840 fino ai primi anni 1850, quando riuscirono ad eleggere due presidenti, Harrison nel 1840 e Zachary Taylor, altro eroe militare, nel 1848. Entrambi i presidenti whig ebbero poca fortuna, perché morirono poco dopo l'inizio dei loro mandati, Harrison dopo un mese soltanto e Taylor dopo un anno e quattro mesi. Il vicepresidente che subentrò a Harrison, John Tyler, fu anche riconfermato alle elezioni successive. Tuttavia, perseguì politiche lontane da quelle whig, e usò il veto per fermare importanti iniziative legislative

whig al Congresso. A causa di questo, pochi mesi dopo la sua rielezione i capi del partito Whig si riunirono in caucus per espellere
Tyler dal partito.

Nel 1852 prevalsero le divisioni interne. Il presidente uscente
Millard Fillmore, subentrato dopo la morte di Taylor, non fu ricandidato, e la ricerca di un altro eroe di guerra che unisse il partito non sortì l'effetto sperato. Il partito raccolse pochi voti e si dis-
solse rapidamente. I whig del sud confluirono nel Partito Democratico. I whig delle altre zone del paese confluirono in varie formazioni, tra cui il partito del Suolo Libero (*Free Soil Party*), pre-
cursore della causa abolizionista, e il Partito Repubblicano moderno, che nacque nel 1854. Anche Abraham Lincoln, già leader
del partito Whig, contribuì alla fondazione del Partito Repubblicano, dopo essere tornato per un breve tempo a vita privata.

Il partito del Suolo Libero nacque nel 1848 da una fazione di
democratici fortemente contrari alla schiavitù e da gruppi di anti-
schiavisti del partito Whig. Tenne la sua prima convention nazionale nel 1848, che candidò l'ex-presidente democratico Martin
Van Buren. Alle elezioni raccolse il 10% del voto popolare, ma
non vinse alcuno stato. Nelle 1852 tenne la sua seconda ed ultima
convention nazionale, e raccolse soltanto il 5% dei voti. Nel 1856
confluì in gran parte nel neonato Partito Repubblicano, la cui rapida ascesa coincise col riacuirsi della questione schiavista.

Evoluzione della convention nazionale

Nel 1832 la regola dei due terzi fu adottata dalla convention
democratica per enfatizzare l'appoggio di cui godeva il presidente
uscente Andrew Jackson. Tuttavia, in situazioni normali quella
regola rende molto più faticoso il raggiungimeno del consenso necessario e spesso richiede votazioni a ripetizione. Nonostante i
limiti di questo metodo, il Partito Democratico la conservò per
circa un secolo, soprattutto nell'interesse degli stati del sud, che
furono a lungo la roccaforte del Partito Democratico. La regola
dei due terzi permetteva a quegli stati di conservare una specie di
diritto di veto sul candidato nominato dal partito. Quegli stati temevano che, con la regola della maggioranza assoluta, i candidati
del nord e dell'ovest sarebbero riusciti facilmente a marginaliz-
zarli. La regola dei due terzi fu abolita dalla convention del 1936,

con effetto a partire dalla convention successiva.

A parte gli antimassonici, che nel 1831 usarono la regola dei tre quarti, gli altri partiti, in particolare il Partito Repubblicano, adottarono fin da subito la regola della maggioranza assoluta.

Il primo documento programmatico dei democratici fu approvato dalla convention del 1840. Dichiarava, tra le altre cose, che la Costituzione va interpretata in senso stretto, i poteri del governo federale devono essere limitati e non devono interferire con i diritti degli stati, criticava la causa abolizionista e paventava l'esplosione del problema della schiavitù. La convention democratica del 1848 fu la prima a designare un comitato nazionale, composto di un membro per ogni stato dell'Unione. Il comitato nazionale è il comitato incaricato di sbrigare gli affari del partito e attuare le disposizioni della convention nel periodo che intercorre tra l'aggiornamento della convention e la convention successiva.

Alle volte fazioni del partito in lotta l'una contro l'altra mandavano alla convention nazionale delegazioni diverse provenienti dallo stesso stato e ciascuna reclamava di essere quella legittima. Appena riunite, le convention dovevano dirimere questo tipo di controversie, verificando la legittimità delle delegazioni inviate dagli stati, la loro composizione e rappresentatività. Altre volte gli stati inviavano più delegati dei voti che avevano a disposizione, per dare un posto ad ogni importante leader di partito. Nella convention democratica del 1848 fallì un tentativo di ridurre il numero di delegati al numero di voti esprimibili. Nel 1852 il numero dei delegati fu raddoppiato, ma il numero di voti esprimibili da ciascuno stato rimase invariato, uguale al numero dei grandi elettori dello stato. Si introdusse cioè il voto frazionario, usato ancora oggi in casi eccezionali. Lo schema del 1852 rimase in vigore per due decadi.

Alle volte, per tentare di sbloccare le situazioni di stallo dovute alla regola dei due terzi, che costringevano a ripetere le votazioni ad oltranza, si inserivano nuovi candidati tra una votazione e l'altra. Se questi vincevano inaspettatamente venivano chiamati *dark horse* ("cavallo scuro"), espressione presa dalle corse di cavalli, che indica un cavallo che vince inaspettatamente la gara. I primi due *dark horse* della storia furono James K. Polk, che nel 1844 fu inserito nella lista dei candidati ed eletto alla nona votazione, e Franklin Pierce, che nel 1852 fu inserito dopo 34 votazioni andate a vuoto ed eletto alla 49esima votazione. Sia Polk che Pierce poi vinsero le elezioni generali e diventarono presidenti. Spesso il "dark horse" è un candidato di compromesso. Situazioni di stallo simili si ripeterono spesso nella storia del Partito Democratico. Come vedremo, all'inizio del 1900 alcuni casi come questi contribuirono ad enfatizzare l'inadeguatezza del sistema caucus/convention e la sua scarsa rappresentatività.

1842: le prime primarie della storia

Il primo esempio di consultazione popolare diretta per la designazione dei candidati di un partito risale al 1842 e lo si deve alla contea Crawford della Pennsylvania[9]. In quegli anni la contea era dominata dai democratici, che però alle volte rischiavano di dividersi e favorire gli avversari, i whig. La scarsa trasparenza del sistema caucus/convention dava adito a contestazioni sui metodi di selezione dei delegati e sulle procedure di voto alla convention, che spesso sfociavano in scissioni. Gruppi di delegati democratici abbandonavano le convention per riunirsi altrove e designare candidati alternativi, che poi entravano in competizione e favorivano il candidato whig. Per correre ai ripari, i democratici cercarono metodi di designazione alternativi, che evitassero, o almeno riducessero, i rischi di frazionamento e le lotte interne. La soluzione trovata fu quella delle elezioni primarie dirette.

Il 22 febbraio 1842, a Meadville, la capitale della contea, si riunì un'assemblea di democratici con lo scopo di riformare il metodo di selezione dei candidati. L'assemblea non portò a conclusioni soddisfacenti, e i leader convocarono un'altra assemblea a livello di contea. La seconda assemblea fu invece decisiva e deliberò che la selezione dei candidati sarebbe avvenuta consultando direttamente gli elettori[10].

Le procedure[11], elaborate da tale George Shellito, residente nella città di Sadsbury, prevedevano che in ciascuna città della contea fosse convocato un raduno di tutti gli elettori democratici, della durata di tre ore, nel quale si sarebbero votati i candidati alle cariche pubbliche locali. Ciascun raduno doveva essere presieduto da un responsabile, con il compito di tabulare i risultati del voto e comunicarli alla convention di contea che si sarebbe riunita pochi giorni dopo. Chi intendeva candidarsi doveva annunciare la propria candidatura ai giornali locali almeno tre settimane prima dei raduni e dichiarare preventivamente che avrebbe sostenuto colui che sarebbe stato nominato dalla convention, chiunque fosse.

I raduni si tennero un venerdì pomeriggio, a circa un mese dalle elezioni generali. L'affluenza degli elettori fu giudicata soddisfacente. La convention di contea, il lunedì successivo, si limitò a sommare i voti che i candidati avevano raccolto nei raduni. Per ciascuna carica pubblica fu nominato candidato chi ottenne la maggioranza relativa dei consensi.

Il sistema della contea Crawford riuscì effettivamente a ridurre la litigiosità interna e i rischi di scissione. Chi perdeva non era più turbato dal sospetto, spesso fondato, di oscure manovre ai suoi danni. Si arrendeva più volentieri al giudizio popolare che al giudizio dei leader di partito o di convention controllate dai leader di partito. Inoltre, il vincitore sapeva di godere del sostegno del partito e poteva concentrare la campagna elettorale unicamente contro gli avversari politici.

Nei sette anni successivi il piano Shellito fu adottato in altre contee della Pennsylvania e in un certo numero di altri stati, anche se non mancarono le resistenze. Molti leader di partito capivano che il nuovo sistema metteva in discussione il loro potere. Gli altri ostacoli erano invece di tipo oggettivo. Per esempio, occorreva garantire la regolarità del voto, per prevenire contestazioni e accuse di brogli. Inoltre, le difficoltà di comunicazione e di spostamento della prima metà del 1800 favorivano la partecipazione degli elettori residenti nelle aree urbane, a svantaggio degli elettori residenti nelle zone rurali, dove organizzare le primarie era più difficile e costoso. Nel primo esperimento della contea Crawford un numero eccessivo di candidati nominati provenivano da Meadville. La reazione delle popolazioni delle zone rurali spinse i democratici di Crawford ad abbandonare il sistema nel 1850. Tuttavia, nel 1860 il piano Shellito fu adottato dal Partito Repubblicano.

I problemi che emersero in questa fase sono i problemi tipici di tutte le primarie e le soluzioni proposte fecero scuola. Per prima cosa, occorre stabilire chi ammettere al voto. Anche oggi le primarie possono essere più o meno aperte alla partecipazione degli elettori degli altri partiti, e ciascuna realtà locale si regola come crede. Le primarie chiuse danno ragione a coloro che sostengono che solo gli elettori del partito devono decidere per il partito. Le primarie aperte danno ragione a coloro che sostengono che più elettori sono invogliati a partecipare e meglio è, per incrementare il consenso in vista delle elezioni generali.

In mancanza di una legislazione in materia, le prime primarie furono ovviamente organizzate e gestite autonomamente dai partiti. Erano quindi i partiti a dover garantire il regolare svolgimento delle consultazioni. Un problema serio era decidere come e a chi affidare materialmente lo spoglio dei voti e permettere controlli incrociati da parte dei rappresentanti delle diverse fazioni del partito. Spesso gli scontenti contestavano le procedure, chiedevano, inutilmente, riconteggi o ripetizioni del voto, e usavano questi argomenti per attaccare il sistema delle primarie nella speranza di tornare al sistema precedente. Alcuni politici cercarono di alimentare il sospetto che il voto fosse truccato, che le primarie autogestite fossero manipolate e favorissero gli intrighi e le macchinazioni, invece che contenerli. Inoltre, spesso in questa fase storica, le primarie erano utilizzate da un solo partito, quello dominante, mentre gli altri partiti utilizzavano i sistemi precedenti. Gli avversari delle primarie non perdevano occasione per enfatizzare e strumentalizzare le inevitabili difficoltà incontrate lungo la strada. Lo scetticismo attorno al sistema inventato dalla contea Crawford era destinato a durare qualche decennio.

Col tempo, le primarie autogestite sarebbero state abbandonate a favore di primarie gestite delle amministrazioni pubbliche, nella fattispecie quelle statali, e regolamentate da leggi precise. Molti dei problemi elencati finora trovarono soluzione. Affidando l'organizzazione a terzi si garantiva l'imparzialità delle procedure elettorali e si eliminavano i sospetti di brogli e manipolazioni dei risultati. Dal punto di vista dei partiti, la gestione pubblica delle consultazioni rappresentò un vantaggio economico notevole, perché faceva gravare i costi sul denaro dei contribuenti invece che sulle casse dei partiti. Veniva superato, almeno parzialmente, anche il problema di coinvolgere tutte le aree geografiche, anche quelle più povere, per non avvantaggiare le concentrazioni urbane maggiori. Tuttavia, alle volte l'amministrazione pubblica, nel momento in cui organizza, gestisce e finanzia le primarie, può arrivare a invadere, volontariamente o meno, le competenze dei partiti, stabilendo come le consultazioni debbano essere svolte, con quali regole, se debbano essere aperte o chiuse, quali voti debbano essere contati, come assegnare i delegati, eccetera. Per questo motivo ancora oggi in alcuni stati i partiti tengono primarie autogestite.

Il terzo sistema partitico

Il terzo sistema partitico coprì il periodo compreso tra 1854 e il 1892, un'era dominata quasi esclusivamente dal Partito Repubblicano moderno, nato nel 1854 in reazione ad una serie di atti legislativi dei democratici che miravano a estendere la schiavitù ai nuovi territori. In particolare, i repubblicani si opponevano al cosiddetto "principio di sovranità popolare", sostenuto dai democratici, secondo il quale ogni stato e territorio aveva il diritto di stabilire autonomamente la propria posizione sulla questione della schiavitù. Nel Partito Repubblicano confluirono whig, vari democratici del nord contrari alla schiavitù, membri del partito del Suolo Libero e di altri partiti dalla vita effimera. Il Partito Repubblicano conobbe una veloce espansione, ma la sua base elettorale rimase concentrata negli stati del nord, perché le sue posizioni sulla questione della schiavitù gli impedirono qualsiasi possibilità di penetrazione nel sud. Il nome repubblicano acquistò un grande favore tra gli attivisti, perché stabiliva una connessione ideale con il Partito Repubblicano di Thomas Jefferson e il partito nazional-repubblicano di Henry Clay.

Nel 1854 i repubblicani ottennero una buona affermazione nelle elezioni di medio termine per il rinnovo della Camera dei Rappresentanti. Tennero la prima convention nazionale a Philadelphia, nel giugno del 1956, dove nominarono John C. Frémont. Alle elezioni generali prevalse il candidato democratico Buchanan. In quella tornata elettorale, il Partito Repubblicano si impose nel nordest e ottenne una buona affermazione anche nel resto del nord, ma non raccolse praticamente alcun sostegno nel sud del paese, dove la propaganda democratica aveva agitato lo spettro della guerra civile, che sarebbe stata conseguenza inevitabile di una vittoria dei repubblicani. Nonostante la sconfitta, il risultato elettorale sancì la nascita del nuovo sistema partitico: col 33% del voto popolare e la vittoria in 11 stati, il Partito Repubblicano fu consacrato come partito nazionale e unico avversario del Partito Democratico.

I repubblicani beneficiarono delle divisioni dei democratici sul problema della schiavitù. Nelle elezioni di medio termine del 1858 riuscirono a conquistare il controllo della Camera dei Rappresentanti. Due anni dopo conquistarono la Casa Bianca con Abraham Lincoln.

Nel 1860 i democratici si divisero in democratici del sud, apertamente favorevoli alla schiavitù, e i più moderati democratici del nord, che si presentarono alle elezioni con candidati diversi. In nove stati del sud il Partito Repubblicano non si presentò nemmeno, ma conquistò ugualmente la presidenza con poco meno del 40% del voto popolare.

La guerra civile scoppiò subito dopo la vittoria repubblicana. Gli stati del sud si separarono dall'Unione e diedero vita agli Stati Confederati d'America. Durante la guerra civile la fazione nordica del Partito Democratico si divise anch'essa in due tronconi, uno dei quali, quello dei cosiddetti Copperheads ("teste di rame"), era favorevole al raggiungimento di una pace negoziata con gli stati confederati.

Nel 1864 gli stati confederati non parteciparono alle elezioni. Lincoln ottenne facilmente la conferma, ma fu assassinato poco dopo l'inizio del suo secondo mandato. Gli subentrò il vice presidente Andrew Johnson, un ex-democratico. Un mese e mezzo dopo la morte di Lincoln terminò la guerra civile. Il paese ritornò ad essere guidato da un presidente repubblicano nel 1868, quando fu eletto il generale Ulysses S. Grant, comandante delle forze dell'Unione durante la guerra civile.

I repubblicani dominarono la politica americana quasi ininterrottamente per 72 anni, dal 1860 al 1932, durante i quali occuparono la Casa Bianca per 56 anni.

Gli anni compresi tra il 1865 e il 1901 furono caratterizzati da grande crescita economica e modernizzazione del paese. In certi casi l'espansione fu così rapida da sfuggire al controllo, causando numerose bancarotte e alcuni momenti di crisi e depressione economica, come il "panico del 1873" e il "panico del 1893". A farne le spese furono soprattutto le zone rurali del paese, le cui condizioni economiche peggiorarono progressivamente.

La veloce crescita ebbe conseguenze anche sulla politica. I partiti maggiori diventarono ampie coalizioni di interessi. Si instaurarono gerarchie partitiche e si affermarono boss cittadini che controllavano i voti in cambio di favori. Il partito vincente spartiva i posti pubblici ai propri sostenitori. Si diffusero malcostume, pratiche clientelari, voto di scambio e corruzione. Fu in quel contesto che i difetti del sistema caucus/convention emersero prepotentemente e resero inevitabile il suo superamento. All'inizio del 1900 la scollatura tra rappresentanti e rappresentati portò, come reazione, all'introduzione delle primarie presidenziali.

Le delegazioni alle convention nazionali

Nel periodo storico che stiamo considerando ciascuno stato poteva inviare alle convention nazionali democratiche tipicamente un numero di delegati proporzionale al numero dei suoi grandi elettori, che, almeno per gli stati popolosi, è all'incirca proporzionale alla popolazione dello stato. I territori, cioè le zone dell'Unione non ancora riconosciute come stati, non hanno diritto a grandi elettori e quindi non partecipano alle elezioni presidenziali. Colle regole delle prime convention, i territori non avevano nemmeno diritto ad inviare delegati alle convention nazionali. Un discorso simile si applica al Distretto di Columbia, che è il distretto della capitale Washington. Fino alla ratifica del 23esimo emendamento della Costituzione, che avvenne nel 1961, anche il Distretto di Columbia non aveva diritto a grandi elettori presidenziali e quindi non era rappresentato nelle prime convention nazionali democratiche. I repubblicani furono i primi a differenziare la composizione della convention nazionale da quella del collegio elettorale. Essi concessero ai territori e al Distretto di Columbia di partecipare, con proprie delegazioni, già alla prima convention nazionale del partito, nel 1856. In alcuni territori, infatti, i sostenitori repubblicani erano molto più numerosi che in molti stati del sud, dove prima della ricostruzione il partito era quasi inesistente. Per i repubblicani aveva più senso ammettere delegazioni in rappresentanza dei territori, che delegazioni dagli stati del sud. I democratici assegnarono delegazioni ai territori e al Distretto di Columbia soltanto a partire dal 1884.

Nella prima convention nazionale repubblicana ciascuno stato aveva diritto a un numero di delegati pari al triplo dei suoi grandi elettori. Questo numero si ridusse al doppio dei grandi elettori dalla convention del 1860 in poi. I delegati democratici continuarono ad essere il doppio dei grandi elettori, come erano dal 1852. Per le quattro decadi successive, fino al 1912, le convention nazionali dei partiti maggiori furono composte dello stesso numero di delegati statali, ma differivano per il numero di delegati assegnati ai territori.

Altri problemi riguardanti l'assegnazione dei delegati agli stati e ai territori sarebbero affiorati solo successivamente. Attribuendo agli stati un numero di delegati proporzionale al numero dei grandi elettori non veniva fatta alcuna distinzione tra gli stati in cui il partito era forte e gli stati in cui il partito era debole. Quando il Partito Repubblicano tornò debole negli stati ex-confederati, i pochi elettori repubblicani di quegli stati furono notevolmente sovrarappresentati rispetto agli elettori degli altri stati. Questo problema di rappresentanza sbilanciata non fu affrontato prima del 1912, quando ebbe un impatto determinante sulla convention nazionale repubblicana e favorì la scissione del partito.

Le prime primarie statali

Le primarie della contea Crawford del 1842 furono le prime primarie di contea. Per arrivare alle primarie statali fu necessario attendere ben cinquant'anni. Ad aprire la strada forono gli stati del sud, che le utilizzarono ancora una volta per tenere unito il Partito Democratico e scongiurare il rischio di scissioni e defezioni.

Dopo la guerra civile, quando il suffragio fu esteso alla popolazione di colore, il dominio del Partito Democratico negli stati del sud fu messo a serio rischio. La popolazione nera in quelle zone era numericamente paragonabile a quella bianca. L'affluenza alle urne degli elettori di colore era relativamente alta e, per ovvi motivi, i neri votavano in massa repubblicano. Ogni defezione all'interno del Partito Democratico poteva portare al potere una coalizione avversaria sostenuta da neri e bianchi, come effettivamente successe in una serie di casi.

49

Il sistema caucus/convention non era ancora sufficientemente trasparente. Favoriva la nascita di boss e potentati locali, che spesso facevano eleggere delegati di loro fiducia ricompensando in qualche modo i sostenitori che nei caucus votavano per le persone da loro indicate. In questo modo riuscivano ad esercitare un controllo sulle convention. Nel 1879, in Virginia, un esponente democratico entrò in rotta di collisione con i leader del partito. Recriminava per essere stato sconfitto in una convention controllata dai boss locali con manovre poco chiare e giochi di potere. Abbandonò il partito e si mise alla guida di una coalizione di bianchi provenienti dalla campagna e dalle colline, e neri. Riuscì a vincere le elezioni e amministrò lo stato per i quattro anni successivi[12].

Il rischio che situazioni come questa potessero ripetersi convinse i democratici a correre ai ripari. Il potere esercitato dai boss e dai politici di professione generava dissenso e suscitava proteste sempre più vibranti. Alcuni leader del partito cominciarono a vedere nelle elezioni primarie l'unico metodo efficace per favorire la coesione interna. I giornali democratici sensibilizzarono l'opinione pubblica su questi problemi e sposarono la soluzione delle primarie.

Verso la fine del diannovesimo secolo, in vari stati del sud i partiti presero iniziative per tenere primarie autogestite. Successivamente le amministrazioni locali approvarono le prime leggi riguardanti le primarie legali[12]. La prima proposta di primarie statali fu presentata in Alabama nel 1878 dal comitato democratico esecutivo di quello stato. Secondo quella proposta, le primarie dovevano servire a scegliere i delegati alla convention statale, saltando il sistema caucus/convention a molti livelli. Si dovette però attendere ancora qualche anno prima di vederle realizzate. Le prime primarie statali furono tenute nel 1892 in Luisiana, e la partecipazione fu limitata ai bianchi.

Anche il Partito Democratico della Carolina del sud tenne, nello stesso anno, delle primarie statali, per scongiurare la scissione dopo un aspro contrasto interno e ridurre i rischi di appelli politici rivolti ai neri. Ulteriori importanti progressi furono compiuti in quello stato quando la convention statale democratica approvò una regola secondo la quale tutte le candidature alle cariche statali dovevano essere designate, dal 1896 in poi, mediante primarie dirette. Prevedeva anche primarie di ballottaggio tra i due candidati meglio piazzati nel caso nessun candidato avesse ottenuto la maggioranza assoluta al primo turno. Negli anni 1890 non si registrarono altri progressi degni di nota e non furono tenute altre primarie statali nel sud, e tantomeno nel resto dell'Unione. Nel 1902 il Mississippi impose per legge le elezioni primarie come metodo per designare i candidati a tutte la cariche non giudiziarie.

Le primarie riuscirono effettivamente a dirimere i contrasti all'interno del Partito Democratico, e diedero risposta alla domanda di maggiore trasparenza e democraticità. Si acquistò la consapevolezza che nessuna organizzazione politica poteva resistere a lungo se non c'era fiducia nei suoi metodi di accertare e far rispettare il volere della maggioranza degli elettori.

Le primarie con ballottaggio degli stati del sud

Dopo la guerra di secessione, il Partito Repubblicano si impose per un breve periodo negli stati del sud, grazie al voto dei neri. Finché le truppe federali stazionarono negli stati ex-confederati, i repubblicani conservarono un forte consenso elettorale in quelle zone. Nel 1877, superate le spinte separatiste sudiste, il periodo della ricostruzione fu chiuso da un compromesso, che prevedeva, tra l'altro, che le truppe federali abbandonassero gli stati ex-confederati. A quel punto il Partito Democratico tornò gradualmente a prevalere, fino a raggiungere maggioranze schiaccianti, complice anche l'introduzione di restrizioni di fatto al diritto di voto (come per esempio "test di alfabetizzazione" per l'ammissione al voto), che penalizzavano l'affluenza ai seggi dei neri. Da allora, la ritrovata supremazia democratica nel "solido sud" resistette ininterrottamente fino al 1964.

Quasi sempre negli Stati Uniti le elezioni vedono confrontarsi due partiti maggiori e un numero elevato di partiti minori. Il vincitore ottiene spesso la maggioranza assoluta o comunque una maggioranza relativa prossima al 50%. Invece, nel periodo storico che stiamo considerando, il dominio del Partito Democratico negli 11 stati ex-confederati era praticamente incontrastato, al punto che le elezioni, dal risultato scontato, suscitavano poco interesse. A suscitare interesse erano le operazioni di selezione dei candidati interne al Partito Democratico, perché di fatto equivalevano alla selezione dei vincitori. Questo contesto alimentò il dibattito sui metodi di selezione dei candidati, e favorì l'introduzione delle primarie statali come sistema per favorire la coesione del Partito Democratico. Tuttavia, ci si rese presto conto che il sistema andava migliorato ulteriormente. In una situazione come quella descritta, primarie a maggioranza relativa equivalevano a tutti gli effetti ad elezioni a maggioranza relativa. Quando i candidati sono molti, le primarie a maggioranza relativa sono particolarmente rischiose per un partito egemone, perché possono permettere al vincitore di accedere alla carica pubblica anche con un consenso relativamente basso. Un vincitore che non ottiene la maggioranza assoluta rappresenta soltanto una minoranza del partito, e gli esponenti politici delle fazioni sconfitte possono usare questo argomento come pretesto per abbandonare il partito e stringere alleanze con gli avversari. In altre parole, le primarie, introdotte per rafforzare il partito e scongiurare divisioni, potevano ottenere l'effetto esattamente opposto.

Si ovviò a questi inconvenienti usando primarie con ballottaggio. Se nel primo turno nessun candidato otteneva la maggioranza assoluta dei voti, i due migliori classificati si confrontavano nel secondo turno, chiamato dagli americani *runoff*. Le primarie con ballottaggio sono dette alle volte "primarie doppie", e furono una peculiarità degli stati del sud.

L'adozione delle primarie con ballottaggio negli stati del sud per le cariche statali avvenne gradualmente[12]. Alcune iniziative furono prese ai parlamenti statali, altre autonomamente dal Partito Democratico. Le leggi che prevedevano primarie con ballottaggio furono approvate prima Florida nel 1901 (primarie non obbligatorie), poi nel Mississippi (1902), in Alabama (applicate solo nel 1902 e nel 1904, poi sostituite con primarie a maggioranza relativa fino al 1912, e dal 1915 con un complicato sistema di preferenze), in Carolina del sud nel 1915 (ma già dal 1896 i partiti tenevano primarie autogestite con ballottaggio), in Texas nel 1903 e nel 1905 (allora i partiti potevano scegliere tra la regola della maggioranza assoluta e quella della maggioranza relativa, ma dal 1907 divenne legge la regola della maggioranza relativa), in Luisiana nel 1906, in Georgia pure nel 1906 (ma due anni dopo il ballottaggio fu sostituito da una regola più complicata), in Tennessee nel 1908 (dove il ballottaggio fu eliminato successivamente).

Nella prima metà del ventesimo secolo molti stati ex-confederati si dotarono stabilmente di primarie con ballottaggio. Oggi le primarie con ballottaggio sono usate in quegli stati, più l'Oklahoma e il Dakota del sud, meno la Florida, che le eliminò nel 2005. La Virginia le introdusse del 1969 e le eliminò nel 1971. Nessuno stato del nord sperimentò mai le primarie con ballottaggio.

Come vedremo, il ballottaggio non è il sistema migliore per produrre maggioranze assolute alle primarie. A questo e a tanti altri problemi avrebbero ovviato le primarie sequenziali.

Fase del sistema primarie/caucus/convention

La fase del sistema caucus/convention terminò con le elezioni presidenziali del 1908. Nelle elezioni del 1912 furono finalmente introdotte le primarie dirette. La fase che seguì, che chiameremo fase del sistema primarie/caucus/convention e durò fino al 1968, fu una lunga fase di transizione, in cui caucus, primarie e convention coesistevano, spesso conflittualmente. L'elettore veniva consultato in parte direttamente e in parte indirettamente, ma la consultazione diretta non aveva ancora un peso determinante sulle scelta dei candidati alle elezioni presidenziali.

Il contesto storico che portò alle primarie presidenziali
Nel priodo compreso tra il 1865 e il 1901 la veloce espansione economica, industriale, demografica e territoriale fu accompagnata da scompensi e crisi, come il panico del 1873 e il panico del 1893, dovuti alla bancarotta di importanti banche e industrie. Aumentarono le tensioni sociali e lo scarto tra ricchi e poveri. Intere fasce della popolazione si impoverirono, altre si arricchirono a dismisura. La politica ne rimase coinvolta: si diffusero corruzione, malgoverno, arricchimento personale, scandali, voto di scambio, pratiche clientelari. Per molto tempo i politici non si fecero carico dei nuovi problemi, che si accumularono ed aggravarono, e, di ritorno, investirono lo stesso sistema politico. L'influenza dei poteri economici sulla politica cominciò a farsi pressante. I partiti finirono sotto il controllo di boss che si preoccupavano quasi unicamente di fare gli interessi della loro fazione o quelli di gruppi economici potenti loro alleati. La distanza tra rappresentanti e cittadini aumentò enormemente.

Il sistema caucus/convention si dimostrò sempre più inadeguato. Il caucus locale, ovvero il raduno di massa, dove si votava ancora in modo palese, diventò presto uno strumento efficace nelle mani di chi voleva di fatto esercitare controllo sul partito. Emersero i boss e si formavano naturalmente fazioni di sostenitori pronti a seguirli per trarne vantaggio. Con una sorta di spoils system interno al partito i boss privavano le minoranze di qualunque posto di rilievo, e ricompensavano i sostenitori che votavano per i candidati a loro fedeli con favori politici e cariche interne. In questo modo riuscivano ad accrescere il proprio potere a dismisura. Spesso usavano anche trucchi e accorgimenti tecnici per impedire o ridurre la partecipazione delle fazioni avversarie. Un esempio fu la "primaria lampo" (*snap primary*)[13]: il comitato locale del partito si riuniva a sorpresa, autorizzava la convocazione immediata del caucus locale, e informava adeguatamente soltanto i sostenitori del boss del luogo. Lo scarso tempo a disposizione impediva agli avversari di organizzarsi e presentare candidati che potessero mettere in difficoltà la fazione del boss. Di solito i boss preferivano manovrare nell'ombra, per non dare nell'occhio ed avere maggiore libertà di movimento.

In certe circostanze un boss locale proveniente dalle zone in cui il partito era più forte poteva assurgere a boss di livello nazionale con pochi passaggi, sfruttando la struttura piramidale del sistema caucus/convention. Si cominciava dal livello più basso: se il boss veniva da una zona in cui il partito raccoglieva più consenso, usando spregiudicatamente i metodi descritti sopra poteva mandare alla convention di contea una cospicua delegazione a lui fedele. Ripetendo quei trucchi al livello immediatamente superiore, poteva di fatto arrivare a controllare l'apparato del partito dell'intera contea. Se la contea era popolosa, e il partito vi riscuoteva un forte consenso, il boss poteva mandare delegazioni numerose e a lui fedeli alle convention di distretto e alla convention statale, e questo poteva permettergli di controllare il partito nell'intero stato. Infine, se il partito era molto forte in quello stato, e quello stato era abbastanza grande, dunque aveva diritto ad un gran numero di delegati alla convention nazionale, il boss poteva avere un peso notevole nella scelta del candidato alla presidenza. Per esempio, quando la convention nazionale attraversava una fase di stallo, con votazioni a ripetizione, il boss faceva scendere in campo un "dark horse", un candidato di compromesso di sua fiducia, che otteneva la nomina della convention per mancanza di alternative praticabili, e poi magari diventava presidente. Questo meccanismo elevava alcuni boss al livello di "kingmaker" senza un'adeguata investitura democratica[13].

A questo si aggiunge che il controllo del partito nei vari livelli intermedi permetteva di condizionare la scelta dei rappresentanti eletti a quei livelli: pubblici ufficiali di contea, distretto e statali, rappresentanti e senatori nei parlamenti statali, e perfino il governatore dello stato.

In una situazione come quella creatasi verso la fine del diciannovesimo secolo il sistema caucus/convention non riusciva più a dare riposte soddisfacenti ai nuovi problemi e non era in grado di evolvere ed aggiornarsi. In sostanza, strutturando il processo decisionale in modo piramidale e sequenzializzandolo in modo verticale, lo si era diluito quel tanto che bastava a renderlo controllabile. Esercitando un'influenza determinante su ciascun passaggio da un livello al livello immediatamente più alto, di fatto i boss riuscivano a controllare l'intero meccanismo, e sottometterlo al loro volere. Tutto il contrario, come vedremo, di quello che si sarebbe dovuto fare per fare emergere la volontà popolare.

Il partito populista

In reazione alle difficoltà economiche e al progressivo impoverimento di ampie fasce della popolazione, nell'ultima decade del diciannovesimo secolo si diffuse negli Stati Uniti il "populismo", un movimento che raccolse le proteste delle zone rurali del paese. Nel 1891 i populisti si organizzarono nel "partito del popolo" (*People's Party*), che ebbe un discreto successo nelle elezioni del 1892 e 1894.

Il "platform" approvato dalla convention nazionale populista del 1892 fu molto importante, perché conteneva proposte di riforme avanzate e lungimiranti, come il voto segreto, l'elezione diretta dei senatori, il ricorso popolare (*recall*), il referendum, la legge di iniziativa popolare, la tassa progressiva sul reddito, la giornata di lavoro di otto ore. Non solo: il partito populista si battè anche per la rappresentanza politica femminile e delle minoranze etniche. In sostanza, i populisti furono i primi a capire che in quella situazione non bastava risolvere i problemi contingenti, ma occorreva anche affrontare questioni più profonde.

Il "recall" è la "mozione di sfiducia popolare". Si tratta di una consultazione con la quale il popolo decide se un rappresentante eletto deve essere rimosso o rimanere in carica. L'elettore può anche votare l'eventuale successore. L'elezione è indetta qualora un numero sufficiente di elettori la richieda. Il "recall" recente più famoso fu quello che ebbe luogo in California nel 2003, grazie il quale il governatore in carica Gray Davis fu rimosso e sostituito con Arnold Schwartzenegger. Il numero di firme raccolte per indire il "recall" fu poco meno di un milione, pari al 12% dei votanti nelle elezioni governatoriali precedenti.

La convention populista del 1892 nominò James B. Weaver candidato alla presidenza. Alle elezioni i populisti raccolsero più di un milione di voti, pari all'8,5%, e vinsero in cinque stati, riportando successi notevoli soprattutto nell'ovest e nel sud del paese. Alle elezioni di medio termine del 1894 arrivarono a 1,5 milioni di voti.

Il partito populista ebbe l'effetto involontario di stimolare i partiti maggiori e risvegliarli dal loro torpore. I democratici furono i primi a recepire le proposte populiste menzionate sopra. Successivamente, anche la corrente progressista del Partito Repubblicano le fece sue. La conseguenza più importante fu che tutte quelle proposte furono realizzate nei decenni successivi, assieme ad altre importanti riforme di stampo populista, introdotte dai progressisti, tra cui le primarie dirette.

D'altro canto, al partito populista venne gradualmente meno il motivo di esistere. Molti leader populisti entrarono nel Partito Democratico, per continuare là le loro battaglie, e così il partito populista sparì velocemente. Si presentò alle elezioni fino al 1908, ma non riuscì mai più a raccogliere un consenso superiore all'1% del voto popolare.

L'era progressista

Le tensioni sociali accumulate in quegli anni avrebbero potuto avere conseguenze drammatiche. All'inizio del ventesimo secolo si affermò un movimento, detto "progressista" (*progressive*), che contribuì a superare il momento delicato. Il movimento progressista si fece promotore di una serie di riforme che ebbero un impatto notevole sulla società e cambiarono profondamente la democrazia americana, al punto che quegli anni passarono alla storia come l'*era progressista*.

I progressisti provenivano da classi sociali medioalte ed erano in gran parte conservatori. Contavano sostenitori in entrambi i partiti politici e godevano dell'appoggio della classe media, di molti lavoratori e datori di lavoro, e spesso anche dei sindacati. Parecchi uomini d'affari accorti si resero conto che lo scontento diffuso tra i lavoratori e le fasce più povere della popolazione non poteva più essere ignorato. Appoggiarono le riforme proposte dai progressisti, nonostante fossero costose per la loro classe sociale, perché capirono che erano un prezzo in fondo ragionevole da pagare per scongiurare rischi ben peggiori.

I progressisti si fecero promotori di molte riforme, a livello locale, statale e nazionale, orientate a dare più voce al popolo nel processo democratico e a rompere le oligarchie che permettevano ai pochi di ribaltare la volontà dei molti. Al referendum, la legge di iniziativa popolare e il "recall", già proposti dai populisti, aggiunsero le primarie dirette per le elezioni presidenziali. I progressisti ritenevano fondamentale la questione del governo popolare dei partiti, da realizzare mediante l'elezione diretta dei delegati alla convention nazionale, superando il sistema a molti livelli caucus/convention e dando agli elettori l'opportunità di esprimere la loro preferenza per il candidato presidente e il candidato vicepresidente.

Molti repubblicani e democratici si riconobbero nel movimento progressista. Dichiarando pubblicamente la loro appartenenza al movimento, permettevano agli elettori di "votare progressista", anche in assenza di un vero "partito progressista". Alle volte, in alcuni stati l'insieme dei rappresentanti progressisti ai parlamenti statali riusciva a totalizzare la maggioranza assoluta dei deputati e senatori. Quegli stati, detti "stati progressisti", furono in grado di approvare le riforme con una rapidità inusuale. Tra le altre cose, gli stati progressisti furono i primi a sperimentare le primarie presidenziali. La forza del movimento consisteva nel fatto che non aveva bisogno di un radicamento e un'organizzazione propri, anzi riusciva ad ottenere maggioranze assolute senza presentarsi alle elezioni come partito autonomo, ma come componente di entrambi i partiti maggiori, sfruttandone le risorse e il consenso.

Le prime leggi sulle primarie presidenziali

Le leggi sulle primarie presidenziali approvate nei primi anni del 1900 furono il frutto del lavoro dei progressisti di entrambi i partiti[14]. Nel 1901 la Florida approvò la prima legge statale sulle primarie presidenziali, non obbligatorie, che dava agli elettori la possibilità di scegliere direttamente i delegati alla convention. Tuttavia, gli elettori non potevano votare per i candidati alla nomina. Le prime primarie presidenziali in assoluto furono tenute in Florida nel 1904.

Il Wisconsin approvò una legge di più ampia portata sotto la guida del governatore progressista Robert La Follette, in una legislatura dominata dai repubblicani progressisti. Nel 1904 la convention statale repubblicana del Wisconsin registrò una frattura insanabile tra le fazioni pro e contro La Follette, che mandarono delegazioni distinte alla convention nazionale. Su raccomandazione del comitato nazionale repubblicano e del comitato per le credenziali, incaricato di verificare la legittimità delle delegazioni, fu ammessa alla convention nazionale la delegazione anti-La Follette e respinta la delegazione progressista. La convention statale repubblicana del 1904 designò anche due diversi insiemi di candidati alle cariche pubbliche dello stato, e la Corte Suprema del Wisconsin convalidò le candidature dei progressisti. Nel 1905 il parlamento del Wisconsin decise che l'unico metodo democratico per selezionare i delegati era quello di permettere agli elettori di sceglierli mediante le primarie, e approvò una legge in materia. Il Wisconsin fu dunque il primo stato che rese le primarie presidenziali obbligatorie. Tuttavia, come in Florida, gli elettori potevano votare soltanto per i delegati, non per i candidati alla nomina. La Follette proclamò che tra l'elettore e il rappresentante non doveva più essere interposta una macchina politica e un sistema complicato di caucus e convention, che potevano essere manipolati per ribaltare la volontà degli elettori[15]. Le prime primarie presidenziali del Wisconsin furono tenute nel 1908.

Nel 1906 la Pennsylvania approvò una legge che prevedeva le primarie presidenziali con l'elezione diretta dei delegati di distretto alla convention nazionale, dei candidati alla maggior parte delle cariche pubbliche statali e dei delegati alla convention statale. Per quanto riguarda le primarie presidenziali, secondo la legge della Pennsylvania ciascun candidato delegato poteva dichiarare con anticipo quale candidato alla nomina intendesse appoggiare alla convention nazionale. A richiesta del candidato delegato, sulla scheda elettorale il suo nome veniva affiancato dal nome del candidato alla nomina preferito. Ciò serviva per fornire all'elettore un'informazione adeguata, che gli permettesse di votare, indirettamente, anche per il candidato alla nomina. Tuttavia, nelle elezioni presidenziali del 1908 nessun candidato delegato fece uso di questa opportunità. Nelle primarie repubblicane del 1912, per contro, i candidati delegati utilizzarono questa opzione per distinguersi: da una parte i sostenitori del presidente uscente William H. Taft, dall'altra i sostenitori dell'ex-presidente Theodore Roosevelt. La legge del 1906 non si applicava ai delegati "at large", che erano ancora scelti dalla convention statale. Nel 1912 i progressisti intrapresero una serie di iniziative per distinguere anche i candidati delegati "at large" in "pro-Taft" e "pro-Roosevelt", senza successo. Nel 1909 anche il Dakota del sud approvò una legge che prevedeva l'elezione diretta dei delegati mediante primarie.

Nel 1910 l'Oregon approvò, tramite referendum popolare, una legge che permetteva agli elettori delle primarie non soltanto di scegliere i delegati in modo diretto, ma anche esprimere, separatamente, la loro preferenza per il candidato alla nomina. Inoltre, la legge vincolava i delegati eletti a sostenere il candidato alla nomina che otteneva la maggioranza delle preferenze. Questo tipo di primarie sono dette "primarie preferenziali". Come vedremo, non sono quelle che garantiscono al meglio il rispetto della volontà popolare. Nonostante ciò, l'iniziativa dell'Oregon fu molto importante, perché indicò con chiarezza l'obiettivo finale da raggiungere. Il Wisconsin, il Nebraska, il New Jersey, le due Dakote e la California adottarono la legge dell'Oregon appena un anno dopo.

Nel 1912 il parlamento dell'Illinois istituì primarie presidenziali consultive, senza scelta dei delegati. La legge fu emendata nel 1913 per includere l'elezione diretta dei delegati su una scheda elettorale separata. Nel complesso, il risultato fu una procedura analoga a quella dell'Oregon. Il Maryland e il Massachusetts approvarono leggi simili a quella dell'Oregon nel 1912. La legge del Maryland dava alle convention dei partiti il potere di decidere se la delegazione fosse vincolata o meno a sostenere il candidato alla nomina che otteneva più preferenze. Il Michigan approvò una legge statale sulle primarie presidenziali nel 1912, in tempo per le elezioni presidenziali di quell'anno. Tuttavia, il parlamento statale, per opera dei conservatori repubblicani di Taft, avversari dei repubblicani progressisti di Roosevelt, ne bloccò l'applicazione immediata. Di conseguenza, il Michigan tenne le sue prime primarie presidenziali soltanto nel 1916. Pennsylvania e Ohio approvarono leggi che prevedevano l'elezione diretta dei delegati di distretto. Nello stato di New York la possibilità di elezione diretta dei delegati di distretto fu lasciata alla discrezione dei comitati statali dei partiti. Di questa opzione si avvalsero i repubblicani. La Georgia approvò una legge che prevedeva primarie non obbligatorie, utilizzata dai democratici per organizzare primarie preferenziali.

1912: il duello tra Roosevelt e Taft

La prima fase della storia delle primarie presidenziali attraversò momenti drammatici nel 1912. Il Partito Repubblicano fu dilaniato da uno scrontro feroce tra coloro che volevano le primarie e coloro che si battevano contro. È utile ripercorrere quegli eventi con un certo dettaglio, perché ci permettono di apprezzare il funzionamento dei partiti e della convention in quel periodo storico[16].

Una delle figure più importati del movimento progressista fu Theodore Roosevelt, già presidente repubblicano dal 1901 al 1908. Nel 1908 Roosevelt, come molti suoi predecessori, scelse di non correre per un terzo mandato, per non rompere la tradizione inaugurata più di un secolo prima da Washington e Jefferson, e indicò William H. Taft quale suo successore. Taft effettivamente ottenne la nomina repubblicana e poi vinse le elezioni.

Roosevelt partì per l'Africa e l'Europa. Quando tornò negli Stati Uniti, l'anno seguente, trovò un partito diviso, in preda agli scontri tra fazioni opposte. Il movimento progressista era in fibrillazione, perché il partito respingeva sistematicamente, o accoglieva con totale indifferenza, tutte le proposte progressite, viste come seria minaccia al potere dei boss. Molti amici di vecchia data si rivolsero a Roosevelt per chiedergli di rientrare sulla scena politica e battersi per le idee in cui aveva sempre creduto, tra cui le primarie dirette. Roosevelt esitò per un po', poi si convinse.

In un discorso del 1910 nel Kansas, Roosevelt disse[17]: "A più

61

riprese nell'avanzamento dell'umanità questo conflitto tra gli uomini che possiedono più di quanto si siano guadagnati e gli uomini che si sono guadagnati più di quanto possiedano è la condizione centrale del progresso. Al giorno d'oggi sembra la lotta degli uomini liberi per ottenere e mantenere il diritto all'autogoverno contro gli interessi particolari, che trasformano i metodi del libero governo in macchinazioni per sconfiggere la volontà popolare. Ad ogni livello e in tutte le circostanze, l'essenza di questa lotta è quella di uguagliare le opportunità, distruggere il privilegio e dare alla vita e alla cittadinanza di ogni individuo il più alto valore possibile, sia a lui che al bene comune." Quel discorso diventò il programma di una nuova lotta politica.

Verso la fine del suo mandato, nel 1911 e nel 1912, Taft perse gran parte del consenso popolare di cui godeva. Per contro, la rivolta interna progressista si estese. I progressisti non perdevano occasione di rimarcare che il partito vinceva solo dove presentava candidati della loro corrente, mentre negli altri casi avevano la meglio i democratici.

Inizialmente Roosevelt non aveva intenzione di candidarsi contro Taft, di cui era stato amico per molto tempo. Dal canto loro, i democratici si apprestavano a candidare Woodrow Wilson, il loro candidato più forte, e speravano che repubblicani puntassero su Taft, convinti che Wilson avesse buone possibilità di batterlo.

I governatori repubblicani di sette stati si unirono in un appello per chiedere a Roosevelt di correre per la nomina, sostenendo che la maggioranza dei repubblicani volevano che si candidasse, e la maggioranza degli elettori lo volevano presidente per la terza volta. Roosevelt sapeva che Taft controllava la macchina del partito e quindi gli sarebbe stato molto difficile ottenere la nomina. L'unica possibilità era quella di appellarsi direttamente al popolo, mediante le primarie. Nel febbraio del 1912 Roosevelt rispose positivamente all'appello dei governatori, annunciando la propria candidatura alla nomina repubblicana. Auspicò che ovunque possibile si desse al popolo la possibilità di scegliere il candidato presidente mediante primarie dirette. L'annuncio scatenò gli avversari di Roosevelt, che lo accusarono di ambizione personale, perché non manteneva fede alla promessa di non ricandidarsi, fatta in precedenza, e di tradire gli esempi di Washington e Jefferson, che avevano rinunciato a correre al terzo mandato presidenziale.

Nel frattempo, quasi tutti gli stati progressisti si erano dotati di leggi sulle primarie dirette. Nel 1912 il Partito Repubblicano tenne le primarie in 13 stati e il Partito Democratico in 12. I principali candidati repubblicani furono tre, perché a Roosevelt e Taft si aggiunse anche La Follette, che era sceso in campo come candidato progressista ancora prima di Roosevelt. Roosevelt vinse 9 primarie e ottenne più voti di Taft in 11 primarie[18]. La Follette vinse le prime due primarie, quelle del Dakota del nord e del Wisconsin. Il Wisconsin, stato di provenienza di La Follette, riversò tutti i consensi progressisti sul suo candidato, che raccolse il 73% dei voti, lasciando a Roosevelt soltanto lo 0,3%, mentre Taft raccolse i voti conservatori, pari al 26%. La candidatura di La Follette perse però slancio abbastanza presto e nelle rimanenti primarie Roosevelt prevalse sempre su La Follette e quasi sempre su Taft. In California, nel Dakota del sud, in Illinois e nel Nebraska Roosevelt staccò Taft di più del 25%. In New Jersey, Maryland, Oregon e Ohio vinse con 5-15 punti di scarto, in Pennsylvania con 20. Solo nel Massachusetts perse di poco contro Taft. I repubblicani tennero primarie anche nello stato di New York, ma i dati di quella consultazione non sono disponibili. Per quanto riguarda il voto popolare, in totale Roosevelt ottenne il 51,5% contro il 34% di Taft e il 14,5% di La Follette. Dei 362 delegati così assegnati, Roosevelt ne ottenne 278, Taft 48 e La Follette 36.

Per effetto delle legislazioni approvate negli stati guidati dai progressisti, nel 1912 anche i democratici sperimentarono le primarie presidenziali, negli stessi stati dei repubblicani tranne New York. La nomina democratica fu contesa tra Woodrow Wilson, governatore del New Jersey, e Champ Clark, presidente della Camera. Nelle primarie i due candidati raccolsero, rispettivamente, il 44,6% e 41,6% dei voti. Una delegazione contestata, quella del Sud Dakota, fu assegnata a Wilson. La convention democratica visse vicende alterne. Clark prevalse nelle prime votazioni, dove ottenne la maggioranza assoluta, ma non i due terzi dei voti necessari per la nomina. Successivamente Wilson riprese quota e Clark declinò, finché la nomina andò Wilson, dopo il ritiro di

Clark, alla 46esima votazione[19].

Alla convention repubblicana di Chicago parteciparono 1078 delegati. I delegati eletti direttamente dal popolo erano 362. Gli altri, quindi la maggioranza, erano stati scelti indirettamente con il sistema caucus/convention, che permetteva ai capi-partito locali di esercitare un controllo capillare in grado di influenzare il risultato. In qualità di presidente in carica, nei quattro anni precedenti Taft aveva avuto modo di stringere rapporti ed alleanze con quasi tutti i leader locali. Roosevelt godeva dell'appoggio dei delegati che provenivano dagli stati in cui i repubblicani erano forti, mentre Taft era appoggiato dai delegati che provenivano dagli stati in cui i repubblicani erano deboli. In particolare, quasi tutti i 216 delegati provenienti dagli stati ex-confederati stavano dalla parte di Taft. Ricordiamo che il numero di delegati che spettavano ad uno stato non era ancora stabilito tenendo conto della forza del partito in quello stato, ma era fissato soltanto in base al numero dei grandi elettori dello stato. Pertanto, i delegati provenienti dagli stati del sud, dove il Partito Repubblicano era molto debole, erano numerosi e poco rappresentativi, dunque ancora più facilmente soggetti al controllo dei capi-partito locali, che rispondevano a Taft.

I seggi contestati furono 254. A seconda di come sarebbero stati assegnati ai due contendenti, i delegati contestati potevano ribaltare il risultato della convention. Il comitato nazionale repubblicano, che decideva la composizione temporanea della convention, era stato eletto dalla convention precedente, quando Taft era leader indiscusso, sostenuto proprio da Roosevelt. La maggioranza dei delegati che sedevano nel comitato era di 37 su 53 a favore di Taft. La battaglia sui seggi contestati fu intensa e durò alcuni giorni, tuttavia per Roosevelt non ci fu nulla da fare: 235 delegati contestati furono attribuiti a Taft, e soltanto 19 a Roosevelt.

Nel frattempo, tra le file dei progressisti cresceva la domanda di formare un nuovo partito, ispirato ai principi progressisti, senza equivoci, né compromessi, sotto la guida di Roosevelt. Le forze di Taft resistettero alle ripetute richieste di rinnovare la composizione della convention repubblicana, avanzate dai delegati progressisti. A quel punto i delegati progressisti annunciarono di non voler più partecipare ai lavori. Rimasero nella convention, ma non parteciparono al voto. Taft fu nominato alla prima votazione con 556 voti, contro i 107 di Roosevelt e i 41 per La Follette. Ci furono ben 348 presenti non votanti.

Il giorno dopo la chiusura della convention repubblicana, molti delegati progressisti si riunirono in assemblea. Roosevelt chiese di organizzare una convention che nominasse un candidato progressista e adottasse un documento programmatico progressista, e si dichiarò disponibile a guidare il nuovo partito se chiamato a farlo dalla nuova convention. In un'atmosfera di entusiasmo spontaneo si consumò così la rottura con il Partito Repubblicano, che diede vita al partito progressista. Il nuovo partito fu soprannominato "alce" (*bull moose*, lett.: "alce maschio"), perché ai cronisti che gli chiedevano se fosse abbastanza in forma per candidarsi per un terzo mandato presidenziale, Roosevelt rispose di sentirsi "in forma come un'alce". La convention nazionale del partito progressista si riunì nell'agosto del 1912. Era composta di circa duemila delegati, molti dei quali donne. Roosevelt tenne un lungo discorso che intitolò "confessione di fede", nel quale parlò delle riforme progressiste. Il documento programmatico della convention fu intitolato "contratto con il popolo". La convention nominò Roosevelt ufficialmente.

Il primo punto del documento programmatico progressista riguardava le riforme politiche. Includeva le primarie dirette per i candidati statali e nazionali, primarie nazionali per i candidati alla presidenza, l'elezione diretta dei senatori, la legge di iniziativa popolare, il referendum e il "recall", una semplificazione delle procedure per emendare la Costituzione, e il suffragio femminile. Gli altri punti del documento contenevano proposte di giustizia sociale, a riprova della sensibilità dei progressisti verso questi temi, come l'abolizione del lavoro infantile, il salario minimo, la giornata di lavoro di otto ore, il risarcimento per gli incidenti sul lavoro[20].

Alle elezioni generali, forte dell'investitura popolare ottenuta nelle primarie repubblicane, Roosevelt, dopo essere sopravvissuto ad un attentato, conquistò più stati di Taft, sei contro due, per un totale di 88 grandi elettori contro 8. Inevitabilmente, la divisione del Partito Repubblicano favorì la vittoria del candidato democratico. Per la prima, e finora unica, volta nella storia degli Stati Uniti il candidato di un partito maggiore alle elezioni presidenziali non si classificò tra i primi due. Roosevelt si aggiudicò il 27% del voto popolare, contro il 23% di Taft. La somma dei voti raccolti da Roosevelt e Taft fu superiore al numero dei voti raccolti da Wilson, 7,6 milioni contro 6,3. Quella di Roosevelt fu chiamata da Harold Howland, autore di una cronaca del movimento progressista pubblicata nel 1921, la "gloriosa sconfitta". Wilson fu l'unico presidente democratico che interruppe un ciclo di vittorie repubblicane esteso su un arco di 36 anni.

1912-1924: il primo periodo di primarie presidenziali

Il primo periodo di primarie presidenziali va dal 1912 al 1924[21]. Le primarie raggiunsero il massimo successo nel 1916 e poi cominciarono a declinare. Tra il 1912 e il 1916 nove stati adottarono le primarie presidenziali. Tutte prevedevano il voto di preferenza per il candidato alla nomina, tranne quelle del New Hampshire, che prevedevano soltanto l'elezione diretta dei delegati. Il Texas approvò una legge sulle primarie presidenziali, che però fu dichiarata incostituzionale dalla Corte Suprema dello stato. Tra il 1916 e il 1924 soltanto l'Alabama approvò una legge sulle primarie presidenziali, ma anch'essa fu giudicata incostituzionale. Il Minnesota e l'Iowa abrogarono le proprie leggi dopo averle applicate una sola volta, il Vermont dopo due volte, il Montana dopo un referendum popolare. Nel Nebraska l'attacco alle primarie fu fermato da un referendum popolare, nel 1922. Altre azioni da parte delle forze conservatrici contro le primarie si registrarono in Indiana, New Jersey e in altri stati.

Nel 1916 20 stati tenero primarie presidenziali, tanto democratiche quanto repubblicane. Nel 1920 le primarie democratiche scesero a 16, mentre quelle repubblicane rimasero 20. Nel 1924 le primarie democratiche scesero ulteriormente a 14 e quelle repubblicane a 17. La percentuale di delegati alla convention eletti con le primarie oscillò tra il 33% democratico del 1912 e il 59% repubblicano del 1916. Superò il 50% in due altri casi: le primarie democratiche del 1916 (53,5%) e quelle repubblicane del 1920 (58%). Negli altri casi si attestò tra il 35% e il 40%[22].

Per misurare il grado di partecipazione alle primarie introduciamo la nozione di "affluenza relativa alle primarie"[23], che definiamo come la percentuale dei voti espressi nelle primarie del partito rispetto ai voti raccolti dal partito nelle elezioni generali corrispondenti. Considerando solo gli stati che tenevano le primarie e diffusero dati di cui abbiamo notizia certa, l'affluenza relativa raggiunse il massimo assoluto, pari al 70,3%, nelle primarie repubblicane del 1912, complice l'interesse suscitato dal duello fra Roosevelt e Taft. Di riflesso, anche l'affluenza relativa alle primarie democratiche raggiunse il massimo nel 1912, pari al 41,8%. Fatta eccezione per quell'anno particolare, nelle due tornate elettorali successive la partecipazione si stabilizzò su livelli più bassi di quelli odierni: l'affluenza relativa fu 37,2% e 22,6% nel 1916, e 38,9% e 21,0% nel 1920, per repubblicani e democratici, rispettivamente.

Ogni stato fissava, e fissa ancora oggi, la data delle proprie primarie autonomamente, con il risultato che le primarie presidenziali di stati diversi si svolgono generalmente in date diverse. Di conseguenza, le primarie presidenziali sono sequenzializzate in modo naturale su un arco temporale di diversi mesi. Nel periodo compreso tra il 1912 e il 1924 la stagione delle primarie copriva un periodo di circa tre mesi, compreso tipicamente tra una delle prime tre settimane di marzo e l'ultima settimana di maggio o la prima settimana di giugno. Le convention erano tenute nel mese di giugno.

Alcuni stati non potevano fissare le primarie nelle prime settimane dell'anno, per via del clima inclemente dei mesi invernali. D'altra parte, primarie troppo anticipate potevano cadere in un momento in cui la campagna elettorale non era ancora entrata nel vivo e i candidati più forti non erano ancora scesi in campo. Le primarie non potevano essere fissate troppo tardi, in estate, a ridosso della convention, perché i delegati eletti dovevano essere determinati con adeguato anticipo, in modo da permettere loro di organizzarsi materialmente per partecipare alla convention.

Dove le primarie presidenziali erano svolte contestualmente alle primarie locali, l'affluenza alle urne era più alta. La combinazione di primarie presidenziali e locali, spesso sulla stessa scheda elettorale, permetteva anche una notevole riduzione dei costi di organizzazione. In un certo numero di stati le primarie presidenziali erano svolte separatamente da ogni altro tipo di elezioni, con un conseguente raddoppio dei costi e un'affluenza alle urne relativamente più bassa.

Se si esclude l'eccezionalità degli eventi del 1912, in quella fase storica le primarie furono considerate più che altro delle *beauty contest*, cioè esibizioni di consenso e popolarità, utili ai candidati che godevano di scarso appoggio all'interno dei partiti, e magari erano in cerca di un'occasione di visibilità. Caucus, primarie e convention coesistevano, spesso conflittualmente. Le primarie non avevano un peso determinante, come abbiamo visto nel 1912. Nonostante la percentuale dei delegati eletti con le primarie fosse notevole, in alcune tornate elettorali superiore al 50%, l'elettore non aveva veramente la possibilità di esprimere la propria preferenza per il candidato alla nomina. Molti delegati non si impegnavano a sostenere alcun candidato. Inoltre, i vincoli che dovevano impegnare i delegati a mantenere fede all'impegno eventualmente preso erano spesso ambigui, o non esistevano affatto. I candidati non spendevano la maggior parte delle loro energie per ottenere il consenso degli elettori nelle consultazioni dirette. Molti di loro nemmeno vi partecipavano. Si davano soprattutto da fare per ottenere il favore dei boss che comandavano il partito. Nella seconda parte del primo periodo di primarie presidenziali queste lacune del sistema misto emersero con evidenza sempre maggiore.

Le candidature

Nelle primarie gli elettori potevano votare per i candidati alla nomina, per i delegati alla convention, o per entrambi. Le modalità di presentazione delle candidature variavano da stato a stato. Cominciamo col descrivere la presentazione delle candidature alla nomina. Alcuni stati chiedevano agli aspiranti candidati soltanto di presentare una dichiarazione formale di candidatura, eventualmente accompagnata dal pagamento di una certa somma in denaro. Altri stati permettevano ai cittadini di candidare persone senza il loro esplicito consenso. In quel caso i sostenitori che volevano candidare una persona alla nomina dovevano presentare una domanda di candidatura e allegare un certo numero di firme a sostegno della stessa. In altri stati ancora erano permesse entrambe le procedure, cioè sia l'autocandidatura, sia la candidatura da parte di terzi. Il numero minimo di firme, ove richieste, era fis-

sato a priori, oppure determinato come una percentuale del numero di elettori che si erano recati a votare nelle elezioni precedenti.
Di solito, le firme erano raccolte dai sostenitori locali del candidato, in riunioni e convention informali organizzate appositamente.
In alcuni stati, infine, le candidature dovevano o potevano essere
presentate dal comitato statale del partito.

È importante sottolineare che non sempre erano i candidati a
"candidarsi". Spesso erano gli elettori a candidare spontaneamente le persone che volevano votare. In alcuni stati, cioè, non occorreva il consenso preventivo dei candidati alla nomina per inserire
i loro nomi sulle schede elettorali. Un nome veniva rimosso se e
soltanto se il candidato ne faceva formale richiesta. Permettere
agli elettori di votare chiunque desiderino, anche chi non si candida ufficialmente, è coerente con lo spirito di apertura delle primarie: è infatti diritto dei cittadini riunirsi, associarsi, e quindi anche
consultarsi in merito ai candidati che intendono votare alle elezioni, che questi siano interessati o meno. Tuttavia, una fazione poteva candidare artificialmente un numero elevato di esponenti delle
fazioni avversarie con il solo scopo di dividere i voti dei rivali,
per cui di solito si garantiva a chiunque il diritto a far rimuovere il
suo nome dalle schede elettorali.

Spesso l'elettore aveva una possibilità ulteriore, quella di votare candidati di sua scelta, non contenuti nella lista dei candidati
ufficiali elencati sulla scheda elettorale. A questo scopo, in alcuni
stati le schede elettorali contenevano apposite righe bianche, dette
write-in ("inserisci per iscritto", "scrivi dentro"), nelle quali l'e-
lettore poteva scrivere di suo pugno i nomi dei candidati alternativi che preferiva. Quei voti erano conteggiati al pari degli altri. La
riga bianca "write-in" poteva essere utilizzata anche dai candidati
che, per qualche motivo (come ritardi o irregolarità nella presentazione delle firme) erano stati esclusi dalla lista dei candidati ufficiali.

Per quanto riguarda, invece, la modalità di presentazione delle
candidature a delegato, la maggior parte degli stati richiedeva una
raccolta di firme a sostegno, mentre altri stati accettavano anche
una semplice dichiarazione di candidatura da parte dell'aspirante
candidato. Spesso, le liste di candidati delegati da elencare sulle
schede elettorali erano compilate in assemblee e convention pre-

primarie non ufficiali, o riunioni di leader di partito e rappresentanti eletti. Altre volte i comitati elettorali dei candidati alla nomina venivano autorizzati a redigere le proprie liste dei candidati delegati impegnati a sostenerli.

In alcuni casi il comitato statale del partito usava indire un'apposita convention non ufficiale pre-primarie, per prendere posizione a sostegno di un particolare candidato alla nomina, o di gruppi particolari di delegati. Questa pratica creò allarme tra i difensori delle primarie, che volevano garantire ai cittadini la possibilità di votare nella più assoluta tranquillità, senza essere soggetti all'influenza degli apparati, e videro il rischio di un ritorno ai metodi del sistema caucus/convention. In alcuni casi i tentativi di dare investiture partitiche a candidati particolari furono fermati con successo, in altri casi no. In genere, i candidati che ottenevano le investiture partitiche erano favoriti sugli altri, e prevalevano nelle primarie. Tuttavia, un partito che prendeva una posizione definita a favore di un candidato rischiava di arrivare diviso alle elezioni generali, dando un vantaggio agli avversari. Inoltre, la convocazione delle convention pre-primarie rappresentava una spesa difficile da giustificare di fronte all'opinione pubblica. Per questi motivi la pratica non si diffuse e così sparirono anche le obiezioni alla stessa. Investiture provenienti da associazioni indipendenti di cittadini, invece, non suscitarono mai nessuna obiezione e sono pratica comune ancora oggi.

Selezione dei delegati e preferenza per i candidati alla nomina

Vediamo ora le modalità di voto per i delegati e per i candidati alla nomina tra il 1912 e il 1924. Anch'esse variavano molto da stato a stato. La casistica è considerevole, e contiene anche soluzioni molto simili a quelle odierne. Possiamo distinguere cinque gruppi di stati[24].

a. Nel primo gruppo di stati l'elettore non poteva esprimere alcuna preferenza per il candidato alla nomina, ma soltanto eleggere i delegati. I delegati non erano tenuti a specificare quale candidato alla nomina intendevano appoggiare alla convention. Questa era la procedura che dava all'elettore il minor controllo sui delegati. Fu usata nello stato di New York e nel Wisconsin nel 1908 e nell'Ohio nel 1912.

b. Nel secondo insieme di stati i delegati erano selezionati dalle convention statali, ma erano istituite anche primarie preferenziali, in cui gli elettori potevano votare il candidato alla nomina. Questo sistema fu usato in Indiana, Maryland, Michigan, Carolina del Nord e Vermont nel 1912.

c. Un terzo insieme di stati optò per l'elezione diretta dei delegati e, allo stesso tempo, un voto di preferenza per il candidato alla nomina. Questo gruppo di stati può essere diviso in due sottogruppi.

*c*1. In Montana, Dakota del nord, Nebraska, Pennsylvania e Virginia, l'elettore non conosceva le preferenze dei candidati delegati in merito al candidato alla nomina. In Pennsylvania e Virginia le schede elettorali delle primarie specificavano, accanto al nome del delegato, se egli intendeva attenersi o meno al risultato del voto preferenziale per il candidato alla nomina.

*c*2. In Illinois, Minnesota, New Jersey, Ohio, Oregon e Wisconsin le schede elettorali delle primarie riportavano, accanto al nome del candidato delegato, il nome del candidato alla nomina che egli intendeva appoggiare alla convention. Questo metodo fu usato anche nel Dakota del sud dal 1916 e in California e Massachusetts nel 1912. In Ohio il voto di preferenza per il candidato alla nomina e il voto per l'elezione dei delegati erano espressi su schede elettorali separate.

d. Un quarto insieme di stati comprendeva la California, il Massachusetts e il New Hampshire, dove gli elettori votavano per i delegati, e non era previsto alcun voto di preferenza per il candidato alla nomina. Tuttavia, la scheda elettorale riportava, accanto al nome del candidato delegato, il nome del candidato alla nomina che egli intendeva appoggiare alla convention. In questi casi l'elettore, nel momento in cui sceglieva i delegati, di fatto sceglieva anche il candidato alla nomina. In più, aveva la garanzia che i delegati avrebbero appoggiato quel candidato alla convention. Questo sistema è quello che dava più potere all'elettore, senza ambiguità.

e. La quinta modalità di voto era quella in cui l'elettore votava il nome del candidato alla nomina, il quale sceglieva personalmente i propri delegati. Questo sistema fu approvato per legge in Alabama nel 1923, ma fu poi quella legge fu dichiarata incostituzionale. Fu utilizzato ugualmente dal Partito Democrati-co in primarie autogestite. Varianti furono considerate in Illinois e Iowa.

Con il sistema *a* l'elettore poteva soltanto eleggere i delegati, ma non poteva sapere per quali candidati alla nomina i delegati avrebbero votato alla convention. Di fatto, l'elettore non aveva alcun modo per votare il candidato alla nomina. Negli altri stati, le modalità che davano all'elettore questa possibilità erano, come abbiamo visto, tre: permettere all'elettore di esprimere un voto di preferenza per il candidato alla nomina, come nei sistemi *b* e *c*; specificare sulla scheda elettorale il nome del candidato alla no-mina appoggiato da ciascun candidato delegato, in modo che l'e-lettore potesse scegliere i delegati in base a questa informazione, come nei sistemi *c2* e *d*; permettere all'elettore di votare diretta-mente per il candidato alla nomina, che poi sceglieva i propri de-legati, come nel sistema *e*. Il sistema *c2* dava all'elettore addirit-tura due modi, non necessariamente concordanti, per indicare il candidato alla nomina che preferiva: lo stesso modo del sistema *d* più il voto di preferenza per il candidato alla nomina.

Il voto di preferenza previsto dai sistemi *b* e *c* aveva dei difetti notevoli. Il problema non banale era stabilire quale valore avesse la preferenza espressa dagli elettori, cioè se essa dovesse vinco-lare il voto dei delegati alla convention, e come potesse vincolarlo in maniera efficace. In alcuni stati il voto di preferenza era mera-mente indicativo, cioè i delegati eletti non erano tenuti ad appog-giare il candidato alla nomina che otteneva più preferenze, ma so-lamente "esortati" a farlo. In questo caso l'elettore non aveva un vero potere di scelta in merito al candidato alla nomina. In altri stati (Maryland, Carolina del nord, Michigan) la legge prevedeva che i delegati eletti fossero vincolati a sostenere il candidato alla nomina che prendeva più preferenze. In Indiana il vincolo scatta-va solamente se un candidato alla nomina otteneva la maggioran-za assoluta delle preferenze. In quel caso la delegazione era vin-colata a votare per il candidato alla nomina, finché restava in cor-sa.

I vincoli di questo tipo, tuttavia, si rivelarono presto inefficaci, perché costringevano molti delegati a votare per candidati che non gradivano. Il sostegno poco convinto si traduceva spesso in defezione nel momento cruciale delle votazioni. Tipicamente, i delegati si attenevano al vincolo nelle prime votazioni della convention, che spesso non erano decisive, ma nelle votazioni cruciali votavano per il loro candidato preferito. Il vincolo si rivelava particolarmente debole nei casi in cui il candidato alla nomina otteneva soltanto la maggioranza relativa delle preferenze nelle primarie.

L'imbarazzo maggiore si raggiungeva negli stati che usavano il sistema $c2$, come detto, perché l'elettore poteva esprimere il voto di preferenza per il candidato presidente, ma allo stesso tempo eleggeva i delegati conoscendo quale candidato alla nomina appoggiavano. Sono note anche situazioni limite in cui alcuni delegati potevano ricevere ben tre istruzioni diverse in conflitto tra loro. Tipicamente, i delegati eletti con il sistema $c2$ si sentivano legittimati a ignorare il risultato del voto preferenziale, oppure a tenerne conto soltanto nelle prime, non decisive, votazioni per la nomina alla convention. Nelle votazioni decisive votavano per il candidato alla nomina che avevano dichiarato di appoggiare. Di fatto, il sistema $c2$ diventò equivalente al sistema d, ma con tutti i rischi comportati dall'ambiguità spiegata sopra.

Non c'era invece alcun problema con i sistemi d ed e. Essi erano i sistemi più simili a quelli usati oggi. In particolare, con il sistema d gli elettori potevano scegliere i delegati conoscendo il candidato alla nomina per il quale erano schierati. Non c'era alcun rischio significativo che alla convention i delegati votassero per un candidato alla nomina diverso da quello che loro stessi avevano liberamente dichiarato di appoggiare. Quindi il sistema d consentiva ai cittadini di scegliere il candidato alla nomina in maniera efficace. Il sistema e eliminava l'elezione diretta dei delegati, preservando unicamente il voto di preferenza per il candidato presidente. Ad elezioni avvenute, il candidato alla nomina che risultava vincitore nelle primarie sceglieva personalmente i delegati. Questa legge ammetteva una serie di varianti, alcune delle quali furono discusse in Iowa e Illinois. In particolare, la variante dell'Illinois stabiliva che a ciascun candidato alla presidenza spettasse un numero di delegati proporzionale ai voti raccolti.

Nei sistemi $c2$ e d i candidati delegati non erano obbligati a dichiarare necessariamente il nome del candidato alla nomina che

73

intendevano appoggiare. Coloro che non desideravano farlo erano raggruppati nella lista dei delegati "non impegnati". A quella lista era associato un candidato alla nomina aggiuntivo fittizio. I delegati non impegnati erano trattati, a tutti gli effetti, come delegati impegnati a sostenere quel candidato fittizio. Questo accorgimento tecnico era utile, ad esempio, per calcolare con la stessa regola il numero dei delegati eletti spettanti a ciascun candidato alla nomina e il numero di delegati non impegnati.

Oggi, come allora, un delegato alla convention ha molti altri compiti, oltre a quello di votare per il candidato alla nomina. Per esempio, deve votare mozioni, risoluzioni, regolamenti interni del partito, punti del documento programmatico. I vincoli di cui abbiamo parlato si applicavano soltanto alle votazioni per la nomina. Su tutte le altre questioni il delegato poteva usare la sua personale discrezione, e far valere le proprie convinzioni. Da questo punto di vista è utile fare un paragone tra i compiti dei delegati alla convention e quelli dei grandi elettori presidenziali. I grandi elettori hanno un unico compito, quello di votare per il presidente. Anch'essi sono vincolati a votare un candidato ben preciso, ma si tratta dell'unico candidato del proprio partito alle elezioni generali, contro i candidati dei partiti avversari. Quel tipo di vincolo non crea alcuna situazione di imbarazzo, non genera confusione o ambiguità, e può essere imposto in maniera efficace. I casi di grandi elettori infedeli sono infatti rarissimi. Il ruolo dei delegati alla convention è invece molto diverso. Per loro occorreva una soluzione migliore del sistema di vincoli descritto sopra.

I sistemi che abbiamo appena descritto sono indubbiamente complicati. Ci si può chiedere se non fosse possibile adottare sistemi più semplici, per esempio fare delle primarie *tout-court*, senza delegati, né convention. Tuttavia, se si rinuncia alla convention, si rinuncia all'autorità più alta del partito, che decide le regole, il programma, i candidati. Il vuoto sarebbe presto occupato da oligarchie partitiche. Si potrebbe pensare allora di scindere le primarie per il candidato presidente dalle primarie per i delegati alla convention. Tuttavia, se l'elezione della convention è scorrelata da quella del candidato presidente, c'è il rischio che il candidato sancito dalle primarie e il programma elettorale approvato dalla convention siano incompatibili. Volendo rimettere *tutte* le decisioni che riguardano il partito nelle mani del popolo, esiste una soglia minima di complessità sotto la quale non ci si può spingere. Occorre allora elaborare un meccanismo che permetta agli elettori di scegliere il candidato presidente e, allo stesso tempo, eleggere i delegati alla convention, correlando le due selezioni in modo da ottenere risultati concordi. Una possibilità è, per esempio, adottare ovunque, o quasi ovunque, i sistemi *d* o *e*. Il primo periodo di primarie presidenziali fu una fase molto vitale di sperimentazione che, tra le varie soluzioni, individuò *anche* soluzioni molto vicine a quelle ottimali. Parecchi decenni di alterne fortune sarebbero passati prima che quei sistemi o sistemi equivalenti fossero applicati in tutti gli stati.

Le schede elettorali

Vediamo ora come erano fatte le schede elettorali degli stati che usavano il sistema *d*. Quelle più chiare riportavano in grande evidenza una tabella la cui prima riga conteneva i nomi dei candidati alla nomina. Nella colonna che sottostava a ciascuno di essi erano riportati i nomi dei candidati delegati che appoggiavano quel candidato alla nomina. Se allo stato spettavano N delegati, l'elettore poteva esprimere N preferenze. Poteva anche votare in modo "trasversale", cioè per candidati delegati di colonne diverse. In alcuni casi all'elettore era concesso votare per l'intero gruppo di candidati delegati che appoggiavano un dato candidato alla nomina, barrando una sola casella posta nella colonna corrispondente. Spesso il vantaggio di questa scorciatoia era notevole. Negli stati popolosi, a cui spettava un numero elevato di delegati, il voto collettivo risparmiava agli elettori di dover barrare le caselle della stessa colonna una per una.

Come esempio, consideriamo il caso della California, che nel 1924 aveva diritto a 29 delegati repubblicani. Nelle primarie repubblicane gli elettori potevano esprimere ben 29 preferenze. Votare per 29 candidati diversi richiedeva tempo e pazienza. Tuttavia, la California consentiva il voto collettivo. Barrando un'unica casella, gli elettori californiani che non avevano intenzione di esprimere un voto trasversale, potevano votare in un sol colpo tutti i candidati delegati che appoggiavano lo stesso candidato alla nomina.

75

Hiram W. Johnson		Calvin Coolidge		Colonna vuota
CanDelJohn1 ☐		CanDelCool ☐		☐
CanDelJohn2 ☐		CanDelCool2 ☐		☐
CanDelJohn3 ☐		CanDelCool3 ☐		☐
CanDelJohn4 ☐	☐ Voto collettivo →	CanDelCool4 ☐	☐ Voto collettivo →	☐
CanDelJohn5 ☐		CanDelCool5 ☐		☐
…		…		…
(29 candidati delegati)		(29 candidati delegati)		(29 righe bianche)

Tabella I. Riproduzione schematica della scheda elettorale usata nelle primarie repubblicane della Californiane nel 1924. Fonte: [L13].

La scheda elettorale è illustrata nella tabella I. Essa consisteva di tre colonne. In cima alle prime due erano riportati i nomi dei candidati alla nomina, Hiram W. Johnson e Calvin Coolidge. In cima alla terza colonna non era riportato alcun nome. Sotto il nome di Johnson (Coolidge) erano riportati i nomi dei 29 candidati delegati che appoggiavano Johnson (Coolidge). Nella terza colonna erano presenti 29 righe bianche "write-in", dove l'elettore poteva votare delegati di propria scelta. Accanto al nome di ciascun candidato delegato era presente una casella, barrando la quale l'elettore votava per quel candidato delegato. In corrispondenza della colonna di Johnson (Coolidge) era presente un'altra casella, barrando la quale l'elettore votava per l'intero gruppo di delegati che appoggiavano Johnson (Coolidge).

Nulla impediva all'elettore più attento ed esigente di votare individualmente per i delegati che preferiva. È chiaro, però, che la maggior parte degli elettori preferiva il voto collettivo, più semplice e pratico. Di fatto, la possibilità di esprimere un voto collettivo disincentivava il voto trasversale. Il risultato più probabile era l'elezione di una delegazione molto omogenea a favore di un unico candidato alla nomina. Pertanto il meccanismo californiano individuava il vincitore delle primarie in modo chiaro e univoco. Poiché i delegati eletti erano suoi sostenitori dichiarati, non c'era dubbio che alla convention avrebbero sostenuto fedelmente il vincitore. Qualsiasi causa di imbarazzo era eliminata.

In alcuni casi, come nelle elezioni primarie del Dakota del sud nel 1912 e dell'Oregon del 1924, i nomi dei candidati delegati riportati sulla scheda elettorale erano affiancati da uno slogan da loro scelto. Lo slogan poteva essere il nome del candidato alla nomina appoggiato dall'aspirante delegato, oppure uno slogan di natura diversa, come un richiamo a certi valori, il nome di un'associazione di riferimento, o simili. La scheda elettorale più complessa in assoluto fu quella delle primarie repubblicane dell'Oregon del 1924. Si trattava di un lungo foglio pieno fitto di nomi di candidati e slogan da leggere, caselle da barrare, righe bianche da (eventualmente) riempire. Gli elettori potevano designare:

i delegati alla convention nazionale;

i candidati alla presidenza e alla vicepresidenza;

i grandi elettori;

i candidati alle seguenti cariche federali: senatore e rappresentante al Congresso;

i candidati alle seguenti cariche statali: senatori e rappresentanti al parlamento statale, segretario di stato, ministro del tesoro, giudice della Corte Suprema, ministro della giustizia, ispettore delle derrate alimentari, vari giudici di distretto;

i candidati alle seguenti cariche di contea: commissario di contea, sceriffo, segretario di contea, tesoriere, ispettore del fisco, soprintendente all'istruzione, ispettore edile, medico legale, vari giudici di contea, agente di polizia, membro del comitato centrale di contea.

L'elettorato delle primarie

In quasi tutti gli stati un cittadino, per votare, deve prima registrarsi presso l'amministrazione pubblica. Al momento della registrazione può specificare, se lo desidera, il nome del partito in cui si riconosce, o dichiararsi indipendente. Alle primarie possono votare soltanto i cittadini registrati come elettori. Tutti gli elettori registrati del partito sono ammessi a votare alle primarie del partito, ma in vari casi sono ammessi anche elettori indipendenti, o elettori di altri partiti. Si dicono primarie chiuse quelle in cui sono ammessi a votare soltanto gli elettori registrati del partito, primarie aperte quelle in cui possono votare tutti gli elettori registrati, primarie semiaperte (o, alle volte, semichiuse) quelle in cui possono votare tutti gli elettori registrati del partito e gli indipendenti.

Nel primo periodo di primarie presidenziali erano a volte i partiti a conservare un registro dei loro elettori, e a decidere autonomamente quale validità attribuire alla registrazione. Già allora gli stati adottarono diverse gradazioni intermedie di apertura e chiusura. Nella maggior parte dei casi i partiti registravano i nomi degli elettori al momento del voto. In altri casi chiedevano una semplice dichiarazione di appartenenza al partito. In altri ancora non chiedevano nulla.

In alcuni stati, come Indiana e Ohio, all'elettore poteva essere chiesto di soddisfare certi requisiti di appartenenza al partito prima di essere ammesso a votare, come aver votato prevalentemente per i candidati del partito nelle elezioni precedenti. In Illinois poteva essere sfidato a giurare di appartenere al partito e di non aver partecipato alle primarie di altri partiti da almeno due anni. In altri stati, tra cui il New Jersey, ciascun partito conservava il registro degli elettori che si recavano a votare nelle sue primarie e lo usava nelle primarie successive per verificare la fedeltà dell'elettore. Il Michigan, il Dakota del nord e il Minnesota ammettevano un elettore dietro presentazione di una semplice autocertificazione di appartenenza al partito. Per un certo periodo l'autocertificazione fu sufficiente pure in California e Dakota del sud, che poi passarano a sistemi più chiusi. Infine, il Wisconsin, il Montana e il Vermont usavano le primarie aperte, perché gli elettori potevano votare senza rilasciare alcuna dichiarazione di appartenenza partitica. Nei primi due stati l'elettore riceveva le schede elettorali relative alle primarie di tutti i partiti, utilizzava la scheda elettorale del partito che preferiva e depositava le altre in un'urna allestita appositamente per le schede bianche. Questa procedura garantiva la segretezza della sua scelta. Quasi ovunque all'elettore era chiesto di votare alle primarie di un solo partito.

La chiusura delle primarie serve a prevenire che gli elettori partecipino alle primarie di un partito diverso dal loro. Il timore è che possano organizzarsi per attuare sabotaggi a danno dei candidati forti, facendo convergere i loro voti sui candidati deboli, più facilmente battibili nelle elezioni generali. L'analisi dei risultati elettorali mostra, tuttavia, che questi timori sono infondati, perché le iniziative dei malintenzionati sono rare e non hanno mai avuto un peso rilevante. Nelle primarie aperte succede frequentemente che gli elettori si rechino a votare per i candidati di un partito diverso dal loro, ma di solito questa scelta è motivata da un appoggio convinto a quei candidati e un sincero interesse per le posizioni e i programmi del partito "avversario", raramente da una volontà di sabotaggio. L'apertura delle primarie è invece utile per attrarre nuovi consensi, che potrebbero servire a convincere elettori indecisi a votare per il partito anche nelle elezioni generali.

1916: la riappacificazione tra repubblicani e repubblicani-progressisti

Tra il 1912 e il 1916 i repubblicani e i progressisti tentarono di riavvicinarsi, soprattutto in prossimità della convention del 1916. Prevaleva la volontà di ritrovare l'unità perduta del partito. Man mano che l'operazione di riavvicinamento procedeva, il Partito Repubblicano si rafforzava e il partito progressista si indeboliva. Le primarie repubblicane del 1916 non videro emergere un nuovo leader. Si candidarono alla nomina quasi esclusivamente *favorite son* ("figli prediletti"). I "favorite son" erano candidati locali che correvano esclusivamente o quasi esclusivamente nello stato di loro provenienza, dove potevano contare su un seguito maggiore. Non erano veramente in corsa per la nomina. Il loro scopo principale era sfruttare la notorietà di cui godevano nel proprio stato per raccogliervi il massimo numero di delegati, portarli alla convention al proprio seguito, usarli per stringere alleanze coi "favorite son" provenienti da altri stati, e possibilmente esercitare un peso determinante sulla scelta del candidato alla presidenza. I "favorite son" più popolari vincevano spesso con percentuali superiori al 70% e alle volte arrivavano al 90%. Tipicamente, negli stati dei "favorite son" i candidati veramente interessati a correre per la nomina non correvano nemmeno, per non rimediare brutte figure che potevano compromettere le loro effettive possibilità di vittoria.

Molti dei candidati delegati che si presentarono alle primarie del 1916 non si impegnarono a sostenere alcun candidato alla nomina. La prevalenza di delegati non impegnati fu tale che, tecnicamente, le primarie non furono vinte da nessuno. Più precisamente, la maggioranza relativa del voto popolare, il 24%, andò all'insieme dei delegati non impegnati, mentre il candidato alla nomina meglio classificato ottenne soltanto il 12% del voto popolare. Si trattava del "favorite son" della Pennsylvania, che doveva quel 12% complessivo all'86% ottenuto nelle primarie del suo stato, le sole a cui partecipò.

Già nel 1916 furono evidenti i primi sintomi di declino delle primarie. I capi-partito più scaltri non impiegarono molto a capire come manovrarle per riportare la convention sotto il loro controllo.

La convention repubblicana del 1916 registrò un'importante novità: furono cambiate le regole per calcolare il numero di delegati che spettavano a ciascuno stato, in modo tenere conto della forza del partito nei vari stati. Il problema era emerso prepotentemente durante la convention repubblicana del 1912, perché avevano avuto un peso importante, a favore di Taft, i delegati provenienti dagli stati ex-confederati, dove il Partito Repubblicano era tradizionalmente molto debole. Quegli stati selezionavano i delegati ancora con il sistema caucus/convention. La scarsa partecipazione ai caucus del Partito Repubblicano permetteva ai boss del partito di controllare la designazione dei delegati con molta facilità. Assegnando a ciascuno stato un numero di delegati proporzionale ai suoi grandi elettori si creava una sperequazione vistosa tra gli stati in cui il partito era forte e quelli in cui il partito era debole. Dopo la convention del 1912 molti esponenti repubblicani, timorosi che si potessero ripetere divisioni drammatiche come quella che aveva opposto i sostenitori di Roosevelt a quelli di Taft, ritennero che fosse venuto il momento di affrontare il problema. Se ne occupò il comitato nazionale repubblicano. Le nuove regole per calcolare il numero di delegati di ciascuno stato tennero conto sia della popolazione, sia della forza del partito. Il numero di delegati spettanti agli stati in cui il Partito Repubblicano era forte fu lasciato invariato, uguale al numero dei grandi elettori, mentre fu ridotto il numero di delegati spettanti agli stati in cui il partito era debole. Il nuovo sistema entrò in vigore con la convention del 1916. Gli stati del sud registrarono una perdita complessiva di ben 78 delegati, più di un terzo di quelli che avevano avuto nel 1912[25]. Se il nuovo sistema fosse stato in vigore nel 1912, probabilmente la nomina repubblicana di quell'anno sarebbe andata a Roosevelt, invece che a Taft.

I repubblicani e i progressisti tennero le proprie convention a Chicago all'inizio di giugno, praticamente in contemporanea. I repubblicani erano disposti a nominare un candidato di compromesso, purché non fosse Roosevelt. I progressisti volevano nominare Roosevelt, che però era disposto a fare un passo indietro pur di ricomporre il Partito Repubblicano, se il candidato di compromesso avesse accolto le sue richieste. A mettere tutti d'accordo fu la scelta di Charles E. Hughes, che godeva di una buona reputazione presso i progressisti ed era rimasto fuori dalla drammatica contesa del 1912. Hughes non aveva partecipato alle primarie. In definitiva, le primarie repubblicane del 1916 non ebbero alcuna rilevanza per la nomina del candidato presidente.

Nelle primarie democratiche dello stesso anno il presidente uscente Wilson non incontrò alcuna opposizione significativa e alla convention democratica ottenne la nomina senza problemi.

Nonostante la ritrovata unità, il Partito Repubblicano non riuscì a riconquistare la Casa Bianca. Nelle elezioni generali Wilson battè Hughes sul filo di lana.

1920: le stanze piene di fumo

Nel 1920 entrò in vigore il diciannovesimo emendamento della Costituzione, che estese il suffragio alle donne. Si trattava di un'altra conquista progressista. In conseguenza, per la prima volta molti delegati alla convention repubblicana furono donne. La frattura del 1912 non era stata ancora completamente ricucita e il Partito Repubblicano era ancora dilaniato da lotte intestine. La nomina repubblicana andò a Warren G. Harding, un personaggio politico poco noto al grande pubblico, ma molto potente all'interno del partito. La storia di quella nomina rocambolesca merita di essere raccontata, perché ci illustra come si procede quando le decisioni sono prese all'interno di un gruppo ristretto di persone senza consultare gli elettori[26].

Harding si avvaleva della collaborazione di Harry M. Daugherty, un suo fedelissimo, abile manipolatore politico e lobbista. Daughtery si diede molto da fare per stringere buoni rapporti con i capi-partito locali, i quali controllavano la maggior parte dei delegati. Forte di quegli appoggi, con mesi di anticipo, Daugherty profetizzò: "Non mi aspetto che il senatore Harding ottenga la nomina alla prima, seconda o terza votazione, ma credo che possiamo permetterci di correre di rischio che undici minuti dopo le due del mattino di venerdì, alla convention, quando quindici o venti uomini siederanno attorno a un tavolo un po' esauriti, qualcuno di loro dirà, `Chi nominiamo?'. In quel momento decisivo gli amici del senatore Harding potranno suggerire il suo nome e permettersi di stare al risultato."[27]

Come quattro anni prima, anche nel 1920 la corsa alla nomina repubblicana non ebbe un vero favorito. Nelle primarie si misero in luce tre candidati principali. Vi corsero anche una dozzina di "favorite son". Essi speravano che la convention piombasse in una situazione di stallo per mettere in atto le loro manovre. Uno di questi "favorite son" era proprio Harding. Corse in varie primarie, vinse nel suo stato natale, l'Ohio, con distacco relativamente piccolo sul secondo classificato, ma altrove ottenne soltanto risultati deludenti. Harding meditò di abbandonare la corsa alla nomina, ma fu incoraggiato dalla moglie e soprattutto da Daugherty a continuare.

Alla convention andò tutto come previsto da Daugherty. Le prime votazioni per la nomina andarono a vuoto, perché i candidati che erano risultati più forti nelle primarie si ostacolarono a vicenda. Le votazioni furono dunque aggiornate al giorno successivo. Daughtery cercò di approfittare dell'aggiornamento, confidando che, non appena i sostenitori dei suoi tre avversari si fossero convinti che non potevano vincere, stanchi e scoraggiati avrebbero accettato Harding come candidato di compromesso. A sbloccare la situazione fu un incontro tra i leader del partito che si tenne infatti il venerdì notte, l'11 giugno 1920, in una suite d'hotel. Si discussero varie possibilità, tra cui anche quella di candidare Harding. La riunione si chiuse senza il raggiungimento di un vero accordo, ma di fatto favorì la svolta. Sulla base di quello scambio di idee, il sabato mattina le votazioni proseguirono e i consensi per Harding aumentarono progressivamente, finché alla decima votazione Harding arrivò alla maggioranza assoluta, e ottenne dunque la nomina.

Nacque in quei frangenti la leggenda delle "stanze piene di fumo", in cui pochi leader di partito e uomini influenti, i "boss", tramavano e gestivano il potere. La forza di un boss era misurata dal numero di delegati da lui "controllati", cioè il numero di delegati a lui fedeli, disposti a seguire ogni suo comando. I boss si incontravano per trattare, dando e ricevendo appoggio dagli altri boss, finché non trovavano un accordo di equilibrio, un compromesso che accontentasse tutti, o scontentasse meno persone possibile. L'incontro notturno che sbloccò la situazione a vantaggio di Harding divenne oggetto di numerose speculazioni e voci, non tutte fondate.

Harding fu comunque un candidato di tutto rispetto e vinse le elezioni generali senza alcuna difficoltà contro l'avversario democratico. Nella vicenda della sua nomina, ciò che più colpì non fu tanto la nomina in sé, ma le modalità con cui vi si arrivò, che segnarono un'epoca. Sicuramente, quella nomina fu anche dovuta alla fortuna e alla situazione particolare, oltre che all'abilità di Daugherty. Tuttavia, la vicenda dimostra che nella fase storica che stiamo considerando il processo di nomina era ancora molto lontano da quello sognato dai progressisti. Non era in grado di scongiurare eventualità come quella che abbiamo descritto. A otto anni dalla grande contesa tra Roosevelt e Taft, che aveva segnato la nascita delle primarie presidenziali, il partito che più aveva contribuito al movimento progressista e all'adozione delle primarie negli Stati Uniti si rendeva responsabile del più inaspettato ritorno alle pratiche precedenti.

Nemmeno la convention democratica del 1920 ebbe un favorito. Il presidente uscente Wilson non si ricandidò per motivi di salute, e non diede il suo appoggio ad alcun candidato. Quasi un terzo dei delegati democratici selezionati mediante le primarie non erano impegnati a sostenere alcun candidato alla nomina. Le primarie democratiche non ebbero alcun vincitore, e al primo posto si classificò ancora l'insieme dei delegati non-impegnati, col 29% del voto popolare. Alla convention democratica si votò a ripetizione, finché alla 44esima votazione James M. Cox (che aveva ricevuto solo il 15% dei voti alle primarie) sfiorò di poco il numero di voti necessario per ottenere la nomina. A quel punto, constatata la vittoria imminente di Cox, la convention approvò una mozione che dichiarava Cox vincitore all'unanimità.

Alle elezioni generali Harding stravinse su Cox, che prevalse soltanto nel solido sud.

1924: il "dark horse" democratico

Una situazione simile si verificò quattro anni dopo presso la convention democratica. Essa fu la più lunga nella storia degli Stati Uniti, bloccata dalla divisione tra le fazioni rurali e urbane del partito. Durò 17 giorni e richiese 104 votazioni per nominare il candidato alla presidenza. Gli stati che tennero primarie democratiche furono soltanto 14. I risultati videro prevalere William G. McAdoo, che rappresentava la fazione rurale, ma non bastarono ad assicurargli la nomina. Gliela contese alla convention Alfred E. Smith, che guidava la fazione urbana e non aveva partecipato alla primarie. Cento votazioni non bastarono per raggiungere un accordo sul candidato presidente, complice anche la regola dei due terzi. Per risolvere la situazione di stallo furono avanzate le proposte più svariate, ma nessuna ottenne la maggioranza dei due terzi necessaria per essere approvata. Dopo l'82esima votazione fu approvata una risoluzione che liberava tutti i delegati dal vincolo di sostenere i candidati alla nomina a cui si erano impegnati. A poco a poco emerse un terzo candidato, rimasto fino a quel momento nell'ombra, tale John W. Davis, che non aveva partecipato alle primarie. Nell'86esima votazione Smith sorpassò McAdoo, che si ritirò alla 99esima votazione. Il ritiro di McAdoo favorì Davis, che fece un enorme salto in avanti, e alla 103esima votazione conduceva con ampio margine. A quel punto numerosi gruppi di delegati decisero di passare dalla parte di Davis, rendendogli sicura la nomina, che gli fu attribuita con un'apposita mozione. Nel 1924 fu dunque nominato un altro "dark horse", un candidato di compromesso che non aveva ricevuto alcuna investitura popolare nelle primarie.

La nomina repubblicana del 1924 andò al presidente uscente Calvin Coolidge, subentrato a Harding, scomparso per cause naturali durante il suo mandato. Coolidge si aggiudicò il 69% dei voti nelle primarie, contrastato solo da Hiram Johnson, che si fermò al 29%. Coolidge ottenne la nomina alla prima votazione, senza incontrare opposizione.

Per la prima volta il comitato nazionale repubblicano, eletto dalla convention del partito, fu composto da metà uomini e metà donne, come succede oggi presso entrambi i partiti maggiori.

Le convention del 1924 furono le prime trasmesse via radio. La diffusione radiofonica dei lavori della tormentata convention democratica non fece che amplificare la debolezza di Davis. Alle elezioni generali Davis conservò un consenso importante soltanto nel solido sud, e Coolidge prevalse con ampio margine.

1928-1944: il declino delle primarie presidenziali

Dopo una serie di casi come quelli appena descritti, in cui le convention nazionali designarono candidati di compromesso, che non avevano partecipato alle primarie, o vi avevano raccolto un consenso insufficiente, candidati comunque non sanciti dalla volontà popolare, ma nominati solo perché appoggiati da personaggi potenti all'interno del partito e più spregiudicati degli altri nei giochi di potere, le primarie conobbero un periodo di declino.

Vari stati abolirono le proprie leggi sulle primarie presidenziali: l'Iowa e il Minnesota nel 1917, il Vermont nel 1921, il Montana nel 1923, la Carolina del nord nel 1927, l'Indiana nel 1929, il Michigan nel 1931 e il Dakota del nord nel 1935[28]. Dal 1936 al 1952, il numero di stati che tennero le primarie fu compreso tra 12 e 15.

La grande depressione economica iniziata nel 1929 ebbe effetti importanti sul panorama politico. Essa pose fine al lungo dominio repubblicano e diede inizio ad un lungo dominio democratico. Dal 1932 al 1968 i democratici conquistarono la Casa Bianca per sette volte, interrotti soltanto dai due mandati repubblicani di Dwight Eisenhower, tra il 1952 e il 1960. Il periodo compreso tra il 1932 e il 1968 fu identificato con il periodo del quinto sistema partitico.

Finalmente, nel 1936 la convention democratica abolì la regola dei due terzi. Per il Partito Democratico si trattò di un progresso importante. In alcuni casi le votazioni della convention erano state ripetute un numero imbarazzante di volte: 46 nel 1912, 44 nel 1920, 103 nel 1924. In due soli casi i repubblicani, che fin dalla nascita avevano adottato la regola della maggioranza assoluta, arrivarono a ripetere una votazione 10 volte. Poiché la regola dei due terzi era servita a garantire gli stati del sud, dove il Partito Democratico era ancora molto forte, la convention del 1936 raccomandò che si trovassero soluzioni per assegnare a ciascuno stato una rappresentanza che tenesse conto della forza del partito nello stato, oltre che della popolazione. Il Partito Democratico corresse il sistema di attribuzione dei delegati soltanto nel 1944. Invece che seguire i repubblicani e ridurre le delegazioni degli stati in cui il partito era debole, i democratici decisero di premiare gli stati in cui il partito era forte, aumentando le loro delegazioni, così il numero totale dei delegati aumentò invece che diminuire. Successivamente, anche il Partito Repubblicano modificò il suo sistema. Per un periodo adottò una combinazione di penalizzazioni e premi, a alla fine passò definitivamente ad un sistema fatto di soli premi. Anche il numero totale di delegati repubblicani crebbe progressivamente, ma non raggiunse mai i livelli democratici. Oggi il numero dei delegati repubblicani è molto inferiore al numero dei delegati democratici, circa il 40% in meno (2509 contro 4322 nel 2004).

A varie riprese furono introdotte da entrambi i partiti altre correzioni per assicurare una rappresentanza adeguata ai giovani e alle minoranze etniche.

Franklin D. Roosevelt, lontano parente di Theodore, fu l'unico presidente a rimanere in carica per più di due mandati, quattro nel suo caso, rompendo la tradizione inaugurata da Washington e Jefferson. Il 22esimo emendamento alla Costituzione, che limita il numero di mandati a due, fu ratificato nel 1951, anche per evitare il ripetersi di casi come quello di Roosevelt. Quell'emendamento ebbe importanti effetti sulle primarie. Infatti, prima del 1951 sulla competizione per la nomina gravava sempre lo spettro della possibile ricandidatura del presidente in carica, il quale, in un contesto in cui la maggior parte dei delegati alla convention era ancora sotto il controllo dei boss del partito e le primarie non avevano ancora attratto l'attenzione dei media come oggi, poteva disporre di un vantaggio enorme sugli avversari. Per esempio, ritardando l'annuncio della sua eventuale discesa in campo lasciava avversari e candidati del suo stesso partito in una situazione di incertezza che li metteva in oggettiva difficoltà. Non era facile pianificare una campagna elettorale senza sapere in anticipo se si doveva affrontare o meno un presidente uscente.

Dal canto suo, il presidente aveva interesse a ritardare l'annuncio delle proprie intenzioni il più possibile, per evitare che scendessero in campo candidati forti. Spesso stringeva accordi coi "favorite son" degli stati, i quali accettavano, in cambio di qualche favore, di correre nelle primarie del proprio stato con il solo scopo di vincere più delegati possibile a nome del presidente, e sottrarli ai suoi avversari. Negli stati in cui il nome di un candidato poteva essere scritto sulle schede elettorali anche senza una sua esplicita richiesta, il presidente si faceva candidare dai propri sostenitori prima di aver annunciato ufficialmente la propria ricandidatura alla nomina. Altrimenti, si faceva votare ove possibile sfruttando la riga bianca "write-in". In questo modo cominciava a raccogliere voti e delegati prima di candidarsi ufficialmente. Se le cose si mettevano male, se la cavava dicendo che lui non aveva mai avuto veramente intenzione di candidarsi. Tutto ciò si aggiunge alla posizione privilegiata del presidente, che gli permetteva di esercitare controllo sulle delegazioni selezionate col vecchio sistema caucus/convention, tramite i boss locali con cui aveva stretto rapporti di amicizia e scambio di favori, magari al momento della sua precedente elezione. Con una serie di armi a disposizione come queste, anche se il presidente non otteneva la nomina riusciva comunque ad influenzare la convention in modo molto pesante, per incoronare almeno un successore di sua fiducia.

Nel 1932, quando corse per il suo primo mandato, Roosevelt vedeva nelle primarie libere e aperte la sua grande chance contro gli avversari. Nel 1940, quando si presentò per il terzo mandato, l'atteggiamento suo e dei suoi sostenitori verso le primarie cambiò radicalmente. Le primarie erano diventate improvvisamente un meccanismo pericoloso da fermare in qualche modo. Quell'anno Roosevelt utilizzò i metodi appena descritti con maestria e annunciò ufficialmente la propria candidatura solo a convention inoltrata, quando fu sicuro di aver steso al tappeto i probabili avversari. Questi non poterono nemmeno sfruttare le primarie per dare un po' di forza alle proprie candidature.

Per i motivi appena spiegati, in questo periodo storico la stagione delle primarie non fu mai veramente combattuta e aperta. I candidati non avevano ancora dimestichezza col nuovo sistema e non avevano ancora scoperto l'efficacia dell'investitura popolare. Dal canto loro, i media non seguivano ancora questo aspetto della competizione da vicino. Tuttavia, col passare del tempo le cose cambiarono.

1948-1964: il risveglio delle primarie presidenziali

Fino al 1944 i media non prestarono particolare attenzione alle primarie, ma il loro atteggiamento cambiò a partire da quell'anno. L'attenzione mediatica fu uno dei pochi segni di vitalità nel lungo "medioevo delle primarie", il periodo compreso dal 1924 al 1968, e contribuì a risvegliare lentamente l'interesse dei cittadini per la partecipazione diretta al processo di selezione dei candidati, anche se il numero di stati che adottarono le primarie in realtà aumentò di poco. Il numero minimo fu 12, quante le primarie repubblicane del 1948. Il massimo fu 19, quante le primarie democratiche e repubblicane del 1956. La percentuale dei delegati scelti con le primarie rimase pressoché invariata, compresa tra il minimo di 36% del 1948 e il massimo di 46% del 1964. Molte leggi sulle primarie furono approvate e poi abrogate.

Nel 1949 il Minnesota, che aveva abolito la propria legge sulle primarie nel 1917, ne approvò una nuova. Nel 1949 il New Hampshire modificò la propria legge sulle primarie, che fino a quel momento prevedeva soltanto l'elezione di delegati non-impegnati, e introdusse l'elezione dei delegati impegnati ai candidati alla nomina. Da quel momento le primarie del New Hampshire, le prime della stagione, cominciarono a diventare sempre più importanti.

Nel 1953 il Montana e l'Indiana, che avevano abrogato le proprie leggi sulle primarie nel 1923 e nel 1929, rispettivamente, ne approvarono di nuove. Nel 1953 anche il parlamento del Nevada passò una legge sulle primarie, che fu abrogata nel 1955 prima ancora di essere applicata. Nel 1955 l'Alaska approvò una legge per le primarie preferenziali, che fu applicata solo nel 1956 e abrogata nel 1959. Nel 1959 Montana e il Minnesota abrogarono un'altra volta le proprie leggi sulle primarie. Nel 1965 il Maryland abrogò la sua legge, che era stata approvata nel 1912.

Nella maggior parte degli stati i delegati furono ancora scelti col sistema caucus/convention. In alcuni stati la designazione era effettuata con molto anticipo rispetto alla convention, anche un anno, prima delle primarie e prima che i candidati alla nomina più importanti fossero scesi in campo. In una manciata di stati i delegati erano ancora scelti dal comitato esecutivo statale del partito o personalmente dal governatore.

A poco a poco gli aspiranti alla nomina persero ogni timore reverenziale nei confronti dei presidenti in carica, che cominciarono a sfidare senza esitazioni. Si accorsero che anche il potere di un presidente in carica poteva essere efficacemente ostacolato appellandosi alla volontà popolare. Di contro, le iniziative di quei candidati contribuirono ad accrescere l'interesse dei media e dei cittadini per la designazione popolare diretta dei candidati. L'accresciuto interesse, a sua volta, motivava altri pretendenti a scendere in campo, rendendo la competizione più viva e combattuta. Si mise finalmente in moto un processo di avanzamento lento, ma irreversibile.

Come abbiamo visto, nella fase di coabitazione tra primarie e sistema caucus/convention, i risultati delle primarie non determinarono quasi mai la nomina della convention. Tuttavia, nell'ultima parte le primarie furono teatro di competizioni intense e combattute tra i candidati, e riuscirono finalmente ad attrarre un'adeguata attenzione da parte dei media e dell'opinione pubblica. I "favorite son" e i delegati non-impegnati furono utilizzati con sempre minore efficacia. Nonostante questi segnali positivi, il numero di primarie rimase ancora basso, come bassa rimase la percentuale di delegati impegnati eletti. La legislazione in materia era ancora confusa. Non c'era garanzia che l'apparato dei partiti non potesse, all'occorrenza, esercitare un controllo pressoché incontrastato sulla convention, a dispetto della volontà popolare. Si acquistava a poco a poco consapevolezza dell'obiettivo finale da raggiungere, ma non si sapeva ancora con quali mezzi sarebbe stato possibile raggiungerlo. Tuttavia, nel 1968 successe qualcosa che cambiò le sorti della democrazia americana per sempre.

Fase delle primarie dirette

Nel 1968 le elezioni primarie del Partito Democratico e la drammatica convention nazionale che ne seguì segnarono il passaggio alla fase delle primarie dirette, in cui i cittadini sono consultati in maniera diretta e determinante per la designazione del candidato presidente. Con la fase delle primarie dirette coincide anche il periodo del sesto sistema partitico, che si fa iniziare nel 1972 e proseguire fino ad oggi. In questo periodo i due partiti maggiori furono in sostanziale equilibrio. I repubblicani occuparono la Casa Bianca per sei mandati (Nixon-Ford, Reagan, George Bush e George W. Bush) e i democratici per quattro (Carter, Clinton e Obama).

1968: la transizione

I candidati che si affrontarono nelle primarie democratiche del 1968 combatterono soprattutto sul tema della guerra in Vietnam e sul tema dei diritti civili. Poiché i democratici occupavano la Casa Bianca, con Lyndon Johnson, la responsabilità della cattiva conduzione della guerra fu imputata a loro. Il partito era orientato a continuare la guerra, mentre il popolo, come vedremo, era di tutt'altro avviso. In quella occasione la scollatura tra rappresentanti e rappresentati si manifestò in maniera prepotente, ed ebbe conseguenze irreversibili sul processo di selezione dei candidati.

Il Partito Democratico annoverava ancora componenti segregazioniste. Per molto tempo in alcuni stati del sud negò la partecipazione agli afro-americani. Per esempio, nel Mississippi gli elettori di colore che si recavano a votare alle primarie venivano regolarmente respinti e la delegazione mandata alla convention nazionale doveva essere rigorosamente bianca. Tra il 1964 e il 1968 il tema dei diritti civili acquistò sempre maggiore risonanza. Nel 1964 elettori bianchi e neri del Mississippi crearono il Partito Democratico della libertà del Mississippi (*Mississippi Freedom Democratic Party*), che organizzò primarie alternative, aperte a tutti, per mandare provocatoriamente alla convention democratica una delegazione propria, e contestare la delegazione bianca ufficiale.

L'iniziativa fallì, ma fu il primo passo di un movimento destinato a crescere che chiedeva riforme liberali e il riconoscimento dei diritti civili[29].

Johnson era subentrato a John F. Kennedy nel 1963, dopo il suo assassinio. Nel 1964 era stato rieletto per un intero mandato. In base al 22esimo emendamento della Costituzione poteva ricandidarsi per un terzo mandato, poiché il primo era durato meno di due anni. Solitamente, pochi candidati osavano sfidare un presidente uscente in corsa, dichiarata o meno, per la rielezione. Gli eventi del 1968, in particolare le proteste contro la guerra in Vietnam motivarono molte persone di spicco a scendere in campo comunque, per dare voce alle insistenti richieste di chiudere la brutta esperienza della guerra una volta per tutte.

Il primo sfidante che scese in campo contro il presidente in carica fu Eugene McCarthy, fortemente contrario alla guerra. Nelle primarie del New Hampshire ottenne un inaspettato secondo posto, col 42% dei voti, subito dietro a Johnson, che si attestò al 50%[30]. Il nome di Johnson non figurava ufficialmente sulle schede elettorali delle primarie, perché, come spiegato in precedenza, il presidente in carica aveva interesse a ritardare il più possibile l'annuncio della sua eventuale ricandidatura, per rendere difficile la discesa in campo di altri candidati. Tuttavia, nel New Hampshire Johnson si fece votare ugualmente mediante le righe bianche "write-in" presenti sulle schede elettorali. Il 50% ottenuto da Johnson può sembrare un risultato di tutto rispetto, ma spesso quello che conta nelle primarie sequenziali non è tanto vincere, quanto battere le aspettative. Chiaramente, da un presidente in carica ci si aspettava un successo molto più netto, per cui il risultato di McCarthy fu un colpo molto forte alle ambizioni di Johnson, foriero di altri risultati deludenti. Per evitare il peggio, il presidente uscente decise di rinunciare alla corsa per la ricandidatura. La rinuncia arrivò prima delle seconde primarie della stagione, quelle del Wisconsin, dove Johnson prevedeva una disfatta. L'exploit di McCarthy e la rinuncia di Johnson procurarono risonanza nazionale alle primarie del New Hampshire, e alle primarie in generale. Tuttavia, Johnson non fece il passo indietro senza un piano preciso. Prima di comunicare la sua rinuncia aspettò la scadenza dei termini ultimi per la presentazione delle candidature alle restanti primarie, per mettere i bastoni tra le ruote agli avversari. Inoltre, poiché la selezione di una frazione notevole di delegati era ancora sotto il controllo del partito, un presidente in carica poteva esercitare una grande influenza sulla scelta del suo successore. Johnson sperava di agevolare l'incoronazione del suo vicepresidente, Hubert H. Humphrey.

Soltanto in 15 stati i delegati erano scelti con le primarie. Nella maggior parte degli altri stati erano ancora scelti col sistema caucus/convention, facilmente soggetto al controllo dei capi del partito. In sei di questi le procedure di designazione cominciavano con un anticipo tale (l'anno precedente alla convention) da sfavorire qualunque candidato non godesse di forti appoggi all'interno del partito e avesse bisogno delle primarie per mettersi in luce. I boss di molte città erano in maggioranza dalla parte di Humphrey, che per anni aveva intessuto rapporti con loro e li aveva aiutati a sistemare funzionari di partito e segretari. Infine, in altri sei stati la designazione non passava attraverso alcun tipo di consultazione popolare: né primarie, né caucus/convention. In quattro di questi la delegazione era scelta dal comitato esecutivo del partito statale. Nei rimanenti due era scelta personalmente dal governatore. I comitati esecutivi del partito erano in carica da quattro anni, quindi riflettevano gli equilibri interni del partito che aveva nominato Johnson.

Tuttavia, ormai le primarie erano sotto i riflettori dei media di tutta la nazione. Ciò spinse nuovi candidati a entrare comunque in gara. Non avendo potuto rispettare i termini per candidarsi ufficialmente e far stampare il proprio nome sulle schede elettorali, anche i nuovi candidati sfruttarono la possibilità di farsi votare nella riga "write-in". Così fece, per esempio, Robert F. Kennedy, un altro candidato fortemente contrario alla guerra in Vietnam. Humphrey annunciò la sua candidatura soltanto più tardi, in modo da evitare i rischiosi confronti diretti con i candidati contrari alla guerra. Non partecipò direttamente alle primarie, e vi ottenne solo voti "write-in".

Nel Wisconsin McCarthy prevalse col 56% dei voti su Johnson (il cui nome non era stato ancora tolto dalla scheda elettorale), che ottenne il 35%, e Kennedy col 6%. McCarthy vinse anche in Pennsylvania, Massachusetts, Oregon, New Jersey e Illinois, precedendo Kennedy, il quale vinse nel Distretto di Columbia, Indiana, Nebraska, California e Dakota del sud. Nella notte del 5 giugno, subito dopo aver vinto in California, stato-chiave per numero di delegati, col 46% contro il 42% di McCarthy, Robert Kennedy fu colpito a fuoco da un attentatore. Morì la mattina successiva. L'evento gettò la competizione democratica e l'imminente convention nello scompiglio, anche perché Kennedy era l'unico candidato che aveva davvero la possibilità di battere Humphrey. La stagione delle primarie terminò con McCarthy al 39% del voto popolare, Kennedy al 31%, Johnson al 5% e Humphrey al 2%. Per via degli appoggi di cui godeva all'interno del Partito Democratico, dopo l'assassinio di Kennedy il favorito alla nomina era Humphrey.

Alla convention democratica le veci dello scomparso Kennedy furono fatte da George McGovern, affinché i voti dei delegati impegnati a sostenere Kennedy non andassero dispersi. Il vicepresidente Humphrey non era visto dal popolo con grande favore, perché le sue posizioni sulla guerra in Vietnam erano associate a quelle del presidente uscente Johnson. Gli esiti delle primarie confermarono senza ombra di dubbio che il popolo voleva chiudere la brutta esperienza della guerra in Vietnam. Dopo la morte di Kennedy solo McCarthy e McGovern potevano dare voce a quella pressante richiesta. A Chicago, dove si svolgeva la convention democratica, giunsero numerosi attivisti per i diritti civili, e manifestarono contro la guerra in Vietnam. Sostenevano che il processo di nomina dei delegati non era trasparente, non dava agli elettori democratici piena ed effettiva possibilità di parteciparvi e non rifletteva la volontà popolare. Quasi 40mila uomini, tra forze di polizia a vari livelli e agenti segreti furono dispiegati per affrontare la situazione. Le fazioni di delegati alla convention che rispondevano a McCarthy e McGovern erano minoritarie. I sostenitori di McCarthy sfidarono la fazione di Humphrey su varie questioni, dalle credenziali, alle regole, al documento programmatico, fino alla nomina. Furono avanzate 17 contestazioni sulla composizione delle delegazioni di 15 stati. Uno degli effetti delle contestazioni fu la sostituzione della delegazione che rispondeva alla fazione segregazionista e conservatrice del Mississippi. Le forze di McCarthy e McGovern ottennero anche l'abolizione della

"norma dell'unità" (*unit rule*), la regola che imponeva alle delegazioni di alcuni stati di votare compattamente per il candidato che
godeva del consenso della maggioranza relativa della delegazione
stessa. Inoltre, ottennero che a partire dal 1972 il processo di
selezione dei delegati fosse reso pubblico e avvenisse interamente
nell'anno solare della convention.

Per rispondere al proliferare delle contestazioni sulle credenziali, cioè sulla composizione delle delegazioni, e anche per dare
un segnale ai movimentisti che manifestavano per le strade di
Chicago, la convention approvò una risoluzione che conteneva la
raccomandazione che, a partire dalla convention successiva, in
tutti gli stati dell'Unione fosse garantita ad ogni elettore democratico l'opportunità di partecipare alla selezione dei delegati in modo significativo. Inoltre, istituì due commissioni speciali, la commissione per le regole e la commissione per la struttura del partito
e la selezione dei delegati. La prima aveva il compito di stabilire
le regole della convention stessa, la seconda quelle del processo
di selezione dei delegati. Prima delle riforme che sarebbero state
prodotte da queste due commissioni, le regole nazionali che governavano la convention e la selezione dei delegati erano poche e
limitate, ogni questione essendo rimandata direttamente alla convention.

Le contestazioni per le strade di Chicago proseguivano da tre
giorni. Durante la terza giornata scoppiarono i tafferugli più vio-
lenti, mentre i delegati stavano votando per la nomina. Le forze
dell'ordine risposero con l'uso della forza. Il paese fu scioccato
dalle immagini trasmesse dalla televisione, della polizia che avan-
zava verso i dimostranti e picchiava i cittadini. Il bilancio finale
degli scontri fu di quasi 600 arrestati e due centinaia di feriti, un
centinaio tra le forze di polizia e un altro centinaio tra i dimostranti. I dimostranti attribuirono la responsabilità dell'uso della
forza all'amministrazione Johnson. Alla convention, gli avversari
di Johnson e Humphrey denunciarono l'uso di "tattiche da Ge-
stapo per le strade di Chicago"[31]. La convention visse momenti di
grande confusione. Le forze di McGovern e McCarthy chiesero
invano un aggiornamento di due settimane, ma Humphrey ottenne
la nomina alla prima votazione. La convention procedette con la
discussione sul documento programmatico e si infiammò ancora

sul tema della guerra in Vietnam. Alla fine il documento programmatico del Partito Democratico contenne l'auspicio che l'America proseguisse con continuità il proprio impegno nella guerra in Vietnam. Chiedeva anche che venisse prestata la dovuta attenzione alla questione delle primarie nazionali per la scelta del candidato alla presidenza.

Le elezioni primarie repubblicane del 1968 videro Richard Nixon prevalere quasi ovunque, ma uno sfidante promettente, Ronald Reagan, vinse i delegati della popolosa California, suo stato di provenienza. Nel computo del voto popolare, i due contendenti finirono praticamente alla pari: 37,9% per Reagan e 37,5% per Nixon. Soltanto due giorni prima delle votazioni alla convention, Reagan abbandonò il suo status di "favorite son" della California, per partecipare attivamente alla competizione per la nomina. I tre candidati più forti erano Nixon, Reagan e Nelson Rockefeller, col primo favorito. La fazione liberale di Rockefeller e quella più conservatrice di Reagan non riuscirono a raggiungere un accordo per fermare Nixon, il quale infatti ottenne la nomina alla prima votazione. A differenza dei democratici, i repubblicani approvarono un documento programmatico che esortava a una riduzione degli sforzi americani nella guerra in Vietnam.

Le elezioni del 1968 furono vinte da Nixon con un margine risicato nel voto popolare (meno dell'1%), ma molto grande nel computo dei grandi elettori. Vari stati del sud furono vinti dal candidato segregazionista indipendente George Wallace.

1972: la riforma McGovern-Fraser

Messo sotto pressione dalle circostanze e dalle dimostrazioni di piazza, il Partito Democratico accettò dunque di elaborare una riforma complessiva del sistema di nomina dei candidati alla presidenza[32]. Il lavoro preliminare fu svolto dalla commissione per la struttura del partito e per la selezione dei delegati, più comunemente nota come "commissione McGovern-Fraser". In un primo momento fu presieduta dallo stesso George McGovern, poi dal deputato del Minnesota Donald Fraser.

A dire il vero, la commissione McGovern-Fraser fu creata con un mandato abbastanza vago. Molti di coloro che ne approvarono l'istituzione non avevano idea di cosa stessero veramente votando. Tuttavia, sull'onda degli eventi del 1968, la commissione prese il suo lavoro molto sul serio e procedette speditamente, spesso concedendo molto alle fazioni radicali del partito, tanto che negli anni successivi furono necessarie delle "mini-controriforme". Gli effetti delle riforme superarono di gran lunga l'immaginazione degli stessi riformatori.

Il primo compito della commissione fu studiare i problemi connessi col processo di selezione dei delegati. I risultati dell'indagine furono raccolti in un rapporto che fu sottomesso al comitato nazionale del partito. La commissione valutò varie proposte di soluzione e incluse le proprie raccomandazioni in merito. Il rapporto fu approvato dal comitato nazionale e quindi divenne parte integrante delle regole del Partito Democratico. Le nuove regole determinarono il processo di selezione dei delegati a partire dalle elezioni del 1972.

La commissione McGovern-Fraser svolse un'adeguata indagine su tutti gli aspetti del processo di nomina dei candidati, per come era stato utilizzato nel 1968. Come abbiamo ricordato, alcuni stati avevano usato le elezioni primarie, altri il sistema caucus/convention e in alcuni casi i delegati erano stati nominati dai comitati statali del partito o dai governatori. L'indagine mise in luce la quasi totale mancanza di trasparenza e una serie impressionante di abusi e disincentivi alla libera partecipazione. La commissione scoprì che molte fasi del processo di nomina non erano regolate da alcuna norma scritta e che i funzionari del partito non comunicavano agli elettori né tempestivamente, né adeguatamente, le regole, le date e i luoghi delle assemblee locali. Costi e quote di iscrizione eccessivi impedivano a molti elettori di candidarsi per i posti di delegato. Molte categorie sociali erano sottorappresentate alla convention, perché le procedure relativamente chiuse non consentivano una partecipazione adeguata degli elettori della base, dei democratici provenienti dalle zone rurali del paese, delle minoranze etniche, delle donne e di altre minoranze. Spesso la selezione dei candidati si concludeva con eccessivo anticipo, in alcuni casi prima dell'anno della convention, quando non erano ancora scesi in campo i candidati forti e non erano ancora emersi i temi di dibattito che avrebbero focalizzato l'attenzione della campagna elettorale e i lavori della stessa convention. Quasi sempre i comitati di partito incaricati di selezionare i delegati erano scelti con criteri che non garantivano la corretta rappresentanza degli elettori democratici nel territorio di competenza. Quei comitati spesso deliberavano senza un quorum ragionevole di partecipanti. In molti casi il partito a livello locale era dominato da una serie di boss ed *élite* interne. Norme di difficile applicazione tendevano a vincolare i delegati a votare per candidati alla nomina che non li rappresentavano.

La commissione di riforma stabilì le nuove regole nazionali del processo di selezione dei delegati. In ciascuno stato e territorio il Partito Democratico locale era tenuto ad applicarle nel momento in cui, a sua volta, stabiliva le regole per la selezione della propria delegazione alla convention nazionale, organizzava le consultazioni popolari, i raduni, le convention. I principi fondamentali stabiliti dalla commissione McGovern-Fraser, preservati dalle riforme successive, furono due:

i) Principio di piena partecipazione: il processo di nomina dei candidati deve essere aperto a tutti gli elettori democratici.

ii) Principio di corretta rappresentanza: le preferenze degli elettori per i candidati alla nomina devono essere rispecchiate in maniera corretta.

Analizziamo le riforme introdotte nel 1972 una per una.

1) *Partecipazione*. I riformatori erano convinti che il processo di selezione dei delegati usato fino al 1968 non avesse garantito il rispetto dei due principi appena riportati, anzi, che in alcuni casi li avesse violati palesemente. Le riforme del 1972 tradussero il primo principio nell'obbligo di aprire il processo di nomina alla partecipazione di tutti gli elettori che si consideravano democratici. Questa formulazione consentì l'uso delle primarie aperte, cioè le primarie in cui gli elettori potevano votare senza essere registrati come democratici, e senza essere costretti a controfirmare una dichiarazione di sostegno al Partito Democratico, né prima di recarsi a votare, né al momento del voto. Fu stabilito anche che agli elettori che partecipavano al processo di nomina, a qualsiasi livello (primarie, caucus, convention, caucus pre- o post-primarie, ecc.), non poteva essere richiesto il pagamento di alcuna somma di denaro, né in forma diretta, né in forma indiretta.

2) *Corretta rappresentanza*. La commissione attuò il se-

condo principio creando i "delegati giurati" (*pledged delegates*):

a. ogni candidato delegato doveva promettere solennemente e formalmente di sostenere un candidato alla nomina, oppure dichiararsi non-impegnato;

b. il numero di delegati giurati che spettavano a ciascun
candidato alla nomina era calcolato col metodo proporzionale, in
base al consenso raccolto dal candidato.

3) *Candidature.* Poteva candidarsi alla nomina chiunque
fosse un "democratico dichiarato" di comprovata dedizione agli
interessi e al successo del Partito Democratico. Potevano candidarsi ai posti di delegato gli elettori registrati come democratici
nel territorio di competenza (distretto, stato) che presentavano una
domanda di candidatura e una dichiarazione controfirmata contenente la promessa solenne di sostegno (*pledge of support*) ad un
candidato alla nomina di loro scelta, oppure una dichiarazione
controfirmata di non-impegno. In alcuni casi era richiesta anche la
presentazione di un certo numero di firme a sostegno della candidatura a delegato, dell'ordine di poche centinaia, e il pagamento
di un contributo di poche decine di dollari, abbuonato a chi non
poteva permetterselo.

4) *Diritti dei candidati alla nomina.* Il candidato alla nomina aveva un limitato diritto di veto sui candidati delegati giurati
che desideravano impegnarsi in suo sostegno: non era tenuto ad
approvarli tutti, ma non poteva nemmeno respingerli a sua discrezione. Doveva sempre approvarne un numero superiore ad una
certa soglia, maggiore o uguale al numero massimo di delegati
eleggibili nell'unità territoriale di competenza.

5) *I delegati non-impegnati.* Le regole consentivano, a discrezione degli stati, l'elezione di delegati "non-impegnati" (*uncommitted*). Si trattava di delegati che non avevano ancora deciso
quale candidato alla nomina sostenere o che non si riconoscevano
in alcun candidato ufficiale. In quei casi il candidato delegato poteva sostituire la promessa solenne di sostegno con una "dichiarazione di non-impegno". I candidati delegati non-impegnati erano
trattati a tutti gli effetti come candidati delegati impegnati a sostenere un candidato alla nomina fittizio aggiuntivo, e pertanto inclusi nel punto *a* menzionato sopra. Gli elettori potevano votare la
lista di delegati non-impegnati esattamente come qualunque lista

di delegati impegnati ai candidati alla nomina.

6) *Delegati di distretto e delegati "at large"*. La riforma stabilì che la delegazione di uno stato fosse composta per i tre quarti da delegati di distretto e per il rimanente quarto da delegati "at large". I delegati di distretto erano selezionati, mediante primarie o caucus/convention, contando i voti a livello distrettuale o a livello più basso di quello distrettuale. I delegati "at large" erano selezionati sommando i voti di tutto lo stato. I termini di scadenza per la presentazione delle candidature a posti di delegato di distretto erano anteriori alle primarie o ai caucus locali, mentre i termini di scadenza per la presentazione delle candidature a posti di delegato "at large" erano posteriori alle primarie o ai caucus locali, spesso prossimi alla convention nazionale. Infatti, i delegati "at large" erano selezionati per ultimi.

7) *Preferenza per il candidato alla nomina*. Le modalità con cui gli elettori esprimevano la preferenza per il candidato alla nomina variavano da stato a stato: si andava dal voto segreto, usato nelle elezioni primarie, al voto palese tipico dei caucus locali, dove spesso gli elettori si radunavano dietro i sostenitori del candidato preferito e si facevano contare.

8) *Attribuzione dei delegati ai candidati alla nomina*. La commissione stabilì in maniera abbastanza precisa come doveva essere calcolato il numero dei delegati vinti da ciascun candidato alla nomina. Per garantire la corretta rappresentanza optò per la regola proporzionale, cioè decise che ad ogni candidato alla nomina spettasse un numero di delegati giurati a lui impegnati proporzionale al consenso raccolto. Analogamente, il numero di delegati non-impegnati eletti era proporzionale al numero di voti raccolti dalla lista dei candidati delegati non-impegnati, cioè dal candidato fittizio introdotto apposta per questo scopo. Tuttavia, la formulazione della regola proporzionale del 1972 era ancora imperfetta e consentì, in quella tornata elettorale e in alcune successive, alcune importanti eccezioni.

Per esempio, le regole del 1972 permettevano l'elezione diretta dei delegati abbinati ai candidati alla nomina. Questo sistema era già stato impiegato nel primo periodo di primarie presidenziali, tra il 1912 e il 1924. Si trattava del sistema *d*, usato per esempio in California nel 1924, illustrato nella Tabella I, una modalità di elezione in cui l'elettore non votava direttamente per il candidato alla nomina, ma solo per i delegati, nominalmente. Le schede elettorali riportavano il nome di ciascun candidato delegato, affiancato dal nome del candidato alla nomina a cui si era impegnato, o incolonnato sotto a quello. Erano eletti i delegati che ottenevano più preferenze. I riformatori non si accorsero che questo sistema consente di raggirare la regola proporzionale, come ora mostriamo. Infatti, nonostante gli elettori possano distribuire le loro preferenze trasversalmente, ci si aspetta che nella maggior parte dei casi votino tutti e soli i delegati impegnati a sostenere il candidato alla nomina CN che preferiscono. Spesso possono farlo barrando un'unica casella (vedi tabella I). Se così fanno e CN ottiene la maggioranza relativa dei consensi, molto probabilmente ciascun candidato delegato impegnato a CN pure ottiene la maggioranza relativa dei consensi, e viene eletto. In questo modo, un unico candidato alla nomina può vincere tutti i delegati, oppure vincerne una frazione di gran lunga superiore alla frazione di consenso da lui raccolto. La carenza non fu apprezzata nella prima fase riformatrice. Vi avrebbero posto rimedio gli aggiustamenti successivi.

Nel tipo di primarie che abbiamo descritto, accanto all'elezione diretta dei delegati, poteva essere tenuta, separatamente, una "beauty contest" vecchio stile, cioè un voto indicativo mediante il quale l'elettore poteva esprimere la sua preferenza per il candidato alla nomina. Si vedano in proposito i sistemi $c1$ e $c2$ della prima fase di primarie presidenziali. Tuttavia, i risultati della "beauty contest" non avevano alcun valore per l'attribuzione del numero di delegati che spettavano ai candidati alla nomina. Anche questo retaggio del passato sopravvisse alla prima fase di riforme, ma fu eliminato dagli aggiustamenti successivi.

9) *Determinazione dei nominativi dei delegati eletti.* Fissato il *numero* dei delegati che spettavano a ciascun candidato alla nomina (compreso il numero di delegati non-impegnati), calcolato col metodo proporzionale, rimanevano da selezionare i *nominativi* dei delegati eletti. La commissione McGovern-Fraser non stabilì regole precise per questo tipo di selezione, per cui ogni stato si regolò come ritenne opportuno, adottando anche modalità diverse per i delegati di distretto e i delegati statali. Vediamole una per

una, cominciando dai delegati di distretto.

Il sistema menzionato sopra di primarie con elezione diretta dei delegati abbinati ai candidati alla nomina, adottato in alcuni stati, stabiliva automaticamente sia il numero che i nomi dei delegati eletti impegnati a ciascun candidato, ma, come detto, raggirava la regola proporzionale. In altri stati con primarie i delegati alla convention nazionale impegnati a CN erano eletti indirettamente, in raduni o convention precedenti o successivi alle primarie. Vi partecipavano soltanto i sostenitori di CN (cioè persone che firmavano una dichiarazione di sostegno a CN), e potevano votare soltanto per persone che avessero presentato un'apposita domanda con dichiarazione solenne di sostegno a CN, e fossero state approvate da CN. Infine, negli stati che usavano il sistema caucus/convention, contando le preferenze raccolte dai candidati alla nomina si stabiliva il numero di delegati che spettavano a ciascuno di loro. Poi, i sostenitori di CN si appartavano per eleggere i delegati alla convention di contea impegnati a CN. Questi, successivamente, si riunivano per eleggere i delegati alle convention di distretto e statale impegnati a CN, i quali eleggevano i delegati alla convention nazionale impegnati a CN.

Per quanto riguarda i delegati "at large", i nominativi dei delegati giurati impegnati al candidato alla nomina CN erano scelti (sempre tra coloro che avevano firmato la promessa solenne di sostegno a CN ed erano stati approvati da CN) con due modalità tipiche: *i*) dal comitato statale del partito, a maggioranza assoluta; *ii*) dai delegati alla convention statale che sostenevano CN, riuniti in un caucus.

10) *Pubblicità e trasparenza*. Le riforme stabilirono anche che in ogni stato il Partito Democratico locale era tenuto ad elaborare un proprio piano di selezione dei delegati con modalità che garantissero agli elettori della base e ai democratici delle aree rurali ampie opportunità di partecipare e contribuire. Il piano doveva essere messo per iscritto, pubblicizzato e reso facilmente accessibile agli elettori della base del partito. Tutte le assemblee e gli eventi legati alla selezione dei delegati dovevano essere svolti in luoghi pubblici facilmente accessibili, in momenti convenienti, contemporaneamente in tutto lo stato, dovevano essere ben pubblicizzati e le loro finalità dovevano essere comunicate in maniera

chiara.

11) *Vincoli temporali*. Furono introdotti vincoli temporali per arginare la pratica diffusa che consisteva nella designazione dei delegati con eccessivo anticipo, anche un anno o più prima della convention, prima che i nomi dei candidati alla presidenza fossero noti. Ciò aveva reso di fatto impossibile impegnare i delegati ai candidati alla nomina. Le riforme stabilirono che l'intero processo di nomina dei delegati doveva svolgersi nello stesso anno solare in cui si svolgeva la convention. La regola fu mantenuta nel 1976, mentre nelle tornate elettorali successive fu introdotta una finestra temporale più ristretta.

12) *Rappresentanza delle minoranze*. Nel 1972 fu introdotto anche un sistema di quote per garantire la rappresentanza di minoranze e gruppi etnici. Le delegazioni che non erano composte secondo il sistema di quote potevano essere contestate alla convention. Le quote furono abolite nel 1976 e mai più riprese da allora, sostituite dall'obbligo di adottare misure per prevenire qualsiasi forma di discriminazione.

A partire dal 1972 anche i democratici adottarono una formula che premiava adeguatamente gli stati in cui il partito era più forte. A ciascuno stato, più il Distretto di Columbia, fu assegnato un numero di delegati che teneva conto all'incirca in egual misura del numero di grandi elettori e del consenso raccolto dal partito in alcune elezioni presidenziali precedenti. Furono assegnati dei delegati anche ai territori.

L'adozione delle primarie non fu imposta, e nemmeno sollecitata, dalla commissione McGovern-Fraser, che si proponeva soltanto di garantire trasparenza e rispetto della volontà popolare. Più che regole rigide e restrittive, la commissione introdusse principi generali, che in un altro contesto avrebbero potuto anche avere poco effetto. Essi si inserirono però in un meccanismo che di fatto ne amplificò notevolmente la portata. Sappiamo infatti che le delegazioni statali potevano essere contestate. Fazioni avversarie del partito potevano inviare delegazioni diverse dallo stesso stato. Durante i lavori della convention, gruppi di delegati potevano contestare le delegazioni degli stati che non avevano rispettato le regole. Un apposito comitato della convention, il comitato per le credenziali, era incaricato di redigere un rapporto preliminare sulla composizione delle delegazioni. Quel rapporto era trasmesso alla convention per essere discusso, eventualmente emendato, e votato. In generale, almeno una giornata dei lavori della convention era dedicata ad esaminare le contestazioni.

I principi della riforma McGovern-Fraser, inseriti in un meccanismo come questo, ebbero effetti di portata imprevista. Era ancora vivo il ricordo delle numerose contestazioni sulle credenziali che avevano surriscaldato la convention del 1968. Per questo motivo, molti stati decisero di adottare delle precauzioni per mettersi al riparo da ogni contestazione. Apparve subito chiaro che la maniera più semplice per applicare tutte le regole era quella di tenere le primarie dirette e usare il metodo proporzionale per il calcolo del numero dei delegati spettanti ai candidati alla nomina. Molti stati fecero questa scelta e approvarono legislazioni apposite in materia. Nel 1969 il Maryland approvò una legge sulle primarie per la terza volta nella sua storia. Tre il 1969 e il 1971 altri sei stati approvarono leggi sulle primarie. Il numero di primarie democratiche passò dalle 15 del 1968 alle 24 del 1972. Quasi due terzi dei delegati alla convention nazionale del 1972 furono scelti colle primarie, dove si recarono a votare quasi sedici milioni di elettori, più del doppio di quattro anni prima[33].

Come prevedibile, nella convention democratica del 1972 il numero di contestazioni reciproche esplose. Esse coinvolsero più del 40% dei delegati alla convention. Erano basate sulla verifica della corretta applicazione delle nuove regole. L'effetto fu che molti altri stati si convinsero a passare alle primarie, come precauzione per evitare altre contestazioni in futuro. Il numero di stati con primarie democratiche balzò a 30 nel 1976 e a 34 nel 1980.

Man mano che le riforme furno tradotte in legislazioni statali, esse investirono automaticamente anche il Partito Repubblicano, che subì un'evoluzione simile e quasi contemporanea a quella del Partito Democratico. Infatti, il numero di stati che tennero primarie repubblicane passò da 15 nel 1968 a 23 nel 1972, a 30 nel 1976 e a 34 nel 1980. Stato per stato, il Partito Repubblicano si adattò spontaneamente alle nuove regole senza mai stabilirne di proprie. Questo gli permise di preservare al suo interno una varietà di regole e modalità molto maggiore di quella che sopravvisse all'interno del Partito Democratico.

La riforma fu il tentativo, riuscito, di chiudere decenni di relativa anarchia e contestazioni interne, e regolamentare la convention e il processo di nomina dei candidati alla presidenza. Il sistema di regole allestito dalla commissione McGovern-Fraser aprì il processo di designazione dei delegati alla base del partito, lo rese trasparente e rappresentativo della volontà popolare e vincolò i partiti di 50 stati diversi ad attenersi alle nuove condizioni. Di fatto, marginalizzò i politici più potenti, impedendo loro di esercitare influenza sulla designazione dei delegati e sulle decisioni che i delegati prendevano alla convention. I boss del partito non avevano più strumenti con cui esercitare il potere di cui avevano goduto fino ad allora. I delegati non erano più sotto ricatto. Essi dovevano il loro insediamento unicamente agli elettori, non più ai capipartito. Inoltre, nessuna ristretta cerchia di persone poteva prendere decisioni al posto degli elettori, e usare questo privilegio per ricompensare favori con posti di rilievo. I delegati, finalmente liberi da influenze e condizionamenti, non avevano motivo per ascoltare eventuali direttive provenienti dagli ormai ex-boss del partito, prestarsi a giochi di potere, o accordi.

Il risultato delle riforme è considerato da alcuni studiosi il più grande e sistematico cambiamento nelle procedure di nomina dei candidati alla presidenza di tutta la storia americana.

Il primo esperimento della nuova era

Nel 1972 furono dunque applicate le nuove regole per la prima volta. Uno dei candidati alla nomina democratica fu lo stesso George McGovern. Altri candidati furono Edmund Muskie, il favorito dall'establishment del partito e Hubert Humphrey, ex vicepresidente e candidato democratico nella contestata convention del 1968. McGovern non godeva di grandi appoggi all'interno del partito. Una delle ragioni per cui la sua candidatura incontrò parecchia opposizione interna fu che la riforma voluta dalla commissione da lui guidata aveva prodotto un risentimento diffuso tra i leader del partito, perché li aveva condannati all'irrilevanza. McGovern non se ne curò, sapendo che le nuove regole garantivano la nomina al candidato che avrebbe vinto le primarie, e non era più necessario godere del favore dei boss. Non solo, ma l'apertura del processo di selezione dei candidati agli elettori amplificò l'attenzione dei media. A sua volta, il dibattito sui mezzi di comunicazione fece passare in secondo piano qualunque questione riguardante gli equilibri politici interni al partito. Anche questo facilitò la progressiva marginalizzazione dei boss.

La campagna di McGovern fu guidata da uno stratega molto capace, Gary Hart, che sarebbe stato candidato alla nomina 12 anni più tardi. Muskie vinse sia il caucus dell'Iowa[34] che le primarie del New Hampshire, con il 35,5% e il 46% dei voti, rispettivamente. Tuttavia, il risultato del New Hampshire fu assai inferiore alle aspettative, che erano alte perché Muskie proveniva da uno stato confinante, il Maine. Contro ogni previsione, invece, McGovern ottenne ottimi secondi posti, a pochi punti da Muskie, con il 23% e 37% in Iowa e New Hampshire, rispettivamente. Dopo i risultati del New Hampshire i media dipinsero Muskie come il vero perdente, e concentrarono tutta l'attenzione sulle ottime performance di McGovern. La sua campagna elettorale ne beneficiò notevolmente. McGovern prevalse in Wisconsin, Massachusetts, Nebraska, Oregon, Rhode Island, California, Nuovo Messico e Dakota del sud. In Pennsylvania, Indiana, Ohio e Virginia dell'ovest vinse Humphrey, il candidato nominato quattro anni prima. Le uniche altre primarie vinte da Muskie furono quelle dell'Illinois.

Nel computo del voto popolare totale, Humphrey prevalse col 36% dei voti, contro il 25% di McGovern. Tuttavia, McGovern vinse più delegati. Coll'entrata in vigore delle nuove regole, molte delegazioni furono contestate sulla base della conformità alle nuove norme, soprattutto in tema di rappresentanza femminile e delle minoranze. Anche la delegazione della California, in gran parte favorevole a McGovern, fu contestata. Inizialmente il comitato per la verifica delle credenziali tolse a McGovern 151 delegati californiani. Alla fine, però, la decisione fu ribaltata dall'assemblea a favore di McGovern. Molte altre contestazioni furono risolte senza ricorrere al voto della convention[35].

La composizione finale della convention fu di 3203 delegati, il 61% dei quali scelti con le primarie (erano stati soltanto il 38% nel 1968)[36], il 40% donne (13% nel 1968), il 21% giovani sotto i trent'anni (un misero 2,6% nel 1968) e il 15% neri (solo il 5,5% nel 1968). Corrispondentemente, la rappresentanza dei funzionari di partito si ridusse drasticamente: soltanto 30 deputati democratici alla Camera dei Rappresentanti su 255 parteciparono alla convention.

Vista l'impossibilità di contendere la vittoria a colui che nel frattempo era diventato il favorito, Humphrey e Muskie si ritirarono dalla competizione. McGovern ottenne la nomina alla prima votazione. Non fu fatto alcun tentativo per rendere la sua nomina unanime, ulteriore segno che alcuni leader del partito covavano rancore per colui che aveva voluto il nuovo sistema di regole. La prima nomina democratica della nuova era fu dunque assegnata unicamente sulla base della volontà popolare, nonostante l'opposizione dell'establishment del partito.

Le primarie repubblicane furono senza storia, con l'87% dei voti al presidente uscente Nixon, che si assicurò la nomina della convention alla prima votazione, ricevendo i voti di tutti i delegati tranne uno.

Nelle successive elezioni generali, molti leader democratici negarono sostegno finanziario a McGovern, anzi alcuni sostennero apertamente Nixon, come ritorsione per le nuove regole di selezione dei candidati volute da McGovern. Durante la campagna elettorale McGovern si trovò a corto di finanziamenti, contro le grandi disponibilità economiche del suo avversario. Sommando queste difficoltà alle attività di spionaggio e sabotaggio compiute dei repubblicani ai danni dei democratici, che sarebbero venute completamente alla luce solo qualche anno più tardi con lo scandalo Watergate, il risultato fu una vittoria schiacciante di Nixon. McGovern si dovette accontentare del Massachusetts e del Distretto di Columbia.

Correzioni e mini-controriforme

Alcune delle nuove norme erano ancora imperfette. Per esempio, la regola proporzionale adottata per l'assegnazione del numero dei delegati poteva essere raggirata. Inoltre, non era ancora chiaro come si dovesse tradurre in pratica il "giuramento" dei delegati impegnati ai candidati alla nomina. Alcuni stati vincolarono i propri delegati a votare per i candidati alla nomina a cui si erano impegnati per una sola votazione alla convention, altri stati per due, altri per tre, altri ancora per tutte e infine alcuni stati non vincolarono i propri delegati per nulla. Alcune regole erano davvero complicate, oltre che di efficacia discutibile. Per esempio, il Texas vincolò i propri delegati per tre votazioni, a meno che il candidato non ottenesse meno del 20% nella seconda. La Florida, la Georgia e l'Oregon, più il Maryland e il Nebraska per i soli repubblicani, vincolarono i propri delegati per due votazioni, a meno che il candidato non ottenesse meno del 35% nella prima. Per risolvere questi ed altri problemi occorsero altri esperimenti, altre elezioni primarie, altre convention.

Le riforme della commissione McGovern-Fraser stabilivano che tutti i delegati fossero "delegati giurati di base", cioè semplici elettori democratici che presentavano domanda colle modalità spiegate sopra. I leader di partito che volevano fare domanda per posti di delegato alla convention dovevano seguire le stesse procedure di qualunque normale elettore democratico. Nessun posto o privilegio erano riservati loro. I capi-partito e rappresentanti eletti erano molto riluttanti a seguire le procedure dei normali cittadini e soprattutto a dichiarare in anticipo quale candidato alla nomina intendevano sostenere. La conseguenza fu che fecero a meno di partecipare alla convention. La scarsa presenza dei rappresentanti del partito generò preoccupazione tra le fazioni più conservatrici. Questo portò, negli anni successivi, all'approvazione di una serie di mini-controriforme, che garantirono uno spazio, per la verità limitato, ai leader di partito e ai rappresentanti eletti.

Nelle tornate elettorali successive al 1972 furono istituite altre commissioni speciali, simili alla McGovern-Fraser, una per ogni convention, fino a quella del 1988, incaricate di studiare modifiche e revisioni. Dopo il 1988 l'onere di apportare aggiustamenti al processo di nomina passò al comitato per le regole, un sottocomitato del comitato nazionale, perché ormai i ritocchi necessari riguardavano aspetti marginali del processo di designazione dei delegati e non era più necessario istituire apposite commissioni di riforma. I rapporti delle commissioni speciali o del comitato per le regole erano sempre soggetti all'approvazione finale del comitato democratico nazionale, prima di entrare in vigore. Nel processo di raffinamento successivo al 1972 l'impianto fondamentale della commissione McGovern-Fraser fu mantenuto, ma furono introdotte modifiche di una certa importanza. Vediamole punto per punto.

1) *Delegati giurati di partito*. Per rispondere alle preoccupazione di coloro che ritenevano che i leader di partito fossero di fatto disincentivati dal partecipare alla convention, le regole del 1976 sollecitarono il comitato nazionale a concedere ai governatori democratici e ai membri del Congresso non eletti come delegati alcuni privilegi alla convention, senza diritto di voto. Nel 1980 la commissione Winograd andò oltre, introducendo i "delegati giurati di partito", in numero pari al 10% dei delegati di base. Si trattava di posti di delegato riservati ai cosiddetti PLEO (*party leader and elected official*), cioè i leader del partito e i rappresentanti eletti. In ordine di priorità, potevano fare domanda per i posti di delegato giurato di partito in primo luogo i sindaci di grandi città e i rappresentanti eletti a cariche statali; in secondo luogo i deputati e senatori statali, e gli altri leader di partito e rappresentanti eletti a livello statale, di contea e cittadino.

La garanzia di un certo numero di posti riservati loro fu l'unica concessione ai PLEO. Per il resto, i PLEO che si volevano candidare ai posti di delegato giurato di partito dovevano presentare lo stesso tipo di domanda dei cittadini che si candidavano ai posti di delegato giurato di base. Come loro dovevano dichiarare in anticipo il candidato alla nomina che intendevano sostenere e presentare una dichiarazione controfirmata in cui promettevano solennemente di sostenerlo. La percentuale di delegati giurati di partito rimase inalterata nel 1984. Nel 1988 la commissione Fowler elevò la frazione di delegati giurati di partito al 15% dei delegati di base, percentuale che rimase invariata fino ad oggi.

2) *Vincoli*. Le regole del 1980 stabilirono che i delegati giurati erano tenuti a votare per il candidato presidente a cui si erano impegnati almeno per la prima votazione della convention. Nel 1984 il riferimento alla prima votazione fu soppresso e le regole recitarono: "i delegati giurati eletti alla convention nazionale solennemente impegnati a un candidato presidenziale devono in buona coscienza riflettere i sentimenti di coloro che li hanno eletti". La formulazione del 1984 rimase invariata fino ad oggi.

3) *Sbarramento*. Le regole del 1976 diedero agli stati la facoltà di correggere il sistema proporzionale, usato per stabilire il numero di delegati vinti dai candidati alla nomina, introducendo una soglia di sbarramento al 15%. La soglia era permessa sia nelle

primarie che nei caucus. Negli stati che adottarono questo sistema, soltanto i candidati che superavano la soglia di preferenze vincevano delegati giurati a loro impegnati. La regola valeva tanto per i delegati giurati di distretto quanto quelli "at large", tanto per i delegati giurati di base quanto quelli di partito. La soglia si applicava anche ai delegati giurati non-impegnati. Essi venivano eletti, nel numero appropriato, soltanto se il loro gruppo otteneva una percentuale di preferenze superiore alla soglia. Coll'introduzione dello sbarramento il processo di selezione dei candidati si focalizzò sui candidati che dimostravano di godere di maggior consenso popolare e quindi avevano maggiori probabilità di vincere contro gli avversari nelle elezioni generali. Nel 1980 la soglia di sbarramento fu resa obbligatoria, e tale rimase fino ad oggi. Tuttavia, il valore della soglia subì una serie di variazioni, da un minimo del 15% ad un massimo del 20% nei caucus, fino ad un massimo del 25% nelle primarie, finché, a partire dal 1992, fu stabilita definitivamente e obbligatoriamente la soglia del 15%.

Nel caso, poco frequente, che nessun candidato ottenesse più del 15% dei voti, le regole prevedevano una soglia di sbarramento più bassa. La soglia ridotta era calcolata come la percentuale del candidato più votato meno il 10%.

4) *Proporzionale*. Le regole del 1972 e del 1976 avevano permesso l'elezione diretta dei delegati giurati abbinati ai candidati alla nomina, sistema che, come abbiamo spiegato sopra, permetteva di fatto di aggirare la regola proporzionale. Infatti, con quel sistema erano eletti i delegati più votati, qualunque fosse il nome del candidato presidente a cui si erano impegnati. Pertanto, un candidato poteva vincere anche tutti i delegati, restaurando di fatto la regola del "vincitore piglia tutto", che le riforme si proponevano invece di abolire. Usata in alcuni stati anche dal Partito Democratico fino alla riforma McGovern-Fraser, oggi quella regola è usata soltanto dal Partito Repubblicano, in un numero notevole di stati. Essa assegna tutti i delegati al candidato alla nomina che ottiene la maggioranza relativa delle preferenze. La commissione Winograd, che scrisse le regole del Partito Democratico per il 1980, fece un primo tentativo per eliminare qualunque situazione che potesse portare a questo sistema di assegnazione dei delegati. Tuttavia, la formulazione delle regole non era ancora suffi-

cientemente chiara, tanto che alcuni stati riuscirono ugualmente ad usare l'elezione diretta dei delegati abbinati ai candidati alla nomina. Da allora questo sistema prese il nome di *"loophole primary"* (letteralmente: "primaria da carenza normativa") in riferimento alla lacuna che lo mantenne in vita. Le regole del 1984 e del 1988 reintrodussero questo tipo di elezione diretta dei delegati, che fu definitivamente abolito a partire dal 1992.

Per un certo periodo il Partito Democratico permise altre varianti della regola proporzionale, come per esempio la proporzionale con un limitato premio di maggioranza per il candidato che otteneva più voti (detta "vincitore piglia di più"). Nel 1984 e nel 1988 al candidato più votato in un distretto poteva essere concesso un bonus pari a un delegato di distretto. Gli altri delegati di distretto erano assegnati col metodo proporzionale. Nel 1988 otto stati con primarie e due con caucus adottarono il sistema del bonus.

La convention democratica del 1988 rese obbligatoria la regola proporzionale con sbarramento al 15%, che entrò in vigore a partire dalla tornata elettorale successiva. Abolì definitivamente i bonus e l'elezione diretta dei delegati. Un candidato alla nomina poteva ancora vincere tutti i delegati, ma soltanto se era l'unico a superare la soglia di sbarramento.

Nell'era delle primarie moderne, anche i delegati giurati eletti con il sistema caucus/convention furono assegnati ai candidati alla nomina proporzionalmente ai voti raccolti, contati come i voti di preferenza ricevuti a livello dei caucus locali. Il numero di delegati giurati di contea, distretto, o stato, impegnati a un candidato alla nomina era proporzionale al numero di preferenze raccolte dal candidato nei caucus locali della contea, del distretto, o dello stato, rispettivamente. Precisamente, si procedeva nel seguente modo. Nei caucus locali gli elettori esprimevano la loro preferenza per i candidati alla nomina. Poi, i sostenitori del candidato alla nomina CN sceglievano i delegati giurati alla convention di contea impegnati a sostenere CN, in numero proporzionale alle preferenze raccolte da CN. Nei livelli successivi (convention di contea, convention di distretto e convention di stato) il gruppo di delegati giurati impegnati a CN sceglieva al suo interno i delegati giurati impegnati a CN per il livello successivo, sempre in numero pro-

110

porzionale alle preferenze totali raccolte da CN nei caucus locali del territorio corrispondente. In questo modo, ogni candidato alla nomina aveva garantita, a ciascun livello, una rappresentanza di delegati giurati impegnati a sostenerlo proporzionale al suo consenso popolare.

5) *Diritti dei candidati alla nomina.* A partire dal 2000, chi si vuole candidare alla nomina deve essere un elettore democratico registrato come tale fin dalle precedenti elezioni presidenziali, e aver dimostrato impegno per la realizzazione degli obiettivi del Partito Democratico. Tra il 1972 e il 1996 erano in vigore richieste più rigide (l'aspirante candidato doveva aver accumulato un record pubblico di attività che dimostrassero la sua dedizione agli interessi e al successo del Partito Democratico), mentre solo nel 1996 le richieste furono più blande (bastava la registrazione come elettore democratico nelle sole presidenziali a cui intendeva candidarsi). Dal 1996 i partiti statali non possono richiedere la presentazione di più di 5000 firme e il pagamento di più di 2500 dollari per la presentazione delle candidature.

Il regolamento dava ai candidati alcuni diritti specifici, validi ancora oggi. Con un certo anticipo rispetto allo svolgimento delle primarie, il comitato statale del partito inviava ad ogni candidato alla nomina la lista contenente i nomi di tutte le persone che avevano presentato domanda per fare i delegati giurati di base di distretto in suo sostegno. Il candidato poteva decidere quali nominativi rimuovere e quali approvare, ma era comunque vincolato ad approvarne un numero almeno uguale al massimo numero di delegati conquistabili in quel distretto. Le persone rimosse da un candidato non potevano essere elette come delegati impegnati a sostenerlo.

Poteva capitare che un candidato alla nomina, chiamiamolo CN, non trovasse in tempo un numero sufficiente di persone disponibili a fare i delegati giurati in suo sostegno. I partiti statali non avevano il diritto di imporre soglie minime per escludere candidati che si trovavano in questa situazione. Se il candidato CN vinceva più delegati di quelli che avevano fatto domanda in suo sostegno, dopo le primarie erano riaperti i termini per candidarsi a posti di delegato giurato in sostegno di CN. Come prima, i cittadini interessati potevano presentare domanda allegando una dichiarazione controfirmata in cui promettevano solennemente di sostenere il candidato CN. La lista di quelle persone era poi inviata a CN per la sua approvazione. CN doveva approvarne un numero pari ad almeno il triplo dei posti vacanti rimasti. In genere la selezione era completata da caucus locali post-primarie, dove gli elettori che sostenevano CN si riunivano ed eleggevano i delegati giurati di base di distretto tra i nominativi approvati da CN. Pertanto, ogni candidato aveva la garanzia di non perdere alcun delegato vinto.

Similmente, al candidato alla nomina CN erano inviate, entro le scadenze corrispondenti, le liste contenenti i nominativi dei PLEO e dei comuni cittadini che desideravano candidarsi a fare i delegati giurati di partito e i delegati giurati di base "at large", rispettivamente, e avevano firmato la promessa solenne di sostegno a CN. Il candidato alla nomina poteva decidere quali nominativi approvare e quali respingere, col vincolo di approvarne comunque almeno uno per ogni posto disponibile.

6) Selezione dei delegati giurati. Riepilogando, i delegati giurati erano divisi in delegati di base, scelti tra i semplici elettori del partito, e delegati di partito, il cui numero non poteva superare il 15% dei delegati di base. Tre quarti dei delegati di base erano eletti a livello di distretto, un quarto a livello statale. Tutti i delegati di partito erano eletti a livello statale. I delegati giurati di distretto erano tutti di base, i delegati "at large" erano in parte di base e in parte di partito. Il numero di delegati giurati di distretto e il numero di delegati "at large" vinti da ciascun candidato alla nomina erano calcolati col metodo proporzionale, con lo sbarramento del 15%, sulla base delle preferenze raccolte dal candidato alla nomina nel distretto e nello stato, rispettivamente.

Stabilito il numero di delegati (di distretto, di partito e di base "at large") spettanti al candidato alla nomina CN, i loro nominativi erano designati colle modalità e l'ordine seguenti. Per primi erano designati i delegati giurati di distretto: con raduni o convention pre- o post-primarie tra i sostenitori di CN, oppure mediante elezione diretta, sulla stessa scheda elettorale delle primarie, o infine col metodo caucus-convention, ove adottato. Poi erano designati i delegati giurati di partito: dal comitato statale del partito, a maggioranza assoluta, oppure dai delegati alla convention statale che sostenevano CN. Per ultimi erano designati i delegati giurati di base "at large": anch'essi dal comitato statale del partito, oppure dai delegati alla convention statale che sostenevano CN. In qualunque caso e a qualunque livello, i nominativi dei delegati giurati impegnati al candidato alla nomina CN erano scelti tra coloro che si erano impegnati solennemente a sostenere CN ed erano stati approvati da CN.

7) *Superdelegati*. Fino al 1980 incluso, la convention fu composta unicamente di delegati giurati. Chiunque si candidasse a fare il delegato, fosse semplice elettore democratico o PLEO, era tenuto ad impegnarsi solennemente e formalmente a sostenere un candidato alla nomina di sua scelta, o a dichiararsi non-impegnato. Nel 1984 un'ulteriore mini-controriforma, ad opera della commissione Hunt, introdusse un nuovo tipo di delegati, i delegati non-giurati (*unpledged delegates*), più noti come "superdelegati", nome attribuito loro dai media. I superdelegati erano esentati dal prendere qualunque impegno, in particolare non erano tenuti a decidere, né dichiarare in anticipo, il nome del candidato alla nomina che intendevano sostenere. Potevano comunque farlo in qualunque momento, a loro discrezione. I posti di superdelegato erano riservati alle figure di spicco del partito, tra cui il presidente e il vicepresidente del comitato del partito di ciascuno stato, il 60% dei membri democratici del Congresso e svariati altri leader e rappresentanti eletti, con particolare riguardo ai governatori, ai sindaci democratici delle grandi città, ai parlamentari statali e ai membri del comitato democratico nazionale. In totale, nel 1984 i superdelegati furono quasi 600, pari a circa il 14% del totale dei delegati.

Nel 1988 la categoria dei superdelegati fu ampliata, per includere tutti i membri del comitato democratico nazionale (poco più di 400 persone), l'80% dei membri democratici al Congresso, tutti i governatori democratici, gli ex-presidenti ed ex-vicepresidenti democratici, gli ex-speaker alla Camera dei Rappresentanti e gli ex-leader di maggioranza al Senato. Nel 1992 fu creata una categoria di superdelegati extra, per accomodare una serie di altri rappresentanti e funzionari di partito, in numero pari a un quarto del comitato democratico nazionale. I superdelegati arrivarono così al 18% del totale. Infine, nel 1996 la partecipazione fu estesa a tutti i membri democratici al Congresso, più il presidente e il vicepresidente in carica, se democratici, più gli ex-presidenti del comitato democratico nazionale. Tuttavia, la percentuale di superdelegati rimase ancora uguale a circa il 18-18,5% del totale, valore rimasto inalterato fino ad oggi. Dal 1984 ad oggi i superdelegati non furono mai determinanti per la scelta del candidato alla presidenza, tranne nel 2008, quando fu nominato Barack Obama.

8) *Grado di apertura delle primarie e dei caucus.* Le regole del 1972 imponevano di aprire il processo di selezione dei candidati e dei delegati alla partecipazione di "tutte le persone che desiderano essere democratiche"[37]. Quella formulazione permetteva le primarie aperte. Le primarie aperte diventarono una tradizione in Michigan e nel Wisconsin. Nel 1976 fu chiesto ai partiti statali di "prendere tutte le misure fattibili per restringere la partecipazione al processo di selezione dei delegati solamente agli elettori democratici", consentendo eccezioni a Michigan e Wisconsin. Tuttavia, nel 1980 e nel 1984 la partecipazione fu ristretta agli elettori democratici "che dichiarano pubblicamente la loro preferenza partitica, e la cui scelta è registrata pubblicamente". Di fatto, la nuova formulazione vietava le primarie aperte. Dal 1984 fu proibito agli elettori che volevano partecipare alle primarie democratiche di votare anche alle primarie di un altro partito. La formulazione fu cambiata di nuovo nel 1988, quando la commissione speciale aprì le porte a "tutti gli elettori che desiderano partecipare come democratici", quindi reintrodusse la possibilità delle primarie aperte. Tuttavia, la commissione non incoraggiò gli stati a seguire quella strada. La formulazione del 1988 fu conservata nelle tornate elettorali successive e dunque oggi il Partito Democratico permette agli stati di tenere primarie aperte, anche se non le incoraggia.

9) *Finestra temporale.* Le riforme iniziate nel 1972 stabilirono una finestra temporale nella quale gli stati erano tenuti a scegliere i propri delegati, per impedire la designazione dei delegati con eccessivo anticipo. Nel 1972 e 1976 il processo di designazione fu ristretto allo stesso anno in cui si teneva la convention. Nel 1980 fu stabilito che tutte le primarie e i caucus locali dovevano avere luogo nelle settimane comprese tra il secondo martedì di marzo e il secondo martedì di giugno. Nel 1984 furono intro-

dotte eccezioni per l'Iowa e il New Hampshire, per rispettare le loro tradizioni consolidate, più altre eccezioni particolari per il Maine e il Wyoming. Nel 1992 l'inizio della finestra temporale fu anticipato di una settimana. La finestra rimase invariata nel 2000, quando furono concesse eccezioni all'Iowa, al New Hampshire e al Maine. Nel 2004 l'inizio fu anticipato addirittura di un mese, con eccezioni, nell'ordine, per i caucus dell'Iowa e del Nevada, e le primarie del New Hampshire e della Carolina del sud. Nel 2008 l'inizio tornò al primo martedì di marzo, colle stesse eccezioni del 2004.

10) *Rappresentanza delle minoranze*. Il partito era tenuto a garantire ai propri elettori piena e adeguata partecipazione a tutti i processi decisionali, senza discriminazioni. La sezione statale del partito doveva elaborare piani precisi per includere le minoranze e i gruppi sottorappresentati, affinché non subissero penalizzazioni. Furono identificati due insiemi di gruppi sottorappresentati: il primo comprendeva gli afroamericani, gli ispanici, gli indiani d'America, gli asiatico-americani e le donne; il secondo insieme conteneva gruppi definiti da razza o etnia, età, orientamento sessuale e inabilità fisica. In tutti i casi, i delegati selezionati dovevano essere metà uomini e metà donne. Le quote erano proibite. Poiché i delegati "at large" erano selezionati dopo quelli di distretto, in molti casi la selezione dei delegati "at large" era corretta a favore delle minoranze penalizzate per riequilibrare la composizione complessiva della delegazione. Tuttavia, le regole stabilivano che nessuna delegazione poteva essere contestata alla convention sulla base della sua composizione se il partito dello stato dimostrava di aver messo in atto un piano adeguato per prevenire discriminazioni e facilitare l'accesso e il coinvolgimento delle minoranze.

11) *Sanzioni*. Nel 1992 furono introdotte sanzioni per gli stati che contravvenivano alle regole, eventualità che si verificava e si verifica ancora abbastanza spesso. La sanzione prevista era la riduzione del numero dei delegati dello stato inadempiente, in certi casi anche di un quarto, più la perdita del diritto di voto per i membri del comitato nazionale provenienti da quello stato. Più recentemente, le riduzioni furono elevate alla metà. In alcuni casi (2008) furono adottate inizialmente riduzioni del 100%, poi ridotte alla metà e infine abbuonate a ridosso della convention. Le vio-

lazioni più frequenti riguardavano la finestra temporale, la distribuzione dei delegati proporzionalmente alle preferenze espresse dagli elettori per i candidati alla nomina e le modifiche alla soglia di sbarramento. In casi estremi il partito nazionale poteva decidere di istituire un comitato speciale incaricato di organizzare, nello stato inadempiente, un processo di selezione di delegati alternativi a quelli inviati dallo stato.

La formulazione delle regole raggiunta nel 2000 è praticamente quella che vale ancora oggi. Le variazioni apportate nelle convention successive furono minime, e i lavori di quelle convention si svolsero in un clima di relativa tranquillità.

I repubblicani e la riforma del processo di nomina

Come abbiamo visto, negli anni compresi tra il 1968 e il 1988 i democratici si dotarono per la prima volta di un sistema complessivo di regole nazionali, con la riforma McGovern-Fraser e gli aggiustamenti successivi. Per contro, nello stesso periodo i repubblicani non apportarono quasi nessuna modifica alle loro regole nazionali. Nonostante questo, il Partito Repubblicano si adattò al mutamento contemporaneamente al Partito Democratico, e senza bisogno di passare attraverso le fasi drammatiche che furono necessarie ai democratici. Ciò fu possibile per una serie di ragioni. In primo luogo, le regole nazionali del Partito Repubblicano erano così scarne che potevano adattarsi tanto alla situazione precedente, quanto alla nuova. I repubblicani non avevano inclinazioni particolari ad accentrare o regolamentare il partito a livello nazionale. Erano più propensi a concedere maggiori libertà agli stati e alle unità locali del partito, che decidevano in autonomia. Nella maggior parte dei casi il partito nazionale si limitava a indicare le linee-guida da seguire. In secondo luogo, l'evoluzione non incontrò resistenze particolari all'interno del Partito Repubblicano. Il duello tra Roosevelt e Taft era ormai un lontano ricordo. Dopo l'attenzione crescente catalizzata dalle primarie nel periodo compreso tra il 1948 e il 1968 e dopo le fasi drammatiche della convention democratica del 1968, la resistenza contro l'adozione delle primarie e la conseguente riorganizzazione dei partiti non era più forte come un tempo. Molti uomini politici si resero conto, più o meno consciamente, che ormai i tempi erano maturi per il passaggio al sistema aperto.

La trasformazione del processo di selezione dei delegati ebbe luogo principalmente per effetto delle legislazioni statali approvate dai democratici. In sostanza, si ripeté, a parti invertite, quello che era successo nel primo periodo di primarie presidenziali, dal 1912 al 1924, allora per effetto delle legislazioni statali approvate dai progressisti. Negli stati in cui avevano la maggioranza, i democratici fecero approvare dai parlamenti statali legislazioni coerenti con le riforme delle commissioni McGovern-Fraser e delle commissioni successive. Per quanto i partiti non fossero obbligati a selezionare i propri delegati con le modalità stabilite dalle leggi statali, i repubblicani si adeguarono in modo naturale. Come più volte sentenziato dalla Corte Suprema, i partiti hanno il diritto di gestire il processo di selezione dei propri delegati in totale autonomia. Nel caso in cui la legislazione statale sia incompatibile con le regole interne del partito, prevalgono le regole interne. Tuttavia, applicare le leggi statali conviene dal punto di vista economico, perché in quel modo una parte consistente delle spese di organizzazione ricade sull'amministrazione pubblica, invece che sulle casse del partito. Inoltre, prima delle sentenze della Corte, che arrivarono gradualmente, in risposta ai ricorsi presentati da candidati e militanti, non era ancora chiaro che le leggi statali sulle primarie fossero da intendere come un'opzione, invece che un obbligo.

Tuttavia, i repubblicani conservarono parecchie differenze rispetto ai democratici. Per esempio, non adottarono mai restrizioni categoriche come l'abolizione del sistema del "vincitore piglia tutto". Questo sistema è usato ancora oggi nelle primarie repubblicane di molti stati. Tuttavia, siccome viene applicato separatamente a livello di distretto e a livello statale, un candidato che ottiene la maggioranza relativa dei voti a livello statale non si aggiudica necessariamente tutti i delegati dello stato: per ottenere questo risultato deve riuscire a vincere in tutti i distretti dello stato. In un numero limitato di stati anche i repubblicani adottarono il sistema proporzionale, ma, a differenza dei democratici, non imposero una soglia di sbarramento universale. Gli sbarramenti repubblicani variavano da stato a stato, tipicamente compresi tra lo 0% il 20%. Infine, la frazione dei superdelegati repubblicani poteva variare considerevolmente, a seconda che la nomina fosse contesa o meno: nel 2000 i superdelegati furono soltanto 205 su 2066, pari al 10%, nel 2004 furono 773 su 2509, pari a circa il 30%, nel 2008 furono 561 su 2380, pari a circa il 24%, e nel 2012 furono 415 su 2286, pari al 18%[38].

Anno	Stati con primarie democratiche	Partecipanti alle primarie democratiche	Stati con primarie repubblicane	Partecipanti alle primarie repubblicane
1912	12	975	13	2261[39]
1916	20	1188[40]	20	1923[40]
1920	16	572	20	3186
1924	14	764	17	3525
1928	17	1264[41]	16	4110[41]
1932	16	2953	14	2347
1936	14	5182	12	3320
1940	13	4469	13	3228
1944	14	1868	13	2272
1948	14	2152	12	2653
1952	15	4909	13	7801
1956	19	5833	19	5828
1960	16	5687	15	5538
1964	17	6247[42]	16	5935
1968	15	7535[43]	15	4474[43]
1972	24	15994[43]	23	6188[43]
1976	30	16045[44]	30	10374[44]
1980	34	18748	34	12690[45]
1984	29	18009	25	6576
1988	36	22962	36	12165
1992	39	20239	38	12697
1996	37	10960	43	15319
2000	42	13986[46]	42	19217
2004	36	16282	33	8008[47]
2008	38	36202	40	20268[48]
2012	34	6180[49]	37	17730

Tabella II. Numero di stati con primarie presidenziali dal 1912 al 2012, e affluenza, includendo anche il Distretto di Columbia. I numeri di partecipanti sono in migliaia. I dati fino al 1976 compreso sono ricavati da [L14], dal 1972 al 1992 da [L17], del 1996 da [S9], *Federal Election Commission*, dal 2000 ad oggi da [S13], *The Green Papers*.

I repubblicani ebbero dunque la fortuna di modernizzarsi senza traumi, in modo spontaneo. Per certi aspetti, oggi hanno un grado di apertura persino maggiore di quello dei democratici. Le

carte delle regole approvate dalle convention repubblicane definiscono il Partito Repubblicano come "il partito delle porte aperte"
e si propongono "di incoraggiare e permettere la più ampia partecipazione possibile di tutti gli elettori americani alle attività del
partito repubblicano a tutti i livelli e di assicurare che il partito
repubblicano sia aperto ed accessibile a tutti gli americani"[50].
Notiamo che si parla di "elettori americani", non di "elettori repubblicani". Pertanto, i repubblicani sono più favorevoli dei democratici alle primarie aperte. Come mostra la tabella II, furono i
repubblicani a raggiungere il record di 43 primarie nel 1996, mentre i democratici si fermarono alle 42 del 2000.

La tabella II riepiloga il numero di stati che tennero primarie
presidenziali dal 1912 al 2012, con l'affluenza ai seggi, comprend-
endo anche il Distretto di Columbia. Abbiamo incluso anche le
primarie meno ortodosse, come quelle consultive, perché in questo modo il criterio di conteggio coincide con quello usato finora
per il periodo antecedente il 1972. Come si vede, nell'epoca moderna il numero di stati che tennero le primarie fu doppio o triplo
rispetto all'epoca pre-moderna e il progresso fu repentino e con-
centrato tra il 1972 e il 1976. L'affluenza ai seggi aumentò corrispondentemente.

Effetti delle riforme

Per volontà dei proponenti o no, le riforme realizzarono la più
grande rivoluzione politica della storia recente degli Stati Uniti.
La politica americana cambiò volto come da un giorno all'altro.
Non si sentì più parlare di "stanze piene di fumo", di candidati
"dark horse" o candidati decisi a tavolino, di compromessi al ribasso, di trame e giochi di potere. I boss furono progressivamente
marginalizzati, sia nel processo di nomina che nelle altre attività
del partito. Nella convention i funzionari e i rappresentanti eletti
conservarono un ruolo importante, ma molto circoscritto, insufficiente a pilotare le decisioni verso un esito predeterminato. Come
conseguenza delle riforme, la struttura dei partiti si alleggerì progressivamente. Dal 1972, le primarie non furono più finte e dagli
effetti limitati come le "beauty contest", ma finalmente permisero
al popolo di scegliere i delegati e i candidati. Le convention non
ribaltarono più la volontà popolare, non nominarono più candidati

119

diversi da quelli scelti dagli elettori, ma sancirono e rafforzarono i risultati delle consultazioni popolari. I "favorite son" non furono più impiegati dai presidenti uscenti per ostacolare i nuovi aspiranti alla nomina. Le contestazioni interne e le dispute erano risolte automaticamente, e anticipatamente, dalle consultazioni popolari. Non ha senso, per un candidato, recriminare per aver ricevuto uno scarso numero di voti nelle primarie. Gli sconfitti accettano molto più volentieri i verdetti indiscutibili del popolo, che i giudizi soggettivi e interessati di colleghi di partito invisi e magari rispondenti a fazioni avversarie. Non fu più possibile recriminare attribuendo la propria sconfitta a regole confuse o decisioni arbitrarie. Furono quindi eliminate alla radice le occasioni di rancore e i motivi o pretesti di dispute interne. Oggi nessun candidato, gruppo, o corrente, negli Stati Uniti, gode di privilegi. Anche il presidente uscente, se vuole ricandidarsi, si sottopone alle primarie. Nessun rappresentante eletto ha un "posto sicuro": il sistema primarie/convention azzera tutto ad ogni tornata elettorale.

Anno	Nomina democratica	Nomina repubblicana
1972	George McGovern	*Richard M. Nixon*
1976	*Jimmy Carter*	Gerald Ford
1980	Jimmy Carter	*Ronald W. Reagan*
1984	Walter F. Mondale	*Ronald W. Reagan*
1988	Michael Dukakis	*George Bush*
1992	*Bill Clinton*	George Bush
1996	*Bill Clinton*	Bob Dole
2000	Al Gore	*George W. Bush*
2004	John F. Kerry	*George W. Bush*
2008	*Barack Obama*	John McCain
2012	Barack Obama	Mitt Romney

Tabella III. Candidati nominati e presidenti nell'era delle primarie moderne. I presidenti eletti sono scritti in corsivo.

L'affluenza alle primarie aumentò fino a toccare il record temporaneo di 23milioni di elettori nelle primarie democratiche del 1988. Quell'anno, sommando anche l'affluenza repubblicana, andarono a votare 35milioni di persone. Nel 1992 e nel 2000 si raggiunsero quasi 33milioni di votanti. Il record fu polverizzato nel 2008, quando si superarono i 56milioni di elettori, dei quali 36milioni democratici, 20milioni repubblicani.

A partire dalle elezioni presidenziali del 1972 si entrò dunque nell'era delle primarie moderne. I presidenti eletti in questa epoca furono Richard M. Nixon, Jimmy Carter, Ronald Reagan, George Bush, Bill Clinton, George W. Bush e Barack Obama. Le elezioni presidenziali dal 1972 ad oggi furono undici, di cui 6 vinte da un repubblicano e 4 vinte da un democratico. La tabella III mostra i candidati nominati dai partiti maggiori, con i vincitori delle elezioni generali scritti in corsivo.

1976: la vittoria di uno "sconosciuto"

La campagna democratica del 1976 fu quella che cristallizzò gli aspetti essenziali del nuovo processo di nomina dei candidati e di selezione dei delegati. Dopo la riscrittura completa delle regole, i candidati non conoscevano ancora le strategie migliori e non sapevano come sfruttare al meglio le nuove opportunità. Un politico ancora poco noto, Jimmy Carter, coadiuvato da assistenti molto capaci, capì per primo le potenzialità del nuovo sistema e dimostrò di sapersi adattare meglio degli altri alle nuove regole per sfruttarle a proprio vantaggio, cogliendo gli avversari di sorpresa[51].

Carter terminò il suo mandato di governatore della Georgia nel 1974. A quel tempo la sua notorietà fuori dello stato natale era molto scarsa. Tuttavia, nell'anno successivo Carter, praticamente disoccupato, ebbe modo e tempo di mettere a punto un'ottima strategia, avvalendosi di collaboratori molto brillanti, in particolare il giovane Hamilton Jordan, che sintetizzò le sue idee in un rimarchevole promemoria[52].

Jordan capì che gli stati in cui si tenevano i primi caucus e le prime primarie della stagione erano più importanti degli altri, e occorreva investire il massimo delle energie in quelli, che erano destinati a ricevere molta più attenzione da parte dei media, accendere l'interesse dei leader politici e degli osservatori, eccitare le masse e il grande pubblico. Per Jordan il fatto che in quelle consultazioni fossero assegnati pochi delegati era di secondaria importanza.

La prima consultazione popolare della stagione era il caucus dell'Iowa. Era prevista per la seconda metà di gennaio, circa un mese prima delle primarie del New Hampshire, che erano le prime primarie della stagione. Prima del 1976 l'importanza del caucus dell'Iowa era stata sottovalutata, perché si trattava appunto di un caucus. Era ancora diffusa la sensazione che il caucus fosse poco aperto agli elettori e soggetto al controllo partitico. Tuttavia, le riforme avevano di fatto superato queste difficoltà e reso i caucus e le primarie ugualmente aperti e rappresentativi della volontà popolare. Carter e i suoi collaboratori furono i primi a capire l'importanza di quei caucus.

La seconda osservazione di Jordan fu che poiché l'Iowa e il New Hampshire erano relativamente piccoli e non troppo popolosi, con una spesa e uno sforzo contenuti un candidato aveva la possibilità materiale di percorrere quegli stati in lungo e in largo, incontrare la gente e coltivarne l'appoggio, passarci parecchio tempo e farvi campagna elettorale personalmente.

Il terzo punto era che il candidato doveva annunciare la propria candidatura alla presidenza con grande anticipo, per poter dedicare il tempo necessario a quei due stati. Carter entrò in gara ufficialmente il 12 dicembre 1974, praticamente due anni prima delle elezioni generali. Due dei suoi avversari più forti annunciarono la loro candidatura nel tardo 1975 e altri due aspettarono fino a marzo 1976, due mesi dopo il caucus dell'Iowa.

Infine, Jordan scoprì una proprietà-chiave delle primarie sequenziali, cioè l'"effetto-risonanza" dei successi iniziali sulle primarie successive. L'auspicio era che due vittorie nette nell'Iowa e nel New Hampshire dessero a Carter un impulso sufficiente a salire nei sondaggi, mettersi al centro dell'attenzione dei media, raccogliere soldi e sostegno popolare a sufficienza, in modo da affrontare il resto della stagione sulla cresta dell'onda e restarvi fino alla fine.

I collaboratori di Carter ritenevano che la bassa popolarità del loro candidato e i sondaggi, che non sembravano dargli alcuna speranza, fossero in realtà elementi poco rilevanti nel contesto della strategia elaborata da Jordan. Nessuno degli altri candidati più quotati adottò una strategia comparabile. Molti di loro riconobbero l'importanza dell'Iowa quando fu ormai troppo tardi per fare una propaganda efficace che potesse intaccare la massiccia campagna elettorale messa in moto per tempo da Carter in quello stato.

Poco prima del caucus dell'Iowa, i sondaggi attribuivano a Carter un misero 4%. Carter vinse nell'Iowa col 28%, anche se la maggioranza dei voti, il 37%, andò alla lista dei delegati non-impegnati[53]. Poi vinse nel New Hampshire ancora col 28%, ma in quel caso non ci furono delegati non-impegnati e il primo posto di Carter era "vero". Dopo quel successo il Time e Newsweek dedicarono a Carter le rispettive copertine e nei sondaggi il consenso salì al 16%[54]. Successivamente Carter fu fermato nel Massachusetts, dove si classificò quarto, ma vinse nel Vermont e poi in Florida, e i sondaggi lo videro salire al 26%. Carter vinse altre 7 primarie consecutive, fino all'inizio di maggio. Per un certo periodo i sondaggi rimasero stabili attorno al 29%, ma a fine aprile balzarono al 40%. Molte persone, come i rappresentanti democratici eletti più influenti (governatori, senatori, deputati, ecc.) e i gruppi di attivisti vicini al Partito Democratico (sindacati, ambientalisti, femministe, intellettuali "liberal") si accorsero di Carter soltanto allora. Carter perse tre primarie di fila prima di tornare a vincere. Il resto della stagione fu più equilibrato, ma ormai gli avversari di Carter potevano fare ben poco per fermarlo. Dopo la conclusione delle primarie, una valanga di riallineamenti e investiture a favore di Carter, da parte dei leader del partito e degli altri candidati che si erano cimentati nelle primarie, consacrò di fatto la nomina di Carter un mese prima della convention.

Il meccanismo delle primarie moderne funzionò nel modo previsto, con trasparenza e togliendo alimento ad ogni possibile contestazione. La convention democratica del 1976 fu la più tranquilla da dodici anni, segno che ormai le nuove regole erano state assimilate e condivise. Non fu contestata alcuna delegazione e la votazione per la nomina, al terzo giorno, fu una mera formalità.

Le primarie repubblicane del 1976 furono molto combattute. Il presidente uscente Gerald Ford, subentrato a Nixon dopo lo scandalo Watergate, fu sfidato da Ronald Reagan. Nonostante fosse il presidente in carica, Ford era (ed è ancora oggi) l'unico presidente della storia diventato tale per nomina e non per elezione. Infatti, il ticket repubblicano che aveva vinto le elezioni del 1972 non comprendeva Ford, ma Richard Nixon e Spiro Agnew.

123

Dopo le dimissioni di Agnew, Ford gli era subentrato come vicepresidente, su nomina di Nixon. Dopo le dimissioni di Nixon, provocate dallo sandalo Watergate, Ford era subentrato a Nixon come presidente. Pertanto, Ford non aveva mai ottenuto la nomina del Partito Repubblicano, nemmeno come candidato vicepresidente, e non fu mai eletto dal popolo. Reagan pensò che batterlo fosse un traguardo alla sua portata. Ormai il numero di stati che tenevano le primarie era sufficientemente alto da permettere agli outsider di competere con buone possibilità di affermazione.

In totale, Reagan vinse le primarie di 10 stati, inclusa la California, suo stato natale, mentre Ford vinse in 16 stati. Reagan si aggiudicò il 46% del voto popolare, Ford il 53%.

La convention repubblicana non fu priva di contrapposizioni e strategie messe in atto per fermare l'avversario. Molti delegati repubblicani non erano impegnati a sostenere alcun candidato alla nomina (cioè erano dei "superdelegati"). Questo tipo di delegati fu introdotto dai democratici solo successivamente, e in percentuale minore. Sia i sostenitori di Reagan sia quelli di Ford si diedero da fare per corteggiare i delegati in bilico. Ford fece valere la sua posizione di presidente in carica e alla fine ottenne la nomina con i voti di 1187 delegati contro i 1070 di Reagan. Quella repubblicana del 1976 fu l'ultima convention dei partiti maggiori con il risultato finale in dubbio.

Alle elezioni generali Carter prevalse su Ford dopo un testa a testa.

Dal 1976 in poi, proprio in virtù dell'exploit di Carter, anche il caucus dell'Iowa diventò un test chiave, assieme alle primarie del New Hampshire, per sondare le possibilità dei candidati di ottenere la nomina. Queste due consultazioni oggi fungono da filtro, che promuove i candidati forti e condanna quelli deboli. Con buona approssimazione i candidati che hanno probabilità di vincere la nomina sono i primi tre classificati di entrambe. Di solito gli altri abbandonano poco dopo.

Oggi i candidati conoscono il meccanismo delle primarie molto bene e sanno gestire la campagna elettorale al meglio. Sanno come comportarsi per annullare i vantaggi degli avversari nei loro confronti. Nessuno si fa più prendere in contropiede. La strategia di Carter fece scuola, divenne il modello da seguire. Dal 1976 tutti i candidati applicano tecniche simili. Annunciano la propria candidatura con adeguato anticipo, per avere il tempo di organizzarsi e fare una campagna elettorale efficace. Partecipano a tutti i caucus e a tutte le primarie, frequentano per tempo e con assiduità gli stati-chiave, sviluppano relazioni e contatti con le associazioni locali e i cittadini. Nessuno si sogna più di trascurare il caucus dell'Iowa o scendere in campo a primarie iniziate. Concentrando la maggior parte degli sforzi nella fase iniziale, sperano di ottenere un risultato a sorpresa che li faccia uscire dall'anonimato, e che poi generi un effetto-risonanza capace di sostenerli fino alla fine. Si recano in Iowa e in New Hampshire parecchie volte. Vi fanno campagna elettorale personalmente. Anche le tecniche per raccogliere i finanziamenti fanno ormai parte del bagaglio di conoscenze comune a tutti i candidati.

La campagna elettorale del 1976 fornì ad analisti, giornalisti, studiosi e osservatori paradigmi e criteri importanti per giudicare tutte le campagne elettorali successive. Da allora, durante ogni campagna per la nomina abbondano i dibattivi televisivi e gli articoli di giornale in cui i commentatori si confrontano per capire quale candidato goda del maggior effetto-risonanza e quanto gli possa giovare nelle primarie successive.

1980: l'affermazione di Reagan

Nelle primarie del 1980 un altro candidato sfidò il presidente uscente, stavolta sul versante democratico. Si trattò di Ted Kennedy, che accusava Carter di scarsa capacità di leadership. Dotato di carisma e personalità, Kennedy non disponeva di una forte organizzazione. Nel caucus dell'Iowa Carter vinse col 59%, mentre Kennedy si fermò al 31%. Carter vinse anche le primarie del New Hampshire, staccando Kennedy del 10%. Kennedy conseguì alcune vittorie nella fase centrale della stagione e soprattutto nella fase finale. Conquistò molti delegati nello stato di New York e in California, ma non abbastanza per invertire la tendenza ormai favorevole a Carter. In totale, Carter prevalse in 23 stati, Kennedy in 10. Nel voto popolare complessivo, Carter totalizzò il 51%, Kennedy il 37%. Quando Kennedy capì di non poter strappare la nomina a Carter, lavorò per impedire anche a Carter di ottenerla.

Si ripropose, fortunatamente per l'ultima volta, una situazione già incontrata più volte nella nostra analisi storica, quella di un candidato che cerca di manovrare la convention per favorire se stesso o un candidato di compromesso, nonostante l'esito sfavorevole delle primarie. Tuttavia, i tempi erano ormai cambiati. Nel nuovo contesto, la battaglia di Kennedy non aveva speranze di riuscire. Carter disponeva di 315 delegati in più di quelli che gli servivano. Kennedy propose modifiche alla regola che vincolava i delegati giurati a votare per i candidati alla nomina a cui si erano impegnati. Nel 1980 il vincolo si applicava alla prima votazione per la nomina. I sostenitori delle proposte di modifica dichiararono che le condizioni politiche erano mutate dal momento in cui le dichiarazioni solenni di impegno erano state sottoscritte, qualche mese prima. I sostenitori di Carter risposero che il vincolo garantiva il rispetto della volontà popolare, e i delegati erano liberi di votare secondo coscienza su qualunque materia, tranne la nomina. Accusarono i sostenitori di Kennedy di strumentalizzare le regole soltanto perché usciti perdenti dalle primarie. Quel dibattito fu cruciale per il futuro del processo di nomina. Se la modifica proposta da Kennedy fosse passata, il processo di democratizzazione della nomina dei candidati avrebbe subito una clamorosa battuta d'arresto.

La convention fu quindi chiamata ad esprimersi. Ricordiamo che nella votazione i delegati non erano tenuti ad obbedire ai candidati alla nomina a cui si erano impegnati, ma potevano esprimersi secondo coscienza. Fortunatamente, la proposta fu rigettata. Subito dopo Kennedy si ritirò dalla competizione e Carter ottenne la nomina senza problemi. Il processo di nomina dei candidati rimase pertanto saldamente nelle mani del popolo.

Ted Kennedy fu uno degli ultimi candidati, nell'era delle primarie moderne, che credevano di poter sovvertire l'esito delle primarie durante la convention, l'ultimo che non si fece scrupoli a perseguire il suo disegno a costo di minare l'intero processo di evoluzione verso la democrazia popolare moderna e i partiti governati dagli elettori. L'unica cosa che gli riuscì fu di indebolire il proprio partito alle elezioni generali. Carter fece il possibile per riunire il partito, introducendo molte proposte di Kennedy nel documento programmatico, ma non bastò.

In quello stesso anno si confrontarono, per la nomina repubblicana, Ronald Reagan e George Bush. Bush, ex-direttore della CIA ed ex-presidente del comitato nazionale repubblicano, era il candidato favorito dall'establishment del partito. Il consenso da lui raccolto nell'Iowa e nelle altre primarie diede vita ad una battaglia molto combattuta tra i due. Bush irrideva alle proposte economiche di Reagan, che chiamava sprezzantemente "economia woodoo". Fin dai primi dibattiti, però, Reagan si contraddistinse come un candidato valido. In totale, Reagan vinse 29 primarie su 34 e Bush 5. Nel voto popolare, Reagan ottenne il 61% dei voti, contro il 23% di Bush. La nomina di Reagan alla convention repubblicana non fu dunque in discussione. Reagan scelse lo stesso Bush come candidato videpresidente per ottenere l'appoggio dell'ala moderata e saldare così il partito dietro la sua guida in vista delle elezioni generali.

Contro i pronostici che prevedevano un testa a testa tra Carter e Reagan, alle elezioni generali Reagan trionfò, complici anche le divisioni del Partito Democratico.

2008: le primarie più combattute della storia

Nelle tornate elettorali successive non si registrarono eventi di particolare nota, fino al 2008. Molte primarie furono combattute, ma il vincitore emerse sempre con anticipo. Le convention si svolsero in un clima tranquillo. I presidenti uscenti non furono più messi in discussione da avversari interni. Le riforme del processo di selezione dei delegati procedettero fino al 1996, quando si raggiunse una certa stabilità mantenuta fino ad oggi. Per gli scopi di questo scritto possiamo saltare direttamente all'attualità, cioè alle elezioni presidenziali del 2008 e 2012, che registrarono importanti novità.

Le primarie democratiche del 2008 furono le più combattute della storia. Esse videro affrontarsi Hillary Clinton, moglie dell'ex-presidente Bill Clinton e senatrice di New York, Barack Obama, senatore dell'Illinois, e John Edwards, che aveva corso anche quattro anni prima. Furono però Clinton e Obama i due contendenti principali. Clinton annunciò la sua candidatura nel gennaio 2007, Obama all'inizio di febbraio. In quel periodo e per tutto il 2007 i sondaggi[55] diedero Clinton in vantaggio di 15-20 punti percentuali su Obama. Non c'era dubbio che Clinton era la candidata favorita dall'establishment democratico e per lungo tempo si ritenne che la sua nomina fosse praticamente scontata. Semmai, si pensava che la rivelazione potesse essere Edwards, mentre Obama non faceva ancora parlare di sè. Tuttavia, il consenso a favore di Obama crebbe col passare del tempo e lo portò, all'inizio del 2008, alla vittoria a sorpresa nei caucus dell'Iowa, che si tennero il 3 gennaio, dove battè Clinton col 37,6% dei voti contro il 29,6%. In Iowa Clinton fu superata addirittura da Edwards, che ottenne il 29,8%. Tuttavia, Clinton si rifece appena 5 giorni dopo nelle primarie del New Hampshire, quando ottenne il 39%, staccando Obama del 3% ed Edwards del 22%.

Una settimana dopo si tennero le contestate primarie del Michigan. Anticipando eccessivamente le proprie primarie per dare loro maggiore visibilità e contestare apertamente i privilegi concessi all'Iowa e al New Hampshire, il Michigan aveva violato le regole del partito, stabilite dalla convention nazionale precedente. Il comitato nazionale democratico, che come sappiamo viene eletto dai delegati della convention per rappresentarli fino a quella successiva, decise di sanzionare il Michigan riducendo il numero di delegati a cui aveva diritto, che era originariamente 156, a zero. Questa decisione drastica fu contestata dal partito statale e dalla Corte Suprema del Michigan, la quale sancì che le primarie si sarebbero tenute regolarmente, in attesa delle decisioni della nuova convention. Obama ed Edwards decisero di ritirarsi dalle primarie del Michigan in segno di protesta, così i loro nomi non figurarono nemmeno sulle schede di voto. Clinton ottenne il 55% dei voti, mentre il 40% andò ai delegati non-impegnati. Nel maggio 2008 la commissione per le regole del comitato democratico nazionale stabilì che i delegati eletti in Michigan avevano diritto di sedersi e votare alla convention, ma il voto di ciascuno avrebbe avuto valore uguale a 1/2.

Dopo il Michigan Clinton prevalse di poco nei caucus del Nevada, Obama di molto nelle primarie della Carolina del Sud. A fine gennaio ci furono le primarie della Florida, contestate come quelle del Michigan. Anche la Florida aveva cercato di anticipare le proprie primarie contro le regole nazionali del partito e fu penalizzata. Stavolta i nomi di Obama ed Edwards figurarono sulle schede elettorali, ma i due candidati rifiutarono di fare campagna elettorale in quello stato. Clinton ottenne il 50%, Obama il 33% ed Edwards il 14,4%. Constatate le scarse possibilità di vincere, John Edwards si ritirò dalla corsa il giorno dopo.

Il 5 febbraio ci fu il supermartedì, che vide Obama vincere in 13 stati e Clinton in 9, tra cui la California e New York, più un territorio. Il supermartedì non bastò a sancire il vincitore e la competizione continuò. Nel resto di febbraio Obama prevalse in tutti gli 8 stati e i 2 territori in cui si votò, più il Distretto di Columbia. Il 3 marzo, battezzato "mini-supermartedì", Clinton si aggiudicò 2 stati e Obama 1, mentre in Texas i due contendenti finirono praticamente alla pari. Quel giorno in Texas si tennero sia delle primarie che dei caucus. Clinton prevalse nelle prime, Obama nei secondi. Il totale vide Obama raccogliere in Texas una manciata di delegati in più di Clinton. Nel frattempo, la raccolta di fondi cominciava a premiare Obama e a penalizzare Clinton. La diffusione dei dati sulla raccolta di fondi da parte dei media amplificò questi effetti. Nel resto della stagione Obama si aggiudicò 4 stati, Clinton 5 stati e un territorio, mentre in un altro territorio i due finirono alla pari. Le ultime primarie si tennero il 3 giugno, quando Obama e Clinton si aggiudicarono uno stato ciascuno. Da quel momento Obama, che nel computo totale dei delegati giurati era in vantaggio su Clinton, ricevette l'appoggio di molti superdelegati, cosa che gli permise di dichiararsi pubblicamente vincitore. Clinton accettò la sconfitta 4 giorni dopo.

Nel computo finale, Obama ottenne la maggioranza assoluta dei voti attribuiti ai delegati giurati (1766,5), cioè i delegati assegnati con le primarie e i causus. Clinton ed Edwards ottennero 1639,5 e 24,5 voti, rispettivamente. Tuttavia, per mettere la nomina al sicuro occorre ottenere più della maggioranza assoluta dei voti dei delegati giurati, e compensare la presenza dei superdelegati. Obama non riuscì a raggiungere questo risultato. Edwards decise di appoggiare Obama, ma anche contando tutti i suoi delegati come delegati di Obama, la situazione non cambiava. La decisione finale fu dunque, per la prima e per ora unica volta nell'epoca moderna, in mano ai superdelegati. Nonostante ciò, i superdelegati si distribuirono tra i due contendenti rimasti in campo in maniera conforme al risultato del voto popolare, sancito dalle primarie. Degli 823 superdelegati, 463 si schierarono per Obama,

257 per Clinton.

In definitiva, i superdelegati presero atto della volontà popolare e si adeguarono di conseguenza. L'esatto contrario di quello che era successo tante volte prima delle riforme del 1972. Lo dimostra anche il fatto che prima dell'inizio delle primarie i superdelegati tendevano a schierarsi prevalentemente con Clinton. Durante la stagione delle primarie coloro che dichiaravano il proprio appoggio ad Obama aumentarono gradualmente di numero. Alla fine molti superdelegati che si erano inizialmente schierati per Clinton cambiarono idea e sostennero Obama. Erano ormai un vago ricordo le convention in cui l'establishment ribaltava senza alcuna remora la volontà popolare.

Le primarie più combattute della storia furono anche le più partecipate, superando i 37 milioni di elettori. Le primarie repubblicane si fermarono a 20 milioni e mezzo, comunque un ottimo risultato se paragonato ai dati degli anni precedenti (vedi tabella II).

Anche le primarie repubblicane suscitarono interesse, soprattutto nella fase iniziale. I candidati principali furono Mike Huckabee, già governatore dell'Arkansas e pastore battista, Mitt Romney, già governatore del Massachusetts, mormone, uomo d'affari di grande successo, e il senatore John McCain, che aveva corso già quattro anni prima contro Bush. Per la verità, inizialmente la lista dei candidati favoriti comprendeva anche Fred Thompson, già senatore dal Tennessee, e Rudolph Giuliani, già sindaco di New York, e non comprendeva Mike Huckabee, che fu la rivelazione repubblicana. Rimasto in fondo ai sondaggi per buona parte del 2007, Huckabee emerse dal nulla a ridosso dei caucus dell'Iowa, dove arrivò primo col 34,4%, davanti a Romney col 25%, Thompson e McCain appaiati intorno al 13% e Giuliani al 3%. Nella prima parte del 2007 McCain era il favorito nei sondaggi, ma poi il suo consenso declinò gradualmente, fino al giorno in cui si aggiudicò nettamente le primarie del New Hampshire davanti a Romney e Huckabee. Quella vittoria gli valse in pratica la nomina, anche se la competizione tra McCain, Romney e Huckabee rimase viva fino al supermartedì di inizio febbraio. Giuliani commise l'errore di puntare tutto sulla Florida, stato in cui era favorito, e trascurò le competizioni iniziali. Quando si votò in Florida, a fine gennaio, gli avversari arrivarono sorretti dall'onda lunga del consenso accumulato nelle competizioni precedenti, e Giuliani dovette accontentarsi del terzo posto, superato sia da McCain che da Romney, appena sopra Huckabee. Giuliani si ritirò subito dopo, mentre nel frattempo si era ritirato anche Thompson. Romney si ritirò un po' a sorpresa subito dopo il supermartedì. Il ritiro di Romney chiuse di fatto la competizione. Huckabee rimase in gara, con poche speranze, fino all'inizio di marzo. In totale, Romney si aggiudicò 11 stati, Huckabee 8 e McCain tutti gli altri.

I repubblicani pensavano di approfittare della litigiosità dei democratici e avvantaggiarsene. Credevano che una competizione fratricida come quella democratica potesse avere un effetto negativo sugli elettori di quel partito. Si erano convinti che mostrando prima possibile coesione e unità attorno a un candidato potessero capitalizzare consenso ai danni dei loro avversari. A questo proposito, occorre ricordare che mentre le primarie democratiche sono regolate col sistema proporzionale, molte primarie repubblicane sono ancora decise col sistema "chi vince piglia tutto". Il sistema proporzionale di fatto prolunga la competizione, perché chi perde può raccogliere ugualmente delegati se ottiene un buon piazzamento. Invece, adottare il sistema del "vincitore piglia tutto" nelle prime primarie della stagione ha l'effetto di innescare una specie di meccanismo tipo "terno al lotto", per cui una o due vittorie possono di fatto bastare per consegnare la nomina a un candidato. Gli altri candidati validi possono vedere sfumare le proprie chances da un momento all'altro. Tuttavia, nel 2008 i repubblicani non riuscivano ancora ad apprezzare questi problemi, convinti che fosse fondamentale stringere il partito attorno al vincitore già a febbraio. Spesso sui mezzi di comunicazione si sentiva parlare, durante la stagione delle primarie repubblicane, di "telefonate" fatte dai leader più influenti del partito ai candidati temporaneamente in svantaggio, come Huckabee e Romney, per indurli a ritirarsi presto, "nell'interesse del partito". Per quanto smentite, quelle voci sono verosimili. Anche i giornalisti di area conservatrice che seguivano le primarie si allineavano a questi comportamenti, anticipando l'uscita di scena di candidati in svantaggio e concentrandosi sul vincitore presunto, di fatto agevolando l'evolversi degli eventi verso l'epilogo prestabilito. Si trattava chiaramente di interferenze sul processo decisionale degli elettori che non avrebbero dovuto avere luogo e delle quali infatti non si sente quasi mai parlare in campo democratico, dove la sensibilità verso il problema del governo popolare del partito è nettamente maggiore.

Come detto, i democratici non ebbero modo di stringersi attorno al vincitore fino a giugno. Eppure questo non li penalizzò affatto. Anzi, alle elezioni generali Obama prevalse nettamente su McCain, aggiudicandosi 365 grandi elettori contro 173, vincendo in 28 stati più il Distretto di Columbia, contro i 22 stati di McCain, raccogliendo il 53% del voto popolare contro il 46%.

2012: anche i repubblicani diluiscono la competizione

Le vicende del 2008 non lasciarono indifferenti i repubblicani. Si resero conto di aver sottovalutato alcuni aspetti del processo di nomina e sopravvalutato altri. Per esempio, capirono che non è strettamente necessario mostrarsi uniti e stringersi attorno a un vincitore già a febbraio, visto che le elezioni si tengono a novembre. La competizione interna, lungi dall'essere nociva, attrae molti più elettori, e questo è un ottimo sistema per accrescere il consenso del partito in vista delle elezioni generali. Inoltre una competizione diluita e combattuta costringe i media a parlare del partito e dei suoi candidati per mesi di fila, quindi anche delle proposte, dei programmi e dei valori, garantendo una pubblicità gratuita, che altrimenti, fatti i conti alla mano, sarebbe fuori portata anche per le finanze dei partiti americani. Occorre inoltre osservare che gli elettori del candidato perdente, come la Clinton nel 2008, non sono affatto spinti dalla delusione a disertare le urne nel giorno delle elezioni generali, perché il vincitore emerge con un processo trasparente, che non ammette recriminazioni. Una volta adottato il sistema dei partiti governati dagli elettori, è difficile, anche e soprattutto per gli elettori del partito, dichiararsi insoddisfatti delle decisioni prese, perché dovrebbero recriminare unicamente contro loro stessi. Pertanto la competizione feroce con Clinton non produsse alcun effetto negativo o danno sulla corsa di Obama alla Casa Bianca, anzi arrecò sicuramente vantaggi in termini di pubblicità e consenso.

Così i delegati alla convention repubblicana del 2008 decisero di apportare importanti modifiche alle regole del partito, riguardanti lo svolgimento del processo di nomina e la scelta dei delegati. Eletto il nuovo comitato nazionale repubblicano, i delegati gli affidarono l'incarico di completare l'aggiornamento delle regole secondo le nuove linee guida nei due anni successivi, apportando gli emendamenti necessari. Nelle regole diffuse dal comitato nazionale repubblicano nel 2010, valide per le primarie del 2012, era stabilito che tutti i delegati scelti prima di aprile dovevano essere assegnati col metodo proporzionale. Naturalmente ci furono eccezioni e contestazioni. In Carolina del sud e in Florida, per esempio, si votò nell'ultima decade di gennaio ancora col sistema del "vincitore piglia tutto". Quegli stati furono penalizzati riducendo le loro delegazioni del 50%.

Inoltre, la convention repubblicana cercò di frenare il fenomeno della concentrazione delle primarie nella fase iniziale della stagione. Da tempo molti stati cercavano di anticipare le proprie primarie per avere maggiore visibilità, col risultato che nel 2008 il supermartedì si tenne prestissimo, il 5 febbraio, e concentrò 21 consultazioni democratiche e 19 repubblicane nello stesso giorno. Anche per effetto delle modifiche alle regole introdotte dai repubblicani, una situazione come quella non si ripeté nel 2012, dove la concentrazione maggiore di consultazioni si ebbe solo il 6 marzo, quando furono previste 8 consultazioni democratiche, di cui una poi cancellata, e si tennero 9 consultazioni repubblicane. Diluendo la competizione, aumentò l'importanza degli stati che tenevano le primarie nella fase centrale della stagione, rispetto agli stati che tenevano le primarie nella fase iniziale, e questo tolse motivazione a coloro che volevano anticipare le primarie a tutti i costi.

Il risultato fu dunque che nel 2012 la competizione repubblicana fu assai più vivace ed interessante di quella del 2008. I candidati più importanti furono Mitt Romney, l'ex-speaker della Camera Newt Gingrich e l'ex-senatore dalla Pennsylvania Rick Santorum. Il candidato favorito dall'establishment era Mitt Romney, che nei quattro anni precedenti aveva stretto molte relazioni e preparato bene il suo ritorno. Romney fu fin da subito e quasi sempre in testa ai sondaggi, con percentuali intorno al 20%. Tuttavia, non era un candidato molto forte, perché in passato aveva avuto posizioni moderate su molti temi cari agli elettori repubblicani. Anche

133

nel 2012 si registrò l'emergere di un candidato di valore praticamente dal nulla, dopo Mike Huckabee nel 2008. Si trattò di Rick Santorum, che fino a pochi giorni dalle primarie dell'Iowa era dato al 3-4% nei sondaggi nazionali. Santorum aveva posizioni sicuramente più conservatrici di quelle di Romney e per questo poteva rivolgersi meglio all'elettorato repubblicano dell'America profonda. Adottò una strategia efficace, puntando tutto sull'Iowa, stato che visitò più volte di tutti gli altri candidati, per uscire dall'anonimato e creare un'onda lunga che gli permettesse di emergere e affrontare meglio le competizioni successive. La sera dei caucus dell'Iowa, quando furono diffusi i risultati, Santorum si classificò secondo, a soli 8 voti da Romney. Due settimane più tardi, quando i risultati furono certificati dal partito, avrebbe scoperto in realtà di aver vinto, per un'altra manciata di voti. Poco importa, perché dopo l'Iowa gli avversari furono comunque consapevoli di dover fare i conti anche con lui, e Santorum fu in grado di proporsi come candidato credibile alla nomina repubblicana, l'unico vero sfidante del favorito Mitt Romney. Romney si aggiudicò il New Hampshire con ampio margine, poi Gingrich vinse nella Carolina del sud. Da quel momento la competizione fu praticamente a tre, tra Romney, Gingrich e Santorum. Mentre Gingrich si eclissò presto, in svariate occasioni Santorum fu sul punto di sferrare il colpo di grazia a Romney in stati-chiave che avrebbero potuto aumentare l'onda lunga a suo favore e i flussi di donazioni. Tuttavia, non riuscì a raggiungere l'obiettivo per piccoli scarti percentuali. In Michigan a fine febbraio Santorum perse col 38% contro il 41% di Romney e in Ohio a inizio marzo perse col 37% contro il 38%.

Romney, avendo già corso quattro anni prima, aveva sulle spalle un vantaggio notevole in fatto di esperienza, e raccoglieva finanziamenti consistenti da circa un anno. Santorum era spuntato dal nulla ai primi di gennaio, tanto che prima dei caucus dell'Iowa quasi nessuno si era accorto di lui. Le donazioni spontanee erano cominciate a fluire copiose solo a partire da quella data. Per questo e altri motivi, in vari stati Romney poté investire nella campagna elettorale decine di volte più di quanto si poté permettere Santorum. La competizione continuò in modo avvincente fino all'inizio di aprile. Nei primi tre mesi Santorum vinse in 11 stati,

Gingrich in 2, Romney in 16 stati e nei territori. All'inizio di aprile Romney era in netto vantaggio, nel computo dei delegati, ma il vantaggio accumulato era ancora ben lontano dalla soglia necessaria ad assicurargli la nomina. Tuttavia, i repubblicani furono di nuovo presi dalla sindrome della coesione anticipata attorno al vincitore presunto. Questo li portò nuovamente a convincersi che una competizione lunga danneggiasse il partito invece che favorirlo, nonostante la lezione appresa quattro anni prima. In quei giorni si diffusero notizie di presunte telefonate fatte a Santorum e a Gingrich dai leader più influenti del partito per convincerli a ritirarsi e riunire il partito attorno al vincitore, secondo loro ormai certo. I media parlavano di Santorum quasi esclusivamente per chiedersi quando si sarebbe fatto da parte, mentre di Gingrich non parlavano più da settimane. Tra i commentatori si distingueva però Sarah Palin, già governatrice dell'Alaska e scelta da John McCain nel 2008 come candidata repubblicana alla vicepresidenza, la quale rilasciava spesso interviste per spiegare ai più che, al contrario, la competizione prolungata faceva soltanto bene al partito, in termini di pubblicità, raccolta di fondi e incremento del consenso. Tuttavia, lo scarso interesse ormai riservato dai media conservatori alla competizione in corso scoraggiò i nuovi potenziali donatori di Santorum. I fondi a sua disposizione cominciarono a scarseggiare. Sceso in campo fin dall'inizio con l'idea di spendere solo quello che aveva in cassa, senza indebitarsi come molti altri facevano e avevano fatto in passato, a quel punto non ebbe altra scelta che ritirarsi, cosa che spianò di fatto la strada a Romney.

Outsider e candidati di partito

Le riforme costrinsero i partiti a ridurre la propria organizzazione interna a livelli minimali. Oggi non è possibile riconoscere un vero e proprio "establishment" all'interno dei partiti. Si possono però distinguere i candidati-outsider dai "candidati di partito", i politici di professione. Le primarie chiuse e i caucus chiusi, dove la partecipazione è ristretta ai soli elettori registrati al partito, favoriscono chiaramente i candidati di partito. Un cittadino può sempre cambiare la propria registrazione per tempo, alle volte anche al momento del voto. Tuttavia, la maggioranza dei votanti nelle consultazioni chiuse è fatta di elettori inclini a preferire i candidati di partito. I loro avversari, gli outsider, devono dunque superare un ostacolo in più. Nell'era delle primarie moderne, su 13 nomine combattute, 6 furono vinte da un candidato diverso da quello preferito dal partito, o da un outsider: per i democratici McGovern contro Muskie nel 1972, Carter contro tutti nel 1976, Dukakis nel 1988, Clinton nel 1992 e Kerry contro Dean nel 2004. Presso i repubblicani questo successe una sola volta, nel 1980, quando Reagan prevalse su Bush. Anche se la casistica non è sufficiente a trarre conclusioni definitive, l'impressione è che in generale le nomine democratiche siano più aperte e combattute di quelle repubblicane. D'altra parte, oggi il Partito Repubblicano dà segnali di maggiore apertura del Partito Democratico. Per esempio, le primarie aperte, guardate ancora con diffidenza dai democratici, sono viste con maggiore favore dai repubblicani. Nel complesso, entrambi i partiti diedero contributi fondamentali all'evoluzione del processo di nomina verso la sua forma moderna, i repubblicani all'inizio del ventesimo secolo, i democratici alla fine.

Il ruolo dei "terzi partiti"

La politica americana fu quasi sempre dominata da due grandi partiti. Nella maggior parte dei casi i "terzi partiti" ebbero una consistenza numerica esigua e una durata effimera. Tuttavia, il contributo dei terzi partiti all'evoluzione politica americana fu straordinariamente rilevante. Alcuni di essi proposero idee innovative e le sperimentarono per primi. Solitamente, queste innovazioni furono recepite prontamente dai partiti maggiori, nei quali molti esponenti dei partiti minori confluivano. Nella prima metà degli anni 1830 il già ricordato partito antimassonico inventò la convention nazionale e il documento programmatico. Negli anni 1890 il partito populista si batté per la legge di iniziativa popolare, il referendum e il "recall", per l'elezione diretta dei senatori, la giornata di lavoro di otto ore, la rappresentanza femminile e degli afroamericani. Uno dei motivi principali alla base del veloce declino del partito populista fu l'appropriazione di quasi tutte le istanze populiste da parte del Partito Democratico. Molti esponenti populisti confluirono quindi in quel partito. Successivamente, molte proposte populiste furono riprese ed estese dalla fazione progressista del Partito Repubblicano. Quando quella fazione si ricongiunse ai repubblicani, le idee populiste e progressiste penetrarono anche in quel partito. Le eredità lasciate dal partito populista e dal partito progressista vivono oggi in entrambi i partiti maggiori.

Man mano che la democrazia americana progrediva e si avvicinava all'efficienza e al grado di rappresentatività raggiunti oggi, il ruolo propositivo dei terzi partiti venne meno, come pure le loro effettive possibilità di incidere sulla vita politica. Nondimeno, alle volte diedero uno stimolo importante al dibattito politico.

I terzi partiti si organizzano con le modalità più varie. Alcuni hanno strutture sono più o meno simili a quelle dei partiti maggiori, selezionano i candidati con il sistema delle primarie, prendono decisioni col sistema delle convention. Altri hanno strutture più simili a quelle dei partiti europei.

Oggi si può dare una risposta esauriente anche alle preoccupazioni originarie degli antimassonici, in merito al pericolo di una democrazia americana a sovranità limitata, sottoposta ai condizionamenti delle logge. Dei 43 presidenti degli Stati Uniti che si succedettero dal 1789 ad oggi, 15 furono massoni. Oltre a George Washington, la lista include Theodore Roosevelt, a cui si deve l'introduzione delle primarie presidenziali, e George McGovern, che fu padre della riforma che portò alle primarie moderne. Il presidente massone più recente fu Gerald Ford. Lyndon Johnson non è considerato massone, perché completò soltanto il primo dei tre gradi di apprendistato. In definitiva, l'ultimo presidente massone eletto dal popolo fu Harry S. Truman, che terminò il suo mandato nel 1952. Ironia della storia, nessun massone divenne presidente nell'era delle primarie moderne, anche se furono massoni alcuni candidati perdenti. Un ulteriore segno che il sistema fatto di convention e primarie dirette e sequenziali è superiore ad ogni forma di sodalizio finalizzata al controllo del potere.

I partiti governati dagli elettori

Come conseguenza delle riforme del 1972, i partiti alleggerirono le proprie strutture, riducendole a livelli minimali, oggi appena sufficienti ad organizzare le convention e gestire la partecipazione alle consultazioni popolari, cioè le primarie e i caucus. Queste ultime, invece, sono quasi ovunque organizzate dalle amministrazioni locali.

I partiti americani si possono correttamente qualificare come partiti governati dai propri elettori. Il governo popolare dei partiti è una combinazione di governo diretto e governo indiretto. Gli strumenti fondamentali del governo diretto sono le elezioni primarie e i caucus. Le primarie sono usate per selezionare i candidati alle elezioni generali e i delegati alla convention nazionale. I caucus sono usati per selezionare i delegati alle convention locali e i delegati alla convention nazionale. Gli strumenti fondamentali del governo indiretto dei partiti sono le stesse convention.

La convention è l'autorità massima del partito nell'unità territoriale di riferimento: dirime le controversie, stabilisce le regole, ne verifica l'applicazione, sanziona chi le viola, scrive il programma politico-elettorale, e in ultima analisi decide su qualunque materia ritenga opportuno decidere.

La convention nazionale era stata introdotta, all'inizio degli anni 1830, per raggiungere questo stesso obiettivo, il governo popolare dei partiti. Tuttavia, da sola si era rivelata insufficiente. Nemmeno le primarie, d'altro canto, bastano, da sole, a consegnare il governo del partito nelle mani degli elettori. Il sistema americano moderno dei partiti governati dai propri elettori è il risultato dell'equilibrio e dell'intercorrelazione tra convention e primarie. Dopo averne raccontato la storia, ne analizziamo il funzionamento.

Elezioni primarie

Oggi, in molti stati gli elettori dei partiti selezionano i candidati alla maggior parte delle cariche pubbliche, locali e nazionali, con il sistema delle primarie: dai candidati alla presidenza ai grandi elettori; dai delegati alla convention nazionale ai rappresentanti e senatori al Congresso; dai rappresentanti e senatori al parlamento statale, al governatore dello stato; dal segretario di stato al ministro del tesoro dello stato; dal sindaco ai giudici, ai procuratori, allo sceriffo; dai funzionari comunali ai soprintendenti.

Le elezioni primarie sono quasi ovunque regolate da leggi statali. Esiste ormai una giurisprudenza consolidata in materia. Occorre ricordare, però, che, come ribadito più volte dalla Corte Suprema, è facoltà dei partiti decidere se avvalersi o meno delle leggi statali per il processo di selezione dei propri delegati e candidati. I partiti che optano per questa scelta hanno il vantaggio di non doverne sostenere i costi, che ricadono sui contribuenti. Se la legge è incompatibile con le regole del partito, o in qualunque altra situazione lo reputi necessario, il partito può procedere ad organizzare primarie autogestite, accollandosene le spese.

In alcuni casi la stessa parola "primarie" è usata come sinonimo di "elezioni". Molti funzionari comunali e giudici, e in alcuni casi sindaci e deputati statali, sono eletti in elezioni apartitiche (*non-partisan primaries*). Se un candidato vince questo tipo di primarie con la maggioranza assoluta, è eletto automaticamente alla carica pubblica. Altrimenti i due candidati che ottengono i migliori piazzamenti alle primarie corrono nelle elezioni generali. In questo caso, la parola "primarie" è usata, a tutti gli effetti pratici, per indicare il primo turno di quelle che noi chiameremmo "elezioni con ballottaggio".

La Camera dei Rappresentanti ha 435 membri, che rimangono in carica per due anni. A ciascuno stato spetta un numero di rappresentanti proporzionale alla sua popolazione, ma ogni stato ha diritto ad almeno un rappresentante. I senatori sono 100, due per ogni stato, e rimangono in carica per sei anni. Ogni due anni la Camera dei Rappresentanti è rinnovata per intero e il Senato per un terzo. Le elezioni per il rinnovo del Congresso sono tenute il primo martedì dopo il primo lunedì di novembre (cioè il martedì della settimana compresa tra il 2/11 e l'8/11) degli anni pari, giorno noto come *election day* ("giorno delle elezioni"). Date speciali per eventuali elezioni suppletive sono decise caso per caso. Ogni quattro anni all'"election day" sono abbinate le elezioni presidenziali, che designano i grandi elettori presidenziali. Il numero di grandi elettori di uno stato è uguale al numero dei rappresentanti e senatori al Congresso. Ai grandi elettori statali vanno aggiunti 3 grandi elettori riservati al Distretto di Columbia. In totale i grandi elettori sono dunque 538 = 435 (deputati) + 100 (senatori) + 3 (Distretto di Columbia).

Le cariche pubbliche hanno durata certa. Solitamente, i nuovi eletti entrano in carica ai primi di gennaio dell'anno successivo alla loro elezione. Le cariche sono rinnovate, con un'unica tornata elettorale, nell'"election day" dell'anno precedente. Ciascuna carica dura un numero pari di anni, per cui è sufficiente chiamare gli elettori alle urne una volta ogni due anni. Generalmente, si vota negli anni pari, ma alcuni stati tengono elezioni locali negli anni dispari. Un'unica scheda elettorale accorpa tutte le elezioni per le cariche locali da rinnovare, ed eventualmente anche le elezioni presidenziali e quelle per i rappresentanti e i senatori al Congresso.

Le elezioni primarie per il rinnovo delle cariche locali sono tenute ogni due anni, in un'unica tornata, alcuni mesi prima delle rispettive elezioni generali, tipicamente nei mesi compresi tra maggio e settembre. Ciascuno stato fissa le date delle primarie autonomamente. A parte rare eccezioni, anche le primarie sono tenute di martedì. Le schede elettorali delle primarie sono del tutto simili a quelle delle elezioni generali. Ogni quattro anni si svolgono le primarie presidenziali, accorpate alle primarie locali o meno. In alcuni casi si vota per le primarie presidenziali e per le primarie locali sulla stessa scheda elettorale. Le date e modalità dei caucus locali sono fissate con criteri analoghi.

Le primarie presidenziali non eleggono direttamente il candidato alla presidenza. Esse sono un passaggio del processo di selezione dei delegati alla convention nazionale. Determinano il numero di delegati giurati impegnati a ciascun candidato alla nomina. I candidati delegati dichiarano con anticipo quale candidato alla nomina intendono votare alla convention. Alle volte le primarie determinano anche i nominativi dei delegati giurati, mentre più spesso questo compito è assolto col sistema caucus/convention. I delegati alla convention nazionale, a loro volta, nominano il candidato alla presidenza e il candidato alla vicepresidenza, con votazione a maggioranza assoluta. Di solito il candidato vicepresidente è nominato su indicazione del candidato presidente. Inoltre, il delegati governano il partito nazionale, ne stabiliscono le regole e il programma politico-elettorale.

A livello locale, i candidati alle elezioni sono selezionati mediante primarie dirette, a maggioranza relativa o assoluta, mentre il partito è organizzato col sistema caucus/convention, fatto di raduni di massa, convention di contea, convention di distretto e convention statale. Ai vari livelli gli elettori, o i loro delegati, si riuniscono per discutere i temi politici, elaborare il programma, sbrigare gli affari del partito, selezionare i delegati al livello successivo.

La convention statale può essere annuale o biennale. Negli anni pari elabora il programma elettorale del partito statale, ed eventualmente completa l'elezione dei delegati alla convention nazionale impegnati ai candidati alla nomina. Negli anni dispari si occupa di altre questioni organizzative del partito.

La convention nazionale e le primarie presidenziali sono strettamente correlate tra loro: l'elettore conosce in anticipo i candidati alla nomina preferiti dai candidati delegati e vota anche in base a questa informazione. Quasi sempre questo sistema permette agli elettori di designare il candidato alla presidenza in modo diretto. In modo indiretto, cioè mediante i delegati inviati alla convention, gli elettori possono governare il partito e scrivere il programma elettorale. La correlazione tra le primarie e la convention garantisce che le decisioni della convention, tra cui appunto il programma elettorale, siano coerenti con le posizioni del candidato alla presidenza. Si tratta dell'unico esempio di correlazione tra primarie e convention negli Stati Uniti.

Fatta eccezione per i candidati alla presidenza e alla vicepresidenza, tutti gli altri candidati alle cariche pubbliche (compresi i rappresentanti e i senatori al Congresso) sono eletti direttamente mediante le primarie. Esse sono solitamente a maggioranza relativa, ma in alcuni stati, soprattutto nel sud, sono a maggioranza assoluta, prevedendo allo scopo un eventuale turno di ballottaggio. In altri casi se il vincitore non supera una soglia minima di voti la nomina passa alla convention del partito. Le primarie per il governatore, i rappresentanti e i senatori al Congresso e ai parlamenti statali, i giudici, i funzionari pubblici, eccetera, non sono abbinate all'elezione dei delegati ad alcuna convention. Le convention locali non votano la nomina dei candidati alle cariche monocratiche locali e non sono composte da delegati impegnati a sostenere quei candidati.

I partiti minori scelgono le candidature con i metodi più diversi. Alcuni usano le primarie altri no.

Registrazione del cittadino elettore

In quasi tutti gli stati dell'Unione un cittadino, per votare nelle elezioni primarie e generali, deve registrarsi come elettore presso l'amministrazione dello stato in cui risiede, con un certo anticipo rispetto alle prime elezioni a cui intende partecipare. Se il cittadino ha i requisiti per votare, riceve a casa per tempo un certificato di registrazione. La domanda di registrazione va fatta una sola volta e vale per tutte le elezioni successive, a meno che il cittadino non si trasferisca in un altro stato.

Nella domanda di registrazione all'elettore viene chiesto di specificare se vuole registrarsi ad un partito o registrarsi come indipendente. Ad esempio, nel Maryland la domanda di registrazione deve essere presentata dal cittadino almeno tre settimane prima delle elezioni. Come mostrato dalla figura 3, un elettore può registrarsi come: *i*) repubblicano, democratico, verde, libertario, populista, costituzionalista; *ii*) indipendente; *iii*) membro di un altro partito di sua scelta, non elencato nella domanda di registrazione. I partiti dell'elenco *i*) sono quelli che hanno già maturato, grazie ai risultati ottenuti nelle elezioni precedenti, il diritto di presentarsi alle elezioni successive. La scelta *ii*) viene fatta da chi non intende essere registrato a nessun partito. Nel caso *iii*) il cittadino può scrivere il nome di un altro partito in un'apposita riga bianca. Questo partito potrà maturare il diritto di presentarsi alle elezioni se raccoglierà un numero sufficiente di firme prima delle elezioni. Le primarie del Maryland sono chiuse, per cui soltanto gli elettori che si registrano ad un partito possono votare alle primarie di quel partito.

La registrazione dell'elettore a un partito non comporta alcun tipo di obbligo a votare i candidati di quel partito nelle elezioni generali. Si tratta soltanto di una dichiarazione, non vincolante, di simpatia per un partito. Non è in alcun modo assimilabile alla nostra iscrizione ai partiti e non comporta il versamento di alcuna somma di denaro al partito. Un cittadino può cambiare la propria registrazione partitica quando vuole.

Nel 2008 erano registrati il 78% degli elettori potenziali, nel 2004 il 77%, nel 2000 il 75%, nel 1996 il 74%[56]. Nel 2004 gli elettori registrati si dividevano all'incirca come segue: democratici 42%, repubblicani 33%, indipendenti 25%.

Elettorato ammesso al voto

L'insieme degli elettori ammessi a votare alle elezioni primarie dei partiti dipende dal grado di apertura o chiusura delle primarie. Le elezioni primarie possono essere *chiuse*, *aperte* o *semiaperte*. In alcuni casi le primarie semiaperte sono chiamate primarie aperte modificate[57], in altri semichiuse.

Le primarie chiuse sono consultazioni a cui possono partecipare soltanto gli elettori registrati al partito. Quando si recano alle urne, gli elettori ricevono le schede elettorali relative alle primarie del loro partito e, dopo averle votate, le depositano in un'urna riservata a quel partito.

Le primarie semiaperte sono consultazioni a cui possono partecipare sia gli elettori registrati al partito sia gli elettori indipendenti. Gli indipendenti possono decidere liberamente a quali primarie partecipare, con il solo vincolo di votare nelle primarie di un solo partito. In alcuni casi, se un indipendente si reca a votare alle primarie di un partito, chiamiamolo P, la sua registrazione viene aggiornata automaticamente, e, da indipendente, l'elettore si ritrova registrato come elettore di P. Disposizioni di questo tipo tendono a scoraggiare l'effettiva partecipazione degli indipendenti, che solitamente preferiscono rimanere tali. In alcuni stati con primarie semiaperte anche i democratici possono votare nelle primarie repubblicane, e viceversa, ma la scelta è interpretata automaticamente come una richiesta di aggiornamento della registrazione.

Le primarie aperte sono consultazioni a cui possono partecipare tutti gli elettori registrati, ciascuno dei quali può votare nelle primarie del partito che preferisce, uno solo per ogni tornata elettorale, senza alcuna conseguenza sulla propria registrazione partitica. Spesso un'unica scheda elettorale contiene le primarie di tutti i partiti, sistemate su porzioni diverse di un unica pagina, su facciate diverse di uno stesso foglio, o su pagine diverse. L'elettore sceglie per quali primarie votare, compilando solo la porzione corrispondente. Questo permette di verificare facilmente che l'elettore voti per le primarie di un solo partito. Inoltre, prima di entrare in cabina elettorale all'elettore può essere chiesto di specificare la sua registrazione partitica in un apposito riquadro della scheda elettorale. Questo permette ai partiti di trasformare le primarie aperte in semiaperte o chiuse, a loro discrezione. Per farlo, il partito riconta le schede autonomamente dopo lo spoglio. Nel riconteggio, mette da parte tutti i voti espressi per le proprie primarie. All'interno di questo insieme, scarta tutti i voti espressi dagli elettori registrati a partiti diversi e/o indipendenti. Infine, conta i voti rimanenti. In genere, si procede a questo tipo di riconteggio quando le regole interne del partito prevedono primarie chiuse o semiaperte, mentre la legislazione statale le prevede aperte. In questo modo, il partito può adattare le primarie "legali" alle proprie necessità, senza bisogno di organizzare primarie autogestite. Ovviamente, il risultato del voto può dipendere dall'insieme di schede considerate valide. Pertanto, sono possibili anche strascichi legali o contestazioni alla convention. Tuttavia, la giurisprudenza ha sempre stabilito che i partiti hanno il diritto di regolamentare il proprio processo di selezione dei delegati e dei candidati come credono. Nel caso di conflitto tra regole interne e legislazione statale, sono le regole interne del partito che hanno il diritto di precedenza. Quanto è stato detto per le primarie vale anche per i caucus, che dunque possono essere aperti, semiaperti o chiusi.

I diversi gradi di apertura delle primarie e dei caucus sottintendono idee diverse in merito al significato da attribuire alla registrazione partitica. Ove sono usate le primarie aperte essa è considerata come una formalità burocratica, poco importante rispetto alla posizione dell'elettore al momento del voto. Secondo questa interpretazione, la registrazione come elettore del partito attesta soltanto la posizione politica dell'elettore nel preciso istante in cui egli consegna la domanda di registrazione all'amministrazione pubblica. Tuttavia, l'elettore può cambiare posizione politica spesso e rapidamente, soprattutto in prossimità delle elezioni. Sembra allora eccessivo chiedergli di aggiornare la sua registrazione con dovuto anticipo presso l'amministrazione pubblica. Più semplicemente, gli si permette di votare alle primarie che preferisce senza conseguenze sulla sua registrazione. Se un elettore registrato, ad esempio, come democratico, vuol partecipare alle primarie repubblicane, con buona probabilità vuol dire che è orientato a votare repubblicano anche alle elezioni generali immediatamente successive. Ciò significa che in quel momento l'elettore "è" repubblicano. Nell'idea dei partiti governati dagli elettori, anche quell'elettore ha dunque il diritto di partecipare al governo del Partito Repubblicano. Le primarie aperte glielo permettono.

I leader di partito preferiscono, di solito, le primarie chiuse, perché sono portati a pensare che la partecipazione alle decisioni del partito debba essere ristretta agli elettori di provata fedeltà al partito. Il timore è che altrimenti possano recarsi a votare anche elettori avversari con l'intento preciso di favorire candidati deboli e sabotare dunque il processo di selezione. La frazione di malintenzionati è comunque molto ridotta e non è mai stata in grado di produrre effetti apprezzabili sul risultato finale. Nella maggior parte dei casi il motivo che spinge gli elettori registrati a un partito a recarsi a votare nelle primarie di un altro partito è che sono veramente sul punto di cambiare orientamento politico, magari attratti da un candidato di spicco dell'altro partito. Inoltre, con soglie di sbarramento ormai fissate quasi ovunque intorno al 15%, che impediscono a candidati marginali di ottenere delegati, è difficile che gli eventuali sabotatori possano influire sul risultato. Infine, se i delegati sono assegnati ai candidati alla nomina in numero proporzionale ai voti raccolti da questi ultimi, come succede ovunque presso i democratici, i malintenzionati possono al massimo regalare o togliere a un candidato una manciata di delegati in una manciata di stati, senza cambiare minimamente l'esito finale di un processo che coinvolge 50 stati molto lontani e molto diversi tra loro.

Oggi la tendenza ad allargare l'elettorato delle primarie è abbastanza diffusa presso entrambi i partiti maggiori. Un motivo pratico per estendere la partecipazione agli elettori indipendenti e agli elettori del partito avversario è che ciò può servire ad avvicinarli al proprio partito e convincerli a votarlo nelle elezioni generali. Gli "indecisi" e coloro che sono abituati a cambiare frequentemente il partito per cui votano, sono contenuti, in maggioranza, nel gruppo degli indipendenti. Spesso questa frazione dell'elettorato è determinante per l'esito delle elezioni generali. Se il partito riesce ad attrarli a sé, permettendo loro di partecipare alle primarie, aperte e semiaperte, e al governo del partito, una frazione statistica di quegli elettori voterà per il partito anche alle elezioni generali. L'importanza degli indipendenti è sottolineata anche dal fatto che alcune primarie, quelle semiaperte, sono pensate su misura per loro. Inoltre, capita frequentemente che elettori registrati ad un partito votino, nelle elezioni generali, per il partito avversario. Succede soprattutto nei casi in cui i candidati del partito avversario hanno personalità forti e manifestano idee compatibili con quelle dell'elettore, mentre i candidati del partito dell'elettore hanno magari posizioni estremistiche. Questo spiega il consistente numero di primarie aperte.

In passato, lo stato di Washington usava aprire le proprie primarie in modo estremo, al punto da trasformarle in "primarie universali", cioè senza limitazioni di sorta (*blanket primaries*). È istruttivo analizzare le primarie dello stato di Washington in dettaglio. Come abbiamo spiegato, in un'unica tornata di primarie l'elettore è chiamato a scegliere i candidati ad un insieme abbastanza vario di cariche pubbliche. Nelle primarie aperte l'elettore riceve spesso un'unica scheda elettorale, magari fatta di più fogli, contenente le primarie di tutti i partiti, e può decidere di votare alle primarie del partito che preferisce. Tuttavia, la scelta del partito è unica e vale per le candidature a tutte le cariche pubbliche in palio in quella tornata elettorale. Per esempio, un democratico può decidere al momento del voto di votare alle primarie repubblicane. Tuttavia non può saltare dalle primarie di un partito a quelle dell'altro nella stessa tornata elettorale e, per giunta, sulla stessa scheda elettorale. Il sistema di primarie universali dello stato di Washington, stabilito nel 1935, permetteva proprio questo. Gli elettori potevano votare, in una singola tornata elettorale, per i candidati di un partito ad una data carica pubblica, poi i candidati di un altro partito ad un'altra carica pubblica, eccetera, cambiando partito quante volte volevano. L'unica limitazione era che votassero comunque per i candidati di un solo partito per ogni carica pubblica. Nel 2000 le primarie universali furono dichiarate illegali dalla Corte Suprema, perché violavano il diritto di associazione dei partiti, garantito dal primo emendamento alla Costituzione. Infatti, nello spirito delle primarie aperte, se un elettore, nonostante la sua registrazione, per esempio democratica, vota alle primarie repubblicane, vuol dire che in quel momento "è" repubblicano, quindi ha diritto a partecipare al governo del Partito Repubblicano. Ma se un elettore, nello stesso momento, vota in alcune primarie repubblicane e alcune primarie democratiche, vuol dire che non è repubblicano e non è democratico, quindi non ha diritto a partecipare al governo di nessuno dei due partiti. Nonostante gli abitanti dello stato di Washington fossero molto affezionati alle loro primarie universali, dopo una battaglia legale durata tre anni, nel 2003 le "blanket primaries" furono definitivamente abbandonate. Tentativi successivi di reintrodurle sotto forme alternative andarono a vuoto.[58]

Schede elettorali

È utile analizzare alcuni esempi tipici di schede elettorali usate per le primarie presidenziali e locali.

La figura 4 mostra le schede elettorali relative alle primarie presidenziali democratiche e repubblicane del New Hampshire nel 2004. L'elettore poteva esprimere esplicitamente la sua preferenza per il candidato presidente. L'ultima riga recava la scritta "write-in": è lo spazio nel quale l'elettore poteva scrivere un nome di sua scelta per votare un candidato non elencato nella lista. La scheda non conteneva i nomi dei delegati giurati impegnati ai candidati alla nomina. Le schede elettorali dei due partiti erano distinte, anche se in figura appaiono accorpate per ragioni di spazio. Nella realtà, ciascuna scheda recava un'ulteriore colonna dove l'elettore poteva esprimere la preferenza per il candidato vicepresidente.

147

La figura 5 mostra la scheda elettorale delle primarie presidenziali e locali del 2004 nel Dakota del sud. Un'unica pagina riportava, su due facciate, le primarie presidenziali democratiche e quelle repubblicane, più le elezioni suppletive di un rappresentante e altre primarie locali. Le primarie del Dakota del sud erano primarie chiuse, per cui ogni elettore registrato come democratico o repubblicano doveva votare sulla facciata corrispondente al suo partito, mentre gli elettori indipendenti o registrati ad altri partiti potevano votare solo per le elezioni suppletive. Nei riquadri corrispondenti alle primarie repubblicane non comparivano i nomi dei candidati alla nomina. La ragione è che nel 2004, nel Dakota del sud, come in una manciata di altri stati, le primarie presidenziali repubblicane furono cancellate per mancanza di opposizione a George W. Bush. Al presidente uscente furono assegnati d'ufficio tutti i delegati repubblicani giurati spettanti allo stato. Nella pagina relativa alle primarie democratiche erano elencati i nomi dei candidati alla nomina. A sinistra di ciascuno era presente un ovale. Riempiendolo a matita, l'elettore votava per il candidato alla nomina corrispondente. Sotto il nome di ciascun candidato alla nomina erano elencati i candidati delegati che si erano presentati in suo sostegno. Quelle liste erano state selezionate prima delle primarie, con un sistema di caucus/convention a due livelli, che descriveremo dettagliatamente in seguito. Gli elettori delle primarie non potevano votare nominalmente per i candidati delegati. Il voto di preferenza per i candidati alla nomina serviva unicamente a determinare il numero di delegati giurati che spettavano a ciascuno di essi. Calcolato questo numero, i delegati eletti erano i primi della lista corrispondente.

La scheda elettorale usata per le primarie presidenziali democratiche del 2004 nello stato di New York, permetteva all'elettore di votare sia per il candidato alla nomina, sia, nominalmente, per i delegati giurati a lui abbinati. Non conteneva le opzioni "uncommitted" e "write-in". La scheda elettorale del Rhode Island, per lo stesso tipo di primarie, era molto simile. Essa permetteva all'elettore di votare per il candidato alla nomina e i delegati, ma conteneva anche le opzioni "uncommitted" e "write-in" (vedi figura 6).

La scheda elettorale usata nelle primarie locali democratiche del settembre 2006 nel Vermont permetteva di eleggere i candidati alle seguenti cariche: senatore e deputati al Congresso, senatore e deputati al parlamento statale, governatore, vicegovernatore, ministro del tesoro (del Vermont), segretario di stato, revisore dei conti, ministro della giustizia, giudice testamentario, giudice assistente, procuratore di stato, sceriffo e capo ufficiale giudiziario. Sotto ciascuna voce erano elencati i candidati corrispondenti e una riga bianca in cui l'elettore poteva scrivere i nomi di persone non incluse.

Le primarie democratiche locali della contea Rockdale, in Georgia, nel 2006 erano ancora più articolate. Oltre alla designazione dei candidati ad un numero notevole di cariche pubbliche, la scheda elettorale permetteva all'elettore anche di eleggere i rappresentanti del partito al comitato di contea. Infine, erano inclusi dei questionari-referendum per consultare il parere degli elettori su alcuni provvedimenti.

Finanziamenti e costi delle primarie e delle elezioni generali

Le leggi sui finanziamenti pubblici delle primarie e delle elezioni generali[59] furono approvate tra il 1971 e il 1974. Prima di quella data la legislazione in materia non si occupava del processo di selezione dei candidati, ma solo delle elezioni generali. Anzi, molte persone nutrivano dubbi sulla costituzionalità di iniziative legislative tese a regolamentare le spese e i finanziamenti per le attività interne dei partiti. Quei dubbi furono superati dopo una serie di pronunciamenti della Corte Suprema tra il 1975 e il 1976. La legge stabiliva che se un candidato riusciva a raccogliere 5mila dollari o più in ciascuno di almeno 20 stati aveva diritto ai fondi pubblici per la campagna elettorale delle primarie nella misura di un dollaro di finanziamento pubblico per ogni dollaro di donazioni raccolto autonomamente, fino a un massimo di 250 dollari per donatore. Anche se un cittadino donava più di 250 dollari, non più di 250 potevano essere contati per il calcolo dei fondi pubblici. Queste norme rimasero invariate fino ad oggi e valgono tuttora.

La legge prevede anche un tetto alle donazioni individuali. Secondo la formulazione del 1974 nessun cittadino poteva donare più di 1000 dollari a candidato, per tornata elettorale. Rimasto invariato per quasi trent'anni, il tetto alle donazioni individuali fu aumentato soltanto nel 2002, quando fu portato a 2000 dollari e adeguato all'aumento del costo della vita. Nel 2007 il limite alle donazioni individuali era pari a 2300 dollari, nel 2012 salì a 2500 dollari.

In terzo luogo, la legge stabilisce tetti massimi di spesa per i singoli candidati, se accettano i finanziamenti pubblici, nel qual caso sono obbligati a documentare le proprie entrate e uscite nei minimi particolari. Nel 1974 il limite di spesa per la campagna delle primarie era 10 milioni e successivamente fu adeguato all'aumento del costo della vita. Nel 2004 arrivò a 37,3 milioni di dollari, nel 2008 a 42 milioni, nel 2012 a 45,6 milioni. Sono previsti anche tetti di spesa per le campagne elettorali nei singoli stati. Infine, un candidato che accetta i fondi pubblici può donare a se stesso al massimo 50mila dollari.

La legge del 1974 creò anche la *Federal Election Commission* (FEC), la commissione federale che effettua la distribuzione dei fondi pubblici, e verifica l'applicazione della legge nelle campagne elettorali, in materia di finanziamenti.

Inizialmente, la legge prevedeva restrizioni di spesa per tutti i candidati, anche coloro che non chiedevano i finanziamenti pubblici, ma nel 1976 la Corte Suprema stabilì che indiscriminati limiti di spesa sono incostituzionali, perché violano il primo emendamento alla Costituzione. Tuttavia, secondo la Corte il Congresso può imporre limiti a chi accetta i fondi pubblici[60]. Questi limiti non violano il primo emendamento perché nessuno è obbligato ad accettare i fondi pubblici. Inoltre, nel 1975 la Corte Suprema stabilì che donare soldi è una forma di libera espressione, protetta dal primo emendamento alla Costituzione.

La legge prevede anche fondi pubblici e limiti di spesa per le convention e le altre attività dei partiti.

I finanziamenti pubblici per le convention e le campagne elettorali delle primarie e delle elezioni generali provengono da versamenti volontari dei contribuenti, i quali, al momento della dichiarazione dei redditi, possono destinare una parte delle loro imposte (tre dollari a testa) a questo tipo di finalità, apponendo una crocetta in un apposito spazio sulla dichiarazione. L'utilizzo di questa opzione non aumenta né diminuisce l'ammontare delle imposte dovute. In ciascuno degli ultimi 5 anni circa 33 milioni di contribuenti scelsero questa opzione.

Il limite massimo di 50mila dollari all'autofinanziamento del candidato impedisce ai candidati provenienti da famiglie facoltose di impiegare le loro ricchezze per avere un vantaggio sugli avversari. Il limite massimo di 1000 dollari, poi aumentato fino a 2500, sui contributi individuali è fissato per impedire a pochi ricchi di pagare la campagna elettorale di un candidato. In virtù di questo limite, ogni candidato è costretto a chiedere sostegno economico a un numero elevato di privati cittadini, inclusi coloro che hanno disponibilità economiche modeste. Le soglie da raggiungere per ottenere i fondi pubblici non sono particolarmente elevate, ma bastano a tagliar fuori tutti i candidati che non scendono in campo sufficientemente convinti e agguerriti. Per agevolare la raccolta di finanziamenti, in genere i candidati anticipano la discesa in campo e la campagna elettorale delle primarie. L'andamento della raccolta di fondi fornisce il primo riscontro diretto e oggettivo dell'efficacia del messaggio di un candidato, e la prima misura delle sue reali possibilità di ottenere la nomina e magari vincere le elezioni.

Per quanto riguarda le elezioni generali, la legge prevede che i candidati dei partiti maggiori possano ricevere un ulteriore finanziamento pubblico, pari al doppio del tetto di spesa stabilito per le primarie: 75 milioni di dollari nel 2004, 84 milioni nel 2008 e 91 milioni nel 2012 (erano 20 milioni nel 1974). In cambio, i candidati devono rinunciare a qualunque forma privata di finanziamento a partire dal momento in cui ottengono la nomina del loro partito, rispettare il limite di spesa (pari all'ammontare dei finanziamenti pubblici ricevuti) e documentare tutte le loro entrate e uscite. Anche questi finanziamenti pubblici provengono dai fondi devoluti dai contribuenti col sistema descritto sopra. Il candidato può inoltre attingere a risorse proprie fino a un massimo di 50 mila dollari.

Un candidato può decidere di non richiedere i fondi pubblici, alle primarie, alle elezioni generali, o a tutte e due. Questa scelta libera i candidati dai limiti di spesa. Alle volte, rinunciare ai fondi pubblici nelle primarie può essere più conveniente che accettarli. Bob Dole nel 1996 accettò i fondi pubblici, ma per battere il miliardario Steve Forbes si trovò costretto a spendere troppo durante le primarie. Questo lo penalizzò durante la campagna presidenziale contro Clinton. Pertanto, i candidati che pensano di raccogliere più soldi colle offerte individuali dei cittadini preferiscono rinunciare ai fondi pubblici per le primarie. George W. Bush vi rinunciò sia nel 2000 che nel 2004. Sempre nel 2004 vi rinunciarono anche i candidati democratici Howard Dean e John F. Kerry. Nel 2008 e nel 2012 rinunciarono tutti i candidati di spicco.

Rinunciando ai fondi pubblici per le primarie, un candidato ha tempo fino alla chiusura della convention per raccogliere e spendere senza limiti. Se poi però accetta i fondi pubblici per le elezioni generali, deve rinunciare alle donazioni e limitarsi a spendere quelli, più quello che gli è rimasto in cassa dalle primarie. Fino al 2004 queste risorse furono ritenute sufficienti per il prosieguo della campagna elettorale e quindi i candidati accettarono i fondi pubblici per le elezioni generali, dopo aver rinunciato ai fondi pubblici per le primarie. In quell'anno George W. Bush raccolse circa 347 milioni di dollari (includendo i 75 milioni di fondi pubblici per le elezioni generali) e ne spese 315, mentre Kerry raccolse 324 milioni e ne spese 259[61]. Queste cifre furono da tre a cinque volte superiori alle cifre raccolte e spese quattro anni prima.

Tuttavia, nel 2008 Barack Obama capì che gli conveniva rinunciare a tutti i tipi di fondi pubblici, anche quelli per le elezioni generali, convinto di poter raccogliere molto di più dalle donazioni spontanee dei cittadini. I risultati gli diedero ragione, e in totale accumulò 640 milioni. Invece McCain non ebbe altrettanto coraggio. Rinunciò ai fondi pubblici per le primarie, ma accettò quelli per le elezioni generali (84 milioni). In totale riuscì ad accumulare 444 milioni, quasi 200 in meno di Obama. Da notare che se un candidato avesse deciso di accettare i fondi pubblici sia per le primarie che per le elezioni generali avrebbe automaticamente accettato un limite di spesa totale pari a 126 milioni di dollari, una somma irrisoria rispetto a quelle raccolte sotto forma di donazioni.

In definitiva, i candidati si convinsero sempre di più che il finanziamento pubblico alla campagna elettorale non poteva competere con le raccolte di donazioni spontanee. Effettivamente, gli elettori sono estremamente generosi quando danno soldi a qualcuno che possono incontrare personalmente, a cui stringono la mano e con cui possono magari avere uno scambio di punti di vista. E soprattutto, qualcuno che si assume anche la responsabilità di garantire come verranno spesi quei soldi. Un tipo di donazione come questo è visto anche come una specie di finanziamento, perché i donatori sanno che il candidato sosterrà i loro interessi e spenderà i soldi per le battaglie in cui credono. Invece, sono molto meno generosi quando si tratta di donare soldi a un indistinto "partito" o gruppo di persone dove nessuno ha il coraggio di "metterci la faccia".

Qualunque privato cittadino o associazione ha il diritto di spendere soldi propri per fare campagna elettorale per un candidato, o contro un candidato, senza essere soggetto ad alcun limite di spesa. Queste iniziative devono però essere spontanee e non avere alcuna coordinazione colle campagne organizzate dai candidati. Il compito di controllare che sia effettivamente così è della FEC, che può comminare sanzioni a chi viola le norme. In particolare, si distinguono i PAC (*political action committees*), organizzazioni che fanno liberamente campagna elettorale a favore o contro uno o più candidati, oppure conducono battaglie politiche proprie, per esempio per favorire o contrastare iniziative legislative specifiche. Se i PAC intendono versare contributi economici direttamente ai candidati, sono soggetti a una serie di vincoli. Per esempio, non possono donare più di 5000 dollari a candidato e ricevere più di 5000 dollari all'anno dallo stesso donatore[62]. Se non danno contributi ai candidati, ai partiti o ad altri PAC, queste organizzazioni sono chiamate "super PAC" e possono raccogliere donazioni senza limiti.

Tipicamente, queste associazioni sono create per portare avanti battaglie specifiche, non per raccogliere fondi per sostenere candidati particolari. Possono appoggiare un candidato, per esempio finanziando spot su canali televisivi locali e nazionali, se ritengono che questo sia un mezzo utile a promuovere le loro idee. Le iniziative di queste associazioni possono creare parecchio imbarazzo al candidato e scompigliare le sue delicate strategie elettorali. Per esempio, spesso danno agli elettori la percezione che il candidato sia troppo moderato, o estremista, troppo spostato verso questo o quel versante politico, e così via, quando magari il candidato sta lavorando alacremente per dare l'impressione esattamente opposta. Il candidato può al massimo dichiarare pubblicamente di prendere le distanze dai metodi e dal linguaggio usato negli spot commissionati dalle associazioni, ma non ha il diritto di impedire loro di esprimersi come meglio credono.

Gli elettori delle primarie

In media, gli elettori che votano nei caucus e nelle primarie sono più partecipi e interessati alla politica degli elettori che votano nelle elezioni generali. Presso i gruppi sociali particolarmente sensibili ad alcuni problemi specifici si registra solitamente una partecipazione alle primarie superiore alla media. Esempi possono essere gli afroamericani o altre minoranze e gli iscritti ai sindacati nel caso dei democratici, gruppi religiosi e conservatori sociali nel caso dei repubblicani. Questi gruppi si impegnano maggiormente degli altri per eleggere più delegati che condividano le loro posizioni, sensibilizzare la convention sui temi a loro cari e giocare un ruolo attivo nella stesura del programma elettorale. In qualche caso ottengono il candidato vicepresidente. Solitamente, i candidati alla nomina prestano ascolto alle richieste di questi gruppi sociali, perché si tratta comunque di elettori pronti a votare compattamente, nelle elezioni generali, per il candidato che li soddisfa. Come già spiegato, a differenza degli elettori delle primarie, gli elettori dei caucus sono in genere persone più attivamente impegnate, perché nei caucus non si va solo a votare, ma anche a discutere, presentarsi e presentare i candidati, fare propaganda per convincere gli altri.

Non appartiene alle consuetudini dell'amministrazione americana sollecitare l'elettore a recarsi a votare. Sotto questo aspetto, l'approccio al problema dell'affluenza alle urne è molto diverso dal nostro: l'idea è che ciascun elettore deve poter partecipare liberamente in ragione del suo grado di interesse personale alla politica. Ciò si traduce nella massima apertura possibile per chi vuole partecipare, ma allo stesso tempo massimo rispetto per le scelte individuali di ciascuno e quindi nessuna insistenza o sollecitazione a partecipare per chi non è interessato a partecipare, o desidera partecipare in misura minore. A questo proposito, possiamo distinguere varie gradazioni di partecipazione. Non essendo un obbligo andare a votare, e nemmeno registrarsi per farlo, alcune persone scelgono di non partecipare, a nessun livello. Non si registrano mai nella loro vita come elettori, oppure si registrano, ma non vanno quasi mai a votare. La maggior parte di queste persone non è fatta di anarchici o disillusi che provano disaffezione per la politica, o che disertano le urne in segno di protesta, convinti che non si sentirebbero rappresentati in ogni caso. Al contrario, si tratta di persone più che soddisfatte della democrazia americana, a prescindere da chi vinca le elezioni, persone che si sentono adeguatamente garantite e rappresentate dai democratici come dai repubblicani. Spesso, sono cittadini che non hanno tempo e modo di interessarsi alla politica per votare a ragion veduta. Sono disposti a fidarsi dei loro concittadini, in particolare di chi ha potuto dedicare più tempo a seguire le questioni politiche, si è fatto un'idea più chiara e quindi può esprimere un voto più ponderato. Le difficoltà pratiche ad interessarsi e a partecipare possono essere dovute a situazioni personali momentanee della vita e durare un periodo di tempo limitato. D'altra parte, sono parecchi i cittadini che vanno a votare alle elezioni generali, ma disertano le primarie. La partecipazione alle primarie, e ancor più la partecipazione ai caucus, richiedono un grado di interessamento superiore, e non tutti possono investire il tempo necessario. Anche in questo caso, i cittadini che non votano alle elezioni primarie sanno di poter confidare nella maggiore preparazione in materia di coloro che votano. Infine, c'è anche chi vota sia alle elezioni generali sia alle primarie, chi fa anche il delegato alla convention nazionale almeno una volta nella vita, chi fa spesso il delegato alle convention locali, chi offre il suo impegno quotidiano nei comitati elettorali del candidato preferito, e così via. In sostanza, nel sistema americano l'affluenza alle urne delle elezioni generali è soltanto uno dei dati che misurano il grado di partecipazione degli elettori. Considerato il funzionamento dei partiti moderni, non è neanche il più importante.

Affluenza alle urne nelle primarie e nelle elezioni generali

L'affluenza percentuale alle urne negli Stati Uniti può essere misurata in due modi diversi: il primo consiste nel calcolare la percentuale dei votanti sul totale degli elettori potenziali, che è il numero di cittadini che avrebbero diritto, se si registrassero come elettori, di andare a votare; il secondo è la percentuale di votanti

155

sul totale degli elettori registrati, che è il numero di cittadini che possono effettivamente andare a votare in quel momento. Come mostra la tabella IV, il primo tipo di affluenza, che chiamaremo *potenziale*, è abbastanza lontano dalle affluenze tipiche delle elezioni italiane, ma il secondo tipo di affluenza, che chiameremo *effettiva*, è molto più vicino ai risultati nostri. Ricordiamo che in Italia non c'è questa differenza, perché normalmente gli elettori ricevono la tessera elettorale a casa in tempo e possono quindi recarsi direttamente a votare.

Anno	1984	1988	1992	1996	2000	2004	2008
Affl.pot.	53,1	50,2	55,2	49,0	50,4	56,2	58,3
Affl.eff.	74,6	72,5	78,1	66,4	67,1	72,9	74,4

Tabella IV. Affluenze percentuali, potenziale ed effettiva, nelle primarie presidenziali dal 1984 ad oggi. La fonte usata per i calcoli è [DR1].

In genere, l'affluenza alle primarie presidenziali oscilla tra il 30% e il 40% degli elettori del partito. Chiamiamo questa quantità "affluenza relativa alle primarie". Essa è il rapporto tra il numero di persone che si recano a votare alle primarie del partito e il numero di elettori che votano il partito alle elezioni generali successive. Nel calcolo di questa quantità, gli stati che usano il sistema caucus/convention possono essere inclusi o meno. Escludendoli si ottiene una stima più omogenea, perché notoriamente l'affluenza ai caucus è molto più ridotta di quella alle primarie, visto che i caucus richiedono agli elettori un impegno maggiore che andare semplicemente a votare. Tuttavia, lo scorporo degli stati che usano i caucus è complicato, perché cambiano da una tornata elettorale all'altra, e in una stessa tornata uno stato può adottare i caucus per un partito e le primarie per l'altro, oppure sia i caucus che le primarie, per uno o per entrambi i partiti. Infine, gli stati che adottano i caucus in tutto o in parte sono pochi, ma non necessariamente piccoli (alle volte includono il Texas). D'altra parte si può obiettare che una misura veritiera della partecipazione degli elettori americani al governo dei loro partiti può essere ottenuta solo trattando i caucus come normali primarie, osservando che altrimenti si dovrebbero distinguere anche le primarie aperte da quelle semiaperte e quelle chiuse. La differenza tra i risultati ottenuti con i diversi sistemi di calcolo può essere di qualche punto percentuale.

Anno	1992	1996	2000	2004	2008
Democratici	44,9	*	27,5	28	53,5
Repubblicani	*	38,4	38,7	12,9*	34,4

Tabella V. Affluenze relative percentuali alle primarie e ai caucus presidenziali dal 1984 ad oggi. Sono ottenute combinando l'affluenza alle primarie e ai caucus ricavata da [DR1] (per il 1992 e il 1996) e [S13] (per gli anni 2000-2012) con all'affluenza alle elezioni generali ricavata da [DR1]. L'asterisco segnala le primarie che avevano come candidato il presidente uscente.

Per esempio, escludendo gli stati che usarono i caucus, e combinando i dati forniti da TheGreenPapers.com sulle elezioni primarie con i dati forniti da Dave Leip sulle elezioni generali, otteniamo che nel 2000 l'affluenza relativa fu il 30,6% presso i democratici e il 41,5% presso i repubblicani. Nel 2004 l'affluenza relativa dei democratici fu il 32,4%. Misurare la partecipazione alle primarie repubblicane del 2004 è meno significativo, per la mancanza di veri oppositori al presidente uscente Bush. Trattando invece caucus e primarie alla stessa stregua, otteniamo la tabella V.

Spiegabilmente, le primarie nelle quali si candida il presidente in carica hanno un'affluenza relativa molto più bassa del normale. Le primarie più combattute della storia, quelle democratiche del 2008, sono anche quelle che hanno battuto ogni record di affluenza relativa, superando il 53%. In generale, un'affluenza relativa tipica tra il 30% e il 40% è di per sé ragguardevole, ma acquista un significato ancora maggiore se si tiene conto che le primarie presidenziali americane sono sequenzializzate e distribuite nell'arco di più mesi. Ogni stato può fissare la data delle proprie consultazioni autonomamente, all'interno della finestra temporale stabilita dalle regole nazionali del partito. Il risultato è che stati o gruppi di stati diversi votano a distanza di giorni, una settimana o più. Questo meccanismo favorisce la partecipazione alle prime primarie della stagione, che acquistano una grande risonanza sui media, ma riduce la partecipazione alle ultime. Nell'ultima parte della stagione delle primarie, quando il nome del candidato che si aggiudicherà la nomina è praticamente certo, il voto riscuote un interesse minore presso il grosso dell'elettorato, anche se continua ad eser-

citare un'attrazione notevole tra i militanti e i sostenitori più affezionati. Alcuni aspetti, però, contribuiscono a controbilanciare
parzialmente la riduzione della partecipazione dovuta alla sequenzializzazione, e a mantenere l'affluenza su livelli ragguardevoli. Il
primo motivo è che le primarie non servono solo a determinare il
candidato alla nomina, ma anche ad eleggere i delegati, che hanno
compiti importanti, come stabilire le regole del partito e il programma politico-elettorarle. Infatti, le minoranze e i gruppi sociali
più motivati partecipano a tutte le primarie della stagione pressoché in egual misura. Il secondo motivo è che le ultime primarie si
trasformano praticamente in plebisciti a favore dell'ormai certo
vincitore: il voto serve a rafforzarne l'investitura popolare in vista
delle elezioni generali. Questo basta a motivare molti elettori, che
si recano volentieri a votare per manifestare sostegno al candidato
del proprio partito e rafforzarlo. Nel 2004, per esempio, le primarie democratiche del New Hampshire, le prime della stagione, tenutesi il 27 gennaio, registrarono un'affluenza relativa del 64,5%.
La percentuale raggiunta nella Carolina del sud, che votava nel
minimartedì (3 febbraio), fu del 44,4%, mentre la California, che
votava nel supermartedì (2 marzo), arrivò al 46%. Tipicamente, il
supermartedì è il momento più importante della stagione, per cui
ci si aspetta un calo di partecipazione nelle primarie successive.
Per esempio, in maggio nel Massachusetts votò il 34% degli elettori del partito e in giugno nel Nebraska il 28%. L'affluenza relativa si mantenne comunque su livelli ragguardevoli per tutta la
stagione di primarie. Nel campione appena esaminato sono stati
scelti tutti stati con primarie semiaperte, per rendere la compara-
zione più omogenea. L'andamento appena mostrato dell'affluenza
relativa nel corso della stagione delle primarie è abbastanza tipico. A causa della competizione tra Obama e Clinton, le primarie
democratiche del 2008 registrarono affluenze relative più alte del
solito per tutta la stagione.

Legislazione in materia

Nella maggior parte degli stati il processo di nomina è regolato legalmente. Tuttavia, come più volte ricordato i partiti non sono obbligati a servirsi delle leggi statali, e hanno il diritto di controllare il processo di selezione dei propri candidati e delegati au-

tonomamente. Il motivo principale per cui i partiti utilizzano, quando possibile, le primarie "legali" è prettamente economico: esse sono finanziate con i soldi pubblici, quindi non gravano sul partito. Può però capitare che le leggi statali siano in conflitto con le regole del partito. Se l'incompatibilità è seria, al partito statale può convenire rinunciare alle primarie legali e organizzare primarie autogestite. Nel 2004 il Partito Democratico tenne primarie autogestite in tre stati, la Carolina del sud, il Michigan e l'Utah, mentre il Partito Repubblicano non tenne primarie autogestite in nessuno stato. Nel 2008 le primarie autogestite furono quelle della Carolina del sud di entrambi i partiti e quelle democratiche del Nuovo Messico. Nel 2012 furono solo quelle della Carolina del sud di entrambi i partiti[63].

Se un partito insistesse a servirsi delle primarie legali in presenza di incompatibilità, la delegazione sarebbe contestata alla convention. Non solo: fazioni rivali potrebbero organizzare autonomamente delle primarie alternative, applicando le regole scrupolosamente, per eleggere una delegazione "di partito" da inviare alla convention. Il comitato per le credenziali della convention si troverebbe a dover decidere quale delle due delegazioni ammettere. Con tutta probabilità, respingerebbe la delegazione legale e accetterebbe quella di partito. Di solito, nei casi in cui il conflitto tra le leggi statali e le regole interne del partito è circoscritto, i partiti maggiori, soprattutto il Partito Democratico, sollecitano i propri rappresentanti e senatori in carica nei parlamenti statali a prendere iniziative per emendare le leggi statali e armonizzarle con le regole del partito. Normalmente, se un partito statale non riesce nell'intento, ma dimostra di aver fatto il possibile per raggiungere lo scopo, la convention nazionale, o il comitato nazionale se autorizzato dalla convention, approvano deroghe al regolamento che tengano conto del suo caso. Il Partito Repubblicano ha regole nazionali molto più blande di quelle del Partito Democratico. Di solito è in grado di adattarsi velocemente a qualunque situazione.

Il processo di armonizzazione tra le leggi statali e le regole dei partiti non è ancora giunto al termine. Si ricordano, in particolare, le contestazioni del 2008, quando il Michigan e la Virginia vollero a tutti i costi anticipare le loro primarie, anche per dimostrare la propria insoddisfazione verso i privilegi concessi all'Iowa e al

New Hampshire. I repubblicani punirono i due stati ribelli dimezzando le loro delegazioni, regola che adottano ormai da un certo tempo a questa parte senza suscitare particolari reazioni. Invece, i democratici furono investiti dalle contestazioni in modo più drammatico. Inizialmente decisero di escludere dalla convention tutti i delegati eletti con le primarie anticipate. Non solo: Obama ed Edwards ritirarono i propri nomi dalle schede elettorali del Michigan e rifiutarono di fare campagna elettorale in Florida. Successivamente, a fine maggio, quando la competizione tra Clinton e Obama era ancora aperta, fu raggiunto un compromesso che consisteva nell'accettare tutti i delegati del Michigan e della Florida, ma dimezzare il valore dei loro voti. Il giorno prima della convention Obama, già sicuro della nomina, propose e ottenne di restituire a quei delegati il voto intero, una decisione dal valore unicamente simbolico.

Le primarie presidenziali

Nella maggior parte degli stati, le primarie presidenziali determinano il numero di delegati giurati alla convention nazionale che spettano a ciascun candidato alla nomina. Possono candidarsi o essere candidati alla nomina gli elettori registrati del partito (da due tornate elettorali, presso i democratici). In genere, gli aspiranti candidati devono presentare una domanda di candidatura presso l'amministrazione pubblica dello stato, o presso la sede statale del partito. In alcuni stati devono anche pagare una somma dell'ordine di poche centinaia di dollari e allegare alla propria candidatura le firme a sostegno di un certo numero di elettori registrati del partito residenti nello stato, da 500 a qualche migliaio. In alcuni stati, tra cui New York, la raccolta di firme e la presentazione della candidatura possono procedere per iniziativa spontanea di gruppi di elettori (registrati) del partito o sostenitori locali del candidato. Alcuni stati, tra cui il Mississippi, hanno anche i "candidati d'ufficio". Con dovuto anticipo, il segretario di stato compila una lista preliminare di persone che sono reputate, per il loro ruolo e la loro notorietà a livello statale o nazionale, potenziali candidati alla nomina. La lista è resa pubblica mediante comunicazione ai media. Dopo quella comunicazione il segretario di stato può aggiungere nomi alla lista, ma non toglierne. Un candidato può essere eliminato dalla lista soltanto se dichiara pubblicamente di non essere candidato alla nomina. Assieme ai candidati d'ufficio decisi dal segretario di stato, sulle schede elettorali sono elencati i candidati alla nomina che si qualificano con le modalità ordinarie descritte sopra, cioè presentazione della candidatura, pagamento della somma eventualmente prevista e raccolta di firme.

Elezione dei delegati alla convention nazionale

Il numero di delegati che spettano a ciascuno stato viene calcolato sommando due contributi. Il primo contributo è proporzionale al numero di grandi elettori dello stato, cioè la somma dei rappresentanti e dei senatori. Ricordiamo che il numero di rappresentanti è proporzionale alla popolazione dello stato, mentre i senatori sono due per ogni stato. Il secondo contributo è calcolato in base al consenso raccolto dal partito nelle elezioni recenti, per premiare gli stati in cui il partito è più forte. Per esempio, presso il Partito Democratico il numero totale di delegati è per metà proporzionale al numero di grandi elettori dello stato e per l'altra metà proporzionale alla percentuale di voti democratici nelle tre elezioni presidenziali precedenti.

I cittadini che desiderano candidarsi a fare i delegati alla convention nazionale devono inviare al presidente del partito statale una domanda firmata, nella quale dichiarano il nome del candidato alla nomina che intendono appoggiare, e promettono solennemente di sostenerlo. Un esempio di domanda è mostrato nella figura 7. Alcuni stati permettono ai candidati delegati, in alternativa, di dichiararsi "uncommitted", cioè non-impegnati. Alcuni stati chiedono ai candidati delegati di pagare una piccola somma, poche decine di dollari, e allegare alla domanda qualche centinaio di firme a sostegno della propria candidatura, raccolte tra gli elettori registrati del partito residenti nello stato.

Ogni candidato alla nomina, che per semplicità chiamiamo CN, riceve dal partito, con dovuto anticipo, la lista contenente i nomi dei candidati delegati che hanno promesso solennemente di sostenerlo. Il candidato CN può vagliare i nomi della lista, decidere quali approvare e quali respingere, ma è soggetto a una serie di vincoli. Tipicamente, CN deve approvare un numero di persone uguale o superiore al numero massimo di delegati che può vincere nell'unità territoriale di riferimento (cioè il distretto o lo stato). Se un candidato non trova, in tempo per le elezioni primarie, un numero sufficiente di persone disposte a candidarsi a delegato in suo sostegno, può riempire i posti vacanti dopo le elezioni, con procedure simili.

Opzioni di voto. Le opzioni di voto sono tre: gli elettori possono votare *i)* per un candidato alla nomina tra quelli elencati sulla scheda elettorale, *ii)* collettivamente, per i delegati non-impegnati, *iii)* per un candidato alternativo di loro scelta. Alcuni stati consentono soltanto l'opzione *i)*, altri *i)* e *ii)*, altri *i)* e *iii)*, altri tutte e tre. L'opzione *i)* è esercitata barrando una casella posta a fianco del nome del candidato alla nomina preferito, oppure connettendo con un tratto di penna una freccia interrotta che punta verso il nome del candidato, o con altri metodi equivalenti. L'opzione *ii*) è esercitata con modalità simili in corrispondenza della scritta "uncommitted". L'opzione *iii*) è esercitata scrivendo un nome di propria scelta nella riga bianca "write-in". La lista di delegati "uncommitted" viene trattata a tutti gli effetti come se fosse la lista dei delegati impegnati a sostenere un candidato aggiuntivo fittizio. Il numero di delegati "uncommitted" eletti è calcolato in base al numero di preferenze a favore dell'opzione "uncommitted", con le stesse regole usate per il calcolo dei delegati vinti da qualunque candidato "vero", in clusi i candidati votati nella riga "write-in".

Tipologie di delegati. Esistono delegati di distretto e delegati "at large": i primi sono designati a livello distrettuale, i secondi a livello statale. Esistono delegati di base e delegati di partito: i primi sono semplici elettori del partito, i secondi sono leader e rappresentanti eletti del partito. Esistono delegati giurati e superdelegati: i primi scelgono un candidato alla nomina nel momento in cui presentano la domanda di candidatura e promettono solennemente di sostenerlo. I secondi non sono tenuti a dichiarare quale candidato alla nomina intendano sostenere. Presso i democratici, i delegati di distretto sono tutti delegati di base. I delegati di partito sono tutti delegati "at large". I delegati di base sono in parte di distretto e in parte "at large". I superdelegati sono in parte "delegati d'ufficio", in parte funzionari di partito. I primi sono tipicamente personalità che ricoprono o hanno ricoperto cariche importanti, pubbliche o di partito (presidenti, ex-presidenti, rappresentanti al Congresso, governatori, ecc.). Essi hanno posti di delegato riservati e non necessitano di essere eletti. I secondi sono selezionati dalla convention statale o dal comitato statale del partito. Per i dettagli non richiamati in questi paragrafi si vedano le pagine relative della sezione storica.

I sistemi elettorali delle primarie. I due partiti maggiori utilizzano metodi differenti per calcolare il numero di delegati vinti da ciascun candidato alla nomina. Il Partito Democratico applica il metodo *proporzionale con sbarramento* al 15%, per cui il numero di delegati di distretto ("at large") abbinati al candidato alla nomina CN è proporzionale ai voti raccolti da CN in quel distretto (stato), dopo aver escluso tutti i candidati che hanno ottenuto

163

meno del 15% di preferenze nel distretto (stato). Se nessun candidato alla nomina supera il 15%, la soglia è abbassata ad un valore pari alla percentuale ottenuta dal candidato più votato meno il 10%. In una frazione di stati anche il Partito Repubblicano applica il metodo proporzionale. Tuttavia, presso i repubblicani la soglia di sbarramento varia da stato a stato. Tipicamente, essa è compresa tra il 10% e il 20%, ma in certi casi può essere anche più bassa o assente. Nella maggior parte degli stati, la regola preferita dai repubblicani è quella detta del "vincitore piglia tutto" (*winner-take-all*), che assegna tutti i delegati dello stato al candidato alla nomina che ottiene la maggioranza relativa delle preferenze espresse nelle primarie di quello stato. Per brevità, spesso indicheremo questo sistema colla sigla WTA. In una manciata di stati viene applicata una variante del WTA, che chiameremo "WTA corretto", in cui se il primo classificato ottiene la maggioranza assoluta dei voti vince tutti i delegati; se nessun candidato ottiene la maggioranza assoluta si applica la regola proporzionale.

Altri tipi di primarie. In alcuni stati ancora oggi entrambi i partiti tengono *primarie consultive*. Sono le primarie vecchia maniera nelle quali l'elettore esprime la propria preferenza per il candidato alla nomina, ma il risultato di quella votazione è puramente indicativo, non vincola in alcun modo i delegati e non ha alcun effetto sull'assegnazione degli stessi ai candidati alla nomina. Presso il Partito Repubblicano sono ancora usate la *selezione diretta dei delegati* e le *primarie loophole*. Nel primo tipo di consultazione l'elettore vota nominalmente i delegati, e sono eletti coloro che ottengono più preferenze, indipendentemente dai candidati alla nomina a cui sono impegnati. L'elettore non può esprimere nessuna preferenza diretta per il candidato alla nomina. Le *primarie loophole* sono la combinazione della selezione diretta dei delegati con primarie consultive per i candidati alla nomina.

Fino all'anno 2000 nello stato di New York, per i soli delegati di distretto, i repubblicani usarono addirittura la selezione diretta dei delelgati "vecchio stile", una delle forme più antiche di primarie, dove la scheda elettorale non specificava nemmeno quali erano i candidati alla nomina appoggiati dai candidati delegati e non era prevista aluna modalità ufficiale per fornire questa informazione all'elettore. Come un tempo, l'unica cosa che l'elettore poteva fare era consultare i giornali locali, nella speranza che i candidati delegati avessero dichiarato pubblicamente quale candidato alla nomina intendevano sostenere.

Il sistemi descritti sono usati, nella maggior parte di casi, per determinare il numero di delegati vinti da ciascun candidato alla nomina, non i nominativi dei delegati eletti. Fanno eccezione alcuni stati che adottano sistemi di voto grazie ai quali gli elettori delle primarie determinano tanto il numero quanto i nominativi dei delegati eletti vinti da ciascun candidato alla nomina. Esempi sono le già menzionate primarie "loophole" e la selezione diretta dei delegati, usate solo dai repubblicani. Un altro esempio sono le *primarie combinate*, usate dai democratici e dai repubblicani in una manciata di stati. Si tratta di primarie nelle quali l'elettore può, sulla stessa scheda elettorale, esprimere la preferenza per il candidato alla nomina ed eleggere i delegati individualmente. Il voto di preferenza per i candidati alla nomina è usato per calcolare il numero di delegati vinti da ciascuno di essi, coi sistemi descritti sopra. Una volta determinato il numero di delegati che spettano al candidato alla nomina CN, le preferenze raccolte dai candidati delegati sono usate per stabilire i nominativi dei delegati eletti abbinati a CN. Il sistema combinato differisce dalla selezione diretta dei delegati e dalle primarie loophole principalmente nel conteggio dei voti. In queste ultime sono eletti i delegati più votati, indipendentemente dal candidato alla nomina che appoggiano. Nel sistema combinato, il numero di delegati abbinati al candidato alla nomina è fissato dal voto di preferenza. Nel 2004, per esempio, il sistema combinato fu impiegato dal Partito Democratico per i delegati di distretto nel Rhode Island e nello stato di New York. In quest'ultimo caso le schede elettorali recavano i nomi dei candidati alla nomina, affiancati da caselle barrabili. Accanto al nome di ciascun candidato alla nomina erano elencati i nomi dei candidati delegati impegnati a sostenerlo, anch'essi affiancati da caselle barrabili. Barrando le caselle l'elettore poteva esprimere la preferenza per il candidato alla nomina e anche eleggere nominalmente i delegati in suo sostegno. Le schede elettorali del Rhode Island, del tutto simili, sono mostrate nella figura 6.

Elezione dei delegati. Come detto, nella maggior parte delle primarie presidenziali gli elettori non votano nominalmente per i delegati impegnati a sostenere i candidati alla nomina, ma soltanto per i candidati alla nomina. I risultati del voto servono a stabilire il numero di delegati che spettano a ciascun candidato alla nomina CN. I nominativi dei delegati eletti abbinati a CN sono stabiliti con ulteriori consultazioni popolari, che possono avere luogo prima o dopo le primarie. Quando queste consultazioni hanno luogo prima delle primarie, i nomi dei candidati delegati abbinati a CN possono essere riportati, a titolo puramente informativo, sulla scheda elettorale accanto o sotto al nome di CN.

Per esempio, la figura 4 mostra le schede elettorali del New Hampshire, nelle quali i nomi dei candidati delegati non sono riportati. La figura 5 mostra invece le schede elettorali del Dakota del sud. Alla sinistra del nome di ciascun candidato alla nomina democratica appare un ovale. Gli elettori votano per il candidato alla nomina preferito riempiendo l'ovale corrispondente con un segno a matita. Sotto il nome del candidato alla nomina è presente una lista di candidati delegati impegnati a sostenerlo. I nomi di quelle liste non sono affiancati da ovali, perché gli elettori delle primarie del Dakota del sud non possono votare nominalmente per i delegati. Infatti, i candidati delegati elencati nelle liste sono selezionati a parte, prima delle primarie, con un sistema caucus/convention a due livelli, fatto di caucus locali e convention di distretto. Precisamente, nei caucus locali pre-primarie gli elettori eleggono i delegati alle convention di distretto. Ciascuno di essi è tenuto a dichiarare in anticipo quale candidato alla nomina intende appoggiare. Nelle convention di distretto, anch'esse antecedenti le primarie, i delegati che sostengono CN si riuniscono separatamente in caucus e votano per selezionare la lista dei candidati delegati alla convention nazionale impegnati a sostenere CN. Quella è la lista riportata sulle schede elettorali delle primarie, sotto il nome di CN, ordinata dal candidato delegato più votato al meno votato. Una volta stabilito, in base ai risultati delle primarie, il numero di delegati che spettano a CN, i delegati eletti abbinati a CN sono i primi della lista corrispondente.

Il Partito Democratico del Mississippi utilizza un sistema leggermente diverso. Alle primarie aperte, che determinano il numero di delegati spettanti a ciascun candidato alla nomina, è ab-

166

binato un sistema di caucus/convention a molti livelli che determina i nominativi dei delegati eletti. In particolare, nei caucus locali, che sono tenuti prima delle primarie, gli elettori scelgono i delegati alle convention di contea. Questi non sono tenuti a dichiarare quale candidato alla nomina intendono sostenere. Le convention di contea sono tenute dopo le primarie. In quel momento, nemmeno i candidati delegati al livello successivo (convention di distretto e statale) sono tenuti a dichiarare le loro preferenze per i candidati alla nomina. Quando le convention di distretto e la convention statale si riuniscono, i delegati che vi partecipano devono decidere quale candidato alla nomina intendono sostenere. Coloro che sostengono il candidato alla nomina CN si riuniscono in caucus ed eleggono i delegati giurati di distretto ("at large") alla convention nazionale impegnati a sostenere CN, in numero proporzionale al totale delle preferenze espresse nelle primarie a favore di CN nel distretto (stato).

Altri stati usano un meccanismo simile a quello del Mississippi, ma svolgono i caucus locali dopo le primarie. Ai candidati delegati può essere richiesto già a livello dei caucus locali di dichiarare quale candidato alla nomina intendano sostenere. Alle volte, come nel Montana, i caucus locali sono evitati. Dopo le primarie, i sostenitori dei candidati alla nomina che hanno ottenuto delegati si riuniscono nelle convention di contea. È definito "sostenitore" di CN qualunque elettore registrato del partito che presenta un'apposita domanda di partecipazione alla convention di contea, con annessa dichiarazione solenne di sostegno al candidato alla nomina CN. Le convention di contea eleggono i delegati alle convention di distretto e alla convention statale. Le convention di distretto e statale eleggono i delegati alla convention nazionale. A ciascun livello i delegati impegnati a CN si riuniscono in caucus ed eleggono i delegati impegnati a CN alle convention di livello superiore. Il numero di delegati impegnati a CN è sempre determinato dalle preferenze raccolte nelle primarie da CN, nella porzione di territorio corrispondente.

Spesso, nelle primarie che adottano il sistema del "vincitore-piglia-tutto", usato dai repubblicani in molti stati, la selezione dei nominativi dei delegati non necessita di complesse procedure. Infatti, è sufficiente che il candidato alla nomina approvi un numero di candidati delegati a lui abbinati pari al massimo numero di delegati che possono vincere. Se ottiene la maggioranza dei voti di preferenza tutti i delegati della sua lista sono automaticamente eletti.

Ordine di selezione dei delegati. La selezione dei delegati giurati e dei superdelegati elettivi procede con un ordine ben preciso. Per primi sono selezionati sempre i delegati giurati di distretto. Poi sono selezionati i superdelegati elettivi, cioè i funzionari di partito. In terzo luogo sono selezionati i delegati giurati di partito e infine i delegati giurati statali di base. Questi ultimi sono selezionati, per quanto possibile, in modo da bilanciare la rappresentanza delle minoranze.

È importante sottolineare che, in generale, non è il candidato alla nomina che sceglie i delegati giurati impegnati a sostenerlo alla convention nazionale. Egli ha soltanto un limitato potere di veto sulla lista di persone che presentano domanda per ricoprire quel ruolo. La selezione dei delegati è rimessa comunque, direttamente o indirettamente, ai cittadini o ai loro delegati alle convention di livello inferiore. Il coinvolgimento di un numero elevato di elettori o delegati garantisce la trasparenza.

Riepilogando, per quanto riguarda la partecipazione degli elettori esistono primarie aperte, semiaperte e chiuse; per quanto riguarda il metodo di calcolo del numero di delegati vinti dai candidati alla nomina, esistono primarie proporzionali, primarie col sistema WTA, corretto o meno, primarie "loophole", primarie combinate con voto di preferenza per il candidato alla nomina e selezione diretta dei delegati; selezione diretta dei delegati senza voto di preferenza per il candidato alla nomina; e infine primarie consultive, in cui la preferenza per il candidato alla nomina viene espressa in modo non vincolante. In molti casi le primarie determinano soltanto il numero di delegati vinti dai candidati alla nomina. I nominativi dei delegati eletti vengono selezionati con il meccanismo a molti livelli dei caucus e delle convention locali, che si tengono prima o dopo le primarie.

I caucus moderni

In una manciata di stati viene usato unicamente il sistema caucus/convention, nella sua versione moderna. I delegati vengono scelti mediante raduni di massa (i caucus locali) e poi convention di contea, distretto e stato. I caucus locali, come le primarie, possono essere chiusi, semiaperti o aperti. Non sono semplici elezioni, ma assemblee vere e proprie degli elettori. I sostenitori dei candidati alla nomina sono invitati ad intervenire, per difendere le ragioni e i programmi dei loro candidati preferiti. Gli elettori possono dichiarare le proprie intenzioni di voto, confrontarsi con gli altri convenuti, cercare di convincerli per portarli dalla propria parte. Dopo gli interventi e la discussione successiva, si procede alle votazioni per il candidato alla nomina. La votazione può avvenire per alzata di mano, per voto segreto o chiedendo ai sostenitori di ogni candidato di raggrupparsi per farsi contare. Le votazioni, o la conta del numero di sostenitori che formano ciascun gruppo, servono a stabilire il numero di delegati giurati alla convention di contea che spettano a ciascun candidato alla nomina. Presso il Partito Democratico questo numero è calcolato sempre col metodo proporzionale con sbarramento al 15%. Presso il Partito Repubblicano è calcolato con modalità simili a quelle usate per le primarie. Calcolato il numero di delegati giurati che spettano al candidato alla nomina CN, gli elettori di CN si appartano e procedono all'elezione dei delegati giurati alla convention di contea impegnati a sostenere CN, nel numero stabilito. Sbrigate le questioni che riguardano la nomina dei delegati, gli elettori possono rimanere a discutere le questioni politiche rilevanti e il programma elettorale, e prendere decisioni in merito alle regole del partito.

Le convention di contea selezionano i delegati di contea alle convention di distretto e alla convention statale. La procedura è simile a quella usata nei caucus locali. Il numero di delegati giurati di contea che spettano al candidato alla nomina CN è stabilito in base alle preferenze raccolte da CN nella contea (ottenute sommando le preferenze espresse per CN in tutti i caucus locali della contea), con lo stesso criterio di calcolo usato nei caucus locali (proporzionale, proporzionale con sbarramento, "vincitore-piglia-tutto", ecc.). I delegati giurati impegnati a sostenere CN si riuniscono in caucus e scelgono i delegati giurati di contea impegnati a sostenere CN, nel numero stabilito. Il meccanismo si ripete al livello superiore, quello delle convention di distretto e della convention statale, che eleggono i delegati giurati di distretto e i delegati giurati "at large" alla convention nazionale. Almeno presso il Partito Democratico, a ciascun livello, sono sempre i delegati abbinati a CN che eleggono i delegati abbinati a CN per il livello superiore. È più difficile identificare regole generali valide per i caucus repubblicani. In alcuni stati, come l'Iowa, dove si tiene la prima consultazione in assoluto della campagna presidenziale, i caucus repubblicani sono ancora vecchia maniera, cioè primarie indirette. I delegati alla convention nazionale e alle convention intermedie non sono tenuti a dichiarare quale candidato alla nomina intendano sostenere. Quando la corsa alla nomina è combattuta, cioè sono in campo più candidati forti, il caucus è abbinato a primarie consultive, in cui gli elettori esprimono la loro preferenza per il candidato alla nomina. Il valore di questa consultazione per l'attribuzione dei delegati ai candidati alla nomina è rimesso alla discrezionalità delle convention. Quando è in corsa un presidente uscente senza oppositori di rilievo, come nel 2004, il voto di preferenza è annullato. In altri stati i delegati alle convention di contea, di distretto e statale sono tenuti a dichiarare in anticipo quale candidato alla nomina intendono sostenere.

Se nelle elezioni primarie la partecipazione del singolo elettore richiede pochi minuti ed è circoscritta alla semplice votazione per il candidato alla nomina, più eventualmente i delegati giurati impegnati a sostenerlo, la partecipazione ai caucus locali può richiedere parecchie ore. Di solito i partecipanti ai caucus locali non sono elettori qualsiasi, ma militanti convinti o elettori interessati che seguono la politica da vicino. In sostanza, i caucus hanno una partecipazione numericamente più ridotta delle primarie, ma gli elettori sono coinvolti in maniera qualitativamente più articolata. Nelle primarie si registra un'affluenza molto maggiore, ma gli elettori sono coinvolti in forma semplificata, alla portata di un maggior numero di persone. Nonostante queste differenze, a tutti gli elettori è garantito il pieno diritto di partecipare, ai caucus come alle primarie, indipendentemente dal loro attivismo e impegno all'interno del partito.

Durante la fase del sistema caucus/convention, dai primi decenni del 1800 fino all'inizio del 1900, i raduni di massa, cioè i caucus locali, erano delle primarie indirette, perché l'elettore poteva scegliere i delegati, ma non istruirli in merito al candidato presidente che dovevano votare alla convention nazionale. I caucus rimasero delle primarie indirette anche nella fase del sistema caucus/primarie/convention, fino al 1972. In quella fase il caucus era associato al sistema vecchio e chiuso, soggetto al controllo elitario dei partiti, mentre le primarie erano associate al sistema nuovo e aperto, soggetto unicamente alla volontà popolare. Raffrontare il numero di stati che usavano il caucus al numero di stati che usavano le primarie era un'ottima maniera per misurare lo stato del processo evolutivo dal sistema vecchio al sistema nuovo. Quel tipo di raffronto ha oggi meno senso. Fatta eccezione per una manciata di stati, in cui i caucus sono ancora oggi delle primarie indirette, presso il solo Partito Repubblicano, i caucus moderni sono delle primarie dirette a tutti gli effetti. I vincoli imposti dalle riforme democratiche, come la piena partecipazione e la corretta rappresentanza, devono essere rispettati indipendentemente dai sistemi usati per eleggere i delegati, che siano il caucus/convention o le primarie. Dal 1972 ad oggi entrambi i metodi garantiscono la corretta rappresentanza della volontà degli elettori: dappertutto presso i democratici, che si sono dati regole nazionali e univoche in merito, ma spesso anche presso i repubblicani, che hanno assorbito le regole democratiche quasi automaticamente. Oggi caucus e primarie sono strumenti fondamentali del governo popolare dei partiti.

Primarie presidenziali del 2000

La tabella VI contiene i numeri di stati (includendo il Distretto di Columbia) che tennero primarie e caucus aperti, semiaperti e chiusi nelle ultime tornate elettorali, secondo la classificazione di *TheGreenPapers.com*. Nel 2000 nei 50 stati più il Distretto di Columbia il Partito Democratico tenne 41 primarie e 10 caucus, il Partito Repubblicano tenne 42 primarie e 9 caucus. Nel caso dei democratici, una primaria chiusa fu consultiva e un caucus aperto fu accompagnato da primarie consultive. In due soli stati il partito organizzò primarie autogestite. Guam, Porto Rico e le Isole Vergini tennero caucus chiusi. Il Partito Repubblicano[64] tenne $18 = 12^a + 1^b + 1^c + 3^e + 1^f$ primarie aperte, $12 = 6^a + 3^e + 3^f$ primarie semiaperte e $12 = 6^a + 4^e + 1^f + 1^g$ primarie chiuse. Nello stato di New York l'elettore poteva scegliere soltanto i delegati, non il

candidato presidente. In un solo stato le primarie furono autogestite dal partito. Porto Rico tenne primarie aperte col sistema
WTA, Guam e le Isole Vergini tennero caucus chiusi.

	2000		2004		2008		2012	
	D	*R*	*D*	*R*	*D*	*R*	*D*	*R*
PA	15	18	12	12	15	15	13	11
PS	9	12	12	10	9	10	9	9
PC	17	12	12	11	14	15	12	16
CA	4	2	3	2	3	1	6	1
CS	1	0	2	1	2	0	2	1
CC	5	7	10	15	8	10	9	12

Tabella VI. Numero di stati (incluso il Distretto di Columbia) con primarie e
caucus nelle ultime quattro tornate elettorali. Legenda: D = democratici, R =
repubblicani, PA = primarie aperte, PS = primarie semiaperte, PC = primarie
chiuse, CA = caucus aperti, CS = caucus semiaperti, CC = caucus chiusi.

Primarie presidenziali del 2004

Nel 2004 il numero di primarie democratiche scese a 36, mentre quelle repubblicane subirono una riduzione maggiore (a 33),
ma fisiologica, visto che correva il presidente uscente George W.
Bush. Inoltre, in 5 stati le primarie repubblicane furono cancellate
per mancanza di oppositori a Bush. Nel caso dei democratici, le
primarie furono autogestite dal partito in tre stati. Le isole Samoa
Americane e le isole Vergini tennero caucus aperti, Guam un caucus chiuso. Porto Rico prevedeva inizialmente un caucus chiuso,
che fu poi cancellato. Il Partito Repubblicano tenne $12 = 6^a + 2^b +$
$2^e + 1^f + 1^h$ primarie aperte (una delle quali fu cancellata), $10 = 4^a$
$+ 3^e + 2^f + 1^h$ primarie semiaperte e $11 = 5^a + 5^e + 1^f$ primarie
chiuse (di cui 4 cancellate). Due caucus usarono il sistema WTA.
Nel 2004 i repubblicani non tennero primarie autogestite. Guam
tenne un caucus chiuso, le isole Samoa Americane e le isole Vergini caucus aperti. Porto Rico prevedeva primarie aperte col sistema WTA, poi cancellate per mancanza di opposizione a Bush.

Primarie presidenziali del 2008

Nel 2008, nei 50 stati dell'Unione più il Distretto di Columbia
i democratici tennero 38 primarie e 13 caucus, i repubblicani 40

primarie e 11 caucus. Nel caso dei democratici, un caucus fu accompagnato da primarie consultive, e le primarie autogestite dal partito furono 2. Le isole Samoa Americane tennero un caucus aperto, mentre Guam e le isole Vergini tennero caucus chiusi e Porto Rico primarie aperte. I repubblicani tennero $15 = 7^a + 2^b + 1^c + 1^d + 2^e + 1^f + 1^h$ primarie aperte, $10 = 5^a + 4^e + 1^h$ primarie semiaperte e $15 = 9^a + 5^e + 1^f$ primarie chiuse. Solo in un caso (Carolina del sud) le primarie furono autogestite dal partito. Le isole Samoa Americane e le isole Vergini tennero caucus aperti, Guam caucus chiusi e Porto Rico primarie aperte.

Primarie presidenziali del 2012

Nel 2012, nei 50 stati dell'Unione più il Distretto di Columbia i democratici tennero 34 primarie e 17 caucus, i repubblicani 37 primarie e 14 caucus. Nel caso dei democratici, un caucus fu ancora accompagnato da primarie consultive, mentre le primarie autogestite furono solo quelle della Carolina del sud, e le primarie cancellate per mancanza di opposizione al presidente uscente Obama furono 3. Le isole Samoa Americane tennero un caucus aperto, Guam delle primarie autogestite, le isole Vergini e Porto Rico dei caucus chiusi. I repubblicani confermarono la loro inclinazione a sperimentare tutte le combinazioni possibili: tennero $11 = 3^a + 2^b + 2^c + 1^d + 2^e + 1^f$ primarie aperte, $9 = 2^a + 1^c + 1^d + 4^e + 1^g$ primarie semiaperte, $16 = 7^a + 2^c + 1^d + 5^e + 1^f$ primarie chiuse, più una primaria consultiva. Di nuovo, solo la Carolina del sud tenne primarie autogestite. Le isole Samoa Americane tennero caucus aperti, le isole Vergini e Guam caucus chiusi e Porto Rico primarie aperte col WTA corretto.

Primarie sequenziali

Le primarie presidenziali sono primarie *sequenziali*. Ciascuno stato fissa la data delle proprie primarie autonomamente, all'interno di una finestra temporale di alcuni mesi, stabilita dalle regole nazionali del partito. Nelle intenzioni, la finestra tipica è compresa tra il primo martedì di marzo al secondo martedì di giugno, con eccezioni per Iowa, New Hampshire e pochi altri, per permettere a questi stati di rispettare le loro tradizioni e tenere le consultazioni con qualche settimana di anticipo. Tuttavia, le deroghe ulteriori e le violazioni alle regole sono sempre numerose, per cui nei mesi di gennaio e febbraio si svolge già una competizione intensa. Eccezionalmente, nel 2008 l'inizio della finestra temporale fu anticipato di un mese.

Lo svolgimento delle primarie è così diluito su una stagione di qualche mese, secondo la sequenza cronologica che scaturisce dalle decisioni autonome degli stati. Quando si recano a votare, gli elettori residenti in uno stato conoscono già l'esito delle primarie tenutesi negli stati in cui si è votato precedentemente. Dispongono di una classifica parziale che mette in luce i candidati con effettive possibilità di ottenere la nomina e battere l'avversario nelle elezioni generali, rispetto ai candidati che sono praticamente fuori gioco. La sequenzializzazione permette dunque all'elettorato di rielaborare collettivamente le proprie intenzioni di voto, e di esprimere un voto ragionato e ponderato. È utile anche ai candidati stessi, che possono dosare gli sforzi e i costi, e sapere in tempo reale se vale la pena continuare o no.

Le primarie sequenziali sono contrapposte alle primarie *nazionali*, cioè primarie tenute contemporanee in tutta la nazione. La possibilità di introdurre primarie nazionali negli Stati Uniti fu considerata a varie riprese da esponenti politici e studiosi. Per esempio, una proposta in questo senso era già contenuta nel documento programmatico del partito "bull moose" di Theodore Roosevelt, approvato dalla convention progressista del 1912. L'idea fu ripresa poco dopo, nel 1913, dal nuovo presidente Woodrow Wilson nel suo primo discorso al Congresso.

Tuttavia, una legge per le primarie nazionali non supererebbe il vaglio della Corte Costituzionale. Ricordiamo che la Costituzione americana non dà al Congresso nemmeno il potere di stabilire le modalità con cui sono scelti i grandi elettori, che spettano ai parlamenti degli stati. A maggior ragione il Congresso non può stabilire come e quando i partiti degli stati debbano concorrere alla nomina dei candidati alla presidenza e alla vicepresidenza. Solo improbabili modifiche alla Costituzione potrebbero permettere al Congresso di introdurre le primarie nazionali per legge.

Inoltre, la prospettiva di un passaggio a primarie nazionali non ha mai trovato grande consenso. Attualmente non si registra un movimento d'opinione a favore delle modifiche costituzionali necessarie. Una possibilità per arrivare velocemente alle primarie nazionali sarebbe che tutti i 50 stati più il Distretto di Columbia si accordassero spontaneamente per tenere le primarie nello stesso giorno. Nel 1988 19 stati presero una decisione come questa, creando il supermartedì, una giornata che concentrava ben 16 primarie e 3 caucus. Per quanto possibile in linea di principio, anche la realizzazione di primarie nazionali per iniziativa spontanea degli stati è molto remota. Quand'anche si trovasse l'accordo in una tornata elettorale, difficilmente l'accordo sarebbe rinnovato nella tornata elettorale successiva, perché gli stati non sarebbero vincolati legalmente a rispettarlo. Gelosi come sono della propria autonomia, tornerebbero presto a decidere le date delle proprie primarie in modo autonomo. Per esempio, dopo il 1988 il supermartedì si ridusse subito a 7-11 primarie. Una concentrazione come quella del 1988 non si ripeté più fino al 2008, quando nel supermartedì si tennero 16 primarie democratiche e 15 repubblicane, più 5 caucus democratici e 4 caucus repubblicani. Tuttavia, anche quella concentrazione non sopravvisse la volta successiva. Infatti nel supermartedì del 2012 si tennero soltanto 7 primarie democratiche, di cui una cancellata per mancanza di oppositori ad Obama, e 7 primarie repubblicane, più 1 caucus democratico e 2 caucus repubblicani.

Accanto alle difficoltà costituzionali e pratiche, e all'assenza di un movimento d'opinione popolare favorevole, le primarie nazionali sono insoddisfacenti per i motivi che discuteremo ampiamente nel resto di questo scritto. Per la precisione, mostreremo

175

che la sequenzializazione deve essere considerata cruciale per il funzionamento del sistema dei partiti governati dagli elettori, al punto che, invece di nazionalizzare le primarie sequenziali, è imperativo sequenzializzare tutte le primarie nazionali e anche le primarie locali, dividendo il territorio interessato dal voto in una o due decine di aree geografiche distinte, che raggruppino un certo numero di sezioni elettorali ciascuna, e stabilendo il calendario delle primarie in modo che in ciascuna area si voti a distanza di circa una settimana dalle altre, secondo una sequenza fissata o casuale. Ancor più arditamente, si potrebbe pensare di modificare la Costituzione in un senso diametralmente opposto a quello ipotizzato sopra, per permettere la sequenzializazione delle elezioni generali. Tuttavia, una riforma del genere appare superflua se i candidati sono scelti con primarie sequenziali.

Una variante delle primarie sequenziali sono le primarie *regionali*, le cui tornate coinvolgono gruppi di stati nello stesso giorno o in giorni vicini. Per certi aspetti, dopo l'introduzione del minimartedì e del supermartedì, giornate in cui parecchi stati tengono le proprie consultazioni contemporaneamente, le primarie americane sono diventate in parte regionali.

Il meccanismo delle primarie sequenziali crea una competizione molto vivace, rimescola le carte, aumenta le variabili in gioco, riduce notevolmente la prevedibilità del risultato finale. Inoltre, permette ai candidati alla nomina di diluire gli sforzi e ridurre i costi, e quindi agevola la discesa in campo di persone nuove, anche chi all'inizio è poco noto o non particolarmente ricco, riduce il gap tra lui e i favoriti e gli dà concrete chance di vittoria. In terzo luogo, permette agli elettori di vagliare i candidati molto attentamente ed efficacemente durante la sequenza, avvicina i candidati agli elettori, costringe i candidati a percorrere il territorio in lungo e in largo per mesi e mesi, alle volte anche affannosamente, creare comitati elettorali in tutto il paese, entrare in contatto diretto con i cittadini, parlare e interagire con moltissime persone comuni, tenere comizi, stringere mani in ogni città, raccogliere fondi per la campagna elettorale, farsi conoscere e quindi giudicare dal popolo. Superando le difficoltà tipiche delle primarie nazionali, che richiedono ad esempio di investire in un sol colpo le risorse necessarie a fare propaganda e campagna elettorale in tutto il territorio, scongiura il rischio di campagne elettorali prettamente "televisive" e di immagine, che di fatto riducono a zero le possibilità di successo di chi non è già famoso o super-ricco.

Uno dei motivi per cui gli americani prediligono il sistema di primarie sequenziali è appunto che non intendono rinunciare a un meccanismo che costringe i candidati alla carica più alta ad intrattenere rapporti diretti con i cittadini. Svariate volte, quando si assiste a un confronto su questo tema nei dibattiti televisivi che hanno luogo sui media americani, la possibilità di primarie nazionali viene molto velocemente scartata sulla base degli argomenti appena esposti. I commentatori sottolineano in particolare che soltanto la sequenzializzazione permette agli elettori di esaminare i candidati in profondità e scongiurare decisione affrettate o emotive.

D'altra parte, una competizione combattuta diluita nel tempo acquista una grande risonanza sui media, anche locali, che si traduce in pubblicità e propaganda gratuite per tutta la durata delle primarie. Se la fine della stagione fatta di primarie e convention coincide coll'inizio della campagna elettorale per le elezioni generali, come effettivamente succede negli Stati Uniti, gli effetti di questi benefici sono massimizzati. Il candidato prescelto, dopo aver trionfato nel suo partito, sorretto dall'onda lunga dell'investitura popolare e di partito ricevuta nelle primarie e dalla convention, può sfruttare al massimo la popolarità del momento e proseguire la sua marcia contro il candidato del partito avversario per la conquista della Casa Bianca, senza soluzione di continuità.

Il gran numero di primarie costringe i candidati a pianificare sofisticate strategie di campagna elettorale con adeguato anticipo. Per esempio, è essenziale concentrare gran parte dello sforzo sulle consultazioni che hanno luogo per prime in ordine cronologico. Molti candidati cominciano a lavorare parecchi mesi prima dell'inizio della stagione delle primarie. Tipicamente, formano un gruppo ristretto di lavoro e riuniscono un insieme più esteso di simpatizzanti. Il gruppo ristretto ha il compito di aiutare il candidato a raccogliere fondi, studiare la strategia, articolare un messaggio che faccia presa sugli elettori. Il gruppo allargato di simpatizzanti prepara la stagione delle primarie nei singoli stati, per esempio stabilisce contatti con i giornali e le tv locali, cerca di ottenerne il favore, sonda le reazioni della popolazione su un insieme di posizioni e proposte politiche, crea una rete organizzativa con le sedi locali del partito. Tipicamente, il risultato elettorale delle primarie è buono quando il consenso raccolto dal candidato supera le previsioni di politici e analisti, anche se il candidato non si classifica primo. Un esito come questo garantisce l'attenzione dei media per parecchi giorni e crea un effetto-risonanza che può premiare il candidato nelle primarie immediatamente successive. Il risultato delle primarie è deludente quando è più basso delle previsioni, e questo vale anche per il vincitore. Esso può significare lo scivolamento verso la marginalità, perché incide negativamente sulle primarie successive.

Il cammino delle primarie sequenziali è lungo e faticoso, una maratona che può essere corsa una sola volta o al massimo due nella vita. Difficilmente, per esempio, un candidato che ottiene la nomina del suo partito e poi perde le elezioni si ridandida successivamente. L'unico caso che si ricordi in epoca moderna è quello di Richard Nixon, che ottene la nomina repubblicana nel 1960, ma fu battuto da John F. Kennedy alle elezioni generali, e poi riottenne la nomina nel 1968, quando divenne presidente. D'altro canto, Al Gore ottenne la nomina democratica nel 2000, fu battuto da George W. Bush e non si ricandidò più. Similmente, John F. Kerry ottenne la nomina democratica nel 2004, ma non si ricandidò del 2008. Solo chi si ritira presto, perché capisce in tempo che non può farcela, può tentare di nuovo, soprattutto se riesce a non indebitarsi troppo. Per esempio il repubblicano John McCain corse nel 2000, quando venne battuto da Bush, e si ricandidò nel 2008, quando riuscì ad ottene la nomina. Il democratico John Edwards si candidò sia nel 2004 che nel 2008. E ancora il repubblicano Mitt Romney corse nel 2008, ma si ritirò in tempo, battuto da McCain, per ricandidarsi e ottenere la nomina nel 2012.

La sequenzializzazione delle primarie presidenziali, in definitiva, costringe i candidati a scommettere tutto sull'unica concreta possibilità di successo concessa loro dalla vita. Alla fine tanti personaggi di alto profilo sono costretti a farsi da parte. Magari continueranno la vita politica come rappresentanti o senatori al Congresso, ma non avranno mai più un'altra vera chance di correre per la presidenza. Questa proprietà "vinci o muori" della sequenzializzazione impedisce che si ripresentino in continuazione gli stessi candidati e favorisce il ricambio e l'emergere di volti nuovi.

La maratona delle primarie piega subito qualunque candidato non goda del consenso necessario, anche nel caso in cui disponga di risorse finanziarie proprie. Al proposito, è emblematico il caso del miliardario Steve Forbes, che corse per la nomina repubblicana nel 1996 e nel 2000. Nonostante le sue grandi ricchezze non riuscì ad andare oltre due vittorie nelle primarie del 1996. Il cammino può risultare molto agevole, invece, per il candidato che fa breccia tra la gente. Tutti gli ostacoli sulla sua strada si appianano, i contributi finanziari fluiscono senza essere richiesti e a un tratto il candidato si trova proiettato ai vertici della politica del paese. Di solito, i candidati deboli si ritirano relativamente presto, soprattutto per difficoltà finanziarie, e appoggiano un candidato che ha maggiori possibilità di vincere. La capacità di raccogliere fondi in quantità sufficiente è la prima indicazione concreta che può far capire al candidato, meglio di qualunque sondaggio, quali e quante siano le sue vere possibilità di arrivare in fondo e magari vincere la nomina. Molti candidati si fermano appena in tempo per scongiurare il rischio di passare anni a ripagare i debiti.

La prima fase della sequenza è la fase della competizione vera e propria, anche molto accesa, tra i contendenti. I candidati alla nomina si misurano senza esclusione di colpi, e ogni momento della loro vita passata viene vagliato pubblicamente. Uscire indenne da queste prove è il primo passo verso la nomina. La fase centrale della sequenza è quella in cui si materializza l'identità del vincitore. Ciò accade, in genere, durante il mese di marzo o all'inizio di aprile. L'ultima fase è quella della consacrazione del vincitore. Il candidato favorito dal popolo emerge, stacca gli avversari, riceve la loro investitura man mano che essi si ritirano dalla competizione. Le rimanenti primarie diventano plebisciti a suo favore. Tipicamente, alla convention nazionale il vincitore riceve più del 95% dei voti dei delegati, perché di solito votano per lui anche i superdelegati e i delegati di tutti i candidati ritiratisi nel frattempo. La sequenzializzazione delle primarie favorisce dunque la coesione degli elettori e del partito attorno al leader scelto dagli elettori, che riceve l'investitura e la forza necessarie per affrontare le elezioni generali contro il partito avversario.

La sequenzializzazione delle primarie è un efficace meccanismo per fare emergere il candidato voluto dal popolo, la persona che gode del maggior consenso, colui ha maggiori probabilità di battere l'avversario nelle successive elezioni generali e ha le qualità migliori per guidare il paese. Inoltre, il meccanismo è per certi versi anche in grado di "produrre" persone con le qualità richieste. Infatti, anche se un candidato alla nomina parte da una posizione di relativa inesperienza politica, durante due anni di campagna elettorale forsennata, passati a recarsi in tutti gli angoli del paese, a tenere comizi e incontrare più persone possibile per convincerle a donare dei soldi, dopo una stagione di primarie che dura sei mesi, una convention che, tra preparativi, insediamento e lavori, occupa altri due mesi, e infine una campagna elettorale per le elezioni generali di altri due mesi, il vincitore cresce, acquista le conoscenze e le capacità necessarie, diventa il leader di cui il paese ha bisogno nei quattro anni successivi. In altre parole, il meccanismo fatto ci primarie e convention è anche una formidabile "scuola" di politica, tanto per i candidati, quanto per gli elettori.

La sequenzializzazione delle primarie presidenziali

La sequenza delle primarie presidenziali varia di elezione in elezione, come prodotto delle decisioni autonome degli stati. Tuttavia, possiamo distinguere alcune regolarità che è utile sottolineare. Nella fase delle primarie moderne la parte finale della stagione delle primarie rimase praticamente invariata, collocata tra l'inizio e la metà di giugno. Per contro, la parte iniziale della stagione subì variazioni raguardevoli. In un primo momento fu posticipata e poi progressivamente anticipata. La sequenza cominciò quasi sempre con il caucus dell'Iowa, seguito dalle "prime primarie della nazione", quelle del New Hampshire. Dal 1972 al 1980 il caucus dell'Iowa fu tenuto a fine gennaio, mentre dal 1984 al 1996 fu tenuto durante il mese di febbraio, per poi essere di nuovo anticipato a gennaio nel 2000 e nel 2004, quando fu fissato al 19 di quel mese. Nel 2008 e nel 2012 si tenne il 3 gennaio. Per contro, le primarie del New Hampshire subirono un'anticipazione progressiva e regolare dal 1972 ad oggi: si svolsero all'inizio di marzo nel 1972, a fine febbraio dal 1976 al 1984, a metà febbraio dal 1988 al 1996, all'inizio di febbraio nel 2000 e fine gennaio nel 2004. Nel 2008 si tennero l'8 gennaio e nel 2012 il 10 gennaio. Nel 1988 alcuni stati del sud si accordarono per concentrare le loro primarie in un giorno di marzo, il cosiddetto supermartedì, con lo scopo di dare maggiore risonanza alle proprie consultazioni e orientare la nomina verso un candidato più favorevole al sud. Nel 2004 alcuni stati del supermartedì decisero di anticipare di circa un mese le loro primarie e i loro caucus, creando il minimartedì, che concentrò le consultazioni di 7 stati. Nel 2008 il supermartedì tornò alla ribalta, concentrando 21 consultazioni democratiche e 19 repubblicane in una data molto anticipata, il 5 febbraio. Il caso non si ripeté nel 2012, quando la concentrazione maggiore di caucus e primarie ebbe luogo soltanto il 6 marzo: i democratici tennero 8 consultazioni, di cui una cancellata, e i repubblicani 9.

Nel 2000 le primarie del New Hampshire furono seguite da una manciata di primarie e caucus distanziate di pochi giorni, e poi dal supermartedì, all'inizio di marzo, che concentrò 11 primarie e 4 caucus nello stesso giorno. Nella campagna democratica del 2004 le primarie del Distretto di Columbia precedettero anche il caucus dell'Iowa e le primarie del New Hampshire. Queste furono seguite dal minimartedì, all'inizio di febbraio (fatto di 5 primarie e due caucus), poi da 11 consultazioni distribuite sporadicamente durante il resto del mese di febbraio (5 primarie e 6 caucus), e dal supermartedì all'inizio di marzo (9 primarie e un caucus).

Nel 2008 il caucus dell'Iowa e le primarie del New Hampshire si tennero il 3 e l'8 gennaio, rispettivamente. Questi due stati furono costretti ad anticipare le loro consultazioni perché la Carolina del sud minacciava i loro primati, avendo fissato le primarie repubblicane al 19 gennaio (mentre quelle democratiche, autogestite dal partito, si svolsero il 26 dello stesso mese). Le contestate primarie del Michingan si tennero 7 giorni dopo quelle del New Hampshire, prima ancora delle primarie della Carolina del sud. Un'altra manciata di stati votò in gennaio, mentre il supermartedì, come già ricordato, fu il 5 febbraio e concentrò un numero inusuale di consultazioni. All'inizio di marzo si era già votato in una quarantina di stati. Nel 2012 la stagione tornò a diluirsi, tanto che dopo il supermartedì del 6 marzo si era votato solo in una ventina di stati. In quella data non era ancora chiaro chi sarebbe stato il vincitore della nomina repubblicana.

Le consultazioni che si svolgono per prime, siano esse primarie o caucus, ricevono un'attenzione maggiore da parte degli elettori e una risonanza sui media senza uguali. Il caucus dell'Iowa, dal 1976, le primarie del New Hampshire, dal 1972, e, più recentemente, le primarie della Carolina del sud sono passaggi cruciali per i candidati alla nomina. Molti di loro si ritirano subito dopo una di queste consultazioni. Addirittura, alcuni si ritirano immediatamente dopo i caucus dell'Iowa. Spesso i risultati impietosi e il dibattito sui media condannano molti pretendenti alla marginalità. Quando i candidati si convincono di non avere sufficiente consenso per raccogliere fondi e arrivare alla fine della stagione, abbandonano la competizione e fanno spazio ai candidati più forti. Tipicamente, dopo il caucus dell'Iowa e le primarie del New Hampshire la competizione effettiva si riduce ai primi tre classificati di entrambi. In pratica, il ruolo degli elettori dell'Iowa e del New Hampshire consiste nell'operare una selezione preliminare che riduce i candidati in lizza ai soli che davvero possono vincere. Recentemente, la Carolina del sud è riuscita ad elevare le sue primarie al rango di "prime primarie degli stati del sud", che verificano il gradimento di cui godono i candidati, in particolare repubblicani, negli stati ex-confederati.

Alle volte la maggiore importanza attribuita alle prime consultazioni solleva dubbi e critiche. L'Iowa e il New Hampshire sono stati relativamente piccoli e non rappresentativi della popolazione americana. Il primo conta circa tre milioni di abitanti, il secondo meno di un milione e mezzo. Tuttavia, i campioni di elettori interpellati sono sufficientemente ampi da fornire riscontri importanti circa la popolarità dei candidati e le effettive possibilità di vittoria di ciascuno. D'altra parte, se la stagione cominciasse da stati popolosi soltanto i candidati che hanno già accumulato grosse disponibilità finanziarie, o sono già famosi, potrebbero parteciparvi con concrete possibilità di vittoria, mentre i candidati nuovi sarebbero penalizzati. Cominciare da stati piccoli è fondamentale per agevolare la discesa in campo di candidati poco noti e dare loro concrete possibilità di vincere, alla pari con gli altri, aumentando così la democraticità del processo.

Per conservare il suo privilegio di "prime primarie della nazione", nel 1977 lo stato del New Hampshire varò una legge che da allora lo obbliga a indire le primarie una settimana prima degli altri stati. Inoltre, ottenne dal Partito Democratico deroghe speciali per organizzare le primarie fuori della finestra temporale che vincola gli altri stati. Alcuni stati cercarono a più riprese di soffiare il primato del New Hampshire, senza successo. Similmente, l'Iowa, pur di mantenere la sua posizione di prima consultazione in assoluto, preferì preservare il proprio caucus, come forma di consultazione popolare, invece che passare alle primarie. Infatti, se l'Iowa decidesse di passare alle primarie entrerebbe in conflitto col New Hampshire, geloso del suo primato. Anche l'Iowa ottenne dai partiti le deroghe necessarie per svolgere le proprie consultazioni per primo. Il privilegio di aprire la stagione elettorale è dunque stabilmente condiviso da questi due stati: il primo caucus, che è anche la prima consultazione in assoluto, spetta all'Iowa; le prime primarie spettano al New Hampshire. Inoltre, dal 2008 le prime primarie del sud sono quelle della Carolina del sud. Per un certo periodo, gli altri stati cercarono maggiore visibilità anticipando progressivamente le loro primarie e i loro caucus, per portarli a ridosso delle primarie del New Hampshire. Il risultato è che la fase cruciale della stagione di consultazioni si compattò prima tra gennaio e marzo, nel 2008 addirittura tra gennaio e febbraio, per tornare a diluirsi tra gennaio e marzo nel 2012. A più riprese i comitati nazionali dei partiti maggiori comminarono, in applicazione delle regole approvate dalla convention precedente, severe sanzioni nei confronti degli stati che anticipavano eccessivamente le loro primarie, dimezzando le loro delegazioni o escludendole del tutto.

A stabilire le sanzioni contro chi viola le regole sono in una prima fase i comitati nazionali, in rappresentanza delle convention precedenti, ma l'ultima parola spetta chiaramente alle nuove convention. Esse decidono su queste materie riunendosi preliminarmente secondo le composizioni temporanee stabilite dai comitati nazionali, cioè senza le delegazioni degli stati "ribelli", o parti di quelle. Durante la stagione delle primarie il comitato nazionale può rivedere le sue decisioni, perché man mano che vengono eletti i nuovi delegati può consultarli per avere un'indicazione più precisa sugli orientamenti della futura convention, e adeguare le decisioni in modo da rendere più probabile la loro approvazione definitiva da parte della convention successiva, e quindi dirimere le controversie nella maniera meno traumatica possibile.

La sequenzializzazione permette dunque di risolvere un paradosso logico. La convention dovrebbe essere composta di delegati eletti con le regole da essa stessa stabilite. In quanto autorità massima del partito, non può sottostare a decisioni che non siano le proprie. Nemmeno la convention precedente può, strettamente parlando, stabilire le regole per formare la convention successiva. Tuttavia, le regole non possono esistere prima della convention, che le deve varare, e la convention non può essere formata prima che siano varate le regole con cui formarla.

Le regole stabilite dalla convention precedente, che includono le regole per formare la convention successiva, devono pertanto essere considerate regole temporanee, e dovranno essere confermate a posteriori dalla nuova convention. Prima di aggiornarsi, la convention precedente ha eletto il comitato nazionale, incaricato di applicare le regole temporanee fino alla convention successiva. Tuttavia, non esiste garanzia che la convention successiva approvi quelle regole a posteriori. Pertanto, man mano che i delegati alla nuova convention vengono eletti e i loro nomi sono noti, il comitato nazionale in carica li può consultare per avere un'idea più precisa in merito al possibile orientamento della nuova convention, e adeguare le decisioni in modo da aumentare la probabilità che siano confermate a posteriori dalla nuova convention. Di solito le regole ammettono un certo margine di discrezionalità nella loro applicazione, perché non sono mai rigide, ma più che altro vincoli da rispettare (per esempio, una finestra temporale invece che date certe e prestabilite per le primarie), per cui l'adattamento in corso non entra nemmeno in conflitto colle regole approvate dalla convention precedente. Con questo processo dinamico, che vale per qualunque tipo di regole e non solo per comminare sanzioni a chi viola i vincoli della finestra temporale, si riesce a risolvere il paradosso descritto e stabilire una relazione di continuità tra una convention e la successiva.

Per esempio, le sanzioni comminate inizialmente dal comitato nazionale democratico al Michigan e alla Florida nel 2008 (elimi-

184

nazione completa delle loro delegazioni) non avrebbero trovato conferma a posteriori dalla convention successiva, non solo perché erano troppo rigide, ma soprattutto perché i candidati in corsa avevano posizioni contrastanti sull'argomento (sanzioni rigide favorivano Obama, sanzioni blande favorivano Clinton). Infatti, il comitato nazionale cambiò idea durante la stagione delle primarie, dopo aver fatto una serie di altri tentativi (chiedere inutilmente l'organizzazione di primarie alternative autogestite) e dopo aver consultato Clinton, Obama, Edwards e i loro delegati eletti nel frattempo, ed essersi fatto un'idea progressivamente più chiara dei loro rapporti di forza e quindi delle possibilità di compromesso che avrebbero superato il vaglio della nuova convention. Verso maggio il comitato nazionale decise dunque di ammettere le delegazioni di Michigan e Florida, ma con voto dimezzato. Soltanto quando fu certo che i voti di quelle delegazioni erano ininfluenti a decretare il vincitore, le sanzioni furono cancellate (su proposta di Obama).

Il caucus dell'Iowa

Il caucus dell'Iowa è la prima consultazione popolare per la designazione del candidato alla nomina. Esso è seguito dalle primarie del New Hampshire a distanza di circa una settimana. L'Iowa ha una popolazione di quasi tre milioni di abitanti, con 2,2 milioni di elettori potenziali, ed è suddiviso in circa 2500 sezioni elettorali. Ogni due anni quasi tutte tengono i caucus locali[65]. Il caucus è una "riunione di vicinato", in cui gli elettori discutono di politica locale, si confrontano sulle proposte per il documento programmatico del partito, eleggono i membri del comitato centrale di contea del partito, che cura gli affari locali del partito, eleggono i delegati da mandare alla convention di contea. Esiste un ufficio pubblico che gli elettori possono contattare, anche per telefono, nei giorni precedenti i caucus per conoscere i luoghi e gli orari dei raduni a cui possono partecipare. In genere i raduni si svolgono nelle scuole, nelle biblioteche, nei centri di ritrovo, nelle chiese, nelle stazioni dei pompieri o in altri edifici pubblici, o anche nelle case di privati cittadini. In passato era molto comune riunirsi a casa dei vicini. Recentemente l'aumentata partecipazione ha ridotto la diffusione quest'abitudine, che è comunque anco-

185

ra in uso.

Negli anni in cui si tengono le elezioni presidenziali i partecipanti ai caucus locali esprimono anche la preferenza per il candidato alla nomina. Poi eleggono i delegati alla convention di contea. Essi, a loro volta, si riuniranno per eleggere i delegati alle convention di distretto e alla convention statale. Le convention di distretto e statale eleggeranno poi i delegati alla convention nazionale.

Il caucus dell'Iowa è un caucus chiuso, cioè vi possono partecipare soltanto gli elettori che sono registrati al partito. Tuttavia, un cittadino può registrarsi o cambiare la propria registrazione nello stesso luogo in cui si tiene il raduno, poco prima del voto. Partecipare e votare non costa nulla, anche se entrambi i partiti accettano contributi volontari. Possono votare tutti i cittadini che risiedono nella sezione elettorale di competenza e avranno diritto di votare alle elezioni presidenziali.

I sistemi di voto dei due partiti maggiori sono differenti. Cominciamo dalla procedura democratica. Il voto di preferenza è palese e determina, in due momenti successivi, il numero di delegati di contea assegnati a ciascun candidato alla nomina e i nominativi degli stessi. I raduni iniziano alle 18.30 del giorno fissato. I convenuti hanno 30 minuti per fare propaganda in favore dei candidati alla nomina di cui sono sostenitori e cercare di convincere i presenti ad appoggiarli. Alle 19.00 i sostenitori dei diversi candidati alla nomina si separano in "gruppi di preferenza". Ciascun gruppo si apparta in una zona diversa del locale in cui si tiene il raduno. Si procede poi alla prima conta dei sostenitori di ciascun gruppo. Nei 30 minuti successivi ha luogo l'eventuale riallineamento. Le persone che lo desiderano possono cambiare gruppo di preferenza. I sostenitori dei vari candidati cercano di convincere altri elettori ad aggiungersi al loro gruppo. Inoltre, i gruppi formati da un numero di persone inferiore al 15% del totale dei partecipanti al caucus sanno di non avere, per il momento, diritto a delegati. Pertanto, gli elettori di quei gruppi possono: *i*) restare dove sono per cercare di superare la soglia di sbarramento durante il riallineamento, se riescono a convincere un numero sufficiente di convenuti a confluire nel loro gruppo; *ii*) confluire in uno dei gruppi che hanno superato la soglia di sbarramento alla prima conta; *iii*) restare dove sono anche se sanno che il loro gruppo non supererà la soglia di sbarramento; *iv*) astenersi o andarsene. Viene poi fatta la conta finale. A ciascun gruppo che supera la soglia di sbarramento del 15% viene assegnato un numero di delegati alla convention di contea proporzionale al numero di sostenitori raccolti nel gruppo. Ciascun gruppo poi procede all'elezione dei propri delegati, nel numero assegnato. Le operazioni di voto per la nomina si concludono di solito entro le ore 20.00, dopodichè i partecipanti possono rimanere nel caucus per discutere di politica e del documento programmatico. Secondo la procedura descritta, i delegati del candidato alla nomina CN sono eletti dai sostenitori di CN, senza alcuna interferenza da parte degli altri gruppi. Avendoli eletti loro stessi, i sostenitori di CN hanno dunque la garanzia che alla convention di contea quei delegati saranno leali a CN. In questo modo la preferenza degli elettori per il candidato alla nomina è rispettata fedelmente, come impongono le riforme del processo di nomina in vigore presso il Partito Democratico dal 1972. La procedura si ripete nella convention di contea. I delegati di contea che sostengono lo stesso candidato alla nomina CN si appartano in un gruppo separato, chiamato ancora caucus. Ciascun gruppo elegge un numero di delegati di contea alle convention di distretto e statale proporzionale alle preferenze raccolte da CN nei caucus locali della contea. Infine, le convention di distretto e statale eleggono con lo stesso metodo i delegati di distretto e i delegati "at large" alla convention nazionale.

Prima dei caucus i repubblicani tengono in Iowa, con notevole anticipo rispetto all'inizio della stagione delle primarie, alle volte addirittura nell'agosto dell'anno precedente, un sondaggio popolare (*straw-poll*) nella località di Ames, per testare la forza dei candidati e soprattutto la loro capacità di aggregare militanti. Gli straw-poll sono molto diffusi tra i repubblicani, ma non hanno alcun legame con i caucus, le primarie e il processo di selezione dei delegati in genere. Sono consultazioni molto indicative e per nulla vincolanti, pensate più che altro per raccogliere fondi. Attraggono un numero relativamente ristretto di elettori, perché coloro che intendono partecipare devono recarsi sul posto indipendentemente, e pagare una somma intorno ai 25 dollari per essere ammessi. Spesso però possono incontrare personalmente il proprio candidato. Di solito il vincitore dello straw-poll di Ames non trae particolare beneficio dalle vittoria, se non un breve momento di popolarità sui mezzi di comunicazione.

I caucus repubblicani dell'Iowa sono diversi da quelli democratici sotto vari aspetti. Cominciano alle ore 19.00 facendo parlare i sostenitori dei candidati alla nomina, che hanno il compito di fare propaganda e convincere i convenuti a votare per il loro candidato. Di solito il candidato incarica con anticipo le persone che devono parlare in sua vece in ciascun caucus, ma in qualche caso vi si reca personalmente. A differenza che nei caucus democratici, gli elettori votano direttamente i delegati alla convention di contea, senza impegnarli ai candidati alla nomina. L'elezione dei delegati è però abbinata ad una seconda votazione, consultiva, nella quale gli elettori possono esprimere la propria preferenza per il candidato alla nomina. Il risultato di questa seconda votazione può vincolare o meno i delegati alla convention nazionale, a discrezione delle convention di distretto e statale. In questo senso, il caucus repubblicano è ancora un caucus "vecchio stile". Un'altra importante differenza è che i repubblicani utilizzano il voto segreto, mentre i democratici il voto palese.

Quando i lavori sono conclusi il coordinamento del partito della contea riporta i risultati ai quartieri generali statali del partito, a Des Moines, capitale dell'Iowa. Successivamente i risultati vengono comunicati ai media. I democratici non diffondono dati sull'affluenza ai caucus, ma soltanto il numero dei delegati di contea eletti.

Il calendario democratico dell'Iowa nel 2004 fu il seguente: il caucus si svolse il 19 gennaio, la convention di contea il 13 marzo, la convention di distretto il 24 aprile, la convention statale il 26 giugno. I delegati eletti alle convention di contea furono 13487. I delegati alla convention nazionale furono 57, di cui 45 giurati (29 di distretto, 10 statali, 6 di partito) e 12 superdelegati. I delegati vinti da John F. Kerry furono 21, quelli di John Edwards 17, quelli di Howard Dean 7. Il calendario del 2008 fu: caucus il 3 gennaio, convention di contea il 15 marzo, convention di distretto il 26 aprile e convention statale il 28 giugno.

Nel 1984 l'Iowa sancì un patto col New Hampshire, per garantire a se stesso il primo caucus del processo di nomina, e al

New Hampshire le prime primarie, circa una settimana dopo. Questo patto impegna implicitamente l'Iowa a conservare il sistema caucus/convention invece che passare alle primarie. Nel caso in cui uno dei due stati anticipi o posticipi la data delle sue consultazioni popolari, l'altro fa immediatamente altrettanto. Spesso i due stati decidono le date delle proprie consultazioni di comune accordo.

I risultati del caucus dell'Iowa sono la prima indicazione ufficiale del consenso popolare di cui godono i candidati alla nomina. Un candidato che non ottiene un buon risultato si rende subito conto che probabilmente non riuscirà a raccogliere abbastanza fondi per continuare, per cui di solito decide di ritirarsi pochi giorni dopo. Dal 1972 ad oggi tutti i candidati nominati dai partiti maggiori si classificarono in Iowa tra i primi tre, tranne John McCain che si classificò quarto nel 2008. D'altra parte, su 16 stagioni combattute (sommando le democratiche e le repubblicane, ma escludendo quelle in cui erano in gara presidenti uscenti senza oppositori di rilievo), 7 vincitori del caucus dell'Iowa non riuscirono ad ottenere la nomina del proprio partito: Edmund Muskie nel 1972, che nell'Iowa precedette McGovern, George Bush nel 1980, che in quello stato superò Reagan, Bob Dole e Richard Gephardt nel 1988, che prevalsero su George Bush e Michael Dukakis, rispettivamente, Tom Harkin nel 1992, che precedette Bill Clinton, Mike Hucabee nel 2008, che staccò McCain di tre posizioni, e infine Rick Santorum nel 2012, che nell'Iowa precedette Mitt Romney per un pugno di voti.

In alcuni casi un buon risultato nell'Iowa permette a candidati non molto noti di acquistare un'immediata popolarità. Successe a Carter nel 1976 e a George Bush nel 1980. Nel 1972, George McGovern si classificò secondo dietro ad Edmund Muskie, ma ottenne un risultato superiore alle aspettative, mentre Muskie ottenne un risultato buono, ma deludente. I media furono indotti a concentrare l'attenzione soprattutto su McGovern, amplificandone la notorietà. Quell'esperienza face capire che non è importante soltanto vincere (in fondo, l'Iowa è uno stato piccolo, con pochi delegati), ma anche, e alle volte soprattutto, superare le aspettative dei leader politici e analisti, per focalizzare su di sé l'attenzione esclusiva dei media. Nel 1976 Carter applicò ed estese le strategie di

McGovern, facendo una campagna massiccia nell'Iowa e nel New Hampshire, vincendo in entrambi gli stati e riuscendo poi ad ottenere la nomina del Partito Democratico. Successivamente, Carter attribuì parte del suo successo alla vittoria nell'Iowa. Da quel momento il caucus dell'Iowa divenne uno degli appuntamenti più importanti e più seguiti della campagna elettorale per la nomina. Quell'anno, ad accrescere l'importanza dell'Iowa contribuirono anche i repubblicani, che decisero di tenere i loro caucus la sera stessa in cui si svolgevano i caucus democratici, per attrarre più attenzione da parte dei media. Più recentemente, ricordiamo i risultati a sopresa di Barack Obama e Mike Huckabee nel 2008, e quello di Rick Santorum nel 2012.

Per quanto riguarda l'affluenza al caucus dell'Iowa, in genere i democratici non diffondono dati ufficiali, per cui dobbiamo basarci su stime non ufficiali, spesso ricavate consultando i notiziari. Invece nel caso dei repubblicani possiamo contare su informazioni più certe. Scartando i casi in cui erano in gara presidenti uscenti senza oppositori di rilievo, nel 1980 ci furono 115mila elettori repubblicani e 100mila democratici, nel 1988 125mila democratici e 109mila repubblicani, nel 1996 96mila repubblicani, nel 2004 122mila democratici, nel 2008 227mila democratici (record assoluto) e 119mila repubblicani, nel 2012 122mila repubblicani[66].

Come valore indicativo, possiamo prendere una cifra media di 100 mila votanti per entrambi i partiti, nelle campagne elettorali combattute. Con 2500 sezioni elettorali, vuol dire una quarantina di elettori per ciascuna. Nel 2004 i delegati democratici alle convention di contea furono in totale circa 13500, cioè 5-6 per sezione, uno ogni sette-otto elettori. Il numero dei delegati era diviso per 15 in ciascuno dei due stadi successivi (prima contea, poi distretto e stato), fino ad arrivare ai 57 delegati alla convention nazionale. Vuol dire che in ciascun passaggio era designato un rappresentante ogni 8-15 elettori o delegati. Questi dati ci danno una misura del rapporto stretto, permesso dai caucus, tra gli elettori e i loro delegati.

Le primarie del New Hampshire
Le primarie del New Hampshire sono le prime in ordine cro-

nologico. Solitamente seguono il caucus dell'Iowa a distanza di circa una settimana e precedono le primarie successive di almeno una settimana. La storia delle primarie del new Hampshire è molto antica[67]. Alcune cronache riportano di primarie non ufficiali del Partito Repubblicano tenute nel New Hampshire già nel 1912, ma non si hanno notizie più precise e dati attendibili. Il parlamento statale del New Hampshire approvò la prima legge sulle primarie nel 1913, durante l'era progressista. Stabilì la selezione diretta dei delegati alla convention nazionale, ma non il voto di preferenza per i candidati alla nomina. I candidati delegati potevano decidere di impegnarsi a sostenere un candidato alla nomina oppure no. Le prime primarie "legali" del New Hampshire si svolsero nel 1916, nel secondo martedì di marzo, una settimana dopo quelle dell'Indiana e nello stesso giorno delle primarie del Minnesota. Il New Hampshire non aveva ancora il privilegio di tenere le prime primarie della stagione, né si proponeva di ottenerlo. In quella fase storica l'importanza di essere primi non era ancora stata apprezzata. Anzi, per motivi logistici ed economici spesso i candidati non potevano permettersi di partecipare a tutte le primarie e allora saltavano proprio le prime. Inoltre, tenere le primarie in inverno non era indicato per ragioni climatiche. Nel 1920 il Minnesota abbandonò le primarie, mentre l'Indiana spostò le proprie a maggio. Da quel momento le primarie del New Hampshire diventarono le prime della stagione e tali rimasero fino ai giorni nostri. Negli anni successivi e fino al 1948 compreso, il New Hampshire non designò quasi mai delegati impegnati a sostenere i candidati alla nomina. Eccezioni furono i delegati repubblicani del 1920 e del 1924.

Nel 1949 fu consentito all'elettore di esprimere direttamente la preferenza per il candidato alla nomina, oltre che votare per i delegati impegnati. Il voto per il candidato alla nomina era, però, meramente consultivo. Si trattava in sostanza di quelle che oggi chiameremmo primarie "loophole". Per candidare una persona alla nomina e fare scrivere il suo nome sulla scheda elettorale, i sostenitori dovevano raccogliere poche decine di firme firme in ciascuno dei due distretti del New Hampshire, e pagare una modesta somma. La persona candidata poteva far rimuovere il proprio nome dalla scheda elettorale facendone esplicita richiesta. I cittadini che si candidavano ai posti di delegato e desideravano impegnarsi a sostenere un candidato alla nomina dovevano essere approvati dallo stesso.

Le nuove regole favorirono un'affluenza ben superiore a quella delle tornate precedenti e le primarie catturarono immediatamente l'attenzione dei mezzi di comunicazione. L'importanza di "essere primi", cioè la prima consultazione in ordine di tempo, cominciò ad essere apprezzata.

Nel 1971 le primarie furono anticipate di una settimana e portate così al primo martedì di marzo. Il numero di firme da raccogliere per inserire il nome di un candidato sulla scheda elettorale fu alzato ad alcune centinaia per ciascun distretto. La quota da pagare fu portata a 500 dollari. Nel 1976, anche per effetto della riforma McGovern-Fraser, il numero di candidati delegati e supplenti elencati sulle schede elettorali delle primarie cominciò a diventare eccessivo. Si decise di togliere i candidati delegati dalla scheda elettorale ed elencare unicamente i candidati alla nomina, come avviene oggi (vedi Fig. 5).

La riforma del 1977 prevedeva che ogni candidato che riceveva almeno il 10% di voti potesse, entro certi limiti, scegliere direttamente i delegati impegnati a sostenerlo, in numero proporzionale ai voti raccolti. Inoltre, la legge del 1977 stabiliva che le primarie dovevano svolgersi il secondo martedì di marzo o il martedì precedente le prime primarie del resto della nazione, scegliendo la data anteriore tra queste due. La regola vale ancora oggi. Di conseguenza, quando gli altri stati decidono di anticipare le loro primarie per insidiare il primato del New Hampshire, cosa che succede abbastanza spesso, il New Hampshire è costretto ad anticipare le sue quanto basta per rimanere primo. Fino al 1984 le primarie del New Hampshire furono tenute nell'ultimo martedì di febbraio, poi furono anticipate progressivamente per rispondere alle anticipazioni degli altri stati.

Dal 1983 non è più necessario allegare firme a sostegno della presentazione delle candidature alla nomina. Tuttavia, fu raddoppiata e poi alzata ulteriormente la somma da pagare.

Oggi il candidato alla nomina CN riceve preliminarmente l'elenco degli elettori che desiderano fare i delegati giurati di distretto impegnati a sostenerlo. Può decidere quali approvare e quali scartare, purché ne approvi almeno un numero pari al triplo dei posti disponibili. Successivamente, i sostenitori di CN, cioè gli elettori che firmano una dichiarazione di sostegno di CN, si riuniscono in caucus pre- o post-primarie e votano per stabilire la lista ufficiale dei candidati delegati impegnati a CN, tra quelli approvati da CN. Infine, dopo le primarie sono eletti delegati impegnati a CN i primi della lista, nel numero determinato dai risultati delle primarie. Procedure simili valgono per gli altri tipi di delegati giurati[68].

Interporre almeno una settimana tra le proprie primarie e quelle degli altri stati serve a sottolineare l'importanza e l'esclusività delle proprie. Inoltre, dà agli elettori degli stati in cui si vota subito dopo il tempo per metabolizzare i risultati ed eventualmente rivedere le loro scelte alla luce delle scelte fatte dai loro connazionali del New Hampshire. Ai candidati dà la possibilità di riflettere sui risultati delle prime primarie della stagione e riorganizzare la propria strategia di conseguenza. I candidati poco noti che vincono o vanno oltre le aspettative possono sfruttare meglio il momento favorevole. I candidati deboli o che deludono le aspettative possono metabolizzare meglio la battuta d'arresto e cambiare rotta o ritirarsi. Inoltre, un intervallo contenente un fine-settimana dà modo ai media di discutere dei risultati e quindi amplificarne la portata.

Le primarie del New Hampshire sono semiaperte. Gli elettori registrati come indipendenti possono scegliere se partecipare alle primarie democratiche o a quelle repubblicane. Dal 1996 il New Hampshire permette agli elettori di registrarsi o cambiare registrazione partitica appena prima di votare. L'introduzione di questa innovazione fece balzare l'affluenza alle urne ancora più in alto. Da allora l'affluenza alle primarie del New Hampshire fu sempre tra le più altre dell'Unione.

Per un certo periodo le elezioni presidenziali furono vinte da candidati che avevano vinto anche le primarie del New Hampshire. Questa circostanza contribuì ad alimentare una leggenda secondo la quale un candidato, per diventare presidente, deve obbligatoriamente vincere le primarie del New Hampshire. In altre parole, le primarie di questo piccolo stato "deciderebbero" il presidente. Ovviamente, il New Hampshire fece il possibile per diffondere questa credenza, che però fu sfatata nel 1992, nel 2000 e nel 2008. Nel 1992 Bill Clinton fu battuto nel New Hampshire da Paul E. Tsongas, ma vinse la nomina democratica e poi le elezioni. Nel 2000 George W. Bush fu battuto da John McCain, che lo staccò di ben 18 punti, ma ottenne ugualmente la nomina repubblicana e poi vinse le elezioni. Nel 2008 Obama fu battuto da Hillary Clinton, ma ugualmente ottenne la nomina democratica e poi divenne presidente. In totale, nell'era delle primarie moderne, contando i presidenti a partire da Carter, visto che nel 1972 Nixon era presidente uscente, tre presidenti su sei furono eletti dopo aver perso nel New Hampshire. Inoltre, spesso vincere nel New Hampshire non basta nemmeno ad ottenere la nomina. Nel 1972 George McGovern perse le primarie del New Hampshire, battuto da Edmund Muskie, ma ottenne la nomina democratica. Nel 1984 Walter Mondale fu battuto nel New Hampshire da Gary Hart, ma ottenne ugualmente la nomina democratica. Nel 1996 Bob Dole ottenne la nomina repubblicana dopo essere stato battuto da Pat Buchanan nel New Hampshire. In conclusione, nell'era delle primarie moderne su 16 stagioni di primarie combattute (cioè escludendo quelle in cui parteciparono presidenti uscenti senza oppositori di rilievo, ma includendo quelle di Ford nel 1976 e Carter nel 1980), furono ben 6 i vincitori nel New Hampshire che non riuscirono a conquistare la nomina.

Raggruppamenti e concentrazione nella fase iniziale

Nel 1980 9 primarie furono concentrate in un unico giorno. Iniziò allora la tendenza a regionalizzare le primarie e i caucus. Due giornate particolari si distinguono per storia e tradizione. Esse sono il "minimartedì" e il "supermartedì", rispettivamente un martedì di inizio febbraio e uno di inizio marzo. Il supermartedì fu introdotto nel 1988 da una serie di stati del sud, che decisero di concentrare le loro primarie nello stesso giorno per favorire candidati moderati più sensibili agli interessi del sud. L'8 marzo 1988 si svolsero 3 caucus e ben 16 primarie, quasi tutte negli stati del sud, ma anche in Massachusetts, Maryland, Rhode Island e Carolina del nord. Nelle tornate elettorali successive il supermartedì cambiò composizione più volte. Furono supermartedì i giorni 10 marzo 1992, 12 marzo 1996, 7 marzo 2000, 2 marzo 2004, 5 febbraio 2008 e 6 marzo 2012. Ancora oggi il supermartedì è il giorno in cui è assegnato il numero più alto di delegati. Il minimartedì fu introdotto nel 2004, quando alcuni stati del supermartedì decisero di anticipare di circa un mese le loro primarie o i loro caucus, portandoli al 3 febbraio. In quel giorno si svolsero le primarie di Missouri, Carolina del sud, Arizona, Oklahoma e Delaware, e i caucus di Nuovo Messico e Dakota del nord. Nel 2008 la tendenza ad anticipare le primarie ebbe come conseguenza che il minimartedì del 5 febbraio divenne in pratica un supermartedì. Esso concentrò 16 primarie democratiche e 15 repubblicane. Per contro il supermartedì, previsto per il 4 marzo, divenne un minimartedì, e concentrò solo 4 primarie dei partiti maggiori. Nel 2012 il minimartedì sparì e il supermartedì tornò a dimensioni normali e alla sua collocazione naturale, il 6 marzo, con 7 primarie di entrambi i partiti.

La tabella VII riassume la tendenza a compattare la stagione di caucus e primarie nelle settimane iniziali, quelle che godono di maggiore attenzione da parte dei media. Essa ricapitola le finestre temporali delle stagioni di caucus e primarie dal 1972 in poi, le date dei caucus dell'Iowa e delle primarie del New Hampshire, e infine le concentrazioni rilevanti di primarie (almeno 4) in un unico giorno. In parentesi è riportato il numero di primarie svoltesi contemporaneamente. Il minimartedì è indicato con "mm", il supermartedì con "sm". Come si vede, dal 1972 in poi la data di chiusura della stagione rimase praticamente immutata. Invece, le date delle prime consultazioni, Iowa e New Hampshire, subirono variazioni notevoli. Un numero crescente di primarie furono concentrate a ridosso di esse. Dal 1972 al 2008 le primarie del New Hampshire furono anticipate di ben 8 settimane. Tra il 1972 e il 1984, anno in cui l'Iowa e il New Hampshire si accordarono per tenere le proprie consultazioni a distanza di 8 giorni, il caucus dell'Iowa fu posticipato di un mese. Da quel momento al 2012 anche il caucus dell'Iowa fu anticipato progressivamente di 7 settimane.

La tendenza a concentrare le primarie nella fase iniziale potrebbe essere letta come un segno di un'evoluzione verso primarie nazionali, cioè verso la concentrazione di tutte le primarie della nazione nello stesso giorno. Tuttavia, dopo il 1988 il supermartedì non riuscì mai più a concentrare 16 primarie nello stesso giorno fino al 2008. I supermartedì successivi contarono 8, 7, 11 e 9 primarie, rispettivamente, mentre nel supermartedì del 2012 si tennero solo 7 primarie. Inoltre, nel 2012 anche la competizione repubblicana fu molto combattuta e diluita nel tempo. D'altra parte, nel corso degli anni la durata della stagione di caucus e primarie non diminuì, ma aumentò. Infatti, mentre l'inizio della stagione fu progressivamente anticipato, la fine rimase nella sua collocazione naturale, cioè a ridosso delle convention nazionali. La presenza di vari raggruppamenti di consultazioni nello stesso giorno, evidenziate dalla tabella VII, piuttosto, potrebbe far pensare ad un'evoluzione verso primarie "regionali", cioè al sistema in cui gruppi di stati geograficamente vicini convocano le primarie nello stesso giorno. Da qualche tornata elettorale a questa parte, tuttavia, l'omogeneità geografica degli stati di uno stesso gruppo trova sempre meno riscontri. I raggruppamenti sembrano più spontanei e casuali che dettati da intenzionalità o un disegno preciso. Anche gli stati del sud, che in passato cercarono sempre di amplificare la propria influenza sul governo nazionale unendo le proprie forze, oggi sembrano aver perso le forti motivazioni di un tempo. In definitiva, oggi parlare di primarie regionali non è corretto, perché non è possibile identificare alcun chiaro riferimento a regioni geografiche ben definite e preservate da una tornata elettorale all'altra.

Infine, dal 2008 si osserva una tendenza contraria, quella a diluire la competizione invece che compattarla. Di solito in passato i vincitori delle primarie dei partiti maggiori emergevano verso la metà di marzo. Nel 2008 ci fu la possibilità di conoscerli già il 5 febbraio, ma ciò avvenne solo per il candidato repubblicano John McCain, mentre la competizione democratica del 2008 continuò per mesi. Nel 2012 il vincitore repubblicano Mitt Romney emerse all'inizio di aprile. Ormai è chiaro che le prime consultazioni, primarie o caucus che siano, non fanno altro che scremare le liste di candidati alla nomina, inizialmente lunghe, e ridurle a liste corte di candidati che hanno vere possibilità di vincere. Non riescono invece, come volevano certe interpretazioni affrettate, a "determinare il vincitore", che anzi emerge parecchie settimane dopo, se non mesi, in modo assai imprevedibile. Questo fa sì che oggi la corsa degli stati ad anticipare le consultazioni il più possibile sia assai meno sentita.

Anno	Stagione caucus/primarie	IA	NH	Stesso giorno
1972	24/1-6/6	24/1	7/3	6/6 (4)
1976	19/1-8/6	19/1	24/2	25/5 (6)
1980	21/1-3/6	21/1	26/2	6/5 (4), 27/5 (5), 3/6 (9)
1984	20/2-12/6	20/2	28/2	13/3 (5), 5/6 (6)
1988	8/2-14/6	8/2	16/2	8/3 (16,sm), 7/6 (4)
1992	10/2-9/6	10/2	18/2	10/3 (8,sm), 7/4 (4), 2/6 (6)
1996	12/2-4/6	12/2	20/2	5/3 (8), 12/3 (7,sm), 19/3 (4), 4/6 (4)
2000	24/1-6/6	24/1	1 /2	7/3 (11,sm), 14/3 (6), 6/6 (5)
2004	19/1-8/6	19/1	27/1	3/2 (5,mm), 2/3 (9,sm), 9/3 (4)
2008	3/1-3/6	3/1	8/1	5/2 (16-15,sm), 4/3 (4,mm)
2012	3/1-5/6	3/1	10/1	6/3(7,sm), 24/4(5), 5/6(5)

Tabella VII. Stagioni delle primarie e dei caucus nell'era moderna e date significative (giorno/mese). Sono riportate le concentrazioni di almeno 4 primarie nello stesso giorno. IA = Iowa, NH = New Hampshire.

In genere, le primarie democratiche sono più aperte e combattute di quelle repubblicane, anche perché i democratici usano ovunque il sistema proporzionale, mentre i repubblicani usano il sistema del "vincitore-piglia-tutto" ancora in molti stati. Normalmente il candidato repubblicano è deciso con maggiore anticipo e quindi può iniziare la campagna elettorale prima del suo avversario democratico. Tuttavia, questo non si traduce in un vero vantaggio nei suoi confronti, tanto che nel 2008, in campo democratico, il vincitore emerse molto tardi, all'inizio di giugno, ma non fu affatto svantaggiato alle elezioni generali. Nel 2012, anche in reazione a quella esperienza, le primarie repubblicane diventarono più combattute ed interessanti.

La convention dei delegati

La carta delle regole del Partito Democratico[69], approvata dalla convenzion nazionale, definisce la convention nazionale "l'autorità più alta del partito". In pratica, la convention nazionale è il governo popolare del partito nazionale. Allo stesso modo, ciascuna convention locale è il governo popolare del partito locale. Le definizioni appena date valgono anche per il Partito Repubblicano, anche se le regole di quel partito[70] non si soffermano a dare una definizione precisa della convention.

Non esistono limiti ai poteri della convention, che regola il partito, si autoregola e si autorinnova. La convention nazionale nomina i candidati alla presidenza e alla vicepresidenza, stabilisce ed emenda le regole del partito (a livello nazionale), discute ed approva il programma politico ed elettorale, dirime le controversie, cura gli affari del partito nazionale, e in ultima analisi delibera su qualunque questione lo ritenga opportuno. Partecipano alla convention nazionale le delegazioni che rappresentano gli stati e i territori dell'Unione, per un totale di qualche migliaio di delegati, eletti con le primarie o i caucus. La convention si riunisce una sola volta per quattro giorni consecutivi, ogni quattro anni, alcuni mesi prima delle elezioni presidenziali, e poi si aggiorna. È coadiuvata dai comitati permanenti, sulle credenziali, le regole e il programma, costituiti da membri della convention stessa, eletti dalle delegazioni statali e territoriali con dovuto anticipo. I comitati permanenti si riuniscono preliminarmente per raccogliere e ordinare le proposte sulle varie materie, studiare le questioni e raccomandare soluzioni. I rapporti contenenti i risultati delle loro indagini sono comunque sottoposti al giudizio della convention e costituiscono in genere la base di partenza dei suoi lavori.

Le decisioni della convention valgono fino alla convention successiva. Tra le altre cose, la convention determina le regole del processo di selezione dei delegati alla convention successiva. Tra una convention e l'altra gli affari del partito sono curati dal comitato nazionale, coadiuvato da un comitato esecutivo. Il comitato nazionale è eletto dalla convention nazionale, prima di aggiornarsi, e deve limitarsi ad attuare le disposizioni della convention. Il comitato esecutivo è eletto dal comitato nazionale, e deve limitarsi ad attuare le disposizioni del comitato nazionale e della convention.

L'organizzazione della convention è curata dal comitato nazionale del partito eletto dalla convention precedente. In caso di controversie sulle regole, sorte tra una convention e l'altra, il comitato nazionale delibera temporaneamente su come dirimerle, in attesa che la convention successiva si riunisca, esamini le questioni e decida in modo definitivo su come risolverle.

La convention può istituire commissioni speciali incaricate di elaborare proposte di riforme da sottoporre all'approvazione del comitato nazionale prima e della convention successiva poi. Esempi di tali commissioni furono la commissione McGovern-Fraser e le altre commissioni riformatrici che la seguirono.

Convocazione, località, periodo dell'anno

La convention nazionale è convocata con parecchi mesi di anticipo, alle volte anche un anno o due. La convocazione consiste di un documento ufficiale, detto *call* ("chiamata") diramato dal comitato nazionale del partito. Il documento contiene la località e le date della convention, riporta le regole del processo di selezione dei delegati approvate dalla convention precedente, fissa il numero totale di delegati e supplenti, riporta i numeri di delegati e supplenti di ciascuno stato, assieme alle formule usate per calcolarli, determina le procedure per la selezione dei comitati permanenti della convention, stabilisce le regole preliminari e un ordine sommario dei lavori.

La convocazione della convention nazionale democratica del 2004, la 44esima della storia, fu emanata dal comitato democratico nazionale il 10 agosto del 2002, dunque con quasi due anni di anticipo. La convocazione della convention repubblicana dello stesso anno, la 38esima della storia, fu diramata dal comitato nazionale del partito alla fine del 2003, con 8 mesi di anticipo sullo svolgimento della stessa. Le convocazioni relative alle convention demoratica e repubblicana del 2008 furono diramate il 2 febbraio 2007 e il 9 novembre 2007, rispettivamente, mentre quelle relative alle convention del 2012 furono diramate il 20 agosto 2011 e il

31 dicembre 2011, rispettivamente.

Oggi le convention nazionali sono tenute in città importanti degli Stati Uniti, durano quattro giorni e cominciano in un lunedì estivo dell'anno in cui si svolgono le elezioni presidenziali. Nel 2000 la convention repubblicana si tenne a Philadelphia dal 31 luglio al 3 agosto e quella democratica a Los Angeles dal 14 al 17 agosto. Nel 2004 la convention repubblicana si tenne a New York dal 30 agosto al 2 settembre e quella democratica a Boston dal 26 al 29 luglio. Nel 2008 la convention repubblicana si tenne a Minneapolis-St. Paul, nel Minnesota, dal primo al 3 settembre, e quella democratica a Denver, in Colorado, dal 25 al 28 agosto 2008. Nel 2012 la convention repubblicana si tenne a Tampa, Florida, dal 27 al 30 agosto, e quella democratica si tenne a Charlotte, nella Carolina del nord, dal 3 al 6 settembre.

Le convention sono grandi eventi mediatici, trasmessi televisivamente dal 1940. Assicurano alla città ospitante pubblicità e un notevole ritorno economico. Le città che si candidano ad ospitare la convention di uno dei partiti maggiori competono vigorosamente per raggiungere lo scopo, potenziando e pubblicizzando le proprie capacità logistiche e organizzative.

Prima della guerra civile, le convention erano tenute in edifici piccoli, come le chiese, e attraevano alcune centinaia di delegati e un numero non rilevante di spettatori. La lentezza dei trasporti e le difficoltà di comunicazione inducevano a preferire località centrali degli Stati Uniti, nella tarda primavera. La sede più popolare delle prime convention fu infatti Baltimora, dove si svolsero, tra il 1832 e il 1852, 6 convention democratiche, due Whig e una nazional-repubblicana, oltre alla convention antimassonica del 1831. Dopo l'espansione degli Stati Uniti verso ovest, la sede più frequente divenne Chicago, che dal 1860 in poi ospitò 14 convention repubblicane e 10 democratiche. Oggi le convention radunano migliaia di delegati e pertanto sono tenute in edifici di dimensioni appropriate, come palacongressi e palasport. Nel 2004 i delegati repubblicani si riunirono al Madison Square Garden di New York, quelli democratici al TD Banknorth Garden di Boston, stadio dei Boston Celtics, una delle più blasonate squadre di pallacanestro del paese. Nel 2008 i delegati repubblicani si riunirono al Xcel Energy Center di Saint Paul, Minnesota, quelli democratici al

Pepsi Center di Denver, Colorado. Nel 2012 le convention si tennero al Tampa Bay Times Forum di Tampa, Florida, e al Time Warner Cable Arena di Charlotte, Carolina del nord. In questi ultimi casi si trattava di stadi dove giocano abitualmente squadre locali di basket o hockey, usati alle volte anche per concerti.

Comitati, comitati permanenti e calendario dei lavori

La riunione della convention è preceduta dai lavori di alcuni comitati, che si riuniscono con un certo anticipo, in modo da poter svolgere i propri compiti con calma e per tempo, e poi sottoporre le conclusioni alla discussione e alle votazioni della convention. I comitati permanenti del Partito Democratico sono il comitato per le credenziali, il comitato per le regole e il comitato per il programma. Il Partito Repubblicano ha comitati analoghi chiamati con nomi leggermente diversi: il primo si chiama ancora comitato per le credenziali, il secondo comitato per le regole e l'ordine dei lavori, il terzo comitato per le risoluzioni. Ciascun comitato permanente è composto da rappresentanti delle delegazioni statali e territoriali, in numero calcolato con regole simili a quelle usate per la composizione della convention. Ogni delegazione statale o territoriale si riunisce con dovuto anticipo rispetto alla convention nazionale per eleggere i propri rappresentanti nei comitati. I comitati permanenti del Partito Repubblicano contano in genere un centinaio di membri (un uomo e una donna per ogni stato), mentre i comitati permanenti democratici possono arrivare a contare 150-200 membri. Per esempio, il comitato per il programma della convention democratica del 2004 contava 186 membri.

Il comitato per le credenziali si occupa dell'ammissione dei delegati accreditati. Controlla la legittimità delle delegazioni inviate dai vari stati e territori, verifica che la loro composizione sia compatibile con i vincoli imposti (per esempio, uguale presenza numerica di uomini e donne, adeguata rappresentanza alle minoranze, eccetera) e che il processo di selezione dei delegati sia avvenuto nel rispetto delle regole del partito. Considera le eventuali contestazioni e redige un rapporto nel quale riporta le informazioni raccolte e formula proposte di soluzione delle eventuali controversie.

Il comitato per le regole ha il compito di raccogliere le propo-

201

ste di modifica alle regole del partito, elaborare un'agenda dei lavori della convention, delinearne le regole procedurali e indicare i nomi di un certo numero di funzionari della convention.

Il comitato per il programma elabora una proposta di documento programmatico da sottoporre alla convention. Presso il Partito Democratico qualunque cittadino può inviare per tempo al comitato per il programma le proprie osservazioni scritte, oggi anche via email. Il comitato per il programma tiene anche audizioni pubbliche, in cui qualunque cittadino può chiedere di intervenire. Il numero di audizioni è limitato dal tempo a disposizione e dalle possibilità logistiche. Il comitato per il programma decide a maggioranza, ma può inviare alla convention anche le proposte di minoranza. Procedure simili vengono seguite anche dal Partito Repubblicano.

I primi lavori della convention riguardano gli aspetti organizzativi. Nel primo giorno viene esaminato il rapporto del comitato per le credenziali, per discuterlo, eventualmente emendarlo e infine approvare la versione corretta. Successivamente, nella stessa giornata, si discute ed approva il rapporto, eventualmente emendato, del comitato per le regole. Durante il secondo giorno i delegati intervengono per discutere la proposta di documento programmatico redatta dal comitato per il programma. Dopo eventuali emendamenti, viene votata e approvata. Durante il terzo giorno dei lavori sono presentati i candidati alla nomina, ciascuno dei quali tiene un discorso. Poi si passa alle votazioni per la nomina del candidato alla presidenza, a maggioranza assoluta. Se nessuno dei candidati ottiene la maggioranza assoluta si ripete la votazione finché un candidato non raggiunge la maggioranza assoluta. Nell'ultimo giorno il candidato presidente sceglie informalmente il candidato vicepresidente con cui intende presentarsi alle elezioni generali. Poi la convention elegge il candidato vicepresidente, con le stesse procedure seguite per il candidato presidente, di solito accogliendo l'indicazione del candidato presidente. Entrambi i candidati prescelti pronunciano discorsi di accettazione delle candidature. Il discorso di accettazione del candidato presidente è il momento più seguito e viene trasmesso sui canali televisivi maggiori.

Il documento programmatico

Il documento programmatico approvato dalla convention è chiamato *platform*. Esso è il programma elettorale del partito, contiene i principi-guida dell'azione politica e le posizioni del partito sui temi più importanti. Nella parte iniziale prevalgono retorica, slogan e dichiarazioni di intenti. Tuttavia, le sezioni interne possono contenere anche proposte programmatico-legislative dettagliate e documentate. Il documento è diviso in una serie di punti programmatici, detti *plank*. Essi contengono gli obiettivi e le proposte di intervento nei vari settori dell'economia, nella politica estera, nell'amministrazione pubblica, nella società, e così via. Il programma democratico del 2004 insisteva sulle difficoltà dell'amministrazione Bush, e riportava, per contrasto, le proposte abrogative o migliorative dei democratici. Il documento programmatico repubblicano dello stesso anno insisteva sui risultati dell'amministrazione Bush e conteneva proposte per proseguire nella direzione intrapresa e rafforzarla.

Il programma della convention non vincola né il partito, né il candidato nominato. Tuttavia, poiché la composizione della convention riflette, grazie al meccanismo di attribuzione dei delegati, la forza dei candidati alla nomina, la coerenza tra il programma approvato dalla convention e le posizioni del candidato alla presidenza è garantita automaticamente. La fedeltà del candidato presidente al programma approvato dai suoi stessi sostenitori non è dunque in discussione. Pertanto, il documento programmatico ha un valore non indifferente, perché è un documento proposto e approvato dal basso, non calato dall'alto, che riflette fedelmente le posizioni degli elettori del partito sui temi politici, è coerente colle posizioni del candidato presidente, stabilisce un filo diretto tra candidato ed elettori, e permette al candidato di rendersi conto di quanto ciascun tema sia sentito dai propri sostenitori, e dunque adattare le proprie strategie elettorali per massimizzare il consenso e le possibilità di battere l'avversario nelle elezioni generali.

La convention nazionale democratica

In ciascuno stato il Partito Democratico è tenuto ad intraprendere ogni iniziativa possibile per assicurare a tutti i suoi elettori completa, tempestiva ed uguale opportunità di partecipare al processo di selezione dei delegati, e a tutte le altre decisioni del partito. I delegati devono essere in buona fede democratici, fedeli agli interessi, al benessere e al successo del Partito Democratico. Devono sottoscrivere la sostanza, gli intenti e i principi della carta del partito e i suoi regolamenti. In assenza di contestazioni specifiche, si assume che i delegati soddisfino questi requisiti, senza richiedere ulteriori assicurazioni. Tutti i delegati impegnati a un candidato presidente devono in buona coscienza riflettere i sentimenti degli elettori che li hanno votati. I delegati sono tenuti a non sostenere pubblicamente alcun candidato alle elezioni presidenziali che non sia quello nominato dalla convention.

I lavori della convention seguono un ordine consolidato. Il primo compito della convention è discutere il rapporto del comitato per le credenziali e, dopo eventuali emendamenti, approvarlo. Il dibattito su ogni questione non può superare i venti minuti, divisi in parti uguali tra proponenti e oppositori. In secondo luogo i delegati discutono e approvano il rapporto del comitato per le regole. Successivamente la convention procede all'elezione del presidente della convention, a maggioranza assoluta, e dei vicepresidenti. Quindi lavora al documento programmatico, a partire dalla proposta presentata del comitato per il programma. Approvato il programma, procede all'elezione del candidato presidente e del candidato vicepresidente, a maggioranza assoluta. Subito dopo la sua elezione, il candidato presidente pronuncia un discorso di accettazione.

La procedura di elezione del candidato presidente è la seguente. Ogni delegazione statale e territoriale vota separatamente. Il presidente della delegazione conta e tabula i voti dei propri delegati. Le delegazioni vengono chiamate una dopo l'altra, in ordine alfabetico, a riferire i risultati alla convention. Il presidente di ciascuna delegazione comunica i risultati delle votazioni della propria delegazione, specificando il voto di ciascun delegato. Si fa poi la conta dei voti totali. Se un candidato alla nomina ottiene la maggioranza assoluta, ottiene la nomina. Se nessun candidato ottiene la maggioranza assoluta si ripete la votazione, con la stessa procedura, finché un candidato non ottiene la maggioranza assoluta. Non è ammesso in nessun caso il voto segreto, né il voto per procura. L'elezione del vicepresidente segue lo stesso schema.

Tranne rarissime eccezioni, prima della votazione il candidato presidente sceglie informalmente il candidato vicepresidente con cui desidera presentarsi alle elezioni e lo comunica alla convention, che lo nomina formalmente mediante la votazione. Nel caso che un candidato presidente o un candidato vicepresidente muoiano o rinuncino a correre nel periodo che separa la convention dalle elezioni generali, le candidature vacanti sono designate dal comitato democratico nazionale, sentiti il leader democratico al Congresso e l'associazione dei governatori democratici.

Ogni giorno è messa a disposizione dei delegati una versione stampata del resoconto di tutti i lavori della convention del giorno precedente. Entro un anno dalla fine della convention viene stampato il giornale dei lavori della convention.

La chiamata alla convention del 2004 fu adottata dal comitato democratico nazionale nella riunione annuale dell'agosto 2002. La convocazione riportava le regole e le condizioni appena enunciate e stabiliva in dettaglio il numero e la distribuzione dei delegati. In particolare, fissava il numero di delegati giurati "di base", cioè scelti tra semplici cittadini, a 3000, salvo arrotondamenti, distribuiti fra i vari stati secondo una formula matematica che teneva conto, in ugual misura, del numero di grandi elettori dello stato e del consenso raccolto dal Partito Democratico in quello stato nelle tre elezioni precedenti. Per la precisione, la frazione di delegati giurati di base che spettavano ad ogni stato era uguale a $\frac{1}{2}(a+b)$, dove a era la frazione di grandi elettori dello stato e b era la frazione di voti democratici raccolti dallo stato nelle presidenziali del 1992, del 1996 e del 2000. Il numero di delegati giurati di partito, cioè delegati scelti tra i leader locali e i rappresentanti eletti del partito, era fissato, come ormai tradizione dal 1988, al 15% del numero dei delegati di base. Il numero dei superdelegati, non legato a priori al numero di delegati giurati, risultò pari al 18,5% del totale. La chiamata alla convention stabiliva anche le regole per l'istituzione e il funzionamento dei comitati permanenti, che riunivano sia rappresentanti di base sia di partito, non necessariamente delegati alla convention. Anche la frazione dei rappresentanti di partito nei comitati era stabilita essere pari a circa il 15% dei rappresentanti di base. I rappresentanti di base spettanti a ciascuno stato o territorio erano eletti dalla delegazione di quello stato o territorio. Il loro numero era calcolato con la stessa formula usata per i delegati di base alla convention. I rappresentanti di partito erano eletti collettivamente dal comitato democratico nazionale e dal comitato esecutivo.

In totale, alla convention democratica del 2004 parteciparono 4322 delegati, di cui 3520 delegati giurati e 802 superdelegati. I delegati giurati erano composti di 3062 delegati giurati di base, di cui 2279 delegati di distretto e 783 delegati "at large", più 458 delegati giurati di partito. L'insieme dei superdelegati contava i 430 membri del comitato democratico nazionale, i 248 rappresentanti democratici al Congresso, i 21 governatori democratici, 21 leader di partito riconosciuti (tutti gli ex-presidenti ed ex-vicepresidenti democratici, tutti gli ex-leader di maggioranza democratici del Senato e gli ex-presidenti democratici della Camera, tutti gli ex-leader democratici di minoranza alla Camera, e tutti gli ex-presidenti del comitato democratico nazionale), e 82 superdelegati extra (funzionari di partito con cariche create dal comitato democratico nazionale). I delegati supplenti, anch'essi vincolati ai rispettivi candidati alla nomina, erano 611. I supplenti erano eletti con lo stesso sistema usato per i delegati e potevano sostituire i delegati giurati impossibilitati a partecipare ai lavori della convention.

La composizione della convention democratica del 2008 seguì regole del tutto simili. Vi parteciparono 4418 delegati, tra cui 3110 delegati giurati di base (2316 di distretto, 794 "at large"), 456 delegati giurati di partito e 852 superdelegati. Alla convention del 2012 parteciparono 5552 delegati, tra cui 4262 delegati giurati di base (3169 di distretto e 1093 "at large"), 564 delegati giurati di partito e 726 superdelegati.

La convention nazionale repubblicana

La convocazione della convention repubblicana stabilisce il numero di delegati di ciascuna delegazione statale e territoriale, le modalità e i tempi con cui le delegazioni devono eleggere i propri rappresentanti nei comitati permanenti, la località e il giorno in cui si tiene la convention, e il calendario dei suoi lavori. Penalità sono previste per gli stati che inviano delegazioni composte in maniera non conforme alle regole del partito, o delegazioni formate in periodi dell'anno non inclusi nella finestra temporale prevista dalle regole. Per un certo periodo la penalizzazione fu una riduzione variabile della delegazione di quello stato, dal 50% al 90% a seconda dei casi. Nel 2012 la penalizzazione fu in tutti i casi la riduzione della delegazione alla metà.

Il primo compito della convention è esaminare il rapporto del comitato per le credenziali, quindi il rapporto del comitato per le regole e l'ordine dei lavori e di seguito il rapporto del comitato per le risoluzioni. Infine, la convention procede alla nomina dei candidati alla presidenza e alla vicepresidenza. Ogni candidato alla nomina, per qualificarsi come tale, deve avere almeno il sostegno della maggioranza delle delegazioni di cinque stati. Anche presso i repubblicani le delegazioni votano separatamente e poi vengono chiamate una per una, in ordine alfabetico, a riferire l'esito del proprio voto. A differenza dei democratici, i repubblicani possono distribuire la votazione su più giornate. Furono tre nel 2004.

Ogni delegato può intervenire a parlare una volta su ciascuna questione discussa durante la convention e ogni intervento può durare al massimo cinque minuti. Il tempo massimo per la presentazione di un candidato alla nomina è di 15 minuti. È espressamente proibita la "regola dell'unità", usata in passato, mediante la quale alcuni stati imponevano a tutti i loro delegati di votare come la maggioranza della delegazione stessa.

La convocazione alla convention del 2004 fu diramata nel 2003 dal comitato nazionale del partito, in ottemperanza alle regole stabilite dalla convention nazionale repubblicana del 2000. Il documento fu promulgato dal segretario del comitato nazionale alla fine del 2003. Il numero di delegati chiamati a partecipare fu 2509. A ciascuno stato furono assegnati 10 delegati "at large", cioè 5 per ogni senatore al Congresso. A ciascun distretto furono assegnati 3 delegati. Altri delegati furono assegnati, in numero fissato, al Distretto di Columbia e ai territori (Samoa Americana, Guam, Portorico e Isole Vergini), per un totale di 54 delegati. In più, agli stati nei quali il candidato repubblicano era prevalso nelle elezioni presidenziali precedenti spettarono dei delegati "at large" ulteriori. Il numero dei delegati extra fu determinato come segue: si calcolava il 60% del numero dei grandi elettori dello stato, si aggiungeva 4,5 e si arrotondava il risultato in eccesso. Un ulteriore delegato-premio "at large" fu attribuito agli stati governati da un repubblicano, uno a ciascuno stato rappresentato da una maggioranza repubblicana di rappresentanti al Congresso, uno a ciascuno stato rappresentato da una maggioranza repubblicana in almeno una camera del parlamento statale, e uno per ogni senatore repubblicano al Congresso eletto nello stato durante i sei anni precedenti. Il totale dava appunto 2509 delegati, tra cui 773 superdelegati.

Nel 2008 la convention repubblicana contò 2516 delegati (con 2380 voti in totale, tenendo conto delle penalità), tra cui 561 superdelegati, mentre nel 2012 contò 2429 delegati, tra cui 415 superdelegati, con 2286 voti dopo le penalità.

La diffusione mediatica e i finanziamenti della convention

Prima delle riforme iniziate nel 1969-72, il compito più importante della convention era la designazione dei candidati alla presidenza e alla vicepresidenza. Nell'era delle primarie moderne i candidati alla presidenza dei due partiti maggiori furono sempre decisi dalle primarie. Sotto questo aspetto, le convention si limitarono a ratificare i risultati delle consultazioni popolari, e dunque la designazione del candidato presidente non richiese mai più di una votazione. Anche nel 2008, quando i superdelegati furono determinanti per la scelta del candidato democratico, non ci furono sorprese. I superdelegati si distribuirono in modo coerente con il risultato del voto popolare, che aveva premiato Obama rispetto a Clinton, e annunciarono per tempo le loro intenzioni di voto, in maggioranza favorevoli a Obama, per cui il risultato del voto della convention fu ugualmente scontato.

Di solito il nome del vincitore emerge verso la metà della stagione delle primarie, con notevole anticipo rispetto alla convention. I candidati alla presidenza iniziano la campagna elettorale per le presidenziali anche prima di ricevere l'investitura ufficiale della convention, a partire dal momento in cui hanno la certezza di essersi aggiudicati un numero di delegati sufficiente ad assicurarsi la nomina. Oggi la convention è anche la cerimonia di investitura e proclamazione ufficiale del candidato designato e l'apertura della campagna elettorale. I lavori della convention sono trasmessi da vari canali della televisione via cavo e possono essere seguiti da tutti i cittadini degli Stati Uniti. Agli esponenti del partito meno noti sono riservate le ore del giorno in cui l'affluenza è minore e l'audience televisiva è più bassa. Agli esponenti più conosciuti sono riservate le ore serali di maggiore ascolto. I momenti di maggiore interesse, come il discorso di accettazione del candidato presidente, sono trasmessi anche dai maggiori canali nazionali via etere.

Solitamente, durante la convention il partito cresce vistosamente nei sondaggi, un effetto che viene riequilibrato da un effetto opposto che ha luogo durante la convention del partito avversario.

Dal 1924 al 1948 le convention furono trasmesse principalmente via radio, dal 1952 in poi principalmente per televisione[71]. Nel 1940 e 1948 le convention furono coperte da canali televisivi che raggiungevano solo alcune aree geografiche del paese, quelle limitrofe alle città in cui erano situate le convention. Anche se le convention contengono momenti interessanti e comizi molto seguiti, la maggior parte dei lavori è poco interessante per il grande pubblico televisivo. La diffusione via radio era relativamente più facile da gestire, sia per i partiti che per i candidati. La televisione, per contro, può dare risonanza ad aspetti altrimenti marginali e punire impietosamente qualunque negligenza. Per esempio, può mostrare delegati che ignorano gli oratori, si distraggono, leggono il giornale, chiacchierano. In assenza di un'adeguata coreografia studiata in anticipo, la trasmissione televisiva integrale dei lavori rischia di danneggiare l'immagine del partito. Successe ai repubblicani nel 1964, quando numerosi delegati furono immortalati dalle tv mentre gridavano a squarciagola il loro sostegno al candidato nominato e fischiavano gli altri candidati. Quattro anni dopo i repubblicani corsero ai ripari e da allora sparì ogni atteggiamento scomposto: ai telespettatori furono mostrate soltanto centinaia di persone sorridenti e festanti. Per contro, nel 1968 furono i democratici a trovarsi impreparati di fronte alle riprese televisive. Quella cruciale convention democratica fu comunque difficile da gestire per il contesto drammatico in cui ebbe luogo: le proteste contro la guerra in Vietnam, i disordini, gli eccessi della polizia di Chicago contro i manifestanti, peraltro anch'essi trasmessi dalle tv. Nelle primarie gli elettori avevano chiaramente espresso maggiore gradimento per i candidati che volevano porre fine alla guerra in Vietnam, e così il candidato nominato Humphrey e il presidente uscente Johnson furono fischiati da parecchi delegati. Nella convention regnò la confusione, e non furono rispettati i tempi, cosa che dà un'impressione molto negativa agli spettatori televisivi.

Non è chiaro che il pubblico reagisca positivamente di fronte a comportamenti artificiali e troppo composti, anche se sono sicuramente preferibili alla mancanza di controllo. Comunque, oggi entrambi i partiti gestiscono le convention in maniera impeccabile e le adattano perfettamente alle necessità della televisione. La maggior parte dei lavori sono svolti prima della convention, dai comitati permanenti. Il programma della convention è studiato attentamente in modo da contenere la durata complessiva entro i quattro giorni. Nei momenti di minor interesse sono trasmessi filmati della campagna elettorale, spesso senza interruzione. Le dimostrazioni "spontanee" dei sostenitori sono preparate attentamente.

Nel frattempo, grazie alle riforme che portarono all'epoca moderna, le ragioni alla base di possibili comportamenti scomposti sparirono progressivamente. Siccome il nome del vincitore è noto in anticipo, le manifestazioni di sostegno a candidati alternativi non hanno più luogo e senso. Del resto, i sostenitori dei candidati sconfitti non hanno motivo di contestare alla convention un vincitore sancito dal popolo. Anzi, spesso quei candidati si ritirano per tempo e istruiscono i propri delegati ad appoggiare il vincitore. Insomma, è vero che i partiti hanno imparato ad autocontrollarsi e non corrono più il rischio di offrire ai cittadini spettacoli poco convincenti, ma è anche vero che gran parte del merito va riconosciuto alle regole trasparenti che i partiti si sono dati nell'epoca moderna, che hanno reso quel lavoro molto più facile.

Alla televisione e alla sua capacità di amplificare qualunque dissenso interno va riconosciuto anche un ruolo importante nell'agevolare le riforme del 1969-72 e sancire quel cambiamento come irreversibile, scoraggiando sul nascere ogni tentativo di ritorno al passato. Le convention combattute, come quelle in cui il candidato nominato era deciso dai partiti, spesso da accordi sottobanco, non erano più compatibili col nuovo mezzo di comunicazione. Ciò contribuì a convincere anche i più scettici, e a sciogliere gli ultimi dubbi di chi voleva conservare il sistema precedente. Tanto valeva cedere il potere di nomina dei candidati al popolo, far decidere direttamente gli elettori, ed eliminare alla radice ogni possibilità di contestazione interna. Oggi non sopravvive alcuna nostalgia dell'epoca precedente le riforme, che sembra appartenere ad un passato lontano, anche se in realtà terminò meno di quarant'anni fa. Le nuove generazioni non sanno nemmeno che pochi decenni fa la politica americana era ostaggio delle macchinazioni, dei ricatti e dei machiavellismi, che esistevano apparati e boss di partito, che il popolo era sì chiamato a decidere, ma di fatto altri decidevano al suo posto e potevano ribaltare la volontà popolare a proprio piacimento.

Dal 1976 le convention sono finanziate in parte con i soldi pubblici[72]. Istituiti con la legge del 1974, i fondi sono prelevati dallo stesso conto che finanzia le campagne elettorali dei candidati alle primarie e alle elezioni generali, sotto il controllo della Federal Election Commission. Barrando un'apposita casella sulla propria dichiarazione dei redditi, i contribuenti possono devolvere volontariamente 3 dollari a testa delle proprie tasse a questo tipo di scopi (era 1 solo dollaro prima del 1993). Ciascuno dei due partiti maggiori può ricevere, per la convention, un ammontare massimo di finanziamenti pubblici calcolato a partire dal limite fissato dalla legge del 1974 (pari a 4 milioni di dollari per partito), aggiustato in base all'aumento del costo della vita dal 1974 ad oggi. Nel 2004 i partiti maggiori ricevettero poco meno di 15 milioni di dollari ciascuno, nel 2008 quasi 17 milioni, nel 2012 poco più di 18 milioni. Il tetto di spesa consentita ai partiti per la convention è pari a quanto ricevono in finanziamenti pubblici. Tuttavia, a questo limite sfuggono i finanziamenti delle città ospitanti, che possono arrivare ad uguagliare o superare i finanziamenti pubblici. Le città che hanno la fortuna di essere prescelte come sedi delle convention sono ben disposte a sponsorizzare questi eventi, spesso generosamente, perché ne traggono grande vantaggio economico. Per esempio, possono mettere a disposizione della convention trasporti pubblici addizionali a costi ridotti. Anche le compagnie private possono contribuire al di fuori del tetto di spesa fissato, affittando sedie, tavoli e altro materiale o equipaggiamento per conto della convention.

Convention locali

Le convention di contea, di distretto e statali governano il partito a livello locale. Per sbrigare gli affari del partito tra una convention e la successiva le convention eleggono appositi comitati, che comunque devono attenersi ad attuare le disposizioni delle stesse convention. Convention e comitati, locali e nazionali, costituiscono l'unica "struttura" oggi identificabile nei partiti americani.

I delegati sono eletti con il sistema caucus/convention. Le convention statali governano il partito a livello statale, ne stabiliscono le regole, elaborano il documento programmatico, organizzano ufficialmente l'attività del partito a livello statale, sbrigano gli affari di routine e deliberano su qualunque altra questione lo ritengano opportuno. Si occupano anche degli aspetti organizzativi, incluse le campagne elettorali. Le convention di distretto e di contea hanno ruoli simili nelle rispettive unità territoriali. Alcuni stati utilizzano le convention locali per selezionare i nominativi dei delegati alla convention nazionale abbinati ai candidati alla nomina, una volta stabilito, con le primarie, il numero di delegati che spettano a ciascun candidato.

La differenza principale tra le convention locali e la convention nazionale moderna è che i delegati alle convention locali non sono abbinati ai candidati ad alcuna carica monocratica locale (governatore, sindaco, ecc.), mentre possono essere abbinati ai candidati alla nomina presidenziale negli anni in cui si tiene la convention nazionale. A differenza che in passato, le convention locali non nominano i candidati. Oggi in quasi tutti gli stati la designazione delle candidature a qualunque tipo di carica pubblica avviene mediante elezioni primarie dirette. Anche nell'Iowa, per esempio, i partiti usano le primarie per designare il candidato governatore, i candidati deputati e senatori al parlamento statale, e così via.

In una certa fase storica, in particolare nella seconda metà dell'ottocento, il processo di selezione dei candidati e dei delegati fu più evoluto a livello locale che a livello nazionale. Furono proprio le primarie statali, e locali in genere, ad aprire la strada alle primarie presidenziali. Oggi, per contro, il processo di selezione dei delegati e dei candidati è più evoluto a livello nazionale che a livello locale. Attualmente, soltanto la composizione della convention nazionale è strettamente correlata alle primarie per il candidato alla carica monocratica corrispondente, in questo caso il presidente degli Stati Uniti. Nessuna convention statale è correlata alle primarie per il candidato governatore, nessuna convention locale è correlata alle primarie per il candidato sindaco, eccetera.

In alcuni stati, i partiti organizzano anche delle "convention pre-primarie". Si tratta di convention finalizzate a dare un'indicazione di partito, non decisiva e non vincolante, in favore di un particolare candidato in vista delle elezioni primarie. Il candidato prescelto da queste convention si sottopone comunque, come tutti i candidati, alle elezioni primarie, dove il popolo potrà seguire o meno l'indicazione del partito. Queste convention pre-primarie sono spesso criticate perché sono pensate dai partiti per esercitare un'influenza indebita sugli elettori. Le critiche, tuttavia, sono superate dal fatto queste iniziative non hanno in genere alcun effetto apprezzabile sugli elettori, che non si curano delle "indicazioni di partito", ormai molto rare. Spesso nemmeno i mezzi di comunicazione danno conto di queste indicazioni. Le riforme hanno costretto i partiti ad alleggerire le proprie strutture e oggi non sono più in grado di indirizzare la volontà popolare, ma devono limitarsi a seguirla.

La regola della maggioranza assoluta

La composizione della convention nazionale riflette il consenso popolare dei candidati alla nomina. Infatti, il numero di delegati giurati attribuiti a ciascun candidato alla nomina è stabilito in base al consenso da lui raccolto presso gli elettori. Nei due partiti maggiori la relazione tra il consenso espresso per un candidato e il numero di delegati eletti suoi sostenitori è stabilita con regole diverse, più o meno uniformi negli stati dell'Unione. Anche tenendo conto di queste differenze, come pure dell'esistenza dei superdelegati, che non sono impegnati a sostenere nessun particolare candidato alla nomina, possiamo comunque dire che oggi la composizione della convention nazionale di ciascun partito maggiore riflette la volontà popolare in maniera adeguata.

Il numero di delegati che partecipano alla convention è relativamente grande. Tuttavia, sappiamo che un'assemblea di quelle dimensioni è in linea di principio controllabile dai capi partito, come succedeva nell'era preriformatrice. Il rischio è scongiurato dal fatto che nella convention moderna i delegati non decidono le candidature, ma le regole e il programma. In altre parole, il lavoro della convention è il più importante, ma il meno appariscente. Le candidature, invece, sono rimesse direttamente agli elettori. È difficile immaginare che i leader del partito, supposto che esistano ancora, si diano da fare per pilotare una convention, visto che in palio non c'è nulla di appetibile. Al capo-partito non rimane dunque alcuna possibilità di manovra. Infatti, dopo le riforme del 1972 la figura stessa del capo-partito scomparve progressivamente. Oggi i delegati possono lavorare tranquillamente e concentrarsi sui loro compiti, senza interferenze o distrazioni.

Se nella maggior parte dei casi il voto dei delegati alla convention per il candidato alla nomina non fa che ratificare la designazione delle primarie, dal punto di vista formale il potere di designare il candidato presidente appartiene comunque e pur sempre alla convention. La ragione è la regola della maggioranza assoluta. Le primarie non possono bastare, da sole, a designare il candidato presidente a maggioranza assoluta, perché non c'è garanzia che un candidato riceva la maggioranza assoluta dei voti. D'altra parte, la regola della maggioranza assoluta serve ad unire il partito attorno al candidato prescelto. Anche se non elimina completamente rischio di divisioni e di opposizioni interne, almeno elimina i pretesti principali che potrebbero alimentarle. Infatti, un vincitore eletto a maggioranza relativa, ma non assoluta, rappresenterebbe soltanto una minoranza del partito. Le fazioni rivali disporrebbero di un pretesto per indebolirlo. A dire il vero, la maggioranza dei delegati giurati necessaria ad ottenere la nomina è "più che assoluta", per compensare la presenza dei superdelegati. Per esempio, nel 2004 Kerry dovette vincere 2162 delegati giurati, il 61,4% del totale, prima di avere la certezza matematica della nomina. Similmente, nel 2000 George W. Bush dovette vincere 1034 delegati giurati, pari al 55,6% del totale. Se nessun candidato ottiene un numero di delegati giurati sufficiente ad assicurargli la nomina, la votazione della convention diventa determinante. Si potrebbe pensare che in un caso come questo, verificatosi solo alla convention democratica del 2008, nell'era delle primarie moderne, la convention tornerebbe ad essere teatro di manovre poco trasparenti, come accordi di potere e scambio tra i candidati, per convogliare pacchetti di delegati a favore di un outsider, un candidato di compromesso o un "dark horse". Il caso del 2008 però dimostra che non è così. Vediamo meglio perché.

A differenza che nell'epoca preriformatrice, quando la maggior parte dei delegati era fatta di delegati di partito, oggi la grande maggioranza è fatta di delegati di base, cioè semplici cittadini elettori, con poca o nessuna esperienza politica. Si tratta di persone disinteressate, che non hanno nessuna ambizione di intraprendere una carriera politica, ma vogliono unicamente dar voce alle proprie esigenze, in modo che il partito e la politica possano aiutarle a risolvere anche e soprattutto i problemi della vita quotidiana, non soltanto le grandi questioni nazionali ed internazionali. Persone come queste sono poco disposte a tradire il proprio giuramento o il mandato popolare, a mentire e ordire macchinazioni, e dunque sono difficilmente manovrabili.

Ricordiamo poi che un delegato giurato è vincolato a rappresentare fedelmente il volere dei suoi elettori, non il volere del candidato alla nomina a cui si è impegnato. Mediante le elezioni primarie e i caucus moderni, la preferenza degli elettori per il candidato alla nomina viene espressa inequivocabilmente. Pertanto, nel momento del voto per la nomina i delegati giurati non possono che votare per il candidato che hanno promesso solennemente di sostenere, a meno che questo non si sia ritirato nel frattempo. Se facessero diversamente, tradirebbero il mandato popolare e il proprio giuramento. Su tutte le altre questioni i delegati sono liberi di interpretare il volere dei propri elettori secondo coscienza. Per esempio, se un candidato alla nomina, chiamiamolo CN, si ritira per appoggiare un altro candidato, diciamo CN', CN non ha alcuna garanzia che i propri delegati seguiranno la sua indicazione e voteranno davvero per CN'. In merito a questa questione, i delegati saranno liberi di interpretare il volere dei propri elettori secondo coscienza. Nel caso di manovre poco trasparenti, la probabilità che i delegati seguano indicazioni oblique è bassissima. Allo stesso modo, un candidato alla nomina non ha alcuna possibilità di manovrare i "propri" delegati giurati come crede, magari istruirli ad approvare punti programmatici che difendano interessi particolari, perché, di nuovo, i delegati non hanno alcun obbligo a seguirlo, hanno solo l'obbligo di seguire i propri elettori. Pertanto, la convention moderna, correlata con le primarie, non è più esposta alle insidie delle convention antiche. Non esistono più i presupposti per fare accordi sottobanco, pilotare la convention, indirizzare pacchetti di delegati fedeli verso questo o quel candidato, e ribaltare la volontà popolare uscita dalle primarie. La forza dell'investitura popolare è tale che anche i superdelegati vi si adeguano. Come già ricordato, nel 2008, quando i superdelegati furono determinanti per decidere il vincitore della nomina democratica, essi si adattarono semplicemente alla volontà popolare, che aveva visto Obama prevalere su Hillary Clinton, e questo avvenne con molto anticipo rispetto all'inizio dei lavori della convention, e nonostante nella fase iniziale della stagione delle primarie molti più superdelegati appoggiassero Clinton, per questo considerata la candidata favorita dall'establishment, invece che Obama. Ormai le possibilità di manovrare i delegati alla convention sono talmente labili che nessuno prende più in considerazione ipotesi di questo tipo.

Nell'era delle primarie moderne non appena il vincitore emerge, di solito verso la metà della stagione delle primarie, si mette in moto un effetto domino a favore del prescelto: gli avversari si ritirano e appoggiano il vincitore, le primarie rimanenti diventano plebisciti a suo favore e anche i delegati "uncommitted" e i superdelegati si allineano. Per esempio, nella convention democratica del 2004 Kerry ricevette i voti di 4253 delegati su 4322 (il 98,6%), nonostante alle primarie ne avesse vinti "soltanto" 2701. Altri 5 candidati alla nomina avevano vinto delegati: Howard Dean, John Edwards, Wesley Clark, Al Sharpton e Dennis Kucinich. I primi tre si ritirarono per tempo, appoggiando Kerry, mentre gli ultimi due si ritirarono ufficialmente solo dopo la convention. Oltre a Kerry, soltanto Kucinich ricevette voti di delegati alla convention, poco meno dell'1%. Gli astenuti furono soltanto lo 0,6%.

Per queste ed altre considerazioni, che per ragioni di spazio non possono essere trattate compiutamente in questo scritto, dopo aver a lungo considerato varie soluzioni e alternative possibili, e ipotesi per correggere più o meno profondamente l'attuale sistema, molti studiosi giunsero finalmente alla conclusione che il sistema americano attuale dei partiti governati dai propri elettori, con la sua varietà e complessità, il suo dinamismo e la sua adattabilità, con le primarie e i caucus, con la convention nazionale correlata alle primarie e ai caucus, sequenzializzato, capace di agevolare la discesa in campo di candidati poco noti e non ricchi e di dar loro effettive possibilità di vincere, in grado di autoregolarsi e autoemendarsi, con organizzazioni partitiche a livelli minimali, dove tutto viene azzerato ad ogni tornata elettorale, comprese le carte delle regole, è in realtà il sistema migliore.

A titolo di esempio, ci limitiamo a considerare brevemente un'ipotesi alternativa che potrebbe venire in mente, e mostriamo perché non funzionerebbe. Un modo per garantire che il vincitore sia sorretto dalla maggioranza assoluta del consenso potrebbe essere quello di usare primarie con ballottaggio. Abbiamo già messo in evidenza le lacune di questo sistema, ma ci può essere d'aiuto evidenziarne altre, per illustrare meglio le proprietà del sistema fatto di primarie sequenziali correlate alla convention. Le primarie con ballottaggio possono essere pensate con o senza convention. Tuttavia, un sistema senza convention può essere adottato soltanto da partiti chiusi, non dai partiti governati dai propri elettori. Infatti, eliminando la convention si eliminerebbe il governo popolare dei partiti. Gli elettori continuerebbero a scegliere i candidati alle elezioni, ma non potrebbero più stabilire le regole del partito, elaborare il programma politico-elettorale, indire, organizzare e supervisionare le primarie, insomma governare il partito. Il vuoto lasciato dalla convention sarebbe subito occupato da gruppi elitari autoreferenziali (i "partiti", nel senso di "apparati"). Si creerebbe un sistema "primarie/partiti", non "primarie/convention". Eliminato il governo popolare del partito, in poco tempo anche le primarie sarebbero a rischio. D'altra parte, se si volessero istituire primarie con ballottaggio mantenendo la convention, si dovrebbero eleggere i delegati al primo turno, mentre al secondo turno si dovrebbero contare soltanto i voti. Allora si rischierebbe di nominare un candidato diverso da quello preferito dalla maggioranza della convention, perdendo la fondamentale correlazione tra primarie e convention. La conflittualità tra le idee dei candidati vincitori delle primarie e le idee della convention creerebbe tensioni che porterebbero presto il partito a chiudersi o a spaccarsi. Invece, come spiegato altre volte, la sequenzializzazione delle primarie correlate alla convention produce quasi sempre maggioranze assolute a favore del vincitore delle primarie, anche se teoricamente non garantisce questo risultato in assoluto. Il fatto che il risultato finale non sia mai garantito in assoluto contribuisce, assieme alla sequenzializzazione stessa, a dare al sistema quell'imprevedibilità che lo rende impossibile da controllare.

Organizzazione dei partiti

I padri della Costituzione americana e i primi leader degli Stati Uniti vedevano i partiti politici con diffidenza e sospetto. A più riprese George Washington, Alexander Hamilton, Thomas Jefferson, Andrew Jackson, James Madison e James Monroe, denunciarono il "pericolo dei partiti", giudicati come bacini di intolleranza e faziosità, sedi di forme di tirannia, e alle volte chiamati perfino "una maledizione per il paese"[73]. La Costituzione americana non attribuisce ai partiti un ruolo o una autorità particolari. Infatti, non li menziona nemmeno. Nonostante questo, la nascita dei partiti fu rapida e inevitabile, e vi contribuirono alcuni dei grandi personaggi appena menzionati. I partiti si diedero spontaneamente regole e organizzazioni proprie, senza bisogno di leggi specifiche in materia. Nel corso della storia cambiarono spesso denominazione, composizione, idee ed obiettivi politici, come pure le strutture interne, le regole, le modalità e il grado di coinvolgimento degli elettori nelle proprie attività. Il percorso che portò alla forma partitica moderna, quella dei partiti governati dagli elettori, fu, come abbiamo visto, lungo e accidentato. In alcune fasi storiche i partiti rappresentarono la volontà popolare in modo soddisfacente, in altre meno. In certi periodi le strutture dei partiti acquistarono influenza e potere, in altri li persero. Nella fase attuale i partiti americani hanno strutture così leggere che forse supererebbero le iniziali diffidenze dei padri fondatori.

Oggi i partiti americani sono gli strumenti con i quali gli elettori determinano la politica degli Stati Uniti. L'organizzazione dei partiti è fatta principalmente di convention e comitati. Gli elettori governano i partiti mediante le primarie, i caucus e le convention. Le primarie sono lo strumento col quale designano i candidati alle elezioni e spesso i delegati alle convention. I caucus sono lo strumento più usato per designare i delegati alle convention. La convention è il governo popolare del partito e la sua autorità più alta. Tramite la convention gli elettori stabiliscono le regole, scrivono il programma politico-elettorale, governano la struttura del partito e ne curano gli affari. Primarie e convention sono intercorrelate a livello nazionale, scorrelate a livello locale. I comitati nazionali e locali, come i comitati esecutivi e specifici sono eletti dalle rispettive convention o da altri comitati, per curare gli affari del partito tra una convention e la successiva. I comitati attuano le disposizioni della convention da cui sono stati insediati. Nella maggior parte dei casi hanno mere funzioni organizzative e di routine (organizzare le primarie, le convention, la campagna elettorale, curare il bilancio del partito, ecc.). Non possono prendere decisioni, se non su mandato della convention da cui sono stati insediati, e le loro decisioni sono comunque soggette al vaglio della convention successiva. Il sistema fondato su primarie e convention è sufficiente ad adempiere a tutte le funzioni di un partito politico. Dopo quanto già detto nei capitoli precedenti, rimangono pochi argomenti da trattare per completare il quadro: le regole, i comitati permanenti e i comitati esecutivi.

Per definizione, il partito è l'insieme dei suoi elettori. Pertanto, tutti gli elettori del partito, e solo loro, devono avere ruolo, paritario, nelle decisioni che riguardano il partito. Più precisamente, il partito non è fatto di "iscritti", ma di "elettori registrati", o "elettori dichiarati". Qualunque elettore, quando si registra come tale presso l'amministrazione pubblica, può dichiarare, senza alcun onere, la propria appartenenza partitica, nel qual caso diventa a tutti gli effetti membro del partito scelto. Qualunque elettore registrato ad un partito può partecipare alle primarie e ai caucus del partito per designare i candidati alle elezioni. Inoltre, può partecipare ai caucus locali per scegliere i delegati alle varie convention. Infine, può candidarsi a fare il delegato a una o più convention, per contribuire al governo del partito. La registrazione al partito è una nozione molto blanda. In molti stati le primarie e i caucus sono semiaperti o aperti. Ciò significa che possono parteciparvi anche gli elettori indipendenti e/o registrati a partiti diversi. È ovunque possibile, anche negli stati a primarie e caucus chiusi, cambiare la propria registrazione al momento del voto o poco prima.

L'organizzazione dei partiti è molto leggera. Dal 1972 i democratici hanno delle regole nazionali più chiare e vincolanti di quelle dei repubblicani, i quali tendono a valorizzare il più possibile l'autonomia degli stati. La struttura dei partiti si articola su vari livelli, dai quartieri, o sezioni elettorali, alle città, alle contee, ai distretti legislativi (le unità territoriali che eleggono un singolo rappresentante al parlamento statale), ai distretti congressuali, agli stati, fino ad arrivare al livello più alto, quello nazionale. Le convention di contea, di distretto, statali e nazionale sono le autorità rappresentative del partito nelle rispettive unità territoriali. Se si escludono i delegati alla convention nazionale e i candidati alla nomina presidenziale, che sono scelti coi metodi ampiamente discussi, in ciascuna unità territoriale i delegati sono designati mediante il sistema caucus/convention, mentre i candidati alle elezioni locali sono selezionati con le primarie. In alcuni casi, quando i vincitori delle primarie non ottengono una percentuale minima di voti, la nomina dei candidati passa alla convention del partito. Per esempio, in Iowa se il candidato alla nomina relativa ad una carica pubblica statale non vince le primarie con almeno il 35% dei voti, la nomina passa alla convention statale. In vari stati del sud, invece, si usano primarie con ballottaggio.

I partiti americani non hanno una catena gerarchica o di comando. Ogni unità è autonoma e riceve la propria autorità e investitura dal basso: dalle convention di livello inferiore o direttamente dagli elettori. Le unità "superiori" (cioè relative a zone geografiche più ampie) possono esercitare influenza su quelle "inferiori" (cioè relative a sottoaree geografiche), o viceversa, soltanto per il carisma, prestigio o personalità dei personaggi politici coinvolti, non per un effettivo potere delle une sulle altre. Nessun individuo può parlare a nome del partito, o dettarne la linea politica. Nemmeno il presidente degli Stati Uniti è nelle condizioni di dare ordini agli altri esponenti del suo partito. Ciascun rappresentante del partito risponde soltanto ai propri elettori.

Poiché ciascuna unità si autodetermina, la "struttura" dei partiti è il risultato dell'equilibrio tra le varie unità, o, se si vuole, tra primarie e convention. L'organizzazione è dinamica e spontanea, e si rinnova continuamente. La convention si riunisce una sola volta e decade subito dopo aver assolto ai suoi compiti. Le regole approvate dalla convention valgono fino alla convention successiva, che ne approva di nuove. Alla fine di ogni ciclo, qualche settimana o mese prima della scadenza elettorale, la parola torna agli elettori, per azzerare e rinnovare tutto: le candidature, le cariche, la convention, i comitati, il programma e le regole. Non esistono forme di privilegio, diritti acquisiti, rendite di posizione o scorciatoie che permettano di raggirare la consultazione popolare. I delegati alle convention e i membri dei comitati non hanno alcun diritto di precedenza o vantaggio per accedere ad alcuna carica o candidatura. Anche i rappresentanti eletti che desiderano ricandidarsi alla stessa carica per un ulteriore mandato devono risottoporsi alle primarie, quindi al giudizio degli elettori.

Regolamenti

I partiti americani non hanno veri e propri statuti come li intendiamo noi, ma più semplici "carte delle regole", approvate dalle convention e valide fino alle convention successive. La carta delle regole approvata dalla convention nazionale democratica definisce il Partito Democratico, i suoi obiettivi generali, la convention nazionale, le regole del processo di selezione dei delegati, il comitato nazionale e il comitato esecutivo. Essa afferma che il Partito Democratico si batte per la libertà individuale in una società giusta e per la libertà politica nell'ambito di una partecipazione significativa di tutti i cittadini. Il partito promette solennemente di attivarsi in modo aperto e onesto per il raggiungimento dei propri obiettivi e per una gestione della cosa pubblica degna di una società di persone libere. Si impegna a stabilire regole e procedure per permettere a tutti i membri del partito piena, tempestiva ed uguale opportunità di partecipare alle decisioni che riguardano la selezione dei candidati e la formulazione del programma politico, la conduzione degli affari del partito, senza pregiudizi o discriminazioni. È aperto a tutti coloro che si dichiarano democratici e desiderano sostenere il partito.

La carta delle regole può essere modificata dalla convention nazionale, a maggioranza assoluta, e le modifiche entrano in vigore dopo essere state ratificate dal comitato nazionale, sempre a maggioranza assoluta. Alternativamente, le regole possono essere modificate dal comitato nazionale, ma in quel caso è richiesta la maggioranza dei due terzi.

Anche il Partito Repubblicano è regolato da una "carta delle regole", approvata dalla convention nazionale. Essa definisce il partito, i suoi obiettivi generali, la convention nazionale, le regole del processo di selezione dei delegati, il comitato nazionale, il comitato esecutivo e i sottocomitati del comitato nazionale. Precisamente, la carta definisce il Partito Repubblicano come il partito delle porte aperte, della libertà, dell'uguaglianza delle opportunità per tutti e del favoritismo per nessuno. Specifica che le regole sono finalizzate ad incoraggiare e a permettere la più vasta partecipazione possibile degli elettori alle attività del partito, a tutti i livelli, per assicurare che il Partito Repubblicano sia aperto e accessibile a tutti gli americani. Le regole del partito sono rinnovate ogni quattro anni dalla convention nazionale, a maggioranza assoluta, e valgono per i quattro anni successivi. Attualmente, il comitato nazionale repubblicano non ha il potere di emendare le regole del partito.

I comitati nazionali

Il comitato nazionale democratico cura gli affari del partito tra una convention nazionale e la successiva. È soggetto alla carta delle regole e alle risoluzioni e decisioni della convention. Le sue responsabilità includono la convocazione della convention nazionale successiva, la conduzione della campagna presidenziale del partito, la formulazione e la divulgazione della linea politica e di condotta del partito, la designazione dei candidati alla presidenza e alla vicepresidenza in caso di morte o rinuncia degli stessi, sopraggiunte tra la convention e le elezioni. Inoltre, intraprende tutte le altre azioni appropriate e necessarie per applicare la carta delle regole e perseguire gli obiettivi del Partito Democratico. Elegge un proprio presidente e 5 vicepresidenti. È composto di più di 400 membri. La nomina di 200 membri spetta agli stati, in ragione della loro popolazione e della forza del Partito Democratico in ciascuno. Ogni stato o territorio ha diritto ad almeno 2 membri. Questi membri sono eletti nello stesso anno della convention, entrano in carica il giorno in cui la convention si aggiorna e scadono il giorno in cui si aggiorna la convention successiva. La loro elezione deve avvenire con una procedura che assicuri piena, tempestiva e uguale opportunità di partecipare a tutti gli elettori che si dichiarano democratici. Il metodo di elezione è deciso dai partiti statali e territoriali, ma deve essere uno o una combinazione dei metodi seguenti: elezione da parte della delegazione dello stato o territorio alla convention nazionale, appositamente

223

riunita; elezione diretta mediante primarie statali o territoriali, da tenersi nello stesso anno della convention; elezione da parte del comitato statale o territoriale del partito; elezione da parte di una convention statale o territoriale appositamente costituita; oppure un altro metodo scelto dal partito locale, purché preventivamente approvato dal comitato nazionale in carica. Gli altri membri del comitato nazionale sono leader politici, come i due leader del partito di sesso opposto più rappresentativi di ciascuno stato, i leader dei rappresentanti e senatori democratici al Congresso, un ulteriore rappresentante e un ulteriore senatore al Congresso, i presidenti dell'associazione dei governatori democratici, dell'associazione dei sindaci democratici, ecc., e infine personalità provenienti dalla società civile, come i presidenti delle associazioni dei giovani democratici, degli anziani democratici, delle donne democratiche, delle minoranze etniche democratiche, ecc. Il comitato nazionale è dotato di tesorieri e vari segretari e funzionari. I membri rimangono in carica per quattro anni. Tutti i seggi del comitato sono distribuiti equamente tra uomini e donne. Sono applicate regole per garantire la rappresentanza delle minoranze etniche e di specifici gruppi sociali, ma sono espressamente vietate le quote. I membri del comitato nazionale che risultano assenti a tre sedute consecutive sono dichiarati decaduti e sostituiti. Il comitato nazionale si riunisce almeno una volta l'anno. Può emendare le regole del partito, con un voto a maggioranza dei due terzi dei suoi componenti.

Una cinquantina di membri del comitato nazionale democratico siedono nel comitato esecutivo. Il comitato esecutivo del Partito Democratico è responsabile della direzione degli affari del partito. Esso è soggetto alla carta delle regole, alla convention nazionale e al comitato nazionale. È eletto dal comitato nazionale e ne esegue le disposizioni. La sua composizione e la sua durata sono decise dal comitato nazionale. Si riunisce almeno quattro volte l'anno e tiene un registro pubblico delle proprie deliberazioni e attività. Tutte le riunioni del comitato nazionale e del comitato esecutivo sono pubbliche e tutte le votazioni sono palesi.

Il comitato nazionale repubblicano è responsabile della gestione generale del partito ed è soggetto alla direzione della convention nazionale. I membri del comitato sono poco più di 150: i presidenti del partito di ciascuno stato e territorio dell'Unione, più un uomo e una donna provenienti da ciascuno stato e territorio. Questi ultimi sono eletti secondo le regole del partito dello stato o territorio di provenienza. Nel caso i partiti statali non prevedano le modalità per la loro elezione, sono eletti secondo le leggi statali. Nel caso nemmeno le leggi statali prevedano le modalità per la loro elezione, sono eletti dalla delegazione statale alla convention nazionale e ratificati dalla convention stessa. Il comitato nazionale è in carica dall'aggiornamento della convention all'aggiornamento della convention successiva, e fino al momento in cui i successori sono eletti e la loro elezione è stata ratificata. Ha il potere di dichiarare vacante il seggio di qualunque membro rifiuti di sostenere i candidati alla presidenza e alla vicepresidenza nominati dalla convention nazionale. Elegge un presidente e un copresidente, di sesso opposto. Queste due persone sono degli impiegati a tempo pieno, retribuiti dal comitato stesso. Possono essere rimossi da un voto del comitato nazionale, a maggioranza dei due terzi. Il presidente è il funzionario capo esecutivo del comitato nazionale. Sono poi eletti 8 vicepresidenti di provenienza geografica regionale diversa. Per questo scopo l'Unione è suddivisa in quattro regioni, a ciascuna delle quali spettano due vicepresidenti di sesso opposto. Ciascuna coppia è eletta dai membri del comitato provenienti dalla stessa regione, riuniti in caucus. Infine, sono eletti un segretario, un tesoriere, ed eventuali altri funzionari, secondo le necessità del comitato nazionale. Tutti i funzionari rimangono in carica per due anni. Il presidente del comitato nazionale è eletto dal comitato nazionale. Se però il partito occupa la Casa Bianca, di fatto è il presidente in carica a designarlo. Usualmente il comitato nazionale conferma la scelta del presidente. Anche il comitato nazionale repubblicano è dotato di un comitato esecutivo. Esso è formato di 28 membri del comitato nazionale stesso, tra cui i funzionari menzionati sopra e i presidenti degli altri sottocomitati menzionati qui di seguito. Il comitato esecutivo esercita tutte le funzioni amministrative ed esecutive del comitato nazionale nei periodi che intercorrono tra due riunioni successive dello stesso, tranne l'elezione dei funzionari, la convocazione della convention, e le altre funzioni maggiori del comitato nazionale. Si riunisce almeno due volte l'anno. Il comitato nazionale si avvale della collaborazione di altri comitati, come il comitato permanente per le regole, che considera le proposte di emendamenti alle regole del partito, quello per le risoluzioni, che considera le proposte programmatiche da sottoporre alla convention nazionale, un comitato per il bilancio, che si occupa delle entrate e uscite del comitato nazionale, un comitato per il sito della convention, che esamina le proposte sulla località dove organizzare la convention successiva e trasmette le sue raccomandazioni al comitato nazionale, e altri comitati minori. Questi comitati sono formati da membri del comitato nazionale.

Da notare che l'organizzazione dei partiti americani è quella di una "gerarchia ribaltata": identificando una piramide con alla base gli elettori, al livello immediatamente superiore la convention nazionale, poi il comitato nazionale, il comitato esecutivo, e così via, diminuendo ad ogni avanzamento di livello il numero di persone coinvolte, si nota che salendo il potere non aumenta, ma diminuisce e si specializza. Il livello superiore è uno strumento per attuare le disposizioni emanate dal livello inferiore; prende ordini dal livello inferiore e risponde a quello, non viceversa.

Conclusione

Abbiamo fatto un lungo viaggio nella storia e nel funzionamento dei partiti americani, che ci ha permesso di apprezzare vari aspetti di una serie di problemi che, forse, non ci eravamo mai posti prima. Paragonando i diversi sistemi studiati finora per organizzare e governare i partiti, possiamo concludere che il sistema più efficiente ed evoluto per garantire che i partiti siano governati dai loro elettori, in principio e di fatto, è il sistema fatto di primarie sequenziali correlate alla convention. Alle volte, per brevità, lo chiameremo semplicemente *il sistema PSC*. A tutt'oggi questo sistema è usato in un solo caso, per le elezioni presidenziali degli Stati Uniti.

La convention è l'autorità massima del partito, il governo dello stesso. I delegati che vi partecipano sono per la quasi totalità semplici elettori scelti mediante le primarie e i caucus, persone che non hanno intenzione né tempo di intraprendere la carriera politica, quindi non hanno niente da guadagnare dal partecipare alla convention, se non dare voce agli elettori che rappresentano, fare proposte politiche, dirimere le controversie, stabilire o modificare le regole, supervisionarne la corretta applicazione. Sono persone che conoscono i problemi della gente comune, perché appartengono esse stesse alla gente comune. Per questo sono liberi da interessi e condizionamenti, e ciò garantisce che il governo del partito non sia soggetto ad alcun tipo di ricatti.

La sequenzializzazione delle primarie viene incontro agli elettori che desiderano candidarsi, agevola il loro compito, riduce il vantaggio di chi è già famoso o ricco, parifica i candidati per quanto possibile sulla linea di partenza, in modo che il vantaggio degli uni rimanga solo un vantaggio e non si trasformi in privilegio, e dà a chiunque una concreta opportunità di vincere.

La correlazione tra primarie e convention rafforza l'unità del partito, garantendo che le decisioni della convention siano coerenti con le posizioni di candidati scelti dagli elettori.

Ora siamo pronti ad affrontare l'ultima parte del viaggio, quella più difficile, che consiste nell'indagare la possibilità di realizzare la transizione al sistema dei partiti governati dagli elettori in Italia e, chissà, magari un giorno anche in Europa e in tutto il mondo. Elaboreremo una strategia per raggiungere questo obietti-vo in due-tre tornate elettorali a partire da qualsiasi situazione partitica ed istituzionale, anche in un contesto in cui le leggi elet-torali e la Costituzione sono molto diverse da quelle americane. Questo lavoro ci permetterà di apprezzare ancora meglio i mecca-nismi che abbiamo illustrato fin qui e il significato della demo-crazia rappresentativa.

Realizzare in Italia il sistema dei partiti governati dagli elettori

Del sistema americano abbiamo apprezzato la grande versatilità, il dinamismo, e la pervicacia nel perseguire il suo obiettivo ultimo di fare emergere la volontà popolare, dando a tutti gli elettori uguali possibilità, di fatto e non solo in principio, e contrastando ogni forma di privilegio. Abituati al sistema italiano e non avendo termini di paragone, non sarebbe stato facile apprezzare il sistema americano senza lo sforzo fatto nelle prime due parti del libro, perché quel sistema, come ci siamo resi conto, è radicalmente diverso dal nostro, e richiede un approccio mentale completamente nuovo per noi. Forse, prima di vederlo in atto, un sistema come quello non l'avremmo nemmeno creduto possibile. Insistere su dettagli, meccanismi e regole è stato utile per far capire al lettore che davvero nei partiti americani moderni non rimane nessuno spazio vuoto colmabile da apparati e capi-partito, nessuna decisione è sottrata al controllo degli elettori, nessun individuo o gruppo di individui può sostituirsi agli elettori, neanche temporaneamente e neanche per le motivazioni più "ragionevoli", che sono spesso addotte per coprire intenzioni oblique, e usate per aprire brecce a trucchi e macchinazioni tesi a mortificare la volontà popolare. Allo stesso tempo, ci siamo resi conto di quanto sia facile, cambiando un po' le regole e i meccanismi di partecipazione, negare di fatto agli elettori il potere decisionale.

Le informazioni raccolte in questo libro servono anche a colmare una lacuna, che ci vede spesso impreparati sul tema dei partiti americani, di cui solitamente abbiamo rappresentazioni superficiali e folcloristiche (la convention dei palloncini, la politica delle lobby e delle dinastie, eccetera), anche se questo non impedisce a molti di elargire giudizi, affrettati e gratuiti quando va bene, sugli Stati Uniti, gli americani e il loro sistema politico. Per questo e per altri motivi, chi si mette a studiare seriamente il sistema dei partiti americani deve innanzitutto superare le grosse barriere acquisite involontariamente dall'aver vissuto anni e anni immerso in un sistema politico come quello italiano, fare uno sforzo non indifferente per frantumare la zavorra mentale che ostacola la comprensione dei problemi e la ricerca di soluzioni. Si pensi soltanto all'antiamericanismo gratuito che esiste ancora in Italia e in molte parti d'Europa, che impedisce a tanti di prendere anche solamente in considerazione la possibilità che per migliorare la nostra situazione ci si possa ispirare agli Stati Uniti ed imparare da loro. Avvicinarsi ad un partito italiano, magari iscriversi e poi partecipare alle sue attività, può essere molto utile ad inquadrare il problema, perché aiuta a rendersi conto di quelle che sono le vere domande da porsi, prima ancora che cercare risposte, che è il primo passo per andare oltre una generica denuncia di quello che non va. D'altra parte, chi non ha mai avuto contatti diretti con i partiti politici difficilmente può sperare di acquistre la lucidità che serve per impostare il discorso nella maniera corretta. Assai più probabilmente sarà distratto da una miriade di aspetti fuorvianti.

La vera natura dei partiti americani rimane oscura per molto tempo, perché, per esempio, tendiamo ad escludere aprioristicamente che un partito possa sostenersi senza una vera struttura, quindi andiamo inutilmente alla ricerca di una struttura che in realtà manca. Di grande aiuto non sono tanto i libri scritti dagli studiosi in materia, che, non avendo mai fatto politica in maniera diretta, sorvolano spesso sulle questioni chiave e pongono troppa attenzione su aspetti marginali e curiosi, ma soprattutto i documenti di partito reperibili su internet, grazie ai quali è possibile veramente "entrare" nei partiti americani, farsi un'idea precisa di cosa sono e come funzionano, quindi paragonarli ai nostri partiti e al nostro sistema. A chi fosse interessato ad approfondire la ricerca e, spinto dalla curiosità desiderasse quasi "partecipare" alle consultazioni americane per vedere in prima persona come funzionano, può essere utile spulciare tra i video di Youtube, digitando parole chiave come "Iowa caucus", o simili. Molti partecipanti di quei caucus hanno postato video girati personalmente durante i raduni.

Spesso siamo noi stessi ad impedirci di apprezzare la semplicità del sistema dei partiti governati dagli elettori, e a indurci a crederlo irrealizzabile, in Italia o altrove. Quella zavorra mentale che abbiamo assorbito senza rendercene conto ci induce ad accettare con disinvoltura l'inconcepibile e l'assurdo, cioè il sistema nostro attuale, e a scartare o considerare utipistico ciò che invece è semplice e alla nostra portata. Il motivo psicologico per cui, quasi involontariamente, tendiamo a cercare pretesti e giustificazioni per convincerci che un sistema in cui gli elettori governano i partiti sia irrealizzabile in assoluto o irrealizzabile nel contesto in cui viviamo, è che ci costringerebbe a riconoscere quanto siamo stati ingenui, per non dire altro, a farci privare, diciamo pure derubare, per decine d'anni del bene più prezioso che era nostro: la libertà. Ci troviamo di fronte ad una scelta scomoda ed imbarazzante. Per molti è più comodo continuare a credere che i partiti governati dagli elettori siano un'irrealizzabile utopia, piuttosto che ammettere di essere stati per decenni degli sprovveduti.

In questo libro l'analisi è stata volutamente confinata agli Stati Uniti. Infatti, gli altri paesi europei non offrono modelli altrettanto validi, o da imitare, e i loro sistemi partitici o istituzionali sono molto meno attraenti. Quello che hanno da dirci è poco più di quello che già sappiamo. Non è nemmeno il caso di insistere discutendo di assetti istituzionali, leggi elettorali e norme costituzionali. Fare un'analisi dei sistemi elettorali o istituzionali europei ed americani sarebbe dispersivo, servirebbe più a confondere le idee che a chiarirle, impedirebbe di andare al nocciolo del problema e mettere a fuoco la sua soluzione con la lucidità necessaria, renderebbe difficile concentrarsi a studiare in profondità il sistema migliore, quello che permette di raggiungere l'obiettivo, e infine darebbe l'idea, contestata già nell'introduzione di questo libro, che la democrazia non sia universale, ma si presti alle più svariate, diciamo pure bizzarre, interpretazioni locali e particolari, cioè che tutti possano fare in casa propria la propria particolare democrazia, perché tanto basterebbe una sfarinata di elezioni qualunque, primarie e non, per fregiarsi del marchio "democrazia"...

Un tale approccio avrebbe l'effetto contrario a quello prefisso in questo libro, suggerendo che la materia sia complessa quando invece è semplice, e che il traguardo sia irraggiungibile quando invece è raggiungibilissimo. Cambiare le leggi è difficile, perché richiede di sedere già in parlamento. Cambiare la Costituzione è ancora più difficile. Ma cambiare i partiti o crearne di migliori è qualcosa che può essere fatto anche oggi stesso.

Cosa sono i partiti? Diamo per scontato di conoscere la risposta a questa domanda, ma in realtà è proprio da qui che dobbiamo partire: cos'è un partito? Il funzionamento dei partiti è un aspetto fondamentale di un sistema politico, non una questione marginale. Purtroppo finora questi temi hanno attratto assai meno attenzione dei temi più appariscenti, quali i sistemi elettorali e gli assetti istituzionali. Una parziale giustificazione è che studiare il funzionamento dei partiti richiede di dissotterrare una grande quantità di informazioni non facilmente accessibili, come quelle contenute nei documenti di partito, raramente diffuse al grande pubblico, e quelle reperibili soltanto dagli articoli di giornale, poche volte trattate dagli studiosi. Per quanto le fonti di queste informazioni siano oggi accessibili praticamente a tutti, grazie ad internet, soltanto una paziente e faticosa ricomposizione dei pezzi del puzzle può rivelare e far apprezzare la bellezza del "mosaico" che appare alla fine.

Fatto questo lavoro, come possiamo qualificare il risultato ottenuto dagli americani? Un'opera d'arte? Anche quello, sicuramente, ma in realtà è molto di più. Quella americana è una vera e propria scoperta scientifica, forse una delle più importanti scoperte scientifiche fatte nel secolo scorso. Gli Stati Uniti hanno trovato "la formula", la soluzione pratica al problema della democrazia indiretta. Si trattava effettivamente di un problema assolutamente non banale, ma oggi la soluzione è a disposizione di tutti.

Coloro che si trovano in una posizione di potere difficilmente resistono alla tentazione di approfittare delle regole tecniche per rendere difficile l'accesso di tutti gli altri alla cosa pubblica, creare clan ed elite, rendite di posizione, diritti acquisiti e privilegi a proprio vantaggio, mortificare la volontà popolare anziché permettere al popolo di esprimersi, e farsi scudo degli argomenti apparentemente più ragionevoli per mascherare le proprie intenzioni. Percorrendo la storia dei partiti americani abbiamo apprezzato quanto fu difficile, anche negli Stati Uniti, trovare la strada giusta che permise di depotenziare qualunque furberia di questo tipo. Non dimentichiamo, poi, che gran parte della scoperta fu fatta per puro caso, non per calcolo. Per esempio, la sequenzializzazione delle primarie, cruciale per evitare che il vantaggio di alcuni diventi privilegio a danno degli altri, fu una naturale e spontanea conseguenza della struttura federale degli Stati Uniti, non la concezione di una mente geniale. Una volta che la scoperta è fatta, tuttavia, diventa universale, patrimonio dell'umanità, e chiunque può servirsene, qualunque sia l'assetto istituzionale del paese in cui vive, qualunque sia la legge elettorale in vigore, sia che lo stato abbia struttura federale o meno.

Una delle cose di cui ci si rende conto ricomponendo il mosaico, è che forse nemmeno gli americani sono ancora pienamente consapevoli della grandezza del risultato che hanno raggiunto. Come spiegare altrimenti il fatto che quando vanno ad "esportare la democrazia" in Iran, in Afghanistan o in altri paesi, si accontentano di esportare "democrazie qualunque", invece dell'unica, vera democrazia, che è la loro? Una democrazia trasparente e senza trucchi, che impegna i candidati e i loro sostenitori per mesi, che sancisce i vincitori in maniera tale da non ammettere contestazioni e recriminazoni, non è forse un ottimo sistema per distrarre chi è troppo abituato ad usare i fucili, e dargli qualche prospettiva migliore?

In effetti, ci si potrebbe chiedere come mai gli americani, in queste materie, siano sempre molto meno esigenti con gli altri che con loro stessi. Forse sotto sotto c'è la consapevolezza e l'orgoglio di essere, come a ragione ricordano spesso, "il paese della libertà" e "il paese migliore del mondo". Perché dunque non custodire gelosamente quel primato, approfittando del fatto che su questi temi gli altri paesi sono, come dire..., un po' addormentati? Perché svegliarli, rischiando che magari riprendano il lavoro fatto dagli americani, la scoperta scientifica di cui sopra, e a partire da quello facciano ulteriori progressi, per rubare agli Stati Uniti il primato di "paese più libero al mondo"? Forse per questo motivo, forse per altri motivi, nei paesi in cui vanno ad "esportare la democrazia" gli americani si accontentano del risultato minimo sufficiente che permette di mandare al potere uomini fidati. Tuttavia, forse una parte della spiegazione stia anche nell'osservazione fatta sopra, cioè che nemmeno loro si sono ancora pienamente resi conto della grandezza della scoperta che hanno fatto, non hanno

ancora pienamente interiorizzato ed apprezzato il valore del traguardo che hanno raggiunto nel loro paese. Teorizzare quel sistema, come facciamo qui, e poi importarlo in Italia e in Europa, e
forse altrove, serve anche per sancirlo come patrimonio dell'umanità, come conquista irreversibile, e scongiurare che una serie imprevista di eventi possa cambiare la direzione di marcia e far dimenticare i progressi fatti.

Obiezioni frequenti

Prima di procedere è opportuno sgomberare il campo dai luoghi comuni. Questo ci permetterà di inquadrare ancora meglio una serie di aspetti che altrimenti non sarebbero apprezzati fino in fondo. Una delle obiezioni più frequenti è che "noi" non siamo americani, ma italiani, abituati a un sistema diverso, con un bagaglio culturale diverso, eccetera, cosa che ci impedirebbe, per qualche misterioso motivo, di importare il sistema dei partiti americani in Italia. Altre obiezioni tipiche sono che il sistema americano favorirebbe una scarsa affluenza alle urne, oppure il formarsi di "dinastie", o che sarebbe tacciabile di populismo. O ancora che il sistema americano sarebbe inquinato dal lobbismo. Infine, che l'evoluzione americana fu favorita dall'assetto istituzionale di quel paese, e quindi sarebbe impossibile in Italia, che ha un assetto istituzionale completamente diverso. Analizziamo queste obiezioni una per una.

"Noi" e "loro"

Percorrendo la storia americana ci siamo resi conto che il sistema americano non è sempre stato così aperto come è oggi. Anzi, il sistema dei partiti governati dagli elettori è relativamente recente, più giovane dell'autore di questo scritto. Prima del 1972 la politica americana era macchiata da giochi di potere e furberie che non hanno nulla da invidiare a quelle che oggi inquinano la politica italiana. Spesso la considerazione che gli apparati partitici avevano della volontà popolare era così bassa che nella convention, composta in gran parte di delegati nominati dai boss locali, il candidato presidente voluto dagli elettori, emerso dalle primarie tenute in una manciata di stati, era sostituito senza troppe cerimonie con il candidato voluto dall'apparato.

Questi fatti sono utili per rispondere alla prima obiezione, in verità un'obiezione che si sente fare spesso, cioè che... "sì certo, sarebbe bello, ma noi non siamo americani, siamo italiani, e allora purtroppo..." Argomenti simili potrebbero valere per molti paesi europei, e anche l'Europa in quanto tale, visto il suo passato più o meno recente. Chi non è informato che la politica americana si è aperta solo di recente, dopo una lunghissima traversata nel deserto, può farsi scoraggiare dalla presunta immutabilità della situazione italiana attuale, o dalla sua mutabilità in senso unicamente opposto a quello tracciato qui. La realtà è ben diversa, tanto che neanche gli Stati Uniti sono nati "così come sono ora", ma si guadagnarono la libertà di cui godono oggi, e di cui vanno giustamente fieri, con determinazione e grazie ad un lavoro lungo e paziente. Non esistono diversità che impediscano agli altri paesi di seguire le orme degli Stati Uniti.

Gli americani impiegarono 140 anni a scoprire e realizzare il sistema dei partiti moderni governati dagli elettori, cosa che avvenne soltanto una quarantina di anni fa. Tuttavia, l'obiettivo finale da raggiungere divenne chiaro relativamente presto, tanto che nei primi anni 1830 la convention fu introdotta proprio quale "governo popolare del partito". L'introduzione della convention non bastò, fu soltanto il primo passo, ma sta a testimoniare che già allora era presente l'idea che i partiti devono essere governati dai propri elettori. Anche noi, 182 anni dopo, dobbiamo acquistare questa consapevolezza, e non c'è diversità tra "noi" e "loro" che possa giustificare un'ulteriore sottovalutazione del problema.

Abbiamo già descritto quella americana come una vera e propria scoperta scientifica, la soluzione del problema della democrazia rappresentativa. In questo spirito, val la pena di sottolineare che nessuno si è mai privato dell'opportunità di sfruttare una scoperta scientifica solo perché a farla furono delle persone di nazionalità diversa dalla sua. È come se, per usare un paradosso, avessimo a suo tempo rinunciato ad importare ed usare la lampadina, per esempio, perché inventata dagli americani, in ossequio alle nostre ormai radicate consuetudini di servirci di candele e lampade a gas, per preservare la nostra identità di produttori e consumatori di candele, le nostre tradizioni e specificità di cui andavamo gelosi e fieri, per non perdere la "poesia" di un'atmosfera che la lampadina, a differenza della candela, non ci dava più. Alle volte in politica si fanno strada argomentazioni assurde, del tutto equivalenti a quelle appena esposte. Ripetute un numero sufficiente di volte, vengono alla fine assorbite come fossero normali e sensate. In realtà si può osservare che la maggior parte di quei discorsi sono messi in circolazione e diffusi da gruppi elitari che hanno effettivamente interesse a difendere le rendite di posizione acquisite abusivamente nel corso del tempo, conservare il sistema del privilegio, far passare l'idea che ci sia qualche impedimento dirimente a restituire o dare al popolo la libertà, convincere che gli sforzi in quella direzione siano vani e senza sbocco, perché "noi siamo italiani, mica americani". In definitiva, certi pretesti possono essere presi sul serio e meritare risposta, ma soltanto fino a un certo punto, per non dare loro dignità di argomenti validi per il solo fatto che ci si presta a prenderli in considerazione. Occore ricordare che i primi a sapere che quel tipo di rilievi sono infondati sono precisamente coloro che li propongono, i quali contano sulla reazione suscitata negli interlocutori proprio per dare a quegli argomenti un valore che non hanno.

L'affluenza alle urne

Molti sostengono che il sistema americano favorirebbe una scarsa affluenza alle urne. È un'obiezione alla quale abbiamo per la verità già risposto. In Italia tutti i potenziali elettori ricevono a casa la tessera elettorale e sono sollecitati a recarsi alle urne. Negli Stati Uniti devono registrarsi presso l'amministrazione pubblica di propria iniziativa, e non sono sollecitati a farlo. Inoltre, come mostra la tabella IV, l'affluenza effettiva alle urne nelle elezioni presidenziali è di tutto rispetto. Anche quella potenziale è in fondo buona. Ma la cosa più importante è che in Italia l'affluenza alle urne è praticamente l'*unico* parametro usato per misurare la partecipazione degli elettori alla vita politica, a dimostrazione della povertà del nostro sistema. Altri parametri che dovremmo introdurre per fare un confronto serio e completo sono: la frazione di candidati decisi direttamente dagli elettori con elezioni primarie, l'affluenza relativa a tutte le elezioni primarie, il numero di delegati di base alle convention che governano i partiti (zero, nel nostro caso) rapportato alla popolazione del territorio di riferimento, il paragone tra il numero di elettori registrati ai partiti americani e il numero di iscritti ai nostri partiti (i quali, comunque, non governano affatto i partiti), e così via. E poi dovremmo quantificare il peso della sequenzializzazione delle primarie, della correlazione tra primarie e convention, dell'apertura dei partiti,

237

della loro struttura federale, eccetera. Il sistema americano e il nostro sono così diversi che non è facile impostare confronti di questo tipo rigorosamente, ma se proprio vogliamo insistere a farli, per soddisfare la nostra curiosità, possiamo stare tranquilli che i risultati non farebbero altro che confermare e consolidare le conclusioni proposte qui.

Le "dinastie" americane

Un'altra obiezione che si sente fare spesso è che il sistema americano favorirebbe la formazione di "dinastie" di politici. Si menzionano al proposito i Kennedy, i Clinton, e i Bush. Tuttavia, John F. Kennedy diventò presidente prima dell'epoca moderna, e gli altri politici che portarono il nome Kennedy dovettero accontentarsi di cariche minori, che, come abbiamo sottolineato più volte, non sono regolate dal sistema fatto di primarie sequenziali e convention intercorrelate tra loro. Ted Kennedy, per esempio, fu senatore del Massachusetts al Congresso per 47 anni di fila. Non sono previsti infatti numeri massimi di mandati per le cariche pubbliche, tranne la presidenza degli Stati Uniti, e dunque non è infrequente che un politico venga riconfermato, anche parecchie volte. Tuttavia, la riconferma se la deve guadagnare davvero, ripartendo dalle primarie, perché nessuno gli può garantire a priori di essere ricandidato. Costringere i candidati a ripartire ogni volta da zero, avvantaggiati della sola notorietà acquisita nel frattempo, vuol dire affermare che di fronte agli elettori non sono ammesse scorciatoie, che non esistono privilegiati o forme di privilegio, che il consenso raccolto in passato non può essere speso e fatto valere anche in futuro, ma deve essere verificato e riconfermato ogni volta. In questo modo si ricorda al candidato che lui è al servizio degli elettori, non il contrario. Ripartire da zero non è mai un passaggio inutile o dall'esito scontato, e saltarlo aprirebbe le porte al privilegio, porterebbe alla formazione di una casta autoreferenziale di persone che non rispondono più agli elettori. Inoltre, soltanto se gli elettori stanno costantemente col fiato sul collo del candidato e del rappresentante eletto, questi è costretto a prendere il suo compito sul serio, e a fare davvero la volontà popolare, invece degli interessi suoi.

Se il caso dei Kennedy è poco pertinente rispetto al presunto problema delle dinastie, più rilevanti sono i casi della famiglia Clinton e della famiglia Bush, perché vi sono coinvolti più candidati presidenti. Si ricordi però che Hillary Clinton alla fine non ottenne la nomina democratica, battuta da Obama. Ciò dimostra che il vantaggio di cui godeva per essere la moglie di un ex-presidente fu per l'appunto soltanto questo, peraltro alla fine nemmeno determinante: il vantaggio di saltare la fase più difficile, quella iniziale del debutto e dell'anonimato, e disporre dell'aiuto e dell'esperienza di chi sapeva già come districarsi nelle enormi difficoltà che un processo lungo come il processo di nomina presidenziale comportava. Il caso della famiglia Bush è invece unico, perché conta ad oggi due persone, padre e figlio, entrambe nominate dal Partito Repubblicano ed entrambe diventate presidente. Tuttavia, è difficile vedere una correlazione tra questo rapporto di parentela e, ad esempio, la manciata di voti che nel 2000 fece prevalere George W. Bush su Al Gore in Florida e gli consegnò, dopo una serie di contestazioni, la presidenza.

Per la verità, nessuno si prende la briga di sviluppare la presunta obiezione riguardante le dinastie americane in modo serio. Assai più frequentemente l'affermazione secondo cui il sistema americano favorirebbe la formazione di dinastie viene "buttata lì", come fosse scontata, talmente evidente da non necessitare di dimostrazione, praticamente usata per strizzare l'occhio agli interlocutori, in cerca di qualche antiamericano che giunge in soccorso e la ribadisca, sempre senza argomentarla, sperando così di darle una forza che non ha. In conclusione, non è chiaro su quali dati i teorizzatori delle "dinastie americane" basino le loro bizzarre argomentazioni. Il sistema americano moderno ha di fatto portato al superamento di ogni forma di privilegio e gerarchia, sicuramente non ha portato alla formazione di dinastie.

Esperienza e "know-how"

Avere un parente in politica dà sicuramente un vantaggio in termini di "know-how". Ci siamo resi conto di quanto lungo e difficile sia il processo di selezione dei candidati alla presidenza. È facile comprendere che chi si cimenta in una sfida del genere per la prima volta e deve contare unicamente sulle proprie forze, fa una fatica enormemente maggiore di chi vi si cimenta per la seconda volta o ha in famiglia qualcuno che gli possa dare indicazioni prezione, "dritte" e consigli per fargli risparmiare fatica, e consentirgli di ottimizzare le proprie risorse e i propri sforzi. Questo spiega anche perché alcuni candidati che non hanno rapporti di parentela con ex-presidenti spesso decidano di correre due volte per la nomina del loro partito, come McCain nel 2000 e nel 2008, e Mitt Romney nel 2008 e nel 2012. La prima volta accumulano il know-how che serve, la seconda giocano da favoriti. Il caso di Hillary Clinton, comunque, dimostra che il vantaggio può non essere determinante, cioè che nel sistema moderno quel vantaggio rimane per l'appunto un vantaggio, peraltro legittimo, e non si trasforma mai in privilegio.

Il fatto che il processo di selezione dei candidati alla presidenza sia lungo e faticoso garantisce anche il naturale ricambio, impedendo che si ricandidino sempre le stesse persone. Probabilmente, se non esistesse il limite dei due mandati presidenziali negli Stati Uniti, un presidente uscente verrebbe riconfermato al massimo una o due volte. Alla prima riconferma, come oggi, non troverebbe veri avversari nelle primarie del suo partito. Si dovrebbe comunque sottoporre all'esame degli elettori, per quanto blando, prima di riottenere la nomina. Tuttavia, è altamente probabile che la volta successiva emergerebbero malumori, e allora verrebbe sfidato da esponenti di spicco del suo partito, oltre che da candidati nuovi. È la presenza di un limite massimo al numero di mandati che tiene calmi i concorrenti, perché tanto sanno che dopo un tempo prestabilito il presidente sarà costretto a farsi da parte. Se quel limite non ci fosse, sarebbe assai difficile tenere a freno le legittime ambizioni dei pretendenti che "scalpitano" per emergere.

Il populismo

Un'altra obiezione tipica è che il sistema americano sarebbe tacciabile di "populismo". Oggi la parola populismo ha un significato ambiguo, e per evitare fraintendimenti dobbiamo definire meglio cosa si intende con questo termine. Sappiamo che potrebbe riferirsi al partito populista americano, di cui abbiamo apprezzato il notevole contributo dato al progresso dei diritti civili. In tal caso, non si vede in che cosa consista l'accusa di populismo, che sarebbe semmai da interpretare come un titolo di merito. Secondo alcuni, invece, la parola populismo avrebbe un'accezione negativa. Probabilmente quelle persone con populismo intendono un rapporto diretto tra un leader carismatico e le masse, che aumenti il rischio di derive autoritarie, o che possa portare a prendere decisioni affrettate, magari sulla base di ondate emotive, nel caso il leader sia in grado di eccitare tali ondate emotive e cavalcarle. Premesso che sarebbe opportuno usare un termine diverso e più appropriato di "populismo" per denotare questo tipo di rischi, è comunque difficile riscontrare tracce di questo tipo di "populismo" nel sistema americano, perché il sistema fatto di primarie sequenziali e convention, al contrario, diluisce al massimo la competizione, ed è per questo l'unico sistema al mondo che permette agli elettori di prendere una decisione "ragionata", tutt'altro che affrettata e tutt'altro che emotiva. Infatti, dal lungo processo di selezione che ha luogo negli Stati Uniti non possono che emergere candidati veramente democratici, a qualunque partito appartengano. Associare gli Stati Uniti al rischio di derive autoritarie è quantomai stravagante. In sistemi come quelli europei, invece, dove un processo articolato come quello americano manca completamente, è ben possibile che un leader carismatico, in una situazione economica e politica particolare, si faccia breccia in breve tempo, "ingannando" gli elettori, "stregandoli" quel tanto che basta a farsi consegnare il potere senza essere sottoposto ad un vaglio dettagliato. Una piccola riduzione del rischio è offerta dai sistemi elettorali con ballottaggio. Tuttavia, ripetere la votazione a distanza di due settimane, nello stesso territorio e riducendo la rosa dei candidati, col conseguente aumento dell'astensionismo, non offre vere garanzie, perché le ondate emotive possono ben durare due settimane. Questi sistemi non sono assolutamente paragonabili ad un sistema che si protrae per mesi e non esclude mai nessuno. In sostanza, una proprietà importante del sistema americano è che esso garantisce in maniera efficace anche contro il rischio di derive autoritarie, mentre i sistemi europei non offrono garanzie sufficienti da questo punto di vista. Di certo, quello americano è un sistema che si pone agli antipodi del populismo, almeno il populismo inteso nell'accezione negativa di cui sopra.

241

Il lobbismo

Un'altra obiezione riguarda il lobbismo, tipico del sistema americano. Il lobbismo è una pratica legale negli Stati Uniti, tuttavia non riguarda il processo di nomina dei candidati, di cui ci siamo occupati qui, ma le attività del Congresso, ed è volto ad influenzare l'approvazione delle leggi. Nel processo di nomina dei candidati le lobby hanno un ruolo marginale, anche perché sono coinvolti passaggi politici ancora molto lontani dal varo di leggi che potrebbero incidere positivamente o negativamente su interessi particolari. Come sappiamo i candidati alla nomina finanziano le proprie campagne elettorali con le donazioni ricevute dagli elettori. Le lobby e le associazioni che intendono sostenere un candidato possono farlo liberamente creando i cosiddetti PACs o altri tipi di associazioni e comitati. Questi gruppi possono attivarsi per procurare al candidato donatori che condividano le loro idee, e lo facciano presente nel momento in cui consegnano la donazione al candidato, in modo da stimolarlo a prestare maggiore attenzione alle loro istanze. Oppure possono spendere risorse proprie, anch'esse frutto di donazioni, per finanziare messaggi pubblicitari a favore di uno o più candidati, o contro di loro, senza però avere legame con le campagne elettorali di quei candidati. Le associazioni sostengono un candidato se in quel sostegno vedono uno strumento per portare avanti le idee dei loro donatori, le battaglie per i loro interessi particolari. Non hanno alcuna propensione a dosare le loro iniziative secondo le delicate e prudenti strategie che ogni candidato considera, magari a torto, vitali per la sua campagna elettorale. Spesso creano imbarazzo ai candidati stessi, che comunque non possono impedire a quelle associazioni di investire i loro soldi come meglio credono.

In sostanza, il problema del lobbismo interessa solo marginalmente il processo di selezione dei candidati, perché quel processo è ancora troppo "lontano dal potere". Men che meno può influenzare le decisioni della convention, governo e cuore pulsante del partito, visto che quelle decisioni non hanno ricadute immediate su alcunché di appetibile. Separando il governo del partito dal "potere" si garantisce anche la libertà da interferenze esterne.

D'altra parte, far emergere l'eventuale passato lobbista di un candidato può essere un utile strumento in mano ai suoi avversari, durante le campagne elettorali per le primarie. Spesso nei dibattiti televisivi ai candidati viene chiesto di chiarire se abbiano mai fatto attività lobbistiche durante la loro vita, e di solito un candidato con un passato lobbista viene penalizzato dagli elettori, soprattutto se ha guadagnato consistenti somme di denaro per quel tipo di attività.

I differenti assetti istituzionali

La Costituzione e le leggi elettorali americane sono le più adatte al sistema fatto di primarie sequenziali correlate alla convention, ragion per cui molte persone obiettano che un sistema simile di selezione dei candidati, e di governo dei partiti, non sarebbe possibile in Italia, che ha istituzioni e leggi elettorali completamente diverse. Tuttavia, questo ragionamento può al massimo evidenziare una difficoltà in più nella realizzazione del progetto, non la sua irrealizzabilità. Una difficoltà in più che è comunque ampiamente compensata da importanti difficoltà in meno.

Non c'è dubbio che, sotto vari aspetti, gli Stati Uniti furono avvantaggiati, nel processo che portò al sistema dei partiti governati dagli elettori. Tra i punti di forza ricordiamo anche la struttura federale dell'Unione, che favorì per esempio la sequenzializzazione delle primarie presidenziali. Il vantaggio fu tale che gli Stati Uniti riuscirono a definire con anticipo e in modo chiaro gli obiettivi da raggiungere, e, seppur dopo parecchi decenni di tentativi, riuscirono nell'impresa. Furono loro, non altri, a fare la "scoperta", quindi se ne aggiudicarono anche il merito, che vale loro un posto ancora più alto nella storia dell'umanità.

Mentre gli Stati Uniti facevano progressi nella direzione dei partiti governati dagli elettori, gli altri paesi non seppero raggiungere livelli comparabili nemmeno nella definizione del problema e degli obiettivi, men che meno nella loro realizzazione. Tuttavia, oggi gli altri paesi non hanno bisogno di rifare quella scoperta indipendentemente, di ripartire da zero, e dunque possono godere di un vantaggio che gli Stati Uniti, per forza di cose, non ebbero a disposizione. Il solo fatto di non essere i primi, gli scopritori, permette di sfruttare lo smisurato bagaglio di conoscenze già accumulato in America, ridurre enormemente lo sforzo, risparmiare esperimenti e tentativi già dimostratisi fallimentari, discriminare tra proposte efficaci e tentativi pretestuosi di distrarre l'attenzione dall'obiettivo finale.

Essendo i primi, gli scopritori, gli americani dovettero fare una fatica senza eguali. Ma, come per tutte le scoperte scientifiche, chi arriva dopo non deve ripartire da zero, ma può limitarsi ad utilizzarla, e magari partire da quella per fare progresso ulteriore. Probabilmente il percorso fatto negli Stati Uniti era impensabile in Italia, per tantissimi motivi, tra cui anche l'assetto istituzionale che ci siamo dati. Tuttavia, oggi queste difficoltà ci penalizzano molto meno, perché il nostro percorso è fortunatamente diverso e più semplice, il nostro compito non è quello di ripartire dall'inizio, ma "solamente" servirci della conoscenza a nostra disposizione per arrivare il più rapidamente possibile al risultato finale. In fondo, non è una fortuna da poco conoscere già il risultato e come arrivarci, avere a disposizione una messe enorme di informazioni senza dover fare alcun esperimento. Mettendo sui piatti della bilancia sia i vantaggi di cui godiamo noi che quelli di cui hanno goduto loro, come pure gli svantaggi nostri e quelli loro, il responso non ci è affatto sfavorevole. Anche questa obiezione sembra più che altro un luogo comune, usato da persone che hanno unicamente interesse a difendere la situazione presente, che vede pochissimi privilegiati e moltissimi penalizzati.

Sistemi e procedure a confronto

Prima di elaborare una proposta per realizzare il sistema dei partiti governati dagli elettori in Italia è utile fare ulteriori confronti tra i nostri sistemi, le nostre procedure, le nostre abitudini, e quelli americani.

La democrazia e le "democrazie qualunque"

Da quanto detto finora appare chiaro che non bastano le elezioni a qualificare un sistema politico come una democrazia rappresentativa. Le elezioni costituiscono *una* tappa del processo di selezione dei rappresentanti dei cittadini. Nel complesso, questo processo consiste anche di passaggi antecedenti le elezioni, come la selezione dei candidati. Un sistema in cui i candidati sono decisi da gruppi ristretti e chiusi, che frappongono ostacoli e difficoltà pratiche al libero accesso degli elettori, non è da considerare una democrazia rappresentativa.

Nel caso della democrazia diretta i problemi sarebbero diversi perché non ci sarebbe bisogno di rappresentanti. Garantire l'uguaglianza dei cittadini nelle consultazioni sarebbe più facile, e rimarrebbe il problema di controllare, oltre alla regolarità delle consultazioni, la loro trasparenza, cioè verificare che siano convocate con congruo anticipo, che i cittadini siano informati esaustivamente, e così via, per scongiurare trucchi tesi a favorire una maggiore partecipazione di persone o gruppi specifici a danno degli altri. Grazie al progresso tecnologico oggi saremmo nelle condizione di fare esperimenti di democrazia diretta con una certa sistematicità, ma sorprendentemente questo tema non sfiora nemmeno il dibattito politico, anch'esso comunque ristretto in Italia a poche persone, con un ricambio scarso o nullo. Parlando invece di democrazia rappresentativa, dobbiamo chiederci se le procedure adottate siano efficaci a livello pratico, perché un insieme di enunciati teorici non basta. È opportuno ricordare le parole di Theodore Roosevelt, già riportate, il quale osservava nel 1912 che gli interessi particolari "trasformano i metodi del libero governo in macchinazioni per sconfiggere la volontà popolare". Parole scioccanti, se si considera che a dirle fu una persona che aveva già ricoperto la carica di presidente degli Stati Uniti per due mandati, non un protestatario dell'ultima ora. Roosevelt sapeva che in una democrazia indiretta il potere ricevuto dai cittadini viene sistematicamente impiegato contro i cittadini stessi. Non si può trascurare il problema dei partiti, cosa sono e come funzionano al loro interno, da chi e come sono governati, come funziona il processo di selezione dei candidati. Non è possibile cullarsi nell'illusione che bastino la "democrazia qualunque", intesa come "sistema politico provvisto di elezioni qualunque", per garantire che chi ha il potere lo usi per fare gli interessi dei cittadini, invece di usarlo per precludere ai cittadini le occasioni di accesso a quello stesso potere, in modo da tenerlo gelosamente per sé e creare una discriminazione di fatto tra una casta di privilegiati e una casta di sudditi. Allo stesso modo, non bastano delle "primarie qualunque", di apparato o di coalizione che siano, non esistono scorciatoie o sistemi magici improvvisati che il politico di professione non sappia ritorcere contro gli stessi elettori. Non ci si può aspettare che i rappresentanti facciano gli interessi degli elettori per senso del dovere o per "vocazione". Bisogna invece fare i conti con la natura umana, il legittimo individualismo e l'ambizione che animano la maggior parte delle persone e le spingono a profondere un grande impegno soltanto se intravedono la possibilità di un ritorno personale, un'occasione per affermarsi. Presumere che molti rappresentanti siano tentati di sfruttare la posizione che occupano per avvantaggiarsene ai danni di tutti gli altri elettori e creare un'oligarchia di privilegiati di fatto, anche se non di diritto, non vuol dire criminalizzarli ed alimentare la cosiddetta antipolitica, ma semplicemente affrontare il problema con sano realismo, per elaborare un sistema che sfrutti quella legittima sete di ambizione e la ritorca a vantaggio dei cittadini, invece che demonizzarla e coprirla d'infamia. Per raggiungere questo obiettivo occorre un insieme di regole che garantisca agli elettori un controllo totale, tempestivo, invasivo ed efficace, sulla scelta dei loro rappresentanti, ciò che può succedere solamente quando gli elettori governano paritariamente i partiti in tutte le loro attività e sono gli unici soggetti preposti a governare il partito.

Negli Stati Uniti il sistema moderno non fu progettato a tavolino da "menti illuminate", ma emerse come risultato del conflitto tra interessi, opportunismi ed egoismi individuali. Individualismo, ambizione ed egoismo sono stimoli assai più potenti del "senso di responsabilità", della "buona volontà", del "senso del dovere". Oggi i rappresentanti, negli Stati Uniti, non si curano dei loro elettori per senso del dovere e del bene comune, ma semplicemente perché se così non facessero alle primarie successive verrebbero rimandati a casa. Se un cittadino scrive al suo rappresentante, chiaramente identificabile grazie al sistema elettorale uninominale, sa che riceverà attenzione e risposta, una risposta vera e non di maniera. E questo succede non perché quel rappresentante sia stato selezionato tra i santi, ma perché sa di occupare una posizione molto precaria, e se si sparge la voce che trascura i propri elettori, o che i suoi elettori non sono contenti di lui, avrà poche possibilità di ottenere la ricandidatura, da quegli stessi elettori, quando affronterà le relative primarie. In questo modo, mentre i rappresentanti si spendono per perseguire le proprie ambizioni ed aspirazioni personali, sono costretti a prestare seria attenzione alle esigenze dei cittadini, i quali ricoprono un po' il ruolo di "datori di lavoro" nel vero senso del termine, e godono davvero del potere di "licenziare" i politici inetti, scorretti o disonesti, ben prima delle nuove elezioni e ben prima dell'intervento della magistratura, e sostituirli con persone più sensibili ai problemi della gente.

In Italia, invece, ancora oggi è inflazionato l'impiego di luoghi comuni che tendono a favorire la direzione opposta a quella appena suggerita, come ad esempio l'adagio secondo il quale occorre "mettere le idee prima delle persone, non le persone prima delle idee". Gli unici che hanno interesse a mettere le idee prima delle persone sono coloro che temono di essere sostituiti, cioè i rappresentanti in carica o chiunque occupi una posizione di privilegio. Suggerire di concentrare l'attenzione sulle idee serve principalmente a distrarre l'attenzione dal problema vero, che è proprio quello della selezione delle persone, per fare in modo che le persone chiamate a rappresentare le idee siano sempre quelle. Se poi si aggiunge che negli Stati Uniti esiste ancora oggi in molti stati la mozione di sfiducia popolare, con la quale gli elettori possono mandare a casa un rappresentante eletto *durante* il suo mandato, senza nemmeno aspettare le elezioni successive, ci si rende conto che in quel paese il problema del controllo degli elettori sugli eletti è preso veramente sul serio, e altrettanto sul serio deve essere preso in Italia e in qualunque altro paese.

Il federalismo

La struttura federale degli Stati Uniti giocò un ruolo-chiave nell'evoluzione del processo di nomina dei candidati. Non solo in ciascuno stato il partito si regola come crede, entro vincoli molto blandi imposti dalle regole nazionali, ma spesso in uno stesso stato i democratici e i repubblicani si danno regole diverse. Fare decine e decine di esperimenti diversi ogni 4 anni garantisce una rapidità di evoluzione senza eguali. Occorre tenere presente questo fatto nel momento in cui vogliamo proporre una strategia per realizzare il sistema dei partiti governati dagli elettori in Italia. Quel sistema, infatti, non può per sua natura essere statico. In un sistema statico è più probabile che si creino sacche di privilegio, magari non subito, ma col tempo, perché se le regole non cambiano con una certa frequenza i furbi imparano a raggirarle. Soltanto in un sistema dinamico è possibile prendere in contropiede chi spende la maggior parte delle proprie energie a cercare cavilli e scappatoie per acquisire un indebito vantaggio nei confronti degli altri. Dobbiamo quindi sviluppare una proposta che permetta non soltanto di raggiungere gli Stati Uniti, ma anche e soprattutto di avviare un ulteriore processo evolutivo, e riuscire a farlo procedere alla stessa velocità con la quale procede in America. Altrimenti, anche se importeremo efficacemente il sistema dei partiti americani attuali, non riusciremo a tenere il passo, e dopo pochi anni si riproporrà il problema che pensavamo di aver risolto.

La sequenzializzazione delle primarie su base regionale, per esempio, deve sposarsi con una struttura federale dei partiti aperti. Se il partito funziona col sistema delle primarie sequenziali correlate alla convention per ciascun tipo di elezioni, si creano autonomie di fatto, perché ogni processo è indipendente dagli altri. Eventuali tentativi di interferenza di una convention sulle altre, o del partito nazionale sui partiti regionali o locali, o di un rappresentante eletto sul processo di selezione dei candidati, verrebbero automaticamente ignorati, perché una volta eliminati gli apparati non esistono strumenti per esercitare forme di pressione o ricatto, né merci di scambio con cui dare effettivamene seguito alle ingerenze.

Unità, coesione, disciplina di partito

Chi si interessa del funzionamento dei partiti americani per la prima volta si può chiedere come possano restare uniti partiti senza struttura e senza catena di comando, per giunta frazionati in tanti partiti statali autonomi, e come mai quel sistema non porti velocemente verso la frantumazione in tante piccole formazioni distinte.

La convinzione che una solida struttura, una gerarchia, un apparato e una catena di comando siano necessari, o anche semplicemente utili, affinché un partito scongiuri il rischio della frammentazione non è basata sull'esperienza. Più probabilmente, è un semplice frutto di mancanza di rigore ed inerzia intellettuale. I partiti italiani, che hanno appunto strutture e catene di comando completamente assenti nei partiti americani (basti pensare alla figura del "segretario" del partito, ai vari coordinatori, alla "direzione nazionale" e agli "organi dirigenti"), sono perennemente soggetti al rischio di secessione. Un partito che si struttura diventa soltanto apparentemente più solido e robusto. La struttura porta alla chiusura, riduce il coinvolgimento degli elettori, e per forza di cose anche il consenso raccolto. In breve tempo quella struttura si trasforma in apparato. Essa viene inevitabilmente usata da coloro che occupano posizioni di rilievo come forma di protezione contro tutti coloro che minacciano le loro posizioni. È anche il terreno fertile in cui crescono le pulsioni che portano alla frammentazione. Gli apparati prendono decisioni senza consultare gli elettori, o consultandoli in maniera non determinante, o avendoli consultati tempo prima su questioni diverse, come la scelta dei "capi", cioè dei componenti gli apparati stessi. In molti partiti prevale l'idea che gli elettori debbano essere chiamati non a prendere decisioni, ma, appunto, a scegliere i propri capi, che poi prenderanno decisioni per loro. Di fatto, gli elettori non sono messi in grado di determinare le decisioni del partito. Qualora volessero governare veramente il partito, infatti, dovrebbero essere così preveggenti da scegliere il "capo" con grande anticipo, sulla base delle decisioni che prenderà nei mesi successivi alla sua investitura, tra cui

appunto la "linea politica". In un sistema come questo si procede
per ideologie ed associazioni tra individui e ideologie, più che per
decisioni dirette degli elettori sulle azioni da intraprendere. Non
sorprende che molte decisioni prese dagli organi dirigenti accon-
tentino una piccola frazione degli esponenti del partito e sconten-
tino tutti gli altri. Esse si prestano dunque a contestazioni e recriminazioni continue, peraltro fondate. Gli scontenti lasciano il partito per fondarne uno nuovo, oppure restano nel partito meditando
vendetta, cui danno seguito alla prima occasione utile. Inizia così
quella spirale perversa che trasforma i partiti chiusi in campi di
battaglia tra capi, capetti e sudditi, gli uni pronti a pugnalare gli
altri alle spalle appena possono, anche perché se non lo fanno ri-
schiano di essere pugnalati a loro volta in men che non si dica.
Per questo motivo nei partiti chiusi la maggior parte del tempo e
dello sforzo non vengono impiegati per "fare politica", cioè per
rappresentare gli interessi dei cittadini, ma per accoltellarsi a vicenda. Anzi, si scambiano queste pratiche per la "politica" e gli
interessi dei cittadini spariscono inevitabilmente.

Non essendoci regole chiare e trasparenti per la selezione dei
candidati e di coloro che occupano posti di rilievo nel partito (posti di rilievo che non esistono in un partito americano, è bene ri-
cordarlo), rimane soltanto la lotta continua e fratricida tra coloro
che fanno parte dell'apparato, chi per avanzare di una posizione,
chi per non retrocedere, chi per piazzare l'amico fedele in una posizione attigua alla sua, in modo che poi lo possa aiutare a farsi
largo per raggiungere una posizione più alta. Questa è la cronaca
dell'ordinario funzionamento dei partiti dotati di apparato. Soltanto chi non si è mai avvicinato ad un partito può dubitare che sia
così. Si può facilmente immaginare che i partiti chiusi non possono che reclutare quei particolari tipi umani fatti di individui disposti a sottoporsi a questo umiliante e lento processo, e passare quasi tutto il tempo a sottostare ad altri e ubbidire, nella vana speranza di avere un giorno accesso a un misero posto di rilievo. Si tratta di un vero e proprio sistema di selezione, che premia una certa
tipologia di persone rispetto a qualunque altra. Non dobbiamo
sorprenderci se la qualità delle persone premiate da questa selezione sia così bassa. Chi non si adegua può soltanto fondare il suo
partito, dalla vita più o meno breve, colla conseguenza che uno

dei sistemici partitici più frammentari è appunto il nostro.

Fatto il punto sulla situazione dei partiti italiani, ci rimane ancora da rispondere esaurientemente alla domanda che ci siamo posti all'inizio: come fanno i partiti americani, senza struttura e senza apparato, a rimanere uniti? La risposta è in realtà molto semplice, ed è solo la nostra chiusura mentale a nascondercela. La coesione dei partiti americani non è da intendere nel senso in cui la intendiamo noi, cioè come l'obbedire agli ordini di un capo, o segretario, o coordinatore, l'adeguarsi alla linea politica decisa "dal partito", che poi in Italia vuol dire le poche persone che stanno "a capo" del partito, gli "organi dirigenti", non certo gli elettori del partito. È da intendere più semplicemente come necessità di attenersi alla volontà popolare. Esiste un rapporto diretto tra rappresentanti eletti ed elettori, gli eletti non hanno alcuna garanzia di ricandidatura, ogni volta viene azzerato tutto il processo e occorre ripartire da capo ripresentandosi davanti agli elettori delle primarie. Inoltre, quelle primarie non sono formalità, ma primarie combattute quanto piace agli avversari, i quali sono pronti a sfruttare ogni mancanza riescano a trovare nel comportamento tenuto dal rappresentante eletto durante il suo mandato, per provare a scalzarlo dal suo posto. In questo modo si crea una meritocrazia di fatto per cui invece che seguire un capo, al rappresentante in carica conviene seguire gli elettori. Anzi, alle volte gli conveniente precederli, per giungere favorito alla tornata successiva di primarie.

È la volontà popolare l'unico elemento di coesione che tiene uniti i partiti americani, e la volontà popolare non è certo terreno fertile per la crescita delle pulsioni che portano alla frammentazione. Le decisioni degli elettori non danno adito a recriminazioni e contestazioni. Sarebbe imbarazzante, per un politico, contestare un verdetto popolare e poi ripresentarsi davanti agli elettori per chiedere loro il voto. Inoltre, le eventuali divisioni che, su vari temi, sono comunque presenti all'interno del corpo elettorale non vengono coperte nel nome di una presunta disciplina di partito, ma riprodotte fedelmente dai rappresentanti eletti, i quali altrimenti verrebbero meno ad un loro compito preciso nei confronti dei "loro" elettori e rischierebbero di essere puniti da loro nella tornata elettorale successiva. Allo stesso modo, spesso nel corpo elettorale può esserci coesione tra gruppi che fanno riferimento a partiti diversi, ragion per cui può capitare che si formino temporanee maggioranze trasversali, su temi e provvedimenti precisi, senza che questo desti alcuno scandalo. Al Congresso, per esempio, i rappresentanti e senatori del partito che detiene la presidenza non si sentono obbligati a sostenere i provvedimenti graditi al presidente in carica, o proposti da lui, così come i rappresentanti e senatori del partito di opposizione non si sentono obbligati a schierarsi aprioristicamente contro le proposte fatte dalla maggioranza. In Italia, secondo la Costituzione, deputati e senatori non hanno vincolo di mandato, quindi non sono tenuti a seguire le disposizioni del partito a cui appartengono, ma poiché la loro ricandidatura dipende dal partito, non dagli elettori, di fatto sono costretti, nella quasi totalità dei casi, a conformarsi alla disciplina di partito. Altrimenti, se non abbandonano il partito di propria iniziativa, possono essere espulsi, o non ricandidati, o ricandidati in collegi non sicuri, o, con la legge elettorale attuale, penalizzati mettendoli in posizioni di lista più basse. In definitiva, le armi di ricatto a disposizione degli apparati sono innumerevoli, ragion per cui si assiste spesso a comportamenti "schizofrenici", come quando i partiti di opposizione si oppongono agli stessi provvedimenti che sponsorizzavano quando stavano al governo, e viceversa. Il tutto perché, di fatto, la bussola che orienta i comportamenti della stragrande maggioranza dei deputati e dei senatori non è la volontà dei loro elettori, ma la disciplina di partito. Il risultato è che i partiti americani moderni, privi di struttura e disciplina partitica, sono di fatto i più ordinati e stabili, mentre i partiti italiani, quelli in linea di principio costruiti sulla fedeltà e sulla disciplina, sono di fatto i più riottosi ed instabili.

Di solito molte persone tendono a derubricare questi problemi a questioni culturali, per esempio tirando in ballo la famosa diversità tra "noi" e "loro". C'è anche chi risale fino alla Riforma e alla Controriforma, per vaneggiare di presunte differenze antropologiche tra un popolo di egoisiti ed approfittatori, che saremmo noi, e un popolo di persone dotate di "senso morale", che sarebbero gli americani. Come abbiamo già avuto modo di sottolineare, si tratta di argomenti che non meriterebbero alcuna considerazione, se non fossero fin troppo diffusi. Egoismo e individualismo sono presenti in tutti i popoli e in tutte le epoche storiche, in pressoché ugual misura. L'unica differenza tra "noi" e "loro" di cui dobbiamo parlare è quella tra un insieme di regole e procedure che premia i furbi e un insieme di regole e procedure che invece costringe gli interessi egoistici individuali a sintonizzarsi con quelli della collettività.

La comunicazione a senso unico

In una tipica campagna elettorale italiana la comunicazione viaggia quasi interamente a senso unico, cioè dai candidati ai cittadini, nel senso che i candidati elaborano proposte su cui gli elettori non possono esprimere il proprio parere in tempo reale. Nel senso opposto, dai cittadini ai candidati, fluisce informazione solo con modalità indirette. Per esempio, l'andamento della raccolta dei fondi, il grado di partecipazione ai comizi e alle assemblee, i comunicati sui giornali, i sondaggi, le prese di posizione delle associazioni, eccetera, possono far capire al candidato, ma solo in maniera alquanto imprecisa, quanto il suo messaggio sia più o meno apprezzato dagli elettori. La sequenzializzazione delle primarie e la convention, invece, colmano questa lacuna. La sequenzializzazione aumenta esponenzialmente il numero di occasioni di incontro tra candidati ed elettori, e costringe i candidati a percorrere il territorio in lungo e in largo con frequenza e sistematicità, per allacciare rapporti diretti con gli elettori, poiché tutti gli elettori sono potenziali donatori. Inoltre, i risultati elettorali delle prime consultazioni della sequenza sono dati veri, non presunti come i sondaggi, cruciali per impostare il prosieguo della campagna elettorale delle primarie, correggere la strategia in corsa, enfatizzare alcuni aspetti del proprio messaggio politico e accantonarne altri, in modo da sintonizzarsi meglio con gli elettori. La convention è anche l'occasione ufficiale nella quale gli elettori si esprimono, per voce dei loro delegati, sulle proposte programmatiche e le regole del partito.

In un sistema in cui manca questo meccanismo articolato di interazione tra candidati ed elettori, gli elettori si vedono costretti a valutare proposte avanzate da altri, ma non ne possono formulare di proprie. La loro partecipazione si riduce a quella di un pubblico televisivo rispetto ai programmi televisivi: può decidere quali guardare, può così valutare indirettamente quei programmi, premiandone alcuni e magari condannando altri alla cancellazione immediata, ma non può formulare proposte proprie: è una partecipazione passiva.

In un contesto come questo, cosa può fare un cittadino insoddisfatto dello spettro di proposte presentate dai partiti chiusi e dai loro candidati, cioè il "palinsesto politico"? La prima possibilità è quella di impegnarsi in politica in prima persona. La maniera apparentemente più semplice è iscriversi a un partito, intraprendere la carriera politica e, magari, un giorno, candidarsi alle elezioni. Il tutto, notiamo, solo per avere la possibilità di avanzare proposte proprie, invece che accontentarsi di valutare quelle altrui, perché i partiti esistenti di fatto non glielo permettono, o glielo permettono soltanto in linea di principio, costellando quel permesso con una serie di regole pratiche e procedure farraginose che di fatto gli negano il diritto di esprimersi. Abbiamo visto cosa vuol dire entrare in un partito italiano e che tipo di persone vengono "promosse" e selezionate dagli apparati. Chi entra si trova proiettato in una struttura dalle regole e procedure dubbie e oscure, senza alcuna forma di controllo esterno ed imparziale. Invece che confrontarsi con gli elettori, con il popolo, viene assorbito in un mondo di tessere, comitati, apparati, capi-partito e "organi dirigenti". Un percorso inutilmente tortuoso, senza fine e senza sbocchi, lo condurrebbe inevitabilmente alla rinuncia o all'omologazione. Non solo, in molti casi i partiti non danno agli elettori la possibilità di accedere direttamente alle candidature, ma metteranno il nostro volenteroso cittadino a "fare la fila", dientro a "quelli che aspettano da molto più tempo di lui", perché "si sono datti da fare per il partito". Se il cittadino in questione volesse insistere ad impegnarsi in politica in prima persona, posto che non gli sia passata la voglia nel frattempo, la seconda possibilità sarebbe quella di fondare dal nulla un proprio movimento o partito. Sempre e solamente, lo ripetiamo, per avere la possibilità di esprimersi. Un sistema che riduce la libertà di espressione e il diritto di partecipazione dei cittadini al diritto di scendere in campo in prima persona o fondare partiti propri, è soltanto l'ennesimo sistema "diverso dalla dittatura, dal totalitarismo, dalla monarchia, eccetera", ma non è una democrazia rappresentativa. Primo perché non è rappresentativo, secondo perché non è democratico, cioè non dà il potere al popolo. Per realizzare la democrazia rappresentativa non basta superare la dittatura e gli altri sistemi palesemente non-democratici.

I partiti chiusi

Il sistema italiano è fatto di partiti chiusi. Si tratta di associazioni politiche, più che di partiti. In quanto associazioni, sono fatte di soci, che pagano una tessera, tipicamente annuale, per associarsi. I partiti italiani non sono pertanto fatti di elettori, e men che meno governati dagli elettori, ma sono partiti di soci. I soci godono di diritti maggiori di quelli degli elettori. Anzi, spesso gli elettori non godono di alcun diritto in merito al governo del partito. Non si può nemmeno dire che i partiti italiani siano governati dai loro soci, perché sono innumerevoli i trucchi usati per ridurre di fatto al minimo il ruolo dei soci e aumentare il potere di ristrettissimi gruppi di privilegiati, a livello locale come a livello nazionale, che controllano il partito.

Non solo. I partiti italiani sono associazioni (private) di persone che si identificano con una serie di obiettivi e valori molto specifici, scritti sullo statuto del partito. Gli statuti dei partiti italiani non sono blandi come le carte delle regole dei partiti americani, non sono scritti dagli elettori o dai loro delegati, non hanno una validità limitata nel tempo. Non sorprende dunque che i partiti italiani siano poco dinamici, che qualunque cambiamento di rilievo sia traumatico, comporti scissioni, aggregazioni, creazione di nuovi partiti, e non possa avvenire come processo dinamico interno previsto dal partito stesso. È più corretto considerare i partiti italiani come delle lobby, perché si fanno portatori di idee specifiche ed interessi particolari. Per esempio, ci sono partiti che sono sensibili agli interessi delle gerarchie ecclesiastiche e del Vaticano, come ci sono partiti che si oppongono a quegli interessi, ci sono partiti più o meno esplicitamente sensibili agli interessi di specifici gruppi imprenditoriali, e poi ci sono partiti personalistici. Negli Stati Uniti queste specificità caratterizzerebbero gruppi (peraltro molto fluidi) interni ai partiti, o i cosiddetti terzi partiti, non i partiti maggiori in quanto tali.

Più specifici sono i valori e gli obiettivi del partito, più ristretta è la platea di elettori a cui si rivolge. Di fatto, già nel momento della loro fondazione, molti partiti italiani si autocondannano alla marginalità, e tutti si precludono il raggiungimento del 51% del consenso per il solo fatto di approvare statuti e regolamenti che riducono in partenza le loro possibilità di apertura e il loro dinamismo. Questa è anche una delle ragioni per cui in America i terzi partiti non diventano mai partiti maggiori.

Un cittadino che, per rappresentare e difendere posizioni simili a quelle di un partito esistente, decidesse di iscriversi a quel partito, dovrebbe anche accettare le modalità e le procedure che quel partito si è dato per portare avanti quell'insieme di posizioni politiche, idee, valori e obiettivi. Tuttavia, scoprirebbe presto che quelle procedure di fatto impediscono il raggiungimento degli obiettivi, invece che agevolarlo, e non sono facilmente modificabili. Al nostro concittadino rimarrebbe sempre la stessa alternativa, quella di fondare un partito proprio, magari cercando di farlo più aperto, se gli riesce, e di dotarlo di procedure coerenti con gli obiettivi che si prefigge di raggiungere. Paradossalmente, il nuovo partito dovrebbe rappresentare le stesse posizioni politiche e perseguire gli stessi obiettivi dell'altro, e differire da quello soltanto nelle persone che lo compongono, nella struttura e nelle regole. Un sistema in cui alcune oligarchie si arrogano l'esclusiva rappresentanza delle posizioni politiche "sul mercato", e con procedure farraginose rende difficile l'emergere di competitori, è un sistema di governo elitario.

I partiti americani, invece, non sono identificati né dalla loro organizzazione o struttura, che anzi sono ridotte ai minimi termini, né dagli obiettivi e dalle posizioni sui temi politici. Il partito è identificato dai suoi elettori. Le posizioni politiche riflettono la volontà dei suoi elettori, emergono dalla consultazione degli elettori, sono un prodotto di quella consultazione, non una loro premessa logica. Non si tratta di elettori che si associano per difendere posizioni politiche fissate a priori. Si tratta di elettori che si consultano per elaborare posizioni politiche nuove ed intraprendere un'azione politica nuova.

Al massimo, il partito americano può essere temporaneamente identificato dagli obiettivi che lo hanno contraddistinto nel recente passato, a partire dalla ultima convention, ma le posizioni politiche possono cambiare non poco da una convention all'altra. Pertanto, se si identificano i "membri" del partito con gli elettori che condividono le posizioni politiche del partito, occorre specificare, dinamicamente, a quale periodo ci si riferisce, a causa della fluidità intrinseca dei partiti aperti. Per esempio, se si richiede l'adesione ai valori del partito, si chiede in sostanza di sottoscrivere la carta dei valori approvata dalla convention precedente. Più spesso l'adesione è implicita. In ogni caso, all'elettore viene chiesto un riconoscimento veramente minimo al partito, e non vincolante per il futuro, nemmeno per le elezioni generali immediatamente successive. L'adesione al partito potrebbe voler dire "condivido le posizioni del partito: vengo a difenderle", come potrebbe voler dire "non condivido affatto le posizioni assunte dal partito finora: vengo a cambiarle". Lungi dal danneggiarli, quella fluidità permette ai partiti americani di entrare più rapidamente in risonanza colle posizioni politiche degli elettori e quindi accrescere il consenso.

Spesso, ma non sempre, i temi più importanti di una campagna elettorale sono quelli legati all'economia, ma le problematiche coinvolte, e le soluzioni, sono estremamente varie e difficilmente caratterizzabili dal punto di vista ideologico. Alle volte temi legati alla politica internazionale prendono il sopravvento, altre volte prevalgono i temi riguardanti l'ordine pubblico e la sicurezza, e così via. Un partito statico, nelle idee, come nei programmi e nell'elettorato di riferimento, ha difficoltà ad adattarsi alla situazione. Inoltre, ogni volta che cerca di aggiornarsi deve fare i conti coll'inevitabile accusa di incoerenza. Un partito dinamico fa della sua fluidità la principale virtù. Sono i singoli candidati a preoccuparsi di tenere comportamenti coerenti durante la loro carriera politica, ed eventualmente far fronte, individualmente, alle accuse di incoerenza, non i partiti in quanto tali. Ecco allora che il partito può cambiare agilmente posizione semplicemente cambiando i candidati, le persone, cosa che gli elettori hanno modo di fare con poco sforzo grazie al sistema PSC. Di fatto, gli elettori si servono di tali e tal altri rappresentanti fin quando li ritengono utili, e li accantonano non appena diventano inutili, nell'ottica in cui i rappresentanti sono veramente servitori degli elettori, non nell'ottica ribaltata secondo cui gli elettori sono servitori dei rappresentanti.

Controllabilità e non-controllabilità del processo democratico

Riducendo, con una quota associativa, il numero di persone coinvolte, si possono controllare i pochi rimasti, e di fatto creare un cerchio "di chi comanda" ristretto a poche persone. Nel momento in cui il processo democratico diventa controllabile cessa di essere democratico. Il sistema dei partiti aperti, invece, funziona allargando l'insieme delle persone coinvolte in ciascuna decisione al numero massimo di persone possibile, in modo tale da scongiurare il rischio che il partito o qualche sua decisione diventino controllabili, o anche solamente prevedibili.

Prendendo ispirazione dagli Stati Uniti, tutti gli elettori del partito sono membri del partito e hanno diritto a governarlo. Nell'insieme è sicuramente incluso qualunque cittadino che si sia registrato come elettore del partito. Tuttavia la definizione può essere estesa a tutti coloro che manifestano intenzione di votare per il partito, senza richiedere che cambino la propria registrazione. In tal senso, possono essere inclusi anche gli indipendenti e coloro che sono registrati come elettori del partito avverso, nel momento in cui si recano a votare alle primarie. L'idea è che il solo fatto che l'elettore si rechi a votare alle primarie del partito è da considerare una dichiarazione sufficiente e una prova che l'elettore sta considerando l'ipotesi di votare per il partito anche alle elezioni generali. In questo spirito non ha senso richiedere la firma di una dichiarazione esplicita di adesione. Inoltre, ricordiamo che negli Stati Uniti non viene mai chiesto all'elettore delle primarie di versare un contributo in denaro al partito quando va a votare. Per non esercitare forme di pressione sgradevoli e controproducenti (perché potrebbero dissuadere molti elettori dall'andare a votare, con conseguente perdita di consenso), è anche opportuno che la raccolta di donazioni sia tenuta nettamente separata dalle operazioni di voto.

Una volta stabilito che i membri del partito sono tutti gli elettori, tutti devono avere uguali possibilità di accedere alle candidature e uguale diritto a governare il partito, stabilendone le regole e il programma politico, selezionandone i candidati alle elezioni e contribuendo paritariamente a qualunque altra decisione.

Insomma, il partito deve soddisfare i seguenti requisiti: deve essere un partito di elettori, non di iscritti o funzionari d'apparato; deve essere governato dagli elettori e solamente da loro; tutti gli elettori devono avere uguali diritti, perché rispetto al governo del partito nessuno deve essere "più uguale" degli altri; infine, il numero di persone coinvolte deve essere tale da rendere qualunque fase del governo del partito e qualunque decisione non-controllabili.

Il programma elettorale, la politica, le regole

L'attuale sistema italiano non prevede alcuno strumento per permettere ai cittadini di elaborare il programma elettorale. Qualcuno obietterà che gli elettori votano i candidati *anche* in base al programma elettorale e alle idee di ciascuno di essi. Tuttavia, le elezioni non sono lo strumento appropriato per esprimere idee e posizioni politiche articolate, formulare ed elaborare proposte programmatiche in tempo reale, e contribuire alla scrittura del programma elettorale di chi si candida a rappresentare i cittadini.

In genere, nel nostro sistema il candidato ad una carica monocratica scrive il programma elettorale sulla base della propria esperienza politica, mettendo a frutto le sue doti naturali e le capacità apprese di percepire il polso dell'elettorato. In più, può servirsi di sondaggi e avvalersi di collaboratori preparati e fidati. Magari riesce a farsi idee abbastanza chiare e definite sul programma da proporre agli elettori e quindi da realizzare nel caso fosse eletto. Tuttavia, non si tratterà mai del "programma degli elettori", ma della personale interpretazione data dal candidato di quello che gli elettori potrebbero volere. Un sistema efficiente non può fondarsi sull'intuito dei singoli candidati e del loro staff di collaboratori. Se gli elettori non vengono consultati in materia, non c'è garanzia che i candidati conoscano le esigenze di cittadini provenienti da zone del paese lontane e diverse tra loro, e possano sapere con precisione quanto consenso raccoglie ciascuna proposta e quanto sia sentita dalla gente, intuire o indovinare le richieste che i cittadini non hanno avuto modo di avanzare. Non si possono mettere sullo stesso piano i sistemi senza garanzie che si affidano alla "veggenza" dei candidati e il sistema in cui viene consultato il popolo.

Molto più evoluto è un sistema dotato di uno strumento appropriato, la convention, che permette agli elettori di esprimere ed elaborare idee, posizioni, valutazioni, e avanzare attivamente proposte programmatiche, col grado di dettaglio che ritengono più opportuno e con congruo anticipo prima delle elezioni generali. La convention e la sequenzializzazione delle primarie realizzano un flusso di comunicazione adeguato nella direzione che va dagli elettori ai candidati. Sono i cittadini, mediante i delegati che inviano alla convention, che stabiliscono le regole del partito, lo governano, discutono e approvano il programma elettorale, indirizzano l'azione degli eletti. Negli Stati Uniti, un'assemblea di qualche migliaio di delegati, provenienti da tutti gli stati dell'Unione, è in grado di rappresentare le posizioni degli elettori in modo soddisfacente, anche a beneficio dei candidati che si presentano alle elezioni. Il documento programmatico permette ai candidati di conoscere le richieste degli elettori e le loro proposte, e adeguare la campagna elettorale di conseguenza. Sta ai candidati decidere quale valore attribuire al "programma elettorale degli elettori", ma è chiaramente loro interesse valorizzarlo il più possibile, visto che stanno per ripresentarsi di fronte agli stessi elettori che hanno contribuito a scriverlo, per chiedere loro il voto alle elezioni generali. Dall'interesse che il candidato mostra per il programma degli elettori, questi ultimi possono capire quante probabilità ci sono che il candidato, una volta eletto, li ascolti anche in futuro. In sostanza, con questo sistema gli elettori hanno anche la possibilità di "testare" il loro candidato prima di consegnare il paese nelle sue mani, e decidere se dargli il voto o meno anche in base al risultato di questo test.

Grazie alla comunicazione bidirezionale tra candidati ed elettori, il candidato dispone di numerosi strumenti in più per battere gli avversari alle elezioni generali. Nella maggior parte dei casi, se li fa suggerire dagli elettori stessi, come nel caso delle proposte da inserire nel programma elettorale. In parole povere, lo spirito del sistema americano si può riassumere nel modo seguente: vuoi sapere quale candidato è più forte ed ha più possibilità di battere l'avversario? chiedilo agli elettori; vuoi sapere quali soluzioni e programmi proporre per raccogliere più voti possibile? chiedili agli elettori; vuoi conoscere le priorità dei vari temi politici? chiedile agli elettori; e così via. Lo spirito dei partiti italiani è invece il seguente: le idee e i valori per cui si batte il nostro partito, fissati a priori, sono quelli giusti, su ciò non si discute; noi lo abbiamo già capito, ma tante persone non lo hanno ancora capito; il compito del partito è lavorare per promuovere e diffondere quelle idee e quei valori, accrescere il consenso attorno ad essi, convincere gli elettori; se gli elettori non si convincono, vuol dire che non abbiamo lavorato abbastanza bene per convincerli (o, in alcuni settori politici, vuol dire che "gli elettori non hanno capito", oppure che "gli elettori sono stupidi"). In ogni caso, le idee e i valori proposti a priori non sono comunque da mettere in discussione, cosa che infatti può avvenire soltanto con traumi e scissioni. In definitiva, i partiti tradizionali non sono pensati come strumenti per far emergere la volontà popolare, ma come strumenti per "guidare", o "catechizzare", la volontà popolare, considerata intrinsecamente fallace. Si parte dalla presunzione di essere depositari della verità e si interpreta la politica come una missione volta a convincere chi non è ancora convinto. Soltanto in questa visione delle cose hanno senso i partiti statici e chiusi. L'illusione di solito dura poco, perché la volontà popolare rimane indifferente di fronte a tanta ingenuità, ed erode progressivamente il consenso di quei partiti per rifugiarsi verso partiti nuovi e magari più piccoli, aumentando la frammentazione. È questo il destino ineluttabile di un sistema politico fatto soltanto i partiti chiusi.

Riepilogando, con la convention l'elettore è promosso da individuo passivo che si limita a scegliere chi votare tra una serie di alternative, magari proposte con metodologie ambigue e poco chiare, a individuo attivo che determina le scelte del partito. Il sistema fatto di primarie sequenziali correlate alla convention consente la comunicazione interattiva tra i candidati e gli elettori. Infine, la correlazione tra le primarie e la convention nazionale garantisce la coerenza del programma colla scelta del candidato. La combinazione e correlazione tra i due strumenti realizza il sistema dei partiti governati dagli elettori.

È bene ribadire che il sistema fatto di primarie sequenziali e convention non può esistere senza uno dei suoi due elementi costitutivi fondamentali. Senza la primarie si avrebbe il sistema dell'epoca pre-riformatrice, in cui la convention era sottoposta al controllo dei capi-partito. Senza la convention, il vuoto sarebbe occupato subito da gruppi elitari e si formerebbero gli "apparati". Questi si approprierebbero delle funzioni dell'autorità più alta del partito, strappandole agli elettori. Le primarie si terrebbero per gentile concessione dei partiti, con modalità stabilite dagli apparati, magari con candidati filtrati dai partiti, in date e luoghi decisi dai partiti. In definitiva, si formerebbe una struttura "superiore" agli elettori, che prenderebbe decisioni senza consultarli. Non si potrebbe parlare di partiti governati dagli elettori, ma si dovrebbe parlare di partiti governati dagli apparati, come nel caso dei partiti italiani.

Elitocrazie

Essendo la democrazia americana profondamente diversa dai sistemi europei, ed essendo la democrazia un concetto universale, la democrazia americana e i sistemi europei non possono essere interpretazioni equivalenti dello stesso concetto universale. Ci troviamo dunque di fronte ad un dilemma: dei due sistemi, l'americano e l'europeo, uno solo può meritatamente fregiarsi dell'appellativo "democrazia"; l'altro dovrà essere per forza chiamato con un altro nome.

I sistemi europei limitano la partecipazione del cittadino ad alcune fasi del processo di selezione dei rappresentanti e delegano le altre fasi e gli altri settori dell'attività politica a quelli che chiamano impropriamente "partiti", ma che sono in realtà degli apparati. Pochi gruppi elitari controllano l'accesso e la partecipazione dei cittadini alla politica, gestiscono le fasi cruciali del processo di selezione dei rappresentanti, stabiliscono le regole dei partiti, il programma politico, i candidati. In questo modo, esercitano un controllo anche sulle elezioni e, in ultima analisi, sul governo del paese. Anche le primarie, ove tenute, sono una "gentile concessione" dei partiti.

Un tale sistema deve essere propriamente definito *elitocrazia*. In una democrazia rappresentativa, invece, tutte le fasi del processo di selezione dei rappresentanti del popolo devono essere rimesse agli elettori, non una soltanto. In particolare, le primarie devono essere impiegate per la selezione di tutti i candidati alle elezioni, e sequenzializzate per avvicinare candidati ed elettori. Inoltre, tutte le decisioni che riguardano il partito, in particolare le sue regole, la sua struttura, il suo programma, devono essere rimesse paritariamente agli elettori tramite la convention.

Partecipazione?

Un'altra parola largamente abusata ai giorni nostri è la parola *partecipazione*. Si tratta di un termine da usare con cautela, perché ha un significato ambiguo e si presta a creare confusione. Anche i funzionari dei partiti italiani parlano spesso di partecipazione, per esempio di partecipazione dei cittadini al processo decisionale. Dove sta l'inganno? Con l'uso frequente di questo termine si vuol far credere all'elettore che sia suo diritto "partecipare". Sembra che non ci sia niente di sbagliato in questo, vero? Forse cambiando leggermente le parole riusciamo a spiegarci. Ciò di cui si vuole convincere gli elettori è che i loro diritti si limitano alla "partecipazione". Sembra ancora che non ci sia niente di male. Infatti, cosa vorrebbero di più, gli elettori? Tuttavia, qualche sospetto comincia a sorgere spontaneo: i diritti degli elettori avrebbero dei "limiti"? Quali? Se cambiamo la parole ancora un po' riusciamo finalmente a svelare l'idea che viene insinuata in modo discreto e subdolo con frasi ambigue come queste, e cioè che all'elettore spetta una "parte" del processo decisionale, *solo* una parte. Ci sarebbe dunque un'altra parte, quella di cui non si parla mai esplicitamente. A chi spetterebbe la parte restante? Agli apparati, ovviamente. Nel momento in cui agli elettori viene concessa soltanto una parte, per farli *parte*cipare, è chiaro che quella parte diventa in breve tempo piccola a piacere, a piacere dell'apparato.

Il punto è, però, che gli apparati quel diritto di occupare una parte e disporne a piacimento, arrivando anche a restituirne una parte più piccola agli elettori, quando e come ne abbiano voglia, non l'hanno mai avuto. Se ne sono impossessati abusivamente. Gli apparati non hanno alcun diritto di appropriarsi di ruoli che spettano solo ed unicamente agli elettori. Una volta occupato abusivamente lo spazio, perpetuano il loro abuso sfruttando i tecnicismi dei sistemi elettorali e dei sistemi partecipativi, spesso adducendo "ragionevoli" ed apparentemente innocenti "esigenze pratiche", avvantaggiandosi della loro posizione di privilegio e negando agli elettori ciè che spetta agli elettori. La beffa è che poi i funzionari dell'apparato possono pure permettersi di concedere agli elettori di *parte*cipare a decisioni che spettano unicamente agli elettori stessi, presentando la loro gentile concessione come prova della loro generosità ed attenzione alle esigenze dei cittadini. Come ladri che fanno beneficienza ai derubati donando loro un millesimo di quanto sottratto, e pretendendo anche di essere ringraziati.

Simboli e colori

In Italia i partiti si presentano corredati di simboli, colori, inni, motti, slogan e parole d'ordine. Sono molto gelosi di questi strumenti di identificazione e riconoscimento, che in realtà servono quasi esclusivamente a coprire la mancanza di sostanza. Non solo, ma da noi i nomi e i simboli di partito hanno anche dei proprietari. Per esempio, se un nuovo partito volesse presentarsi col nome di "Partito Democratico" non potrebbe farlo, e nemmeno con un nome troppo simile a quello, "perché esiste già un partito con quel nome", si dice, "e l'elettore potrebbe essere tratto in confusione". Ci preoccupiamo che l'elettore non sia in grado di leggere i nomi dei candidati e sia tratto in confusione dai nomi dei partiti, e tanto basta a stabilire che un dato partito, quello che "è arrivato prima e si è accaparrato quel nome", e solo quello, ha il diritto di definirsi e farsi chiamare Partito Democratico. Tanto basta a negare quella libertà agli altri, nessuno dei quali ha più diritto di definirsi a quel modo. La denominazione di un partito è considerata alla stregua di un marchio aziendale, evidentemente, e se ne può impossessare, per l'eternità, chi arriva prima, qualunque uso ne faccia.

Soltanto i partiti chiusi hanno la necessità di marcare i propri confini e il proprio territorio, addobbarsi di tessere, appellativi e simboli di riconoscimento. Si tratta di partiti dall'indentità debole e dalle proposte vaghe e maldefinite, che di solito rimandano a ideologie o principi eterni e universali, ma poche soluzioni pratiche. I partiti di quel tipo hanno bisogno di puntellare la loro identità e le loro proposte con surrogati artificiali come quelli menzionati, selezionare le persone in base alla loro lealtà, espellere i disobbedienti. Quei partiti sono sicuramente danneggiati da fuoriuscite e scissioni, mentre i partiti aperti possono permettersi di guardare ad eventualità come quelle con indifferenza. Nei partiti aperti le idee forti sono tali perché hanno un consenso misurabile e confermato ad ogni occasione utile, non presunto, millantato o dato per scontato. Inoltre, i partiti aperti non si avvalgono di metodi subdoli e surrettizi come occupare lo spazio e prenderne possesso, usare il potere per impedire l'accesso agli altri, appropriarsi di denominazioni ed impedire agli altri di usarle, e in definitiva costringere gli elettori a votare sempre per i soliti partiti e spesso anche le solite persone per mancanza di alternative.

In linea generale, negli Stati Uniti prevale la tolleranza sulla fiscalità. Per fare un esempio, è esagerato usare schede elettorali stampate su carta speciale da sedi appositamente autorizzate a fare quel tipo di lavoro, chiedere che per votare sia usata esclusivamente una matita speciale, quella copiativa fornita al seggio, stabilire che un segno in più sulla scheda elettorale possa causare l'annullamento del voto. Queste procedure testimoniano di un atteggiamento diffuso di fondo, per cui mettere la forma al primo posto non è un innocente eccesso di zelo, ma un espediente funzionale a depauperare la sostanza di ogni suo valore. Non è il caso di menzionare qui sistemi alternativi che potrebbero essere usati per impedire la riconoscibilità dell'elettore, anche in presenza di segni di troppo sulla scheda elettorale, perché ci porterebbe fuori tema. Si rifletta solo sul fatto che l'ultima preoccupazione è sempre quella di garantire la libertà del cittadino e dargli la possibilità di esercitare i suoi diritti, la prima è sempre quella di cercare pretesti e cavilli per negargliela.

Il progetto descritto in questo scritto non può essere, per sua stessa natura, associato a sigle o simboli. È chiaramente un progetto universale, a disposizione di chiunque ne voglia fare uso. Tuttavia, è probabile che alcune persone che non ne comprendono il vero significato, o che sono più semplicemente contrarie ai partiti aperti, possano manifestare l'interesse di associarlo a sigle o simboli, in modo che il fallimento di quelle sigle o quei simboli possa essere spacciato per fallimento del progetto. In effetti, chi conosce i politici di professione sa che hanno una spiccata tendenza ad appropriarsi in modo molto frettoloso e superficiale di iniziative e progetti altrui, per associare a quelli sigle e simboli in esclusiva, spenderli finché sono redditizi e poi buttarli via. Tuttavia, uno o più fallimenti sono passaggi necessari per sperimentare e perfezionare strategie per abbattere i partiti chiusi. Il progetto in sé deve essere pensato come "progetto itinerante". Questa è un'altra conseguenza della sua fluidità e del suo dinamismo. Soprattutto nella prima fase può essere necessario creare e ricreare i partiti aperti in situazioni e in ambienti diversi, per evitare i problemi descritti, abbandonare velocemente i tentativi fallimentari e ripartire altrove. All'elettore interessato basterà seguire il progetto in quanto tale, non le sigle o i simboli di chi se ne fa, più o meno onestamente, interprete. Non è invece consigliabile investire troppo tempo per cercare di convincere chi non apprezza subito il progetto, perché si rischia di farsi distrarre e arenarsi nel tentativo di risolvere problemi senza soluzione.

Il rinnovamento della "classe dirigente"

In Italia quando si discute di rinnovamento della classe dirigente, si discute, appunto, del possibile rinnovamento della *classe dirigente*! Troppe volte sentiamo ripetere queste parole, al punto che è lecito insospettirsi.

Dunque, riflettiamo: la "democrazia" italiana è fatta di una classe dirigente e dunque, immaginiamo, una classe diretta, una classe suddita. Anche perché la classe dirigente deve pur dirigere, e non è plausibile che chi usa quei termini stia pensando al traffico. Quando sentiamo persone esprimersi in questo modo, viene il sospetto che non si siano mai interrogate a fondo sul significato della democrazia. Inspiegabilmente, non avvertono la potente carica antidemocratica contenuta in un'espressione apparentemente così semplice, e ormai così diffusa. Intanto, a dirigere sarebbe una *classe*. Qualcuno si è mai preso la briga di definire questo tipo di classe? Di spiegare il senso di questa parola? Non è forse una versione un po' soft del termine *casta*? Non sorprendiamoci se il rinnovamento è lento e scarso: si tratta di rinnovare una "classe", dopotutto. E poi, questa classe di persone sarebbe chiamata a *dirigere*, ossia comandare, "ducere". Sembra che gli italiani siano molto affezionati all'idea del capo e dei sudditi, e non riescano a pensare a possibilità alternative a questo ordinamento delle cose. Perfino le elezioni sono intese come sistemi con i quali i sudditi eleggono i capi che li guidano. Per esempio, ci sono partiti che hanno addirittura inventato le primarie di apparato, con le quali non si eleggono candidati alle cariche pubbliche, ma capi, segretari di partito, coordinatori di partito, che poi, in luogo degli elettori, *dettano* (altra azzeccatissima parola democratica...) la linea politica, stabiliscono le alleanze con gli altri partiti in vista delle elezioni, ecc. Notare: *poi* dettano la linea politica. Infatti, come sappiamo, non sono gli elettori a dettarla, ma gli elettori demandano questo compito al capo, quindi poi subiscono la volontà del loro capo. Gli elettori sono lontanissimi dalle decisioni prese con queste procedure. La volontà popolare, posto che ci sia mai preoccupati di conoscerla, si è persa molto, ma molto prima di arrivare a concepire queste forme di "partecipazione" e "coinvolgimento" degli elettori.

Il ripetere continuo delle parole "classe dirigente", contornate da varie altre che fungono unicamente da pretesto per pronunciare quelle, serve ad "allevare il popolo", ad abituarlo gradualmente all'idea che esiste appunto una classe dirigente e quindi anche, ma questo non viene detto esplicitamente, una classe suddita. Non ci resta che indovinare a quale classe apparterrebbe il popolo secondo questa visione del mondo. Con beata ingenuità da parte di molti e subdola malafede da parte di pochi, in Italia vengono accettati sistemi partitici ed elettorali che mortificano sistematicamente la volontà popolare invece che farla emergere.

Nell'epoca moderna l'idea del capo è gradualmente sparita negli Stati Uniti e oggi non sfiora minimamente la mente degli americani. Le elezioni, primarie o meno, non sono viste come metodi per selezionare dei capi. Obama non è il "capo" del Partito Democratico, come Bush prima e Romney oggi non sono mai stati i "capi" del Partito Repubblicano. Se il presidente in carica, o chiunque altro, intendesse "dettare" la linea politica del partito (concetto che negli Stati Uniti comunque non ha senso, perché è il "platform" approvato dalla convention a specificare il programma del partito) verrebbe semplicemente ignorato.

I primi segnali di evoluzione in Italia

Eppure qualche segno di evoluzione in Italia c'è, e non è da sottovalutare. Dal 2005 il centrosinistra, nelle sue varie versioni, prima Unione e poi Partito Democratico (PD), ha introdotto il sistema delle primarie per scegliere i candidati a varie cariche monocratiche. Usa quel sistema sia a livello locale che a livello nazionale. Nel gennaio 2005 si tennero in Puglia elezioni primarie per la scelta del candidato governatore dell'Unione, vinte a sorpresa da Nichi Vendola. Nell'ottobre 2005 si tennero primarie nazionali per il candidato premier dell'Unione, vinte da Romano Prodi. Potevano partecipare tutti coloro che sottoscrivevano un'adesione ai valori dell'Unione e versavano un euro. Successivamente, il PD tenne elezioni dette impropriamente primarie per la scelta del suo segretario e dei coordinatori locali. Sono quelle qui chiamate "primarie d'apparato", perché le vere elezioni primarie servono a scegliere i candidati, non i *capi* del partito. Un'esperienza simile fu ripetuta dal PD nel 2009. A livello locale le primarie continuano ad essere usate per selezionare i candidati alle cariche monocratiche, anche se in varie situazioni si sono trasformate in "primarie di coalizione", in cui i vari partiti esprimono candidati visibilmente identificabili come candidati di partito.

I socialisti francesi importarono il sistema delle primarie per la scelta del candidato alla presidenza. La prima volta, nel 2006, lo fecero consultando soltanto gli iscritti, mentre la seconda volta, nel 2012, usarono primarie con ballottaggio e consultarono tutti gli elettori che sottoscrivevano un manifesto di adesione della sinistra e versavano un contributo di un euro.

Varie volte le primarie sfuggirono al controllo dei partiti, come quelle pugliesi nel 2005 per il candidato governatore, e quelle fiorentine del 2009 per il candidato sindaco, vinte da Matteo Renzi. Gli apparati partitici tentarono a più riprese di inserirsi nel processo di selezione per tentare di domarlo. L'introduzione di primarie di coalizione e "primarie" d'apparato lo dimostrano. Alcuni esponenti di partito si dichiarano apertamente contrari alle elezioni primarie, altri si esprimono in maniera ambigua sull'argomento.

In effetti il processo, una volta iniziato, è irreversibile. Va pertanto dato atto e merito al centrosinistra italiano averlo avviato. Tuttavia, la storia americana ci fa capire che avviarlo non è sufficiente, e ci dà anche un'idea di quanto tempo dovremo attendere per perfezionarlo ed arrivare al traguardo finale, cioè il sistema dei partiti governati dagli elettori, se gli elettori non intraprendono autonomamente iniziative volte ad accelerare il passo: dalle prime primarie della storia di cui si abbia notizia, quelle del 1842, alla nascita del sistema moderno, nel 1972, passarono ben 130 anni. Volendo essere più indulgenti, possiamo far iniziare il processo dalle primarie presidenziali del 1912, ma si tratterebbe comunque di un'evoluzione lunga 60 anni. Pertanto, se il processo viene lasciato alla sua evoluzione spontanea, si potrebbe raggiungere l'obiettivo soltanto alla fine di questo secolo o nel prossimo. Se invece usiamo la conoscenza che ci è fornita dall'esperienza americana, visto che fortunatamente non abbiamo il compito di cercare e scoprire tutti i meccanismi per primi, ma qualcuno l'ha già fatto per noi, possiamo fare il salto in pochi mesi.

Non c'è dubbio che gli apparati partitici in Italia esistono ancora, anche nei partiti che usano le primarie. Quei partiti stanno vivendo una fase parecchio confusa di coesistenza di primarie ed apparati, simile a quelle vissute dai partiti americani nelle epoche che precedettero quella moderna. Le primarie, quando sono indette, sono tenute per concessione degli apparati, con le modalità e le regole stabilite da loro, e soltanto per le candidature a pochissime cariche pubbliche. Da notare inoltre che non sono mai state sperimentate finora, fuori dagli Stati Uniti, le primarie sequenziali, e nemmeno la convention quale governo popolare del partito.

La teoria dei due partiti aperti che estromettono quelli chiusi

A questo punto lo scopo principale della nostra indagine diventa elaborare un sistema che permetta, a partire da una situazione iniziale qualunque, quindi anche la situazione italiana presente, di passare al sistema dei partiti governati dagli elettori, e stimare quanto tempo e quanto sforzo siano necessari per raggiungere l'obiettivo.

L'esperienza americana ci ha insegnato abbastanza per delineare subito degli approcci percorribili. Una prima possibilità è quella di agire direttamente sui partiti chiusi esistenti per trasformarli in partiti aperti, scalzando gli apparati dal basso. Un'altra possibilità, più articolata, è di creare direttamente partiti nuovi. Vediamo in dettaglio l'una e l'altra.

Anche se esistono già partiti strutturati che si sono arrogati il "diritto in esclusiva" di rappresentare dei valori e perseguire degli obiettivi definiti, con tanto di nomi, simboli e marchi depositati, i loro elettori possono di fatto diconoscere quegli apparati e prendere inizitive autonome in qualunque momento. Per esempio, non occorre il consenso dei "vertici" dei partiti per fare delle elezioni primarie e determinare i candidati di quei partiti. Le primarie possono essere autoconvocate dagli elettori, magari assieme agli esponenti del partito che le hanno ripetutamente chieste e se le sono viste negare dagli apparati. Nel caso gli apparati organizzino primarie tradizionali, gli elettori possono organizzare spontaneamente primarie sequenziali. Gli esponenti di partito contrari a queste iniziative cercheranno presumibilmente di boicottare le primarie autoconvocate, per esempio non candidandosi e ignorandole completamente. Tuttavia, ricordiamo che non occorre il consenso dei candidati per scrivere i loro nomi sulle schede elettorali. È diritto degli elettori, anche quelli di un partito o di una coalizione già esistenti, consultarsi liberamente sulle proprie intenzioni, di voto o di qualunque altro tipo. Per esempio, possono consultarsi sui candidati che intendono votare alle elezioni successive, sul programma politico ed elettorale, sulle regole da adottare. Per fare le elezioni primarie, magari correlate alla convention, non occorre un partito, ma un comitato organizzatore e un insieme minimo di disponibilità logistiche e materiali, per la verità anch'esse poco costose e spesso messe volentieri a disposizione da comuni ed enti locali.

Per esempio, qualche mese prima delle elezioni politiche nazionali, alcuni cittadini, ed eventualmente rappresentanti eletti, di una regione italiana, chiamiamola R, decideranno di indire, di propria iniziativa, le "primarie della regione R per il candidato premier". Le schede elettorali conterranno i nomi di chiunque voglia candidarsi e abbia raccolto un certo numero di firme a sostegno della propria candidatura, più i nomi dei candidati proposti, anche senza il loro consenso, spontaneamente da un certo numero di elettori, e infine i nomi dei "candidati d'ufficio", cioè personaggi pubblici nazionali ritenuti, per il ruolo che svolgono, candidati naturali alla carica di premier. A questi ultimi si potrà o meno concedere la possibilità di rimuovere i loro nomi dalle schede elettorali se invieranno al comitato organizzatore una richiesta firmata ove dichiarino pubblicamente di non essere interessati, in assoluto, alla candidatura a premier per quella tornata elettorale. Non basterà una dichiarazione ambigua per sottrarsi a *quella* competizione particolare, magari in previsione di fare una brutta figura, riservandosi la possibilità di candidarsi a premier per altra via o farsi candidare da altre formazioni politiche. In caso si dichiarino non interessati alla candidatura in assoluto, e poi vi accedano per altra via, gli elettori avranno un importante elemento in più per giudicarli: la dichiarazione pubblica controfirmata, in cui dichiaravano quanto poi clamorosamente smentito con i fatti.

Le firme a sostegno delle candidature saranno raccolte (con o senza l'assenso dei candidati) tra gli elettori residenti nella regione. Il numero di firme da raccogliere dovrà essere il più basso possibile, pensato unicamente per escludere i candidati improvvisati, tale da includere tutti i candidati veramente interessati a competere e tutte le persone su cui gli elettori sono interessati a consultarsi. Infine, sulla scheda elettorale ci sarà anche la classica riga bianca "write-in", dove gli elettori potranno votare un candidato di loro scelta che non figura nella lista dei candidati ufficiali, per esempio un aspirante emerso all'ultimo minuto. Le date, le modalità di presentazione delle candidature e le modalità di voto saranno divulgate mediante comunicati stampa ai giornali e su internet.

Finalmente, nel momento stabilito, si terranno le primarie della regione R. Subito dopo lo spoglio i risultati e l'affluenza saranno comunicati ai media. Più alta sarà la partecipazione, maggiore sarà la risonanza mediatica. In caso di successo, altre regioni seguiranno a ruota, organizzando primarie simili nelle settimane immediatamente successive. La sequenzializzazione delle primarie emergerà automaticamente. La regione R si sarà conquistata il ruolo di "Iowa italiano", o "New Hampshire italiano", a seconda del grado di apertura e di articolazione delle sue consultazioni. La prima volta, potrebbero essere poche le regioni italiane a seguire l'esempio, così come accadde negli Stati Uniti per una sessantina d'anni a partire dal 1912, ma poche regioni bastano comunque a costituire un insieme statistico sufficiente a fare emergere con chiarezza le intenzioni degli elettori.

Conclusa la stagione delle primarie, i partiti "ufficiali" potranno accettare il verdetto degli elettori o meno. Se candideranno il vincitore delle primarie, chiesto dai loro stessi elettori, sanciranno l'importanza delle stesse e il proprio arretramento di fronte a quelle. Se opteranno per un candidato diverso, di fatto si dichiareranno contro la volontà popolare, alienandosi il consenso di una porzione considerevole di elettori. A quel punto, il candidato vincitore delle primarie dovrà decidere se rinunciare oppure, forte di un consenso popolare già consistente e certo, correre con un partito proprio. Quasi sicuramente opterà per la seconda possibilità.

In questo primo esperimento i delegati alla convention, se non saranno già stati eletti con le elezioni primarie, potranno essere scelti successivamente, mediante raduni post-primarie, tipo caucus. I sostenitori di ciascun candidato alla nomina che avrà ottenuto voti alle primarie (in quantità superiore ad una soglia di sbarramento, tipicamente del 15%) si riuniranno separatamente ed eleggeranno i propri delegati alla convention nazionale. Probabilmente converrà organizzare quei raduni a livello provinciale, assegnando a ciascuna provincia un numero di delegati proporzionale alla frazione di voti ottenuti dal candidato nella provincia, rispetto al totale dei voti da lui ottenuti nella regione.

La convention nazionale stabilirà le regole del partito, nuovo o vecchio che sia, ed il programma elettorale, esautorando di fatto i partiti esistenti, i quali potranno al massimo opporsi all'uso del loro simbolo, visto che in Italia i simboli di partito sono proprietari, ma non potranno opporsi alle iniziative spontanee dei cittadini. Procedure simili saranno usate per le candidature a tutte le altre cariche pubbliche e le relative convention. Alle elezioni generali, i partiti tradizionali dovranno vedersela con degli avversari in più, che si rivolgeranno ai loro stessi elettorati e sottrarranno loro voti. Avrà così inizio il processo irreversibile di superamento dei partiti attuali per la realizzazione del sistema dei partiti governati dagli elettori in Italia.

Come detto, in questo schema il risultato finale sarà quasi sicuramente che il vincitore delle primarie si candiderà con un partito nuovo. Infatti, chi conosce i partiti esistenti sa che molto difficilmente accetteranno un arretramento come quello imposto da un'investitura popolare, per forza di cose subita contro la loro volontà, perché di lì a poco sarebbero costretti ad accettare arretramenti simili per le candidature a tutte le cariche pubbliche, ciò che di fatto equivarrebbe alla loro capitolazione.

Tanto vale, allora, reimpostare il nostro discorso immaginando di partire direttamente dalla costruzione di partiti nuovi e aperti che funzionino col sistema delle primarie sequenziali e della convention correlata a quelle. Esponiamo dunque la *teoria U-C*, cioè la teoria dei due partiti aperti, che partendo dal nulla e a basso costo arrivano, in due-tre tornate elettorali, a conquistare praticamente la totalità dell'elettorato, constringendo tutti gli altri partiti alla marginalità.

I partiti U e C

Per prima cosa, i partiti aperti devono essere due, non uno, e si alterneranno al governo del paese. Con un solo partito aperto non sarebbe possibile estromettere completamente i partiti chiusi dalla politica. Al massimo si riuscirebbe a relegarli temporaneamente all'opposizione, a farli diventare minoranza. Tuttavia, l'obiettivo finale del progetto non è sconfiggere i partiti chiusi alle elezioni, ma ridurli all'irrilevanza perpetua, in modo che non possano mai più tornare in auge. Inoltre, un solo partito aperto non basterebbe a garantire che la trasparenza e il diritto di tutti gli elettori a governare paritariamente i partiti diventino un patrimonio definitivamente acquisito. Con due partiti aperti, invece, queste conquiste verrebbero più facilmente preservate, e, a questo proposito, non ci sarebbe più bisogno di preoccuparsi di chi vince le elezioni. Per motivi che spieghiamo meglio sotto, i due partiti devono essere completamente neutri, cioè dei contenitori vuoti, e pertanto assolutamente identici. Infatti, il concetto di "partito" in quanto tale reca con sé soltanto l'idea di "parte", di "porzione", quindi di spazio vuoto. I partiti aperti saranno identificati soltanto dai seguenti presupposti:

1. sono completamente aperti e completamente neutri;
2. tutte le decisioni, in tutte le fasi, sono demandate completamente agli elettori e solo a loro, consultati in modo paritario usando il sistema delle primarie sequenziali correlate alla convention;
3. tutte le decisioni si riferiscono ad una specifica tornata elettorale, per una specifica carica elettiva, e sono azzerate alla tornata elettorale successiva, e non hanno influenza sulle decisioni relative alle altre cariche elettive;
4. i partiti sono a costo zero, non hanno apparati, ma soltanto volontari.

Il punto 1 significa che i partiti non possono avere, per esempio, statuti o carte dei valori aprioristici, cioè preesistenti la consultazione degli elettori, che non siano i quattro punti menzionati sopra. Pertanto, se proprio vogliamo dotare i partiti U e C di "statuti", questi sono fatti unicamente dei quattro punti appena scritti.

Il punto 2 garantisce che siano gli elettori a guidare il partito, specificandone eventualmente, di volta in volta, gli obiettivi e i valori. Il punto 3 garantisce che nessuna decisione possa essere fatta valere al di fuori dell'ambito in cui è presa, o per un tempo superiore a quello che le compete, in modo che in nessun caso le decisioni possano essere usate per creare sacche di privilegio, o trasformate in valori che identifichino il partito in quanto tale. Sarà dunque chiaro che rimangono sempre decisioni temporanee, quindi identificano il partito in un dato contesto, in un dato luogo e in un dato momento.

Il punto 1 garantisce anche la possibilità di allargare il consenso al massimo numero di elettori possibile. Infatti, darsi dei valori e obiettivi specifici a priori significa anche restringere la porzione di elettori che possono essere attratti dal partito, e condannare il partito a diventare una fazione o una lobby, un gruppo chiuso che difende interessi particolari. Ciò renderebbe impossibile conquistare con due partiti la totalità dell'elettorato.

Il punto 2 parla di "elettori del partito". Sono coloro che governano il partito. Come sono identificati gli elettori del partito? Sono gli elettori che lo hanno votato in passato? E quante volte? In realtà, ciascun elettore deve essere libero di dichiararsi elettore del partito, senza alcun vincolo. Il fatto stesso che venga a votare alle primarie, o si candidi, significa che è orientato a votare quel partito anche nelle elezioni generali. Non si può francamente chiedere di più e non avrebbe nemmeno senso farlo, se si vuole massimizzare il consenso. Pertanto, è da considerare elettore del partito, in quel dato contesto e in quel dato momento, ogni persona che si dichiara tale, anche implicitamente, per esempio recandosi a votare alle primarie. Nel caso si voglia chiedere all'elettore di firmare una dichiarazione esplicita in tal senso, prima di consentirgli di votare alle primarie o candidarsi, sarebbe opportuno adottare una formulazione molto blanda, del tipo: "dichiaro di essere orientato a votare per il partito alle elezioni generali", lasciandogli ovviamente facoltà di cambiare idea. Si può restringere l'insieme degli elettori a chi ha diritto di votare alle elezioni generali, o allargare questo insieme a minoranze che non hanno ancora questo diritto.

Il punto 4 chiarisce che il partito deve avere un costo pari a zero. I candidati dovranno badare a loro stessi, raccogliendo fondi sotto forma di donazioni spontanee, per le quali varranno regole simili a quelle della legge americana in materia, cioè un tetto massimo alla quantità di denaro che il candidato può donare a se stesso, intorno ai 10 mila euro, e tetti di mille o duemila euro per le donazioni dei cittadini a un candidato. Queste cifre indicative si riferiscono alle primarie per il premier. Negli altri casi dovranno essere rapportate al territorio interessato in ragione della popolazione coinvolta. Tutte le attività di organizzazione delle primarie e della convention saranno svolte da comitati di volontari eletti dalla convention precedente. Non ci sarà bisogno di grandi spese per pubblicizzare le primarie e la convention, come le date e i luoghi in cui si vota, perché sarà interesse dei candidati fare questo tipo di pubblicità per attrarre elettori. Si potranno chiedere ai comuni di mettere a disposizione i luoghi in cui votare, che potranno essere locali delle circoscrizioni, del municipio o di altri palazzi comunali. Di solito i comuni non sollevano grosse obiezioni a concedere gli spazi richiesti. Da ultimo, non sarà nemmeno necessario spendere molto per stampare le schede elettorali. Usando il sistema delle compagnie aeree low-cost, si potrà chiedere, all'elettore che lo può fare, di stampare la scheda elettorale prima di uscire di casa, poi venire al seggio, mostrarla ai responsabili (i quali, se lo riterranno necessario, potranno assicurarsi che non sia già votata e firmarla, senza però arrivare agli eccessi a cui siamo abituati), poi votare e depositarla nell'urna. Basterà dunque stampare pochissime schede elettorali, per venire incontro agli anziani e a coloro che non hanno familiarità con internet ed il computer, o semplicemente non hanno una stampante.

Alla fine scopriamo che far funzionare un sistema come questo non costerà poi molto. In definitiva, dobbiamo immaginare un partito che sia letteralmente una piazza aperta, dove chiunque possa andare e venire, non ci siano quote di iscrizione, apparati, muri, delimitazioni, né regole o restrizioni a priori, e tutte le decisioni siano prese paritariamente dall'insieme delle persone che si identificano come elettori del partito, e solo da loro. Immaginiamo anche che il partito non abbia un apparato, ma soltanto volontari che eseguono le disposizioni degli elettori, emerse dalla convention e dalle primarie sequenziali. In questo modo stiamo visualizzando nella nostra mente una semplice macchina per fare emergere la volontà popolare e selezionare i candidati, nulla più. In realtà, questo è esattamente ciò che un partito dovrebbe essere.

Diamo un nome ai nostri due partiti aperti. Li chiameremo partito U e partito C. Come visto sopra, per attrarre il maggior consenso e il maggior numero di elettori i due partiti devono essere completamente aperti, e quindi completamente neutri. Pertanto le loro denominazioni devono pure essere neutre, non devono far venire in mente niente di "schierato". Usare una singola lettera dell'alfabeto sembra la via migliore per arrivare a questo scopo. Però alcune combinazioni di lettere non possono essere usate, come E-O, che potrebbe far pensare ad est-ovest, coi connotati storici e politici che questa scelta potrebbe portarsi appresso. Non possiamo prendere A-B, perché la prima lettera è prima e la seconda, per l'appunto, è seconda. Similmente, non possiamo prendere A-Z, A-a, A-AA, ecc. Le lettere B, D, O e Q non possono essere usate, perché sono chiuse. Non possono essere nemmeno usate le lettere, A, P, R, perché hanno zone chiuse. Le lettere E, F, H, L, V, sono troppo "spigolose". Invece, le lettere U e C sono lettere regolari e aperte. Un simbolo molto simile a C è usato nella teoria degli insiemi per indicare inclusione. U e C non fanno pensare assolutamente a nulla. In secondo luogo, sono "simmetriche", sono praticamente "la stessa lettera". Più precisamente l'una è la rotazione di 90 gradi dell'altra. Questo serve a ricordare che i due partiti sono assolutamente identici. Infine, anche le loro posizioni nell'alfabeto (italiano) sono simmetriche.

I partiti U e C non hanno iscritti o apparati, non hanno rappresentanti o portavoce, non hanno struttura, non hanno organizzazione, non hanno uno statuto, tranne i quattro punti scritti prima, non hanno una carta dei valori, non hanno idee o ideologie a priori. Sono delle pure e semplici macchine per fare emergere la volontà popolare, strumenti per permettere agli elettori di candidarsi e selezionare candidati, scrivere programmi elettorali, regole e valori, con validità locale e temporanea, e presentarsi alle elezioni. Il funzionamento di queste macchine elettorali costa pochissimo e non richiede una struttura organizzativa.

Funzionamento dei partiti U e C

I partiti U e C funzionano col sistema PSC, cioè il sistema delle primarie sequenziali correlate alla convention. All'elezione di ciascuna carica pubblica X, monocratica e non (premier[74], governatore di regione, sindaco, deputato, senatore, consigliere regionale, consigliere comunale, ecc.), sono associate una sequenza di elezioni primarie e una convention. Le elezioni primarie, eventualmente combinate a un sistema di caucus, eleggono i delegati che partecipano alla convention. La convention ha il compito di nominare il candidato alla carica X, con votazione a maggioranza assoluta, risolvere le controversie, scrivere il programma elettorale e stabilire le regole del partito. Prima di aggiornarsi elegge un comitato esecutivo e ne stabilisce le competenze. Le votazioni della convention sono tutte a maggioranza assoluta. Ogni decisione e ogni documento approvato dalla convention valgono fino alla convention successiva. Ad ogni tornata elettorale viene azzerato tutto e si riparte da capo.

Con dovuto anticipo prima di una tornata elettorale, quella nella quale gli elettori sono chiamati ad eleggere il rappresentante alla carica X, il comitato esecutivo del partito (investito di questo ruolo col sistema PSC della tornata elettorale precedente) dichiara aperte le candidature alla nomina e le candidature a posti di delegato alla convention. Qualunque cittadino eleggibile si può candidare, o può essere candidato, alla nomina, dietro presentazione di un numero minimo di firme a sostegno, stabilito dalle regole approvate dalla convention precedente. Qualunque elettore può candidarsi o essere candidato a delegato, con modalità simili.

Quando una persona si candida a delegato comunica al comitato esecutivo il nome del candidato alla nomina che si impegna solennemente a sostenere. L'impegno del delegato verso il candidato alla nomina è da intendersi unicamente come impegno a votare la nomina di quel candidato alla convention. Su nessun'altra questione il delegato è tenuto a seguire eventuali indicazioni che provengano dai candidati alla nomina. Inoltre, il candidato delegato si impegna a rispettare la volontà degli elettori che eventualmente lo eleggeranno.

Successivamente, il comitato organizzatore comunica al candidato alla nomina la lista degli aspiranti candidati delegati suoi sostenitori, per sottoporli alla sua approvazione. Il candidato alla nomina è tenuto ad approvarne un certo numero, maggiore o uguale al numero massimo di delegati eleggibili nel territorio interessato.

Sulla scheda elettorale delle primarie il nome di ciascun candidato alla nomina sarà affiancato dai nomi dei candidati delegati che lo sostengono. L'elettore potrà esprimere una preferenza per il candidato alla nomina e un numero di preferenze per i candidati delegati che lo sostengono pari al numero massimo di delegati eleggibili. Le preferenze raccolte da ciascun candidato alla nomina CN saranno usate per stabilire il numero di delegati eletti impegnati a sostenere CN. Calcolato questo numero, saranno eletti i candidati delegati impegnati a CN che hanno raccolto più preferenze. In questo modo si realizza la fondamentale correlazione tra primarie sequenziali e convention che è alla base del sistema PSC.

I delegati alla convention, dopo aver risolto le controversie, scritto il programma elettorale, stabilito le regole del partito e votato la nomina, eleggeranno il nuovo comitato esecutivo. Esso sarà fatto di un insieme ristretto di delegati disposti a fare del lavoro supplementare (sempre volontario). Avrà il compito di attuare le disposizioni della convention dopo il suo aggiornamento, fino alla convention successiva. Il comitato non avrà il potere di prendere decisioni di propria iniziativa, ma avrà soltanto una serie di doveri stabiliti dalla convention stessa, tra cui organizzare le primarie e la convention successive sulla base delle regole decise dalla convention in carica, informare gli elettori per tempo ed esaurientemente di quegli appuntamenti, e così via.

Con gli accorgimenti che illustreremo, il sistema PSC garantirà quasi sempre che durante le elezioni primarie il vincitore raccolga un numero di delegati impegnati a sostenerlo pari alla maggioranza assoluta. In quel caso la votazione della convention per la nomina avrà un esito scontato. Tuttavia, non può essere mai elusa. In caso nessun candidato vinca un numero sufficiente di delegati la votazione per la nomina diventerà determinante.

Durante la stagione di primarie sequenziali, man mano che i delegati sono selezionati, possono cominciare subito a preparare i lavori della convention, elaborare le proposte da presentare ai voti, contattarsi informalmente, se lo credono utile, e così via. Tutti avranno comunque a disposizione per questi scopi un congruo periodo di tempo, per esempio da tre settimane a un mese, compreso tra la fine della stagione delle primarie e l'inizio della convention, in modo che anche agli ultimi selezionati sia dato un tempo sufficiente. I lavori della convention dureranno pochi giorni. I delegati si recheranno sul luogo della convention e vi soggiorneranno a proprie spese. Il loro sarà il compito meno appariscente, meno remunerativo dal punto di vista del "potere", delle "cariche" e della "carriera politica", ma il più importante, perché consisterà nel verificare che tutto si sia svolto con regolarità, dirimere le controversie qualora non fosse stato così, proporre regole o modifiche alle regole, che saranno applicate nella stagione primarie-convention successiva, stendere il programma elettorale dei cittadini, nominare i candidati.

I delegati, lo ripetiamo, sono semplici cittadini scelti da cittadini, che si recano alla convention, dove si confrontano e decidono, e poi tornano a casa. Fare il delegato non è un modo per iniziare una carriera politica, e non comporta nessun beneficio di quel tipo. Questo garantisce che il governo del partito sia nelle mani di persone completamente libere e disinteressate. Sarà opportuno che i delegati siano metà uomini e metà donne, e che una tale ripartizione sia rispettata nel comitato esecutivo. Potranno essere studiati meccanismi per prevenire rischi di discriminazione verso le minoranze, ma è meglio non usare il sistema delle quote. Quando la convention avrà finito i suoi lavori, i delegati torneranno a casa, i candidati andranno a competere contro gli avversari, e gli elettori concentreranno la loro attenzione sulle elezioni generali. Tra una convention e l'altra rimarrà piedi soltanto il comitato esecutivo, senza poteri decisionali e fatto di persone disinteressate. Non esisterà nessun segretario di partito, nessun funzionario, nessun apparato. Il comitato esecutivo non rappresenta il partito, ma ne esegue gli ordini. Non "detta" linee politiche, non nomina "portavoce", non intrattiene relazioni con i mezzi di comunicazione, non parla a nome del partito, ma si limita ad applicare le decisioni della convention a cui deve il suo insediamento.

Il criterio della cassiera

Le elezioni primarie per la selezione dei candidati a qualunque carica del partito U e del partito C saranno sempre primarie sequenziali. Vediamo perché. Immaginate la cassiera di un supermercato che ritiene di avere le capacità di governare il paese, ma non ha mai fatto politica. Supponiamo che, forte di quelle capacità, ma col suo semplice stipendio di cassiera di supermercato, si voglia candidare alle primarie per la scelta del candidato premier di un certo partito. Supponiamo anche che quelle primarie non siano sequenziali, ma nazionali, cioè che si voti contemporaneamente in tutto il territorio nazionale, come nelle primarie organizzate in Italia dall'Unione di centrosinistra nel 2005.

La domanda che dobbiamo porci è: quante effettive possibilità di vincere avrà quella cassiera? Chiaramente, la risposta è zero. Un metodo che non permette alla cassiera di un supermercato di candidarsi con effettive possibilità di vincere, nella tornata elettorale in cui ritiene di poterci riuscire o vuole semplicemente provarci, non è democratico e non è rappresentativo.

Le primarie nazionali chiedono ai candidati poco noti o con poche disponibilità finanziarie iniziali l'impossibile, come saltare in un sol colpo dalla pianura fino alla cima di una montagna impervia. Danno effettive possibilità di vittoria soltanto a quei due-tre personaggi che stanno già in cima alla montagna, cioè sono già famosi (personaggi politici che frequentano abitualmente salotti televisivi, giornalisti, attori ed intrattenitori) o straricchi. Il "criterio della cassiera" è il criterio che ci permette di valutare la democraticità di sistemi istituzionali, sistemi politici, partiti e movimenti, come pure qualunque gruppo presenti candidati alle elezioni, e le singole procedure adottate da quei gruppi. Lo enunciamo così:

"Se un sistema politico non dà a qualunque cittadino eleggibile la possibilità di candidarsi ad una qualunque carica pubblica con effettive possibilità di vincere, in una qualunque tornata elettorale, quel sistema non è una democrazia rappresentativa."

Spetta agli elettori giudicare se la cassiera abbia competenza o meno, posto che reputino necessario soddisfare questo requisito per accedere alla carica pubblica in palio. Spetta sempre agli elettori fare qualunque altra considerazione ritengano opportuno fare per maturare la propria decisione. Introdurre filtri aprioristici che impediscano a quella cassiera di candidarsi con effettive possibilità di vincere è inaccettabile, oltre che discriminatorio. Si noti che il giudizio espresso dagli elettori col sistema PSC non è nemmeno soggetto al rischio di essere influenzato da ondate emotive, vista la diluizione nel tempo del processo di selezione.

Sequenzializzazione

Immaginate ora che invece di chiedere il miracolo o l'impossibile, cioè un salto acrobatico dai piedi della montagna alla cima in un sol colpo, si venga incontro ai candidati predisponendo un percorso diluito e graduale, una gradinata per salire in cima girando intorno alla montagna, riducendo al massimo la pendenza di ogni gradino. Certamente, chi è già in cima conserverà ancora un vantaggio, ma quel vantaggio non sarà più determinante. La sequenzializzazione delle primarie riduce il divario tra chi è avvantaggiato e chi non lo è, fino ad impedire che il vantaggio diventi di fatto privilegio.

Per essere concreti, consideriamo ancora le primarie per la scelta del candidato premier. Invece che votare in tutta Italia nello stesso giorno, si stabilisce per esempio di cominciare dal Molise, l'"Iowa italiano". La cassiera sconosciuta potrà candidarsi per tempo alle primarie del Molise, farsi qualche viaggio per la regione, tenere qualche comizio. Se ha effettivamente le capacità di cui parlavamo, la gente comincerà a darle retta e a contribuire alla sua causa con donazioni spontanee. La cassiera scoprirà, con sua sorpresa, che gli elettori sono estremamente generosi quando vedono in faccia a chi danno i loro soldi, e sanno come quei soldi verranno spesi. Invece, sono molto più restii a darli a gruppi di persone indistinti, perché ciò equivale a perderne traccia il minuto successivo. La cassiera avrà così cominciato a risolvere il suo primo problema: la raccolta dei finanziamenti.

Viene il momento delle primarie del Molise. Probabilmente, della cassiera sconosciuta non ha ancora parlato nessuno, tranne gli elettori che sono andati ai suoi comizi. Supponete che la cassiera non vinca le primarie del Molise, ma si "piazzi bene" nella graduatoria finale. Da quel momento più persone si accorgeranno di lei e i mezzi di comunicazione cominceranno ad intervistarla. Avrà così posto le basi per risolvere il secondo problema, la mancanza di notorietà, riducendo le distanze dagli avversari già noti.

Una settimana dopo si voterà, supponiamo, in Abruzzo. Come potete immaginare, sarà già tutta un'altra storia. Nella settimana di campagna elettorale che intercorre tra le primarie del Molise a quelle dell'Abruzzo i giornali richiederanno interviste a quella cassiera, e le donazioni cominceranno a fluire più cospicue. La cassiera avrà così una concreta possibilità di ottenere un risultato migliore nelle primarie dell'Abruzzo, se non vincerle addirittura. Supponiamo che si classifichi tra i primi tre. Il gap di notorietà tra lei e i candidati già famosi sarà definitivamente annullato, in soli due passaggi. Da quel momento in poi la candidata fino a poco prima sconosciuta avrà le stesse possibilità di vittoria di qualunque candidato che partiva da una posizione di notorietà già acclarata. La sequenzializzazione permette dunque di ridurre il vantaggio di chi è già noto o ricco al punto da renderlo non-determinante.

Riepiloghiamo. Le primarie sequenziali per la scelta del candidato premier si svolgono chiamando gli elettori di ogni regione a votare in una data diversa, a una settimana di distanza gli uni dagli altri, cominciando dagli elettori delle regioni meno estese, dunque più facilmente percorribili anche da parte di candidati che non hanno in partenza grandi disponibilità finanziarie. Gli elettori delle primarie scelgono il candidato premier votando per i delegati regionali alla convention nazionale abbinati a quel candidato premier. La sequenza di primarie regionali è determinata dalle regole del partito, stabilite dalla convention precedente. In principio, ogni regione può decidere di far votare i suoi elettori quando vuole e col sistema elettorale che preferisce, ma le regole nazionali possono stabilire dei vincoli da rispettare, come per esempio la posizione della regione nella sequenza, delle relazioni tra la posizione nella sequenza, le dimensioni della regione e il sistema elettorale usato (vedi soto), delle soglie di sbarramento, e sicuramente un'ampia finestra temporale entro cui le primarie si devono svolgere comunque.

Nell'esempio appena fatto le primarie per la scelta del candidato premier erano sequenzializzate su base regionale. Si potrebbe decidere di sequenzializzarle in modo diverso, per gruppi di province e comuni o frazioni di regione, o ancora gruppi di regioni. Tuttavia, qualunque sia il frazionamento del territorio interessato che sta alla base della sequenza, il metodo deve essere sempre guidato dal principio enunciato sopra: se permette alla cassiera di un supermercato di candidarsi con effettive possibilità di vittoria, posto che abbia le qualità, le idee e i programmi graditi agli elettori, allora è un buon metodo. In tutti gli altri casi è da considerarsi un inganno, pensato per favorire alcuni ai danni di altri, per creare situazioni di effettivo privilegio. Esempi di sistemi elettorali e ordinamenti della sequenza che facilitano ancor di più il raggiungimento dell'obiettivo sono discussi più sotto.

Il sistema PSC soddisfa il criterio della cassiera, e per questo deve essere impiegato a tutti i livelli. Tuttavia, un partito aperto è anche un partito dinamico, per cui non avremo mai la garanzia assoluta che in qualche fase successiva o in qualche situazione particolare non possa intraprendere un percorso involutivo che lo porti progressivamente a chiudersi, per esempio dotandosi di metodi inadeguati che non soddisfano il criterio della cassiera. Ciò in cui si può comunque confidare è l'irreversibilità del sistema dei partiti governati dagli elettori in quanto sistema. I singoli partiti U e C che lo compongono in un contesto particolare, invece, possono ben evolvere, o anche degenerare ed essere rimpiazzati da altri. Un partito aperto che si chiude perderà progressivamente elettori e sarà via via scalzato da un nuovo partito aperto, nato spontaneamente nel frattempo, che ne prenderà il posto.

Per la nomina del candidato a qualunque carica pubblica si procederà in modo simile, frazionando il territorio interessato in base al "criterio della cassiera" e sequenzializzando le primarie in base a quel frazionamento. Per esempio, per la nomina del candidato sindaco di un comune si può usare il frazionamento in circoscrizioni, o gruppi o frazioni di esse. Per la nomina del candidato senatore, o deputato, si procederà frazionando il collegio corrispondente, e così via per tutte le cariche, comprese quelle non monocratiche (consiglieri comunali, provinciali, eccetera), così come per decidere l'ordine con cui i candidati vengono messi in lista nei collegi multinominali. Su questo argomento daremo maggiori dettagli in seguito.

La sequenzializzazione permette anche di rimediare al problema che si pone quando più candidati della stessa area politica si candidano alle primarie per la stessa carica pubblica. Sottraendosi voti a vicenda, di fatto penalizzano la stessa area politica che vorrebbero promuovere. Questo problema può essere serio solo nelle primarie "o la va o la spacca", quelle in cui si vota contemporaneamente in tutto il territorio, e nei partiti dotati di apparato. In quei casi, con pretesti del tipo "ridurre la dispersione di voti" e "rafforzare il partito", l'apparato può cercare di interferire facendo pressione su alcuni candidati affinché rinuncino a correre, per avvantaggiare altri candidati. Se hanno successo, queste interferenze privano gli elettori di effettive possibilità di scelta, quindi sottraggono loro libertà e potere. Non c'è alcuna garanzia che la scrematura risultante da questo tipo di manovre indebite abbia un'effettiva base di consenso e nemmeno che porti vantaggio elettorale al partito.

Con la sequenzializzazione il problema sparisce da solo. Nelle prime primarie della sequenza avviene anche la scrematura necessaria a ridurre al minimo i contendenti della stessa area politica. Infatti, se il processo è sufficientemente diluito c'è ampio spazio per le "competizioni nella competizione" che fanno il servizio appena descritto. Varie volte nelle primarie presidenziali americane si sono potute distinguere tali "competizioni nella competizione" nelle fasi iniziali della stagione delle primarie, ed hanno funzionato a dovere. Si noti che il risultato è ottenuto facendo decidere sempre e solamente gli elettori, senza interferenze e senza apparato, senza bisogno di escludere nessuno a priori.

Facciamo un breve commento sui sistemi con ballottaggio, i quali sono dotati di una "mini-sequenzializzazione", perché prevedono due votazioni successive. Quei sistemi non soddisfano il criterio della cassiera, perché fanno votare su tutto il territorio contemporaneamente, quindi la cassiera non avrà possibilità concrete di arrivare al ballottaggio, in situazioni normali. I sistemi con ballottaggio sono introdotti principalmente perché garantiscono al vincitore l'investitura della maggioranza assoluta. In realtà, quei sistemi portano a maggioranze assolute artificiali, perché ottenute escludendo tutti i candidati tranne i primi due classificati al primo turno. Non solo, ma questo tipo di esclusione favorisce l'astensione al secondo turno, ciò che impoverisce ulteriormente il valore della maggioranza assoluta creata artificialmente. Questo tipo di sequenzializzazione "verticale", in cui si chiede agli stessi elettori di votare ripetutamente per gli stessi candidati, ridotti di numero ad ogni passaggio, è altamente insoddisfacente. L'unica sequenzializzazione efficace è quella "orizzontale", basata sulla suddivisione del territorio, perché è l'unica che soddisfa il criterio della cassiera.

Sistemi elettorali per le primarie

Per rendere la sequenzializzazione ancora più efficace si possono adottare accorgimenti di vario tipo, per esempio stabilire in maniera oculata i sistemi elettorali usati per assegnare i delegati nei vari turni della sequenza. Si potranno usare: il sistema proporzionale con sbarramento, il sistema proporzionale con premio di maggioranza, il sistema del vincitore-piglia-tutto. Il sistema proporzionale puro è sconsigliato, anzi la soglia di sbarramento dovrebbe essere abbastanza alta, in modo da rendere inefficaci eventuali tentativi di "sabotaggio" da parte di partiti avversari ed evitare la dispersione dei delegati.

Occorre infatti tenere presente che il candidato nominato dovrà conquistare la maggioranza assoluta dei delegati, altrimenti la nomina passerà, non solo formalmente, nelle mani della convention. Pertanto è conveniente adottare un sistema che permetta al candidato più forte di raggiungere quel risultato durante la stagione delle primarie, amplificando gradualmente il suo consenso e il numero di delegati raccolti, per ridurre la votazione finale della convention ad una mera formalità. In questo modo l'investitura popolare sarà forte, chiara e indiscussa. Allo stesso tempo, si può e deve raggiungere questo risultato con adeguata gradualità, senza accelerare il processo verso una conclusione affrettata e senza mai escludere nessuno, evitando le artificiosità dei sistemi con ballottaggio. I candidati in difficoltà decideranno autonomamente se e quando ritirarsi.

I sistemi elettorali devono essere studiati per diluire la competizione il più possibile, almeno nella fase iniziale. Abbiamo già sottolineato le virtù della diluizione, senza la quale il criterio della cassiera non potrebbe essere soddisfatto. Sistemi elettorali sbagliati, tuttavia, potrebbero rendere il meccanismo inefficace. Per esempio, imparando dalle esperienze recenti (del 2008 e 2012) dei repubblicani americani, sappiamo che il sistema del vincitore-piglia-tutto, se adottato nei turni iniziali della sequenza, può di fatto stendere al tappeto tutti i candidati tranne i vincitori, e costringerli alla resa anticipata, negando loro quel diritto ad una competizione equilibrata e quelle effettive possibilità di vittoria che il sistema si propone invece di garantire. Il sistema del vincitore-piglia-tutto può essere adottato nelle fasi finali della sequenza, perché permette di amplificare i risultati dei candidati emersi già da tempo come candidati forti, ridurre la frammentazione ed elevare il candidato più forte di tutti oltre la soglia della maggioranza assoluta. Nelle fasi iniziali è opportuno scegliere il metodo proporzionale con sbarramento.

Per ragioni simili, è conveniente cominciare da porzioni di territorio relativamente piccole, dove i candidati non famosi e non ricchi potranno fare campagna elettorale più agilmente, e lasciare le porzioni più grandi, o le concentrazioni più grandi di porzioni, alle fasi centrale e finale della stagione delle primarie.

Occorre in sostanza dotare la sequenza delle primarie di un movimento "in crescendo", sia per quanto riguarda i sistemi elettorali usati per l'assegnazione dei delegati, sia per quanto riguarda la grandezza delle porzioni di territorio interessate dal voto in ciascuna tappa. Il crescendo dei sistemi elettorali potrebbe essere il seguente: nella prima metà della stagione di primarie si adotta il sistema proporzionale con sbarramento, e si fa gradualmente crescere lo sbarramento dal 10% al 20%; nella seconda metà della stagione di primarie si adotta prima il sistema proporzionale con sbarramento al 20% e un consistente premio di maggioranza (per esempio, il 60% dei delegati al primo classificato) e poi il sistema del "vincitore-piglia-tutto".

La sequenza potrebbe essere decisa con le sequenti linee-guida. Dopo aver diviso il territorio nelle porzioni desiderate (per esempio, le regioni, nel caso delle primarie per la nomina del candidato premier) si organizza la lista di quelle porzioni in tre sottoliste, contenenti le porzioni di dimensione piccola, media e grande, dove la dimensione si riferisce al numero di elettori votanti. Poi si assegnano le prime tre primarie della sequenza a porzioni di dimensioni piccole, scelte con un meccanismo casuale, le due primarie successive a porzioni medie, sempre scelte casualmente, e tutte le primarie successive alle porzioni rimanenti, senza distinzioni, eventualmente accorpando alcune porzioni per equilibrare un po' il numero di votanti coinvolti nelle varie tornate. Ad ogni appuntamento elettorale si ripeterebbero le estrazioni per la determinazione della sequenza, in modo da non creare situazioni di privilegio.

Esempio

È utile illustrare quanto detto finora con un esempio concreto e una simulazione che possano aiutare il lettore a visualizzare come si svolgerebbe il processo di selezione dei candidati e dei delegati. Consideriamo le primarie e la convention per la nomina del candidato premier, e supponiamo che la sequenzializzazione sia effettuata su base regionale.

La prima volta, il numero di delegati di ciascun regione può essere proporzionale alla popolazione della regione, ma le volte successive sarà opportuno applicare correzioni per premiare le regioni in cui il partito raccoglie più voti alle elezioni generali, per esempio adottando un sistema di calcolo simile a quello usato dal partito democratico americano. Nella cartina mostrata qui sotto sono assegnati alle varie regioni 1409 delegati in totale.

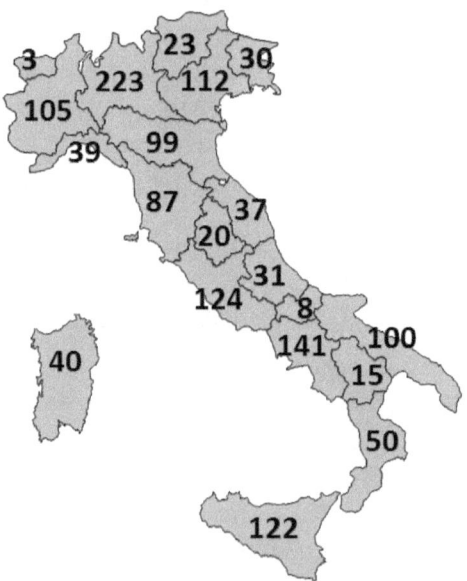

Figura 1. Numero di delegati spettanti alle regioni italiane nelle primarie sequenziali per la nomina del candidato premier

Immaginiamo che le elezioni politiche si tengano la metà di aprile. Una buona data per la convention sarebbe una domenica di metà marzo. Per esempio, riferendosi al 2013, immaginiamola il 17 marzo. Siccome la stagione di primarie dovrebbe durare qualche mese, la si può dividere in due fasi, la prima da tenere alla fine del 2012, la seconda all'inizio del 2013. Applicando le linee guida delineate prima, un possibile calendario di elezioni primarie potrebbe essere quello mostrato nella tabella VIII.

Data	Regione	Sistema elettorale
14 novembre	Molise	*proporz. con sbarr. al 10%*
21 novembre	Trentino Alto Adige	*proporz. con sbarr. al 10%*
28 novembre	Basilicata	*proporz. con sbarr. al 15%*
4 dicembre	Liguria	*proporz. con sbarr. al 15%*
11 dicembre	Umbria, Abruzzo	*proporz. con sbarr. al 20%*
18 dicembre	Calabria, Marche	*proporz. con sbarr. al 20%*
	Pausa natalizia	
13 gennaio	Lombardia	*proporz. con sbarr. e premio*
20 gennaio	Sicilia, Sardegna	*proporz. con sbarr. e premio*
27 gennaio	Lazio	*proporz. con sbarr. e premio*
3 febbraio	Puglia, Campania	*tutti i delegati al primo*
10 febbraio	Veneto, Friuli-VeneziaG.	*tutti i delegati al primo*
17 febbraio	Toscana, Emilia-Romag.	*tutti i delegati al primo*
24 febbraio	Piemonte, Valle d'Aosta	*tutti i delegati al primo*

Tabella VIII. Esempio di sequenzializzazione delle primarie per la nomina a candidato premier.

Siccome ad alcune regioni è assegnato un numero considerevole di delegati, per esempio 223 alla Lombardia, e non è pensabile votare su schede elettorali contenenti i nomi di 223 delegati per ogni candidato alla nomina, l'assegnazione dei delegati di ciascuna regione potrà essere ripartita su base provinciale, in ragione della popolazione delle stesse, e le province grandi potranno essere ulteriormente suddivise, affinché a ciascuna suddivisione spetti un numero di delegati ragionevole (al massimo una ventina). Così, per esempio, in Molise gli elettori potranno scegliere i propri 8 delegati regionalmente, oppure assegnarne 3 alla provincia di Isernia, 5 a quella di Campobasso. In Lombardia sarebbe necessario operare una suddivisione, e siccome, per esempio, alla provincia di Milano spetterebbero più di 70 delegati, quella provincia potrebbe essere suddivisa in tre o quattro parti. Notiamo che questi problemi pratici sarebbero molto meno rilevanti se ci fosse la possibilità di votare elettronicamente. In alternativa, le primarie possono essere usate per determinare unicamente il numero di delegati che sostengono ciascun candidato alla nomina, mentre i loro nominativi possono essere determinati prima o dopo le primarie mediante appositi caucus.

Consideriamo ora un fac-simile della scheda elettorale per le primarie, mostrato in figura 2. La scheda è divisa in colonne. Ogni colonna contiene, in alto, il nome di un candidato alla nomina e, sotto quello, la lista dei nomi dei candidati delegati che si sono impegnati a sostenerlo e sono stati approvati da lui. Accanto ad ogni nome è presente una casella barrabile, dove l'elettore può esprimere le sue scelte. Di norma, è aggiunta una colonna bianca, non mostrata in figura, per dare all'elettore la possibilità di votare un candidato alla nomina e dei candidati delegati diversi da quelli elencati ufficialmente sulla scheda elettorale. L'elettore voterà per un candidato alla nomina, e poi esprimerà un numero massimo di preferenze per i candidati delegati che lo sostengono. Questo numero sarà pari al numero totale di delegati da eleggere nella provincia.

Outsider 1 ☐	**Candi Dato** ☐	**Dato Candi** ☐
Del1 Outsi ☐	Del1 Dato ☐	Del1 Candi ☐
Del2 Outsi ☐	Del2 Dato ☐	Del2 Candi ☐
Del3 Outsi ☐	Del3 Dato ☐	Del3 Candi ☐
...	...	...

Figura 2. Fac-simile di scheda elettorale delle primarie per la nomina del candidato premier.

Le preferenze raccolte dai candidati alla nomina sono usate per determinare il numero di delegati vinti da ciascuno. Calcolato questo numero, le preferenze raccolte dai delegati impegnati a sostenere il candidato alla nomina sono usate per determinare i nominativi dei delegati eletti.

La ripartizione dei delegati regionali vinti da un candidato alla nomina tra i collegi provinciali è determinata proporzionalmente, in base alle preferenze raccolte dal candidato alla nomina nelle province. In ciascuna provincia sono eletti i delegati che hanno ottenuto più preferenze tra quelli abbinati al candidato alla nomina.

Molti elettori potrebbero limitarsi a votare soltanto per i candidati alla nomina, e non usufruire della possibilità di esprimere preferenze per i candidati delegati. Se il numero di preferenze espresse per i delegati di un candidato alla nomina è inferiore ad una certa soglia, da fissare, i nominativi di quei delegati possono essere decisi successivamente, con raduni post-primarie tra i sostenitori di quel candidato alla nomina, tipo i caucus americani, nei quali potrebbe essere usato anche il voto palese. Lo stesso sistema deve essere usato, prima o dopo le primarie, nel caso si decida di fare elezioni primarie senza scelta dei delegati.

Alle elezioni primarie possono votare coloro che risiedono nella regione, e hanno diritto di voto. Si può chiedere loro, ma sarebbe opportuno evitarlo, di sottoscrivere una dichiarazione in cui affermino di essere intenzionati a votare per il partito alle elezioni generali. Come già spiegato, il semplice fatto che si rechino a votare alle primarie è una sufficiente dichiarazione di interesse al partito, anche se implicita. Inoltre, meno si chiede all'elettore e più lo si invoglia a partecipare. Se poi l'elettore si ritiene soddisfatto del trattamento ricevuto, non solo torna a votare il partito alle elezioni generali, ma mette spontaneamente in moto un passaparola che porterà ancora più voti. Non sarebbe necessario, ma è meglio ribadirlo ancora una volta: a nessun elettore deve essere chiesto di versare un contributo in denaro, neanche simbolico, per votare alle primarie, ai caucus o in qualunque altra consultazione del partito. La raccolta di donazioni spontanee deve essere tenuta ben separata dalle operazioni di voto, per non creare sgradevoli forme di pressione psicologica.

Ogni elettore che dichiari per iscritto di essere elettore del partito può candidarsi alla nomina. La candidatura alla nomina va presentata separatamente in ogni regione, raccogliendo un certo numero di firme in quella regione (molto basso, per esempio uguale a 3 volte il numero totale di delegati che spettano alla regione).

Per presentare la propria candidatura a delegato, il candidato delegato deve raccogliere un modesto numero di firme nella provincia (per es. 2 volte il numero teorico di delegati spettanti alla provincia), o suddivisione del territorio equivalente, e dichiarare

per iscritto il nome del candidato alla nomina che intende sostenere alla convention, oppure dichiararsi indipendente.

Il sostegno di un candidato delegato per un candidato alla nomina è soggetto all'approvazione del candidato alla nomina. In
ciascuna provincia il candidato alla nomina deve approvare comunque un numero di candidati delegati pari al doppio dei delegati spettanti alla provincia. Se gli aspiranti delegati sono meno di
quel numero, deve approvarli tutti.

Simulazione

Infine, è utile avere sottomano una simulazione dei risultati di
un processo di selezione come quello descritto in un caso tipico,
per rendersi meglio conto di come evolvono gli eventi e come e-
merge il vincitore. Supponiamo che si presentino sei candidati di
rilievo, tra cui quattro outsider e due candidati già noti al grande
pubblico, che chiameremo "Candi Dato" e "Dato Candi". I risultati siano quelli riassunti nella tabella IX.

Vediamo che dei quattro outsider, tre si ritirano presto, ma
uno riesce ad emergere dall'anonimato nelle primarie del Molise,
le prime della sequenza. Anche se vi conquista soltanto un delegato, la momentanea notorietà gli dà la possibilità di continuare.
Sta a lui dimostrare di saperla cogliere al volo. Nelle primarie immediatamente successive, quelle della Basilicata e del Trentino
Alto-Adige, quel candidato non vince ancora, ma batte ugualmente le aspettative ottenendo piazzamenti di tutto rispetto. Grazie a questi risultati riesce ad accentrare su di sé l'attenzione dei
mezzi di comunicazione, cosa che gli permette di competere alla
pari con gli altri da quel momento in poi. Il candidato emergente
sarà presumibilmente vagliato dall'opinione pubblica e dai media. I suoi programmi, le sue proposte e le sue idee saranno dibat-
tuti accuratamente. Anche il suo passato sarà esaminato. Di riflesso, la presenza di un outsider di valore farà sì che siano esaminati in modo molto più approfondito anche i candidati già noti.
Supponiamo che in Liguria l'outsider ottenga la sua prima vittoria. Probabilmente, se non commetterà errori, da quel momento
diventerà praticamente inarrestabile. La seconda fase delle primarie proietterà velocemente il vincitore verso la maggioranza assoluta dei delegati, che gli varrà la nomina. Nella simulazione pro-

posta quel vincitore è proprio l'outsider emerso nella prima fase. Gli altri outsider si saranno ritirati abbastanza presto, mentre i candidati noti insisteranno per andare fino in fondo, ma agli occhi degli elettori passeranno presto in secondo piano.

	Outsi1	Candi Dato	Dato Candi	Outsi2	Outsi3	Outsi4
Mol	1	2	5	--	--	--
TAA	4	10	9	--	--	Ritiro
Bas	4	6	4	--	1	
Lig	13	12	9	5	--	
Umb	10	7	3	--	--	
Abr	20	9	2	--	--	
Cal	22	17	11	--	--	
Ma	25	7	5	Ritiro	--	
Lom	150	73	--		Ritiro	
Sic	26	22	74			
Sar	16	24	--			
Laz	75	25	24			
Pug	--	100	--			
Cam	141	--	--			
Ven	112	--	--			
FVG	--	30	--			
Tos	87	--	--			
ER	99	--	--			
Pie	105	--	--			
VA	--	3	--			
Totali	910	347	136	5	1	--

Tabella IX. Simulazione di progressione nel corso della sequenza.

In questo modo anche un candidato sconosciuto, dotato però delle capacità necessarie ad attrarre consenso e con programmi e idee apprezzati dagli elettori, ha una concreta possibilità di vincere. Inoltre, il vantaggio di cui godono i personaggi già noti o ricchi non si traduce in privilegio in grado di danneggiare gli altri, ma rimane appunto un vantaggio e nulla più.

Realizzabilità

Le primarie sequenziali correlate alla convention non sono soltanto il sistema migliore per raggiungere veramente gli elettori e fare emergere la loro volontà, ma presentano una serie di vantaggi pratici. Cominciamo dalla loro organizzazione. È sicuramente più facile organizzare primarie sequenziali che fare svolgere le consultazioni contemporaneamente su tutto il territorio. Per esempio, se le primarie per la nomina del candidato sindaco sono sequenzializzate su base circoscrizionale, per organizzare le operazioni di voto può bastare un unico seggio itinerante, o pochi seggi itineranti, e il lavoro di pochi volontari che si spostano assieme ai seggi settimana dopo settimana da una circoscrizione all'altra, per raggiungere il luogo dove si vota di volta in volta. Inoltre, se ci fossero degli imprevisti, questi possono essere risolti o attenuati strada facendo, forti dell'esperienza accumulata durante il percorso. È poi bene ricordare che alla fine è la convention dei delegati che sancisce il risultato finale, quindi il rischio di contestazioni irrisolte è relativamente basso. In conclusione, l'organizzazione delle primarie sequenziali correlate con la convention è molto più facile e meno costosa di quella delle primarie tradizionali.

Vantaggi pratici

I vantaggi della sequenzializzazione non si limitano agli aspetti organizzativi. Essa infatti
1. massimizza l'incremento del consenso;
2. ottimizza la raccolta di donazioni;
3. massimizza la risonanza mediatica.

Se le primarie sono svolte contemporaneamente in tutto il territorio, ad avere vere possibilità di vittoria sono soltanto poche persone, quelle che hanno già vinto competizioni precedenti, o sono già diventate famose per altra via, che può anche non avere nulla a che fare con la politica. L'interesse suscitato da questo tipo di primarie è molto scarso rispetto all'interesse suscitato da primarie sequenziali, dove i candidati con effettive possibilità di vittoria sono molti di più, molti di loro sono persone nuove, cioè sconosciute al grande pubblico, tutti i contendenti sono praticamente alla pari sulla linea di partenza, i vantaggi degli uni non diventano privilegi ai danni degli altri, e durante il percorso possono avere luogo sorpassi e capovolgimenti di fronte. Una competizione prolungata e aperta riscuote un'attenzione mediatica incomparabilmente superiore a quella ricevuta da una competizione "o la va o la spacca", ristretta di fatto a pochi contendenti privilegiati. Ciò si traduce in un'enorme pubblicità gratuita e diluita nel tempo per i candidati e il partito. È anche un metodo per fare emergere virtù e difetti dei candidati, che permette agli elettori di vagliarli a fondo e confrontarsi sulle loro proposte politiche e programmatiche, per prendere una decisione "ragionata". Queste opportunità accrescono ulteriormente l'attenzione degli elettori, e attraggono ancora più consenso. Inoltre, i candidati stessi hanno modo di raffinare le proprie proposte strada facendo. Alla fine, il partito non rischia di presentarsi alle elezioni "col candidato sbagliato", quando ormai sarà troppo tardi per cambiarlo, oppure con un candidato di cui non sia stato testato sufficientemente bene il consenso di cui gode presso gli elettori.

In sostanza, le primarie sequenziali richiedono uno sforzo enorme ai candidati, uno sforzo quasi nullo agli organizzatori. Lo sforzo dei candidati non è tuttavia buttato. Costretti come sono a percorrere il territorio in lungo e in largo, e facilitati in questo dalla diluizione del lavoro dovuta alla sequenzializzazione, i candidati hanno modo di conoscere gli elettori e farsi conoscere, e questo tipo di rapporto facilita la raccolta di donazioni. Magari ciascuna donazione sarà di modesto valore, ma è il numero di quelle donazioni che alla fine fa la differenza. Infatti le numerose piccole donazioni sono la prova di un consenso esteso a folti gruppi di elettori, mentre le poche grandi donazioni testimoniano soltanto del gradimento presso gruppi ristretti e poco rappresentativi di persone, che vuol dire soltanto pochi voti in più. Pertanto la sequenzializzazione ottimizza la raccolta di fondi.

Infine, la sequenzializzazione e l'apertura del partito massimizzano la raccolta di consenso, perché maggiore è il numero di persone che vengono avvicinate e maggiore è il numero di persone che poi restano, nel senso che votano il partito anche alle elezioni generali. Gli elettori sono invogliati a partecipare dalla consapevolezza che il loro voto conta, e conta come quello di tutti gli altri, che le loro possibilità di riuscita, nel caso si vogliano candidare, sono uguali a quelle degli altri, e che il loro parere e le loro proposte, nel caso vogliano andare alla convention come delegati, hanno uguali possibilità di quelle degli altri di essere recepite e diventare idee e proposte di tutto il partito.

Nel sistema di primarie sequenziali correlate alla convention, la convention, oltre che il governo popolare del partito e la sua autorità massima, è anche un momento di grande festa e celebrazione del vincitore, che catalizza su di sè la più grande attenzione mediatica possibile, chiude la stagione delle primarie e del governo popolare del partito, e apre la campagna elettorale delle elezioni generali. Dal punto di vista della risonanza mediatica, il sistema fatto di primarie sequenziali e convention funziona come una specie di "fionda", dove l'elastico è la stagione delle primarie e il "lancio" del candidato avviene proprio con la convention. Il candidato vincente potrà affrontare la campagna elettorale per le elezioni generali forte dell'impulso ricevuto da quel lancio, invece che partire da zero e dover improvvisare comizi, programmi, proposte e raccolte di fondi all'ultimo momento.

Inoltre, il fatto che gli elettori abbiano il potere di governare il partito e possano effettivamente esercitare questo potere a livello pratico, sono ottimi argomenti per attrarre consenso, in quanto l'elettore non sente di essere chiamato a "dare" il suo voto ad "altri", ma in un certo senso vota per se stesso. È lo stesso motivo per cui l'elettore diventa generoso, quando dona soldi ai candidati, molto meno quando dona soldi ai partiti: vedendo a chi vanno a finire quei soldi, sapendo come verranno spesi e per quali scopi, vede la propria donazione come un investimento per difendere i propri interessi, non come dei soldi buttati al vento. Per questo è importante che le primarie sequenziali siano correlate alla convention, al governo popolare del partito. Ciò fa sì che gli elettori non siano chiamati soltanto a votare per degli "altri", cioè i candidati alla nomina, che possono essere percepiti come "altri" perché hanno degli interessi in ballo, ma anche a scegliere i propri delegati, che sono poi elettori tra elettori, persone non interessate a fare politica o a intraprendere quel tipo di carriera. Con il sistema PSC gli elettori votano *anche* per i candidati alla nomina, tenendo conto degli abbinamenti tra i delegati e i candidati, ma non fanno soltanto quello: vanno anche a governare il partito.

Universalità del sistema PSC

Tutti i candidati alle cariche pubbliche devono essere eletti con il sistema PSC e ciò deve avvenire in ciascun caso con processi indipendenti e separati, quindi coinvolgendo distinte selezioni di delegati e distinte convention. Se si eleggessero col metodo PSC soltanto i candidati alle cariche monocratiche si aprirebbe la strada alla formazione di un "establishment", di un apparato. Qualcuno si arrogherebbe i diritto di colmare la lacuna in modo improprio, per esempio scegliendo gli altri candidati senza consultare gli elettori, oppure consultandoli parzialmente o con metodi che rendano la loro volontà non determinante, oppure imponendo "rose" ristrette o filtri a priori, e consultando gli elettori in maniera sì determinante, ma unicamente per scegliere i candidati tra gli appartenenti alla rosa prestabilita. Di fatto, quest'ultima l'eventualità è anche quella che si verifica quando le primarie non sono sequenziali, ma del tipo "o la va o la spacca", perché in quel caso soltanto pochi candidati già noti o straricchi hanno effettive possibilità di vittoria.

Un altro motivo per cui è necessario usare il sistema PSC per ogni candidatura è che questo permette di legare i rappresentanti eletti al territorio, ed identificare in modo chiaro e univoco quali elettori sono chiamati a rappresentare, in modo tale che quegli elettori possano giudicarli durante il mandato e far valere il giudizio maturato su di loro alle primarie successive, quando eventualmente i rappresentanti eletti si proporranno per la ricandidatura. In definitiva, il *sistema PSC universale* è il sistema che garantisce una costante ed efficace sorveglianza degli elettori sul partito e sulle attività di candidati ed eletti, perché soltanto se gli elettori stanno costantemente col fiato sul collo dei rappresentanti eletti questi ultimi sono costretti a ricordarsi di coloro a cui devono la loro elezione.

Neutralità e anime dei partiti

Si potrebbe obiettare che siccome i due partiti sono esattamente identici non possono dare vita a nessuna vera competizione elettorale tra proposte ed idee, ma unicamente ad una competizione confusa tra individui. Gli elettori non sembrano avere nessuna maniera di identificarsi con l'uno o l'altro partito in modo chiaro, quindi dovrebbero distribuirsi tra i due partiti U e C "a caso", privandoli di connotati chiari che li individuino e li distinguano. Si tratta di conclusioni che non seguono affatto dalle premesse, ma analizzare queste questioni ci permette di chiarire alcuni aspetti del sistema PSC universale.

Come si passa dalla fase "tabula rasa", cioè dalla situazione iniziale completamente neutra e simmetrica alla fase di partiti chiaramente distinti e dodati di un'anima, in competizione l'uno con l'altro? Quando il primo elettore si avvicina ai partiti, si trova di fronte alla scelta se aderire al partito U o al partito C. Siccome all'inizio i partiti sono totalmente vuoti e neutri, non sono in grado di indurre l'elettore a fare alcuna scelta particolare. La prima scelta sarà dunque veramente casuale. Tuttavia, non appena l'elettore avrà scelto in quale partito andare, la simmetria tra i due partiti sarà già rotta. Infatti, in quel momento il partito scelto dall'elettore sarà già caratterizzato dalle idee di quell'elettore. Il secondo elettore dovrà scegliere tra due partiti ormai non più identici, e così il terzo e tutti i successivi. Pertanto, man mano che verranno "riempiti" dagli elettori, i partiti definiscono le loro identità. Non c'è nessuna ragione per cui le anime risultanti siano confuse, indistinte o anche solo simili, perché il processo che porta a quella definizione è lungo e articolato, e la simmetria tra i due partiti è andata persa fin da subito.

Proprio perché i partiti in quanto tali sono puri e semplici spazi vuoti, sono gli elettori a dar loro un'anima, non viceversa. Tuttavia, i partiti non acquisteranno mai, come già spiegato più volte, un'identità stabile e definitiva. A garantirlo è l'azzeramento del partito ad ogni tornata elettorale. I partiti aperti possono col tempo "scambiarsi di ruolo". Essi non sono assolutamente etichettabili con la "destra" e la "sinistra", o con identificazioni analoghe. Val la pena ricordare che molte volte nel corso della storia i partiti americani maggiori cambiarono collocazione su svariati temi di importanza cruciale. Se oggi il Partito Democratico si batte con particolare energia per la difesa dei diritti civili, non bisogna dimenticare che per decenni difese la schiavitù e la segregazione razziale, e che fino al 1964 alcuni stati carcarono di mandare alla convention democratica delegazioni rigorosamente bianche. Se oggi il Partito Repubblicano è identificato con il partito "conservatore", occorre ricordare che all'inizio del 1900 era il più attento ai temi "progressisti", al punto che pagò questa sua sensibilità con la scissione di Theodore Roosevelt e la nascita, appunto, del partito progressista. Col tempo anche i partiti U e C si sposteranno continuamente ed eventualmente si scambieranno di ruolo. Se le anime dei partiti sono definite di volta in volta dai loro elettori, e i partiti sono aperti, se gli elettori sono liberi di entrare e uscire dai partiti a loro piacimento, così come sono liberi di cambiare idea sui problemi e le proposte politiche, i movimenti o mutamenti d'opinione degli elettori determineranno i mutamenti dei partiti, senza traumi, ma con continuità e regolarità, sancendo che l'unica caratteristica perenne di quei partiti è il loro dinamismo.

Pertanto, la fluidità dei partiti U e C non impedisce loro di dotarsi di un'anima, identificarsi e distinguersi. Garantisce soltanto che il processo di identificazione non ha un punto fisso, non porta ad un risultato statico, ma è esso stesso dotato di anima e vita.

Ad armonizzare automaticamente idee, proposte, programmi, regole e candidature dello stesso partito, emersi in processi PSC distinti, cioè relativi alla selezione dei candidati a diverse cariche pubbliche, non sono artificiose ed aprioristiche carte delle regole e dei valori, ma la volontà popolare degli elettori, l'unico denominatore comune che unisce, identifica e distingue i partiti U e C.

Nel processo PSC dobbiamo distinguere vari gradi di partecipazione degli elettori, e altrettanti gradi di identificazione tra gli elettori e il partito. Gli elettori che si candidano alla nomina sono portatori di idee proprie, che possono essere più o meno in linea con quelle espresse dal partito nelle elezioni precedenti, ma non sono vincolate ad esserlo. A questo livello la nuova identità del partito non è ancora emersa con chiarezza, e ci si può riferire, in maniera non vincolante, all'"identità madre" emersa nella tornata elettorale precedente o in altri processi PSC dello stesso partito, relativi allo stesso territorio o a territori limitrofi. Anche gli elettori che si candidano a partecipare alla convention come delegati sono direttamente protagonisti, quindi portatori di idee proprie per contribuire a plasmare quelle del partito. Gli elettori che si recano semplicemente a votare alle primarie, invece, determinano le scelte del partito soltanto indirettamente, giudicando le proposte dei candidati e scegliendo quelle con cui si identificano maggiormente. Una volta concluso il processo PSC, il partito ha definito compiutamente la sua identità nel dato contesto. Infine, gli elettori meno coinvolti sono quelli che decidono di non partecipare al sistema PSC, ma delegano questo compito agli altri e si limitano a votare alle elezioni generali. Al momento del voto hanno comunque un quadro chiaro, emerso nel frattempo, dei partiti, dei candidati, delle proposte e delle idee. Essi contribuiscono a determinare i partiti, i candidati e le proposte vincenti, ma non hanno contribuito a scegliere quei candidati e ad avanzare quelle proposte.

Perché due partiti aperti e non uno

Ci si può chiedere perché siano necessari due partiti aperti e non ne basti invece uno soltanto, oppure perché i due partiti, essendo aperti, non collassino successivamente in uno solo. In effetti, i sistemi efficienti possono essere di due tipi: con primarie apartitiche, oppure con primarie partitiche. Le primarie apartitiche sono usate negli Stati Uniti per eleggere vari funzionari comunali e giudici. In quel caso, il vincitore delle primarie è automaticamente eletto, posto che abbia la maggioranza assoluta, altrimenti le primarie sono seguite da un turno di ballottaggio tra i primi due classificati. Tuttavia, ogni volta che sono previste elezioni generali, le primarie sono necessariamente partitiche, e i partiti aperti sono necessariamente almeno due. Infatti, anche se si realizzasse eccezionalmente una situazione di partito unico, che porterebbe ad elezioni generali a candidato unico, quella situazione sarebbe instabile, perché si formerebbe subito un secondo partito aperto, che proporrebbe un secondo candidato alle elezioni generali in competizione col primo. I due partiti aperti avrebbero uguali possibilità a priori di vincere le elezioni, e questa situazione sarebbe stabile. È la presenza stessa di elezioni generali che porta alla formazione stabile di due partiti aperti, e le dà senso.

Perché due partiti aperti e non tre o più

Se i partiti sono aperti e dinamici, non caratterizzati aprioristi-camente, se chiunque può candidarsi e chiunque può andare a vo-tare e a governare il partito, non ha nessun senso farne più di due. Tuttavia, ci si può chiedere se non ci sia il rischio che se ne for-mino ugualmente di più, e cosa succederebbe in quel caso. In realtà i partiti aperti potrebbero essere anche più numerosi, e pro-babilmente all'inizio sarà così, ma anche quella situazione sareb-be instabile. Siccome sono aperti, quindi privi di barriere o deli-mitazioni, col passar del tempo i partiti aperti collasseranno ne-cessariamente in due soli, oppure la competizione ne premierà soltanto due, marginalizzando gli altri.

Infatti, l'unica sorgente di demarcazione netta e stabile tra i partiti aperti è quella menzionata sopra, dovuta alla presenza di elezioni generali successive. Se sopravvivesse qualunque altro ti-po di demarcazione tra partiti aperti, è chiaro che quei partiti non potrebbero essere tutti veramente aperti. Si tratterebbe di qualche distinzione artificiale pensata per impedire loro di collassare in due soltanto. Alcuni partiti saranno in realtà più o meno chiusi, dunque perderanno nella competizione contro quelli veramente aperti e spariranno progressivamente.

Se un candidato non è soddisfatto delle opportunità offertegli dai due partiti aperti governati dagli elettori e si rivolge ad altri, o si propone di fondare un nuovo partito, sostanzialmente si sta po-nendo in uno dei seguenti modi: *i*) non si candida in un partito aperto, perché teme la competizione trasparente di fronte ai loro elettori; oppure *ii*) si è già candidato con un partito aperto, ma non gli è andata bene, quindi cerca un'opportunità di rivincita; oppure *iii*) è contrario ai partiti aperti e vuole creare un partito chiuso. Nel caso *ii*) non ha alcuna concreta speranza di soddisfare la sua sete di rivincita, perché conosce già la reazione degli elet-tori alla sua candidatura e alle sue proposte. Se crea un nuovo partito, questo sarà necessariamente un partito chiuso e raccoglie-rà un consenso marginale. Nel caso *i*) non conosce già la reazione degli elettori, ma il fatto che non si sia voluto candidare avendo avuto la più completa libertà di farlo, e di farlo con le sue idee e proposte senza scendere a compromessi con quelle preesistenti, non ha alcuna motivazione plausibile che non sia riconducibile

301

alla vanità del candidato. Il suo nuovo partito sarà quindi un partito personalistico, cioè un altro partito chiuso. La creazione del nuovo partito priva di vera motivazione sarà probabilmente penalizzata dagli elettori. Se ciò non accadesse, quel partito potrà avere temporaneamente qualche spazio, ma si tratterebbe pur sempre dello spazio marginale a cui è relegato un partito chiuso in competizione con partiti aperti.

Diverso sarebbe il caso in cui uno dei due partiti aperti imboccasse una strada involutiva e tendesse a chiudersi. Allora la creazione di nuovi partiti aperti avrebbe certamente possibilità di successo, perché i nuovi partiti aperti prevarrebbero nella competizione con quelli vecchi, ormai diventati chiusi o semichiusi, e li sostituirebbero progressivamente. La presenza di un folto gruppo di mini-partiti più o meno chiusi accanto ai due partiti maggiori aperti è da giudicare positivamente, perché contribuisce a scongiurare l'involuzione dei partiti aperti, e nel caso una tale involuzione prenda il sopravvento, accelera l'emergere di un nuovo partito aperto che rimpiazzi quello che si sta chiudendo.

Questi sono gli scenari che descrivono l'evoluzione del sistema partitico nel medio e lungo termine. Tuttavia, spesso in politica occorre preoccuparsi più di quello che può succedere nel breve e brevissimo termine. Per esempio, ci si può chiedere se i partiti aperti siano soggetti al rischio di spaccature nel periodo che intercorre tra le primarie e le elezioni generali, qualora i candidati perdenti volessero uscire per fondare partiti propri, necessariamente chiusi. Dobbiamo chiederci quale incidenza queste eventuali iniziative possano avere nell'immediato, posto che nel medio e lungo termine succede quanto menzionato sopra.

Negli Stati Uniti situazioni che potrebbero portare ad epiloghi come questo si verificano spesso. Vale dunque la pena analizzare alcuni casi recenti. Per esempio, sia nel 2008 che nel 2012 un candidato libertario, Ron Paul, rappresentante al Congresso eletto in un distretto del Texas, si presentò alle primarie presidenziali repubblicane. Ron Paul era un candidato inusuale, sostenuto da militanti giovani, motivati, fedeli e molto attivi su internet. Durante la stagione delle primarie i giornalisti chiedevano spesso a Paul se avesse intenzione di correre per la presidenza alla guida di un "terzo partito", in caso non avesse ottenuto la nomina repubblicana. Paul negò sempre di avere quel tipo di intenzione, ma non escluse mai in maniera assoluta quell'eventualità. Gli fu ripetutamente chiesto se avrebbe appoggiato il candidato nominato dal Partito Repubblicano, chiunque egli fosse, e rispose condizionando il suo eventuale appoggio all'accettazione dei punti-chiave del suo programma libertario. Alla fine, nel 2008, Paul non creò un partito proprio, ma nemmeno appoggiò il candidato nominato allora dal Partito Repubblicano, John McCain. Scelse invece di appoggiare i candidati di alcuni terzi partiti, quali il Partito Libertario, il Partito della Costituzione e il Partito Verde, oltre che il candidato indipendente Ralph Nader. Alla fine restrinse la rosa al solo candidato del Partito della Costituzione. Il tutto senza mai uscire dal Partito Repubblicano. Paul infatti è rappresentante repubblicano al Congresso dal 1997 ed è considerato membro del partito repubblicano dal 1976, con la sola interruzione del 1988, quando corse per la presidenza sotto le insegne del Partito Libertario.

Da questi fatti possiamo desumere che l'apertura dei partiti americani è tale che nemmeno chi si rifiuta di appoggiare il candidato nominato dal Partito Repubblicano perde il suo diritto di chiamarsi "repubblicano", anzi considerarsi un repubblicano più autentico di tutti gli altri, come Paul si considera da sempre, né perde il diritto di candidarsi ed essere eletto quale, per esempio rappresentante al Congresso di quel partito, né perde il diritto di ricandidarsi alla nomina repubblicana nella tornata elettorale successiva. Non è nemmeno concepibile, negli Stati Uniti, l'idea di "espellere" qualcuno dal partito, sia perché non esiste un'autorità che possa prendere decisioni simili, sia perché una tale eventualità non ha il minimo senso in un partito aperto. Per contro, nel lontano passato anche negli Stati Uniti vi furono espulsioni dai partiti (si ricordi che nella metà del 1800 il partito Whig espulse il presidente John Tyler), così come eventualità simili possono accadere ed effettivamente accadono ancora oggi nei nostri partiti chiusi.

La possibilità che un candidato perdente lasci il partito per crearne uno proprio col solo scopo di sottrarre una manciata di voti al partito di provenienza esiste, ma non desta particolare preoccupazione, per una serie di motivi. Occorre tenere presente che accanto ai due partiti aperti maggiori, che si divideranno la quasi totalità dell'elettorato, saranno sempre presenti tanti partiti minori, più o meno chiusi. Tipicamente quei partiti possono arrivare a raccogliere il due o tre per cento dei voti in totale, alle volte anche di più. Che i loro candidati provengano o meno dai partiti maggiori fa poca differenza. La sola presenza, comunque inevitabile, di questi partiti potrebbe essere considerata "di disturbo". In realtà, siccome quei partiti sono numerosi, in generale gli effetti della loro presenza, comunque imprevedibili, si mediano complessivamente a zero. Ciò vuol dire che disturbano in maniera più o meno equamente distribuita entrambi i partiti maggiori. Per esempio, nel 2000 Ralph Nader si candidò alle presidenziali americane con il Partito Verde. Alcuni sistengono che così facendo portò via voti al democratico Al Gore e favorì la vittoria del repubblicano George W. Bush. Si dice che la presenza di Nader fu cruciale soprattutto per determinare l'esito delle contestate elezioni in Florida. Si tratta, tuttavia, di discorsi fatti col senno di poi, perché non era prevedibile che Nader raccogliesse un "ottimo" 2,7% a livello nazionale in quella tornata elettorale, tanto che quattro anni dopo si ricandidò, ma allora i candidati di tutti i terzi partiti raccolsero meno dell'un per cento in totale. E ancora: è impossibile quantificare il presunto "danno" provocato nel 2008 al Partito Democratico dalla ricandidatura di Ralph Nader, stavolta con un partito indipendente, in rapporto al presunto "danno" provocato al Partito Repubblicano dal rifiuto di Ron Paul di appoggiare John McCain. Infine, come già sottolineato, la presenza o creazione di altri partiti, e questo tipo di movimenti di entrata e uscita da e per i partiti maggiori, non possono in alcun modo essere considerati elementi "di disturbo", nello spirito del sistema dei partiti governati dagli elettori, perché anzi contribuiscono a scongiurare il rischio che i partiti aperti si incamminino lungo un percorso involutivo che li porti a chiudersi. Impedire scelte come quelle di Ron Paul, per esempio, porterebbe presto il Partito Repubblicano alla chiusura.

Impossibilità di fare alleanze

Non sono possibili alleanze tra partiti aperti, perché i partiti aperti collassano fino a ridursi a due. Se volessero impedire questo collasso sarebbero costretti a introdurre demarcazioni artificiali per distinguersi, che li transformerebbero di fatto in partiti chiusi. Né sono possibili, o avrebbero senso, alleanze tra partiti aperti e partiti chiusi. Se un partito aperto decidesse di allearsi con un partito chiuso, sancirebbe di essere chiuso esso stesso.

In quanto aperti, i partiti U e C danno a tutti, inclusi i politici dei partiti chiusi, la possibilità di candidarsi, e a chiunque, inclusi gli elettori dei partiti chiusi, la possibilità di votare alle primarie e candidarsi a delegato. Se alcune persone decidono liberamente di non avvantaggiarsi di tali opportunità, fanno una scelta poco conveniente, ma che va rispettata come tale. Se un partito aperto accettasse alleanze con partiti chiusi, contraddirebbe se stesso, perché negherebbe il principio secondo il quale tutti devono essere uguali sulla linea di partenza, ed avere anche uguali possibilità pratiche, non solo teoriche, di vincere. Di fatto, permetterebbe al privilegio espulso dalla porta di rientrare dalla finestra, e dunque, come detto, sancirebbe la propria chiusura.

Come i partiti U e C estrometteranno tutti gli altri

Chi non si è mai avvicinato ad un partito italiano forse non ha un'idea ben precisa di come vengano decise le candidature al suo interno. Anche i partiti che usano il sistema delle primarie per qualche tipo di candidatura, tipicamente quelle relative alle cariche pubbliche più in vista, non usano alcun sistema trasparente per gli altri tipi di candidature, che sono la stragrande maggioranza, come le candidature a deputato, senatore, consigliere regionale, consigliere comunale. Certamente le leggi elettorali in vigore attualmente in Italia, che non sono uninominali, forniscono ai partiti esistenti pretesti per svicolare il probema. Per esempio, la legge elettorale per le elezioni politiche non è quella che si sposa in modo più naturale all'impiego di primarie sequenziali per la selezione dei candidati deputati e senatori. Una legge elettorale uninominale con date certe sarebbe sicuramente la più adatta. Tuttavia, l'utilizzo di primarie sequenziali per qualunque candidatura, o per compilare qualunque lista di candidati, non è impedito da nessuna legge elettorale. Nel prossimo capitolo spiegheremo come si può procedere concretamente con l'attuale legge elettorale italiana, anche nel caso delle candidature alle cariche non monocratiche.

I partiti esistenti non hanno regole trasparenti per scegliere i candidati che non sono eletti con elezioni primarie. Nella maggior parte dei casi a selezionare quei candidati sono pochissime persone, quelle che compongono i cosiddetti "vertici" del partito, con metodi discutibili, che non coinvolgono gli elettori e nemmeno gli iscritti, ma basati unicamente su relazioni personali e rapporti di forza più millantati che reali. Per forza di cose, i metodi usati in quei vertici si prestano ad infinite contestazioni e il tasso di litigiosità interna di quei partiti è altissimo. Ad ogni tornata elettorale la scelta dei candidati accontenta una frazione minima del partito, diciamo il 20%, e scontenta tutti gli altri. Se i partiti chiusi sono messi in competizione unicamente con altri partiti chiusi, come succede oggi, gli sontenti hanno due sole possibilità: restare nel partito che ha negato loro la possibilità di misurarsi cogli elettori, o uscire e fondare un nuovo partito. La seconda opzione è difficile da percorrere, soprattutto a ridosso delle elezioni. La quasi totalità degli scontenti, quindi, resterà nel partito, ma preparerà la vendetta. Da quel momento quelle persone passeranno la maggior parte del loro tempo a studiare tutti i metodi possibili per rifarsi dei torti subiti. Qualunque iniziativa, anche una semplice conferenza-dibattito su temi d'attualità, o la presentazione di un libro, verrà strumentalizzata a quello scopo. La politica in quanto tale passerà in secondo piano, la volontà degli elettori sarà lontana anni luce.

Tuttavia, se i partiti chiusi sono messi in competizione con i due partiti aperti U e C, gli sontenti avranno una terza possibilità, molto più praticabile. Non dovranno creare un nuovo partito, basterà loro candidarsi alle primarie del partito U o del partito C. Avranno dunque l'opportunità di misurarsi cogli elettori, quell'opportunità che è stata loro negata dai partiti chiusi di provenienza. Se il loro messaggio riscuoterà consenso, nessuno fermerà la loro avanzata. Se il loro messaggio non avrà presa, potranno almeno accettare di buon grado il responso degli elettori, perché proveniente da elettori consultati in modo chiaro e trasparente, non frutto di sotterfugi, accordi obliqui e pugnalate alle spalle.

In questo modo, i partiti aperti U e C funzionano come delle calamite, o delle spugne, e assorbono velocemente tutte le forze e le energie altrui. Ad ogni tornata elettorale falceranno i partiti chiusi di una porzione significativa dei loro membri, che potrebbe andare dal 50% fino all'80%. In due-tre passaggi i partiti chiusi verranno distrutti e resteranno in piedi solo due i partiti aperti funzionanti col meccanismo delle primarie sequenziali correlate alla convention. I partiti chiusi attuali saranno relegati a formazioni politiche di contorno. Questo risultato è ottenibile partendo da qualunque situazione iniziale, anche quella italiana attuale, con qualunque legge elettorale e qualunque sistema istituzionale.

Offrire tutto per offrire di più

Chi offre di più raccoglie chiaramente di più. Un partito che agli elettori offre tutto, che lascia che siano gli elettori a decidere tutto, paritariamente, in tutte le fasi e a tutti i livelli, raccoglie il massimo del consenso. Non esiste metodo per raccogliere un consenso più ampio. Nessun partito potrà mai offrire più di quello che offre un partito aperto, quindi nessun partito può resistere se messo in competizione con un partito aperto.

Chiedere agli elettori il voto in cambio di semplici promesse elettorali, come fanno i partiti chiusi, è una strategia intrinsecamente perdente, ma può diventare vincente, per un periodo di tempo più o meno lungo, se adottata in un sistema in cui tutti fanno altrettanto. Se non sono messi in competizione contro partiti aperti, i partiti chiusi continuano con questa strategia finché non ingenerano negli elettori un senso di ripulsa che causa la progressiva perdita di consenso. A quel punto i partiti chiusi cercano di correre ai ripari mettendo in atto qualche ritocco, magari cambiando nome, oppure si rassegnano al calo di consenso per essere sostituiti da altri partiti chiusi. In questo modo il processo di ricambio è lentissimo e il coinvolgimento degli elettori è bassissimo.

Il partito aperto permette agli elettori di esercitare il potere che spetta loro di diritto, mette a loro disposizione quanto loro abitualmente sottratto dai partiti chiusi, e permette agli elettori dei partiti chiusi di rendersi finalmente conto di ciò di cui sono stati privati per tanto tempo. Immaginiamo un tribunale civile chiamato a quantificare i danni causati dai partiti chiusi ai cittadini italiani per decine d'anni, in termini di privazione di libertà, diritti ed opportunità nella vita, e chiediamoci quanto sarebbe diversa la nostra esistenza se fossimo vissuti in un paese dotato da sempre del sistema dei partiti governati dagli elettori.

Nelle prime fasi, forti della abusiva posizione di vantaggio acquisita in passato, i partiti chiusi fingeranno probabilmente di incorporare alcune istanze avanzate dai partiti aperti, al fine di depotenziarle e distrarre gli elettori, sperando che la questione venga col tempo dimenticata, come succede con una moda passeggera, quasi che l'elettore possa dimenticarsi di essere defraudato quotidianamente dei suoi diritti e poteri. Se veramente i partiti chiusi assorbissero le istanze poste da quelli aperti, diventerebbero aperti anche loro, e poi collasserebbero nei due partiti aperti finali U e C. Più probabilmente, i partiti chiusi faranno soltanto delle operazioni di facciata. Per esempio, gli apparati potrebbero adottare piccole forme di apertura, giusto "per poter dire di averlo fatto", sperando invano che la chiusura restante non dia troppo nell'occhio. È ragionevole pensare che anche le minime forme di apertura menzionate saranno adottate soltanto dopo che gli apparati si saranno convinti, a torto o a ragione, di poterle tenere sotto controllo. In ogni caso, non sono le contorsioni dei partiti chiusi, né il loro destino, a meritare la nostra attenzione, perché non potranno comunque resistere alla competizione coi partiti aperti.

Col sistema delle primarie sequenziali correlate alla convention, il candidato nominato conosce in anticipo le proposte degli elettori e può adattare le sue posizioni personali a quelle, in modo da massimizzare il consenso in vista delle elezioni generali. Gli elettori, d'altra parte, hanno modo di consultarsi in più momenti e a più livelli sulle proprie intenzioni e i propri orientamenti: non sono costretti ad accontentarsi di vaghe promesse elettorali. Come negli Stati Uniti, durante la stagione delle primarie il passato dei candidati e il loro "curriculum politico", se ne hanno già uno, saranno esaminati pubblicamente e scrupolosamente. Quando il candidato si ripresenterà per un secondo mandato, se non avrà deluso i suoi elettori potrà stare relativamente tranquillo, perché saranno pochi gli sfidanti a scendere in campo contro di lui nelle primarie. In caso contrario, verrà sfidato molto presto. Non tanto alle elezioni generali, e nemmeno alla convention, perché probabilmente non ci arriverà, ma già nelle prime primarie della sequenza dovrà vedersela contro numerosi avversari agguerriti del suo stesso partito. Magari in alcune consultazioni il candidato se la caverà. Tuttavia, come abbiamo più volte sottolineato, nelle primarie sequenziali non conta soltanto vincere, ma è cruciale battere le aspettative. Chi si ripresenta per un secondo o terzo mandato, alimenta ovviamente delle aspettative molto alte. Se, sfidato da oppositori di rilievo, ottiene una serie di risultati deludenti, sarà penalizzato con effetto amplificato in tutte le primarie successive. Verso la metà della sequenza avrà già visto emergere candidati più forti di lui e sarà costretto al ritiro. Nei partiti chiusi, invece, chi si presenta per un secondo mandato ha in genere la ricandidatura garantita, per volontà dell'apparato, e può sempre sperare di cavarsela alle elezioni generali, nel caso gli altri partiti presentino candidati molto peggiori di lui.

La "composizione verticale" dei partiti U e C

Come sappiamo, i partiti governati dagli elettori non hanno una vera e propria "struttura", o "organizzazione". In essi possiamo distinguere unicamente una "composizione" in filoni verticali, ognuno dei quali è associato a

1. un territorio;
2. un elettorato;
3. una carica pubblica;
4. un sistema PSC per la selezione del candidato e il governo del partito.

Ciascun filone, come più volte ribadito, è indipendente dagli altri, caratterizzato da elezioni distinte, primarie distinte, convention distinte. Le decisioni prese in un filone non hanno alcun valore sugli altri filoni, e qualunque tentativo di interferenza, molto prima che essere rispedito al mittente, verrebbe semplicemente ignorato.

L'unità del partito è garantita unicamente dall'unità del suo elettorato. I filoni di cui parliamo si sovrappongono in varie maniere: gli elettorati sono gli stessi o parzialmente gli stessi, i territori si intersecano o sono inclusi gli uni negli altri, i rappresentanti eletti di territori diversi possono essere destinati a far parte della stessa assemblea. È l'elettorato ad unire, ad armonizzare candidature, programmi e regole emerse in filoni diversi.

Il sistema PSC associato alla nomina del candidato premier può essere dotato di un'architettura federale, simile a quella che si è dimostrata cruciale per il progresso dei partiti americani. Per esempio, la convention nazionale può limitarsi ad approvare vincoli, criteri di indirizzo e restrizioni da soddisfare nella selezione dei delegati e nell'organizzazione delle primarie regionali, e devolvere la definizione delle regole precise di ciascuna regione alla "sottoconvention" formata dai delegati alla convention nazionale provenienti da quella regione, riunita prima o dopo la convention nazionale. Procedure come queste possono rendersi necessarie anche per semplici ragioni pratiche, perché semplificano e accelerano i lavori della convention. Non è conveniente che i mille e più delegati che partecipano alla convention nazionale siano chiamati a discutere ed approvare tutti i dettagli delle consultazioni che si terranno nelle singole regioni. Nel momento in cui alle sottoconvention regionali si dà ampia libertà di decidere autonomamente all'interno dei vincoli imposti dalla convention nazionale, quest'ultima potrà limitarsi a verificare il corretto rispetto di quei vincoli, dirimere le controversie, e comminare penalizzazioni in caso di violazioni. Da ricordare infine che la gerarchia tra la convention e le sottoconvention, o i comitati esecutivi, deve essere sempre una "gerarchia ribaltata", nel senso che il livello superiore deve essere uno strumento per attuare le disposizioni decise dal livello inferiore, non viceversa, e il potere deve diminuire e specializzarsi man mano che si sale di livello e si coinvolgono insiemi più ristretti di persone.

Qualora le amministrazioni locali decidano di organizzare e quindi regolamentare "primarie legali", i partiti U e C potranno chiedere, tramite i loro rappresentanti nelle assemblee elettive locali (consigli regionali, comunali, eccetera), che la regolamentazione sia abbastanza flessibile da adattarsi alle scelte specifiche del partito, come formulate dalla convention e dalle sottoconvention. In caso contrario i partiti, tramite i comitati organizzatori delle primarie, saranno costretti ad informare per tempo i loro elettori che le primarie legali organizzate dalle amministrazioni locali saranno considerate di valore nullo e sostituite da primarie autogestite organizzate nel rispetto delle regole del partito.

Diffusione del progetto

Cercando di diffondere il progetto dei partiti governati dagli elettori, ci si può imbattere in reazioni di tre tipi. Molte persone, la maggioranza, si convincono della bontà del progetto prima ancora che si finisca di spiegarglielo. Anzi, spesso si mostrano in grado di anticipare, senza conoscerle, idee e proposte già sperimentate con successo negli Stati Uniti. La ragione è che il sistema dei partiti governati dagli elettori è in fondo semplice e si sposa perfettamente col senso comune. Di solito, le persone appartenenti a questa prima categoria non fanno o hanno mai fatto politica direttamente, quindi sono mentalmente più libere. Altre persone, una parte minoritaria ma consistente, reagiscono inizialmente con diffidenza, ma si convincono in una fase successiva. Il problema è che possono impiegare degli anni a cambiare idea. Si tratta di persone che cercano o hanno cercato di fare politica, e si sono scontrate coi metodi usati dai partiti chiusi. All'inizio, tuttavia, seguono il percorso tracciato da quei partiti, anche perché non si rendono conto che è un vicolo cieco. Col tempo si accorgono che quel percorso in realtà è funzionale a selezionare una precisa tipologia di persone, diversa dalla loro. Capiscono di aver perso tempo, vedono lentamente scivolare via le opportunità della vita. Ciò li costringe a porsi quegli interrogativi che avevano scansato anni prima, e a convincersi che la soluzione del problema esiste ed è quella descritta qui. Infine, esiste una minoranza fatta di persone che non sono interessate e quindi non si convinceranno mai. Sono politici di professione o persone animate da ideologie o antiamericanismo viscerale, oppure persone che ruotano attorno al sistema odierno dei partiti chiusi, come giornalisti, commentatori, "osservatori" ed "esperti" di politica. È sconsigliabile investire tempo ed energia per convincere le persone della terza categoria, oppure convincere prima del tempo le persone della seconda.

Venendo in contatto con gruppi politici e partecipando alle loro riunioni, oppure seguendo i loro dibattiti, spesso si nota che mancano regole minime per garantire a tutti di parlare serenamente, ridurre i tempi di intervento al minimo sufficiente, impedire interruzioni sistematiche, e comportamenti provocatori e non consoni tenuti dagli uni mentre parlano gli altri. Se non mancano

311

completamente, le regole vengono enunciate e mai fatte rispettare. Molte persone non intervengono affatto nella discussione per contribuire, ma per logorarla, sfruttando la propria libertà di espressione non per esprimersi, ma per negare la libertà di espressione altrui. Spesso si avvantaggiano dell'ingenuità o complicità dei moderatori che non insistono per avere risposte e far rispettare le regole. Monopolizzano l'attenzione e consumano il tempo che spetterebbe agli altri, oppure elencano una serie di ovvietà per far scorrere il tempo e svicolare via dalle domande scomode. Per fare un confronto, è sufficiente seguire alcuni programmi politici trasmessi quotidianamente su canali americani come Foxnews, Cnn e Msnbc (o reperire i video di quei programmi via internet), per capire cosa vuol dire fare domande e pretendere risposte. In molte riunioni di gruppi politici, poi, si nota la mancanza totale di regole eque e trasparenti per prendere decisioni, avanzare proposte e votarle. Quelle riunioni si risolvono sempre in un nulla di fatto e una perdita di tempo. Non sorprende che raccolgano una partecipazione scarsa. I cittadini non possono essere accusati di disinteresse soltanto perché si rifiutano di partecipare a riunioni inutili, nelle quali non si decide nulla, e l'unico motivo per cui li si invita è perché servono a "fare presenza", in modo che il politicante che ha organizzato l'evento e li ha insistentemente chiamati al telefono per portarceli possa mostrare ai suoi colleghi di saper attrarre persone, e usare quell'argomento per mendicare un po' di considerazione da parte dell'apparato quando si decideranno le candidature. D'altra parte, non si può pretendere che gruppi di persone che non riescono nemmeno a darsi delle regole per organizzare una semplice discussione in maniera equilibrata siano interessate ad un progetto come quello descritto qui. Non è conveniente darsi da fare per convincere chi non è pronto. È preferibile abbandonare quel gruppo, partito, riunione o discussione, e diffondere o ridare vita al progetto altrove, cioè realizzare un partito aperto ex-novo, considerato anche che non comporta particolari costi.

Il cominciamento

Come sappiamo, il problema più difficile della democrazia rappresentativa è che con poche regole pratiche è molto facile negare di fatto ciò che in principio ci si propone di realizzare: il governo popolare dei partiti, la corretta rappresentanza della volontà popolare, la trasparenza, l'eliminazione del privilegio, eccetera. Le soluzioni soddisfacenti sono rare, le "soluzioni" inadeguate sono infinite. Per questo, nella fase iniziale è fondamentale "importare" la soluzione americana cambiandola il meno possibile, mettendo da parte le pulsioni creative che ci spingono a "fare di testa nostra" sempre e comunque, perché tanto "siamo sicuri" che le nostre modifiche sono solo migliorative. Invece, questa garanzia non la abbiamo affatto, per un motivo molto semplice. Prima che il traguardo sia raggiunto, le persone che propongono modifiche e soluzioni non sono rappresentative, perché per definizione selezionate con metodi sbagliati. Non c'è alcuna garanzia che abbiano interesse a proporre modifiche che vanno nella direzione giusta, e inoltre manca l'esperienza per verificare se quelle proposte soddisfano veramente i requisiti. Più probabilmente, quelle persone proporranno, con inusuale solerzia, tantissime soluzioni alternative sbagliate col solo scopo di distrarre il processo di realizzazione della soluzione giusta. Una volta raggiunto il traguardo, invece, è il sistema stesso delle primarie sequenziali correlate alla convention a stabilizzarsi e a preservarsi, perché prevede anche come progredire, emendarsi, modificarsi, con un processo interno, non sulla base di proposte provenienti da persone autoreferenziali o con nessun grado di rappresentatività, bensì a partire dai delegati, cioè elettori tra elettori. Preservare il traguardo una volta raggiunto sarà dunque relativamente facile. Invece, la fase iniziale è l'unica fase rischiosa, in cui può succedere di veder vanificare d'un colpo i progressi fatti. Anche per questo motivo il progetto deve essere visto inizialmente come un progetto itinerante. Non è conveniente fissarsi ed insistere su un tentativo o pochi tentativi particolari, ma è preferibile spostarsi di continuo e ricominciare altrove. L'esperienza accumulata nei primi tentativi falliti permetterà comunque di accelerare il processo in ciascun tentativo successivo.

Leggi elettorali e assetti istituzionali

Soddisfare il criterio della cassiera è condizione necessaria e sufficiente perché un sistema politico nel suo complesso, fatto di partiti, leggi elettorali e assetti istituzionali, sia una democrazia rappresentativa. Che i partiti siano governati dagli elettori è una condizione necessaria. Strettamente parlando, non è una condizione sufficiente, giacché non possiamo escludere che leggi elettorali assurde e assetti istituzionali sbagliati possano, in linea di principio, impedire ai partiti governati dagli elettori di soddisfare il criterio della cassiera. Tuttavia, possiamo dire che è una condizione "quasi sufficiente", perché tutte le "democrazie qualunque" sono provviste di elezioni e sistemi istituzionali accettabili. È veramente difficile immaginare leggi elettorali e sistemi istituzionali che vanifichino il criterio della cassiera in presenza di partiti governati dagli elettori, mentre è facile immaginare organizzazioni partitiche che eludano la rappresentatività, anche in presenza di assetti istituzionali e leggi elettorali che si sposano perfettamente col sistema dei partiti governati dagli elettori: per più di un secolo e mezzo negli Stati Uniti i partiti furono il terreno di scontro di boss locali e teatro di macchinazioni, eppure l'architettura istituzionale di quel paese era praticamente la stessa di quella odierna.

Finora abbiamo studiato i partiti governati dagli elettori, cosa sono e come devono funzionare per raggiungere i loro obiettivi, come possono essere realizzati in Italia e altrove, ignorando quasi completamente i sistemi elettorali ed istituzionali in cui i partiti sono immersi. La ragione principale è che questi ultimi non hanno in principio, e non devono avere di fatto, ricadute sul progetto. Che i partiti siano o meno governati dagli elettori non dipende da leggi elettorali e sistemi istituzionali, ma dalle libere scelte dei partiti stessi. Cambiare i partiti chiusi transformandoli in partiti aperti, oppure creare partiti aperti nuovi da mettere in competizione con i vecchi partiti chiusi, in modo da estrometterli progressivamente dalla vita politica e sostituirli, è possibile senza approvare una sola legge elettorale, senza modificare un solo articolo della Costituzione. È dunque conveniente tenere i due argomenti separati, anche perché di solito presunte difficoltà a realizzare il sistema dei partiti governati dagli elettori in un assetto istituzionale come quello italiano sono invocate pretestuosamente per distrarre l'attenzione dall'obiettivo finale e difendere il privilegio che i pochi si sono arrogati a danno dei molti. Il diritto degli elettori a governare paritariamente i partiti, e di essere gli unici a farlo, non dipende e non può dipendere da sistemi elettorali o istituzionali.

Il sistema istituzionale italiano, e le leggi elettorali vigenti non pongono alcun ostacolo alla realizzazione dei partiti aperti. Non è necessario attendere modifiche della legge elettorale e riforme istituzionali. Questo tipo di riforme dovrà seguire la realizzazione dei partiti governati dagli elettori, non precederla. Sicuramente, infatti, quando arriveranno al potere i partiti U e C cambieranno le leggi elettorali e la Costituzione in modo da adattarle meglio al sistema dei partiti governati dagli elettori.

Vediamo come procedere nel caso si voglia applicare il sistema PSC alla selezione dei candidati deputati e senatori con la legge elettorale vigente oggi in Italia, che è proporzionale con premio di maggioranza, e prevede collegi di dimensioni inusualmente grandi, chiamati allo scopo circoscrizioni. Nel caso dell'elezione dei senatori i collegi coincidono con le regioni, nel caso dell'elezione dei deputati coincidono con le regioni tranne che per le regioni grandi, frazionate in tre parti (Lombardia) o due (Piemonte, Veneto, Lazio, Campania e Sicilia).

Volendo stabilire una relazione stretta tra candidati e territorio di riferimento, la suddivisione delle circoscrizioni in collegi uninominali, non prevista dalla legge elettorale vigente, dovrà essere fatta autonomamente "dal partito". Nel caso dei partiti governati dagli elettori non ha senso parlare impersonalmente di "partito", ma occorre specificare quale convention abbia l'onere di stabilire regole come queste.

Procediamo con ordine, dando prima una serie di regole che potrebbero valere per la prima volta. Poi sarà relativamente facile identificare l'autorità (cioè la convention) che si occuperà di dirimere le contestazioni ed eventualmente modificare le regole per le volte successive. Per concretezza, ci riferiamo all'elezione dei senatori, quindi la circoscrizione di riferimento sarà una regione, per esempio la Toscana, alla quale supponiamo spettino 18 senatori. La legge prevede un premio di maggioranza regionale al partito o coalizione che si classifica per primo, pari al 55% dei senatori eletti. Ipotizziamo quindi di voler candidare non una lista di 18 senatori, giacché non è realistico pensare di raggiungere il 100% dei voti, ma una lista di 10 senatori, che è poco più del 55% di 18. Suddividiamo pertanto la Toscana in dieci collegi uninominali di popolazione non troppo diversa. Per esempio, la prima volta si può assegnare un collegio a ciascuna delle province escluse Firenze e Prato, e dividere il territorio complessivo di Firenze e Prato in due collegi più o meno uguali. In ciascun collegio uninominale si applica il sistema PSC, con il quali gli elettori eleggono il candidato senatore corrispondente a quel collegio e i delegati alla convention di quel collegio. Abbiamo dunque 10 filoni indipendenti, che selezionano i 10 candidati senatori e si autogovernano. Rimane il problema di ordinare la lista dei 10 candidati senatori da presentare alle elezioni, perché la legge prevede che gli eletti siano i primi elencati sulla lista.

Una possibilità è indire un turno successivo di "primarie", da tenere lo stesso in tutta la regione, appositamente per questo scopo. La regione Toscana, tra l'altro, prevede già consultazioni simili a livello regionale, che ha chiamato impropriamente "primarie". Un'altra possibilità è convocare la "convention delle convention", cioè la convention regionale che riunisce i delegati eletti in tutti i collegi uninominali. La convention delle convention è l'autorità che dirime le questioni riguardanti la lista regionale. Tra i suoi compiti ci può essere, appunto, anche stabilire l'ordine dei candidati in lista. Investire di un compito delicato come questo un numero ristretto di persone invece degli elettori, quale i delegati alla convention, che potranno essere circa un centinaio in Toscana, può rendere le operazioni controllabili, quindi comporta dei rischi, come accordi sottobanco e manovre non trasparenti. Il rischio è ridotto dal fatto che i delegati sono elettori tra elettori, non hanno mai fatto politica, non hanno nulla da guadagnare o da perdere, e fare il delegato alla convention non porta vantaggio alcuno. Tuttavia, se si sceglie questa strada è conveniente prendere delle precauzioni per ridurre il rischio ancora di più.

Alla convention delle convention si procederà nel seguente modo, ispirato ai caucus americani. Ogni candidato senatore avrà venti minuti di tempo per parlare ai delegati e convincerli a votare per lui. Poi i delegati avranno un'ora di tempo per discutere fra loro, con interventi di 5 minuti al massimo cascuno. Infine voteranno, in modo palese. Ogni delegato avrà a disposizione 10 voti e ne dovrà esprimere almeno 6, con i quali potrà ordinare la lista dei candidati senatori secondo le sue preferenze. All'ultimo della lista darà un punto, al penultimo 2, al terzultimo 3, e così via. La classifica finale sarà compilata sommando i punti raccolti da ciascun candidato. La regola matematica volutamente complicata è una precauzione sufficiente per impedire eventuali macchinazioni e rendere la votazione non-controllabile.

Con questo sistema ogni candidato senatore sarà in parte legato al territorio/collegio dal quale avrà ricevuto l'investitura, e in parte alla regione nel suo complesso, per aver ricevuto un punteggio migliore degli altri nelle votazioni tenutesi nella convention delle convention. Infine, la convention delle convention stabilirà le regole regionali, tra cui i collegi uninominali, per la volta successiva.

Queste osservazioni mostrano che nemmeno la legge elettorale italiana può giustificare ritardi o dilazioni nella realizzazione del sistema dei partiti governati dagli elettori. Detto questo, è chiaro che ai due partiti aperti non basterà vincere le elezioni, conquistare e redistribuirsi la quasi totalità dell'elettorato, ma, una volta arrivati al potere, vorranno sicuramente riscrivere la Costituzione, fors'anche dalla prima all'ultima parola, per poi sottoporre la nuova Costituzione a referendum popolare. Inoltre, cambieranno tutte le leggi che regolano le materie elettorali in Italia, per armonizzarle il più possibile al sistema dei partiti governati dagli elettori e al processo fatto di primarie sequenziali correlate alla convention. Vediamo dunque quali sono le eleggi elettorali e gli assetti istituzionali più adatti al sistema dei partiti governati dagli elettori.

Sono sicuramente preferibili leggi elettorali uninominali a leggi elettorali proporzionali. Queste ultime costringono i partiti aperti a suddividere il territorio in modo un po' artificiale, come nell'esempio presentato sopra. Il sistema uninominale permette di saltare il passaggio in cui vengono ordinati i candidati nelle liste e associa in modo più naturale ogni candidato ad un territorio di riferimento. Se il sistema PSC fosse stato adottato con la legge elettorale semimaggioritaria Mattarella, la realizzazione del progetto sarebbe stata più immediata. Tuttavia, di nuovo, leggi elettorali imperfette possono al massimo frapporre qualche ostacolo in più, non certo impedire la realizzazione dell'obiettivo finale, cioè i partiti governati dagli elettori.

Col sistema PSC universale si realizza anche la massima separazione dei poteri, nel senso che il processo di selezione dei candidati a cariche legislative non interferisce col processo di selezione dei candidati a cariche esecutive. Una Costituzione che preveda la netta separazione dei poteri anche a livello istituzionale sarebbe auspicabile. Non è tuttavia necessario specificare qui la possibile nuova Costituzione in dettaglio, anche perché esistono numerose alternative che si possono adattare ugualmente bene al sistema PSC. Allo stesso tempo, replicare la Costituzione americana in Italia, con una struttura federale basata sulle attuali regioni, o regioni nuove, con date certe per le elezioni e durate certe delle cariche pubbliche, inserendo magari la mozione di sfiducia popolare per qualunque rappresentante eletto in carica, è forse la via più semplice per garantire un risultato sicuramente soddisfacente.

Non sono consigliabili leggi elettorali con preferenze. Le preferenze sovrappongono la competizione tra candidati dello stesso partito alla competizione tra partiti. In questo senso, vanno nella direzione opposta rispetto a quella imboccata dal sistema PSC. Invece che diluire la competizione per permettere agli elettori di valutare meglio i candidati, sovrappongono competizioni diverse creando soltanto confusione. Le elezioni primarie si chiamano appunto *prima*rie perché anticipano la competizione interna ai partiti rispetto alla competizione tra candidati di partiti diversi. Al momento delle elezioni generali le questioni interne ai partiti devono essere già tutte risolte.

È consigliabile inserire un numero massimo di mandati per qualunque carica pubblica, per esempio 2 o 3. Un mandato unico sarebbe controproducente, perché soltanto la possibilità di ripresentarsi di fronte agli elettori per ottenere la ricandidatura può stimolare un rappresentante eletto a tener fede alle promesse fatte in campagna elettorale. D'altra parte, un difetto spesso imputato ai sistemi democratici è quello di non permettere scelte, provvedimenti o riforme "impopolari", forzando i rappresentanti eletti ad inseguire costantemente gli umori, alle volte i capricci, degli elettori. Introducendo il numero massimo di mandati si creano le condizioni affinché, nell'ultimo mandato, il rappresentante in carica sia completamente libero di prendere quel tipo di decisioni, senza essere ossessionato da considerazioni elettoralistiche. Infine, per favorire il ricambio il numero massimo di mandati dovrebbe essere 2 o 3.

Infine, i partiti U e C, una volta al potere, vorranno sicuramente approvare leggi per le primarie pubbliche, e superare così la fase transitoria in cui le primarie sono autogestite dai partiti.

Non è conveniente che, una volta arrivati al potere, i partiti aperti approvino leggi per sancire, ad esempio, che i partiti chiusi siano illegali o non possano presentarsi alle elezioni. Questo tipo di artifici può servire soltanto a difendere sistemi fragili, come appunto quelli dei partiti chiusi attuali, mentre il sistema dei partiti governati dagli elettori ha una forza intrinseca sufficiente a garantirne la stabilità. Tuttavia, quella forza e quella stabilità sono conseguenze del suo dinamismo. Ad essere stabile è il sistema dei partiti aperti in quanto sistema, non i singoli partiti aperti. Non esiste garanzia che un partito aperto rimanga tale e non imbocchi una spirale involutiva che lo porti alla chiusura. Pertanto, la nascita continua di altri partiti, inizialmente aperti o chiusi, pronti eventualmente ad aprirsi e a sostituire i vecchi, non deve essere limitata in alcun modo, anzi contribuisce a garantire quel dinamismo che solo può garantire la stabilità del sistema in quanto tale.

Infine, sarà opportuno approvare un insieme di "liberalizzazioni", per esempio togliere valore legale a nomi e simboli di partito, eliminare i simboli dei partiti dalle schede elettorali, enfatizzare i nomi dei candidati sui nomi dei partiti, usare, come schede elettorali, semplici fotocopie su carta semplice, far votare con metodi che permettano di contare i voti servendosi di macchine apposite, eccetera.

Bibliografia

Nota: è possibile che alcuni documenti non siano più disponibili ai siti indicati o siano stati modificati. Alle volte possono essere recuperati presso Web Archive, web.archive.org, inserendo il link indicato e scaricando la versione corrispondente a un'opportuna data precedente.

Documenti di partito

[DP1] *The Proceedings Of The United States Anti-Masonic Convention*, Philadelphia, 11/9/1830,
users.crocker.com/~acacia/text_usamc.html

[DP2] *Populist Party Platform Of 1892*, The American Presidency Project,
www.presidency.ucsb.edu/showplatforms.php?platindex=P1892

[DP3] *The Charter And The Bylaws Of The Democratic Party Of The United States*, Ottobre 2003,
www.democrats.org/pdfs/charter.pdf

[DP4] *The Charter And The Bylaws Of The Democratic Party Of The United States*, as amended by the Democratic National Committee, 20/8/2010,
wa-demchairs.org/dnc/Charter_and_Bylaws_8_20_10.pdf

[DP5] *Evolution Of The Democratic Party's Rule On The Timing Of Presidential Primaries And Caucuses*,
a9.g.akamai.net/7/9/8082/v001/democratic1.download.akamai.com/8082/pdfs/commission/20050325_evolution.pdf

[DP6] Terence R. McAuliffe (Chairman), *Call For The 2004 Democratic National Convention*,
scribd.com/doc/192089/Democratic-National-Committee-Release-Call-for-the-2004-Democratic-National-Convention

[DP7] Howard Dean (Chairman), *Call For The 2008 Democratic*

National Convention, Democratic Party of the United States,
s3.amazonaws.com/apache.3cdn.net/c313170ef991f2ce12_iqm6iyofq.p
df

[DP8] *Call For The 2012 Democratic National Convention,*
thegreenpapers.com/P12/2010-08-20-
DRAFT_2012_Call_for_Convention_8_19_10.pdf

[DP9] *Delegate Selection Rules,* For the 2008 Democratic National Convention,
s3.amazonaws.com/apache.3cdn.net/3e5b3bfa1c1718d07f_6rm6bhyc4
.pdf

[DP10] *Delegate Selection Rules,* For the 2012 Democratic National Convention,
thegreenpapers.com/P12/2010-08-20-
DRAFT_2012_Delegate_Selection_Rules_8_19.pdf

[DP11] *Delegate Selection Plan,* For the 2012 Democratic National Convention, my.democrats.org/page/content/SelectionPlan/

[DP12] *The Rules Of The Republican Party,* as adopted by the
2004 Republican National Convention, August 30, 2004,
www.gop.com/About/AboutRead.aspx?AboutType=4 (via Web Archive)

[DP13] *The Rules Of The Republican Party,* as adopted by the
2008 Republican National Convention, September 1, 2008,
www.gop.com/images/legal/2008_RULES_Adopted.pdf

[DP14] *A Review Of The Republican Process, Nominating Future
Presidents,* Advisory Commission on the presidential nominating
process, report commissioned on behalf of the Republican National Committee, Maggio 2000, pweb.jps.net/~md-r/ps/brockreport.pdf

[DP15] *Call For The 2004 Republican National Convention,*
Republican Party of the United States,
www.gop.com/Images/2004Call.pdf

[DP16] *Call For The 2008 Republican National Convention,*
Republican Party of the United States,
www.gop.com/images/2008_Call_FINAL.pdf

[DP17] *Call For The 2012 Republican National Convention,*
www.scribd.com/doc/77192285/Call-of-the-2012-Republican-National-
Convention

Primarie

[DP18] *Pennsylvania Delegate Selection Plan For The 2004 Demo-cratic National Convention,*
www.padems.com/delegateplan.pdf

[DP19] *New Hampshire Delegate Selection Plan For The 2004 Democratic National Convention,*
www.nhdp.org/delegateplan.htm (via Web Archive)

[DP20] *New Hampshire Delegate Selection Plan For The 2008 Democratic National Convention,*
wa-demchairs.org/2008/caucus/New_Hampshire.pdf

[DP21] *New Hampshire Delegate Selection Plan For The 2012 Democratic National Convention,*
www.nhdp.org/wp-content/uploads/2012/03/NHDP-2012-Delegate-Selection-Plan.pdf

[DP22] *Mississippi Delegate Selection Plan And Affirmative Action Plan For The 2004 Democratic National Convention,*
http://www.msdemocrats.net/2004DelegateSelectionplan.htm

[DP23] *Montana Delegate Selection Plan For The 2004 Democratic National Convention,*
www.montanademocrats.org/images/pdfs/04delegateplan.pdf

[DP24] *The 2004 Delegate Selection Plan Of The New York State Democratic Party,*
www.nydems.org/html/documents/2004delegateselectionplan.pdf

Caucus

[DP25] *Maine Delegate Selection Plan for the 2004 Democratic National Convention,*
207.21.240.115/mdp/2004_delegateselectionplan.pdf

[DP26] *Wyoming Delegate Selection And Affirmative Action Plan For The 2004 Democratic National Convention,*
http://wyomingdemocrats.com/index.php?action=GetDocumentAction&id=3

Dati e risultati elettorali

[DR1] Dave Leip, *Atlas Of U.S. Presidential Elections,*

www.uselectionatlas.org

[DR2] *1996 Presidential Primary Election Results*, Federal
Election Commission, www.fec.gov/pubrec/fe1996/presprim.htm

[DR3] *Election 2000, Primary, Caucus And Convention Results*,
The Green Papers, www.thegreenpapers.com/PCC/PCC.html

[DR4] *Election 2004, Primary, Caucus And Convention Results*,
The Green Papers, www.thegreenpapers.com/P04/

[DR5] *Election 2008, Primary, Caucus And Convention Results*,
The Green Papers, www.thegreenpapers.com/P08/

[DR6] *Election 2012, Primary, Caucus And Convention Results*,
The Green Papers, www.thegreenpapers.com/P12/

[DR7] *Caucus History: Past Years' results*, The Des Moines Register, desmoinesregister.com/article/99999999/NEWS09/71114028

[DR8] U.S. Census Bureau, *Current Population Survey*, Novem-
ber 2004
www.census.gov/population/www/socdemo/voting/cps2004.html

Documenti a carattere enciclopedico o di glossario

[DE1] Online Etymology Dictionary, www.etymonline.com, alle voci *caucus* e *powwow*

[DE2] *Primary/Caucus/Convention Glossary*, The Green Papers:
History, www.thegreenpapers.com/Definitions.html

[DE3] Classic Encyclopedia, 1911encyclopedia.org, alla voce *caucus*.

[DE4] Grolier Multimedia Encyclopedia, go.grolier.com, alle voci:
caucus, primary election, convention, i partiti americani presenti e
passati, le istituzioni americane.

[DE5] Wikipedia, en.wikipedia.org, alle stesse voci, più le elezioni
dal 1789 ad oggi.

[DE6] Crawford County Pennsylvania,
livingplaces.com/PA/Crawford_County.html

Monografie

[M1] William Harris, *The Party Caucus, A Study In History And Etymology*, community.middlebury.edu/~harris/caucus.html

[M2] Paul T. David, *The Primary Ballot: Simplify, Simplify, Simplify*, Illinois Periodicals Online, 1980,
www.lib.niu.edu/ipo/1980/ii800809.html

[M3] Terry Michael, *The Democratic Party's Presidential Nominating Process*, Fourth Edition, 2000 Convention, Washington Center for Politics & Journalism,
www.terrymichael.net/PDF Files/DNC_PrezNomProcess.pdf

[M4] Thomas Coens, *The Congressional Caucus System And The Election Of 1824*, SSHA Politics Network News, 1996,
h-net.msu.edu/~pol/ssha/netnews/f96/coens.htm

[M5] John F. Reynolds, *The Crawford County System And The Origins Of The Direct Primay,* SSHA Politics Network News, 1996,
h-net.msu.edu/~pol/ssha/netnews/f96/reynol2.htm

[M6] J. Morgan Kousser, *Historical Origin Of The Runoff Primary*, SSHA Politics Network News, 1996,
h-net.msu.edu/~pol/ssha/netnews/f96/kousser.htm

[M7] Jon Enriquez, *The Decline Of The Nominating Convention*, SSHA Politics Network News, 1996,
h-net.msu.edu/~pol/ssha/netnews/f96/enriquez.htm

[M8] Howard L. Reiter, *The Evolution Of The Presidential Nominating Process: Slouching Toward A Nationwide Primary*, SSHA Politics Network News, 1996,
h-net.msu.edu/~pol/ssha/netnews/f96/reiter.htm

[M9] William Mayer, *The Presidential Nomination Process Reconsidered: The End Of Momentum?*, discorso tenuto alla Northeastern University, 21 febbraio 2000,
www.numag.neu.edu/0003/mayer.html

[M10] Richard E. Berg-Andersson, *How Did We Get There, Anyway? - An Historical Analysis Of The Presidential Nominating Process*, The Green Papers, www.thegreenpapers.com/Hx/NomProcess.html

[M11] Richard E. Berg-Andersson, *Why Are They All There, Anyway? - An Historical Analysis Of The Apportionment Of Delegate Votes At The National Conventions Of The Two Major Parties*, The Green Papers,
www.thegreenpapers.com/Hx/NatDelegates2004.html

[M12] Richard E. Berg-Andersson, *A Brief History Of American "Major Parties" And The "Two-Party" System In The United States*, 2001, The Green Papers,
www.thegreenpapers.com/Hx/AmericanMajorParties.html

[M13] David Yepsen, *Caucus History: Frequently Asked Questions*, The Des Moines Register,
desmoinesregister.com/article/99999999/NEWS09/70523032/Caucus-history-Frequently-asked-questions

[M14] David Yepsen, *Caucus History: An Early Test Of Strength,* The Des Moines Register,
desmoinesregister.com/article/99999999/NEWS09/41208005

[M15] Kevin J. Coleman, Joseph E. Cantor, Thomas H. Neale, *Presidential Elections In The United States: A Primer*, CRS Report for Congress, 2000,
www.senate.gov/reference/resources/pdf/RL30527.pdf

Libri e documenti storici

[L1] John Adams, *Diary*, www.masshist.org/digitaladams/aea/diary/

[L2] Augustus Row, *Masonic Biography and Dictionary*, USGen-Web Archives,
ftp.rootsweb.com/pub/usgenweb/ga/history/masonic.txt

[L3] Eric McKinley Eriksson, *Political Anti-Masonry, 1827-1843*, The Builder Magazine, vol. CNII, dic. 1926,
www.phoenixmasonry.org/the_builder_1926_december.htm

[L4] *The Gilded Age & The Progressive Era (1877–1917)*,
www.sparknotes.com/history/american/gildedage

[L5] Edmund Lester Pearson, *Theodore Roosevelt*, The Gutenberg Project, www.gutenberg.net

[L6] Harold Howland, *Theodore Roosevelt And His Times, A Chronicle Of The Progressive Movement*, The Gutenberg Project, www.gutenberg.net

[L7] Robert K. Murray, *Warren G. Harding*, Profiles of U.S. Presidents,
www.presidentprofiles.com/Grant-Eisenhower/Harding-Warren-G.html

[L8] Charles A. Beard, Mary R. Beard, *History Of The United States*, New York, The MacMillan Company, 1921, The Gutenberg Project, www.gutenberg.net

[L9] Hamilton Jordan, *A Memorandum for Jimmy Carter From Hamilton Jordan*,
presidentiallibraries.c-span.org/Content/Carter/CarterStrategy.pdf

[L10] Sam Reed, *History Of Washington State Primary System*,
secstate.wa.gov/documentvault/HistoryofWashingtonStatePrimarySystems-920.pdf

[L11] H. Gregg, *New Hampshire's First-In-The-Nation Primary*, State of New Hampshire Manual for the General Court, (Department of State) No. 55, www.nh.gov/nhinfo/manual.html

[L12] *New Hampshire Political Library*,
www.politicallibrary.org/Timeline_files/Timeline2.htm

Libri e documenti non disponibili liberamente su internet

[L13] Louise Overacker, *The Presidential Primary*, The MacMillan Company, New York, 1926.

[L14] James W. Davis, *Presidential Primaries, Road to the White House*, Greenwood Press, Westport, Connecticut, 1980.

[L15] Larry M. Bartels, *Presidential Primaries and the Dynamics of Public Choice*, Princeton University Press, Princeton, 1988.

[L16] H. Gregg, *A Tall State Revisited, A Republican Perspective*, Resources of New Hampshire, Inc. Publisher, 1993

[L17] *Congressional Quarterly's Guide to U.S. Elections*, Third

Edition, Congressional Quarterly Inc., Washington, D.C., 1994.

Siti istituzionali

[S1] *Partito Democratico*, democrats.org

[S2] *Partito Repubblicano*, gop.com

[S3] *Comitato Nazionale Democratico*, democrats.org

[S4] *Comitato Nazionale Repubblicano*, rnc.org

[S5] *Convention Nazionale Democratica del 2004*,
dems2004.org, 2004dnc.com

[S6] *Convention Nazionale Democratica del 2008*,
demconvention.com, denverdnc2008.com

[S7] *Convention Nazionale Democratica del 2012*,
demconvention.com, 2012.democratic-convention.org

[S8] *Convention Nazionale Repubblicana*,
gopconvention.com, gopconvention2008.com, gopconvention2012.com

[S9] *Commissione per le Elezioni Federali* (Federal Election Commission), www.fec.gov

Altri siti rilevanti

[S10] *Washington Center for Politics & Journalism*,
www.wcpj.org

[S11] *The American Presidency Project*, www.presidency.ucsb.edu

[S12] *Real Clear Politics*, realclearpolitics.com

[S13] *The Green Papers*, thegreenpapers.com

[S14] *Foxnews*, foxnews.com

[S15] *CNN*, cnn.com

[S16] *MSNBC*, msnbc.msn.com

Ringraziamenti

Le prime due parti del libro sono state composte seguendo personalmente le primarie del 2008 e del 2012, usando video e articoli disponibili sui siti di Foxnews, Cnn e Msnbc, e video di Youtube, e utilizzando le fonti citate in bibliografia, anch'esse in gran parte accessibili liberamente tramite internet. Per scoprirne l'esistenza e rintracciarle sono stati molto utili i motori di ricerca, soprattutto Google. Per recuperare documenti già cancellati sono stati fondamentali gli archivi, in particolare Web Archive. Ringrazio Terry Michael per l'utile corrispondenza e Jarah Evslin per l'aiuto sulla terminologia americana e su alcune procedure usate dai partiti. Infine, sono grato a tutte le persone con cui condivido dal 2005 importanti iniziative politiche e tentativi di realizzare, dentro e fuori i partiti esistenti, sistemi di partecipazione e governo popolare dei partiti come quelli discussi in questo libro, a Pisa e in Toscana, e magari un giorno in Italia. Da menzionare in prima fila Luca Cavallini, Marco Boldrini, Francesco Felloni, Mauro Vaiani, Giacomo Zito, Marco Faraci, Marco Maccioni. E ancora, le persone interessate a diffondere questi progetti conosciute durante la mia breve permanenza su facebook, in particolare Gionata Pacor.

Documenti

VOTER REGISTRATION INFORMATION

1	Will you be 18 years old on or before the next General Election? ☐ Yes ☐ No Are you a U.S. citizen? ☐ Yes ☐ No If you answer NO to either question, do not complete this form.	2	Check boxes that apply and complete Items 3-14: ☐ New Registration ☐ Party Affiliation Change ☐ Name Change ☐ Address Change

3	Last Name	Title (Jr., Sr., etc.)	First Name	Middle Initial

4	Maryland Residence Address:	Street Number	Street Name	Apt. No.	City or Town	Zip Code	County	☐ Check here if you reside in Baltimore City.

5	Mailing Address (if different from Item 4):

6	Birth Date: Month Day Year	7	Sex: ☐ Male ☐ Female	8	Daytime Phone:

9	Personal Identification Number (see Instructions above):	10	☐ Check here if you have neither a current, valid Maryland driver's license/MVA ID card nor a social security number.

11	Party (check one): ☐ Democrat ☐ Republican ☐ Green ☐ Constitution ☐ Libertarian ☐ Populist ☐ Unaffiliated (decline to join a party) ☐ Other – Specify: _____

12	☐ Check here if you would like information on polling place assistance for elderly, disabled, or voters unable to write or to read the ballot.	13	☐ Check here if you would like information on working as an election judge for your County Board of Elections.

14	Under penalty of perjury, I hereby swear or affirm: I am a U.S. citizen • I am a Maryland resident • I will be at least 18 years old by the next General Election • I am not under guardianship for mental disability • I have not been convicted of buying or selling votes • I have not been convicted more than once of a crime of violence • I have not been convicted of an infamous crime (unless I have been pardoned or, for a first conviction, I have completed my sentence, or, for a second or later conviction, 3 years have passed since I completed my sentence). The information in this application is true to the best of my knowledge, information, and belief. Signature (required) Date X

DO NOT WRITE IN SPACE BELOW
CONTROL NUMBER
REG. CODE   CLERK'S INITIALS
MC
VOTER ID
DISTRICT PRECINCT WARD MONTH DAY YEAR

Maryland State Board of Elections SBE 03-202-4 Rev 8/05 Internet VRA

LAST VOTER REGISTRATION INFORMATION (IF APPLICABLE)

A	Name on Last Registration:	Last Name	Title (Jr., Sr., etc.)	First Name	Middle Initial

B	Address on Last Registration:	Street Number	Street Name	Apt. No.	City or Town	State	Zip Code	County

Fig. 3: Domanda di registrazione come elettore del Maryland (*da internet*). Sono scritti esplicitamente i partiti democratico, repubblicano, verde, costituzionale, libertario, populista. È possibile dichiararsi non-registrati (indipendenti) oppure inserire il nome di un partito non incluso nella lista. Con questo modulo si può anche cambiare la propria regi-strazione precedente.

CANDIDATE OF THE
DEMOCRATIC PARTY
FOR
PRESIDENT
OF THE UNITED STATES

I HEREBY DECLARE MY PREFERENCE FOR CANDIDATE FOR THE OFFICE OF PRESIDENT OF THE UNITED STATES TO BE AS FOLLOWS:

KATHERINE BATEMAN Chicago, Illinois	☐
CAROL MOSELEY BRAUN Chicago, Illinois	☐
HARRY W. BRAUN III Phoenix, Arizona	☐
WILLIE FELIX CARTER Fort Worth, Texas	☐
WESLEY K. CLARK Little Rock, Arkansas	☐
"RANDY" CROW Wilmington, North Carolina	☐
HOWARD DEAN Burlington, Vermont	☐
GERRY DOKKA Atlanta, Georgia	☐
JOHN EDWARDS Raleigh, North Carolina	☐
"DICK" GEPHARDT St. Louis, Missouri	☐
MILDRED GLOVER Baltimore, Maryland	☐
VINCENT S. HAMM Golden, Colorado	☐
JOHN F. KERRY Boston, Massachusetts	☐
CAROLINE PETTINATO KILLEEN Scranton, Pennsylvania	☐
DENNIS J. KUCINICH Cleveland, Ohio	☐
LYNDON H. LAROUCHE, JR. Round Hill, Virginia	☐
R. RANDY LEE New York, New York	☐
"JOE" LIEBERMAN New Haven, Connecticut	☐
ROBERT H. LINNELL Lebanon, New Hampshire	☐
EDWARD THOMAS O'DONNELL, JR. Lebanon, New Hampshire	☐
FERN PENNA Kingston, New York	☐
"AL" SHARPTON Brooklyn, New York	☐
LEONARD DENNIS TALBOW Scottsdale, Arizona	☐

WRITE-IN

CANDIDATE OF THE
REPUBLICAN PARTY
FOR
PRESIDENT
OF THE UNITED STATES

I HEREBY DECLARE MY PREFERENCE FOR CANDIDATE FOR THE OFFICE OF PRESIDENT OF THE UNITED STATES TO BE AS FOLLOWS:

BLAKE ASHBY St. Louis, Missouri	☐
RICHARD P. BOSA Portsmouth, New Hampshire	☐
JOHN BUCHANAN Miami, Florida	☐
GEORGE W. BUSH Crawford, Texas	☐
MICHAEL CALLIS Conway, New Hampshire	☐
GEORGE GOSTIGIAN Berkeley, New Jersey	☐
ROBERT EDWARD HAINES Manchester, New Hampshire	☐
MARK "DICK" HARNES New York, New York	☐
MILLIE HOWARD New Richmond, Ohio	☐
"TOM" LAUGHLIN Camarillo, California	☐
CORNELIUS E. O'CONNOR West Palm Beach, Florida	☐
JOHN DONALD RIGAZIO Barrington, New Hampshire	☐
"JIM" TAYLOR St. Paul, Minnesota	☐
"BILL" WYATT Glendale, California	☐

WRITE-IN

Fig. 4: Schede di voto per le primarie presidenziali democratiche e repubblicane del 2004 nel New Hampshire (*da internet*).

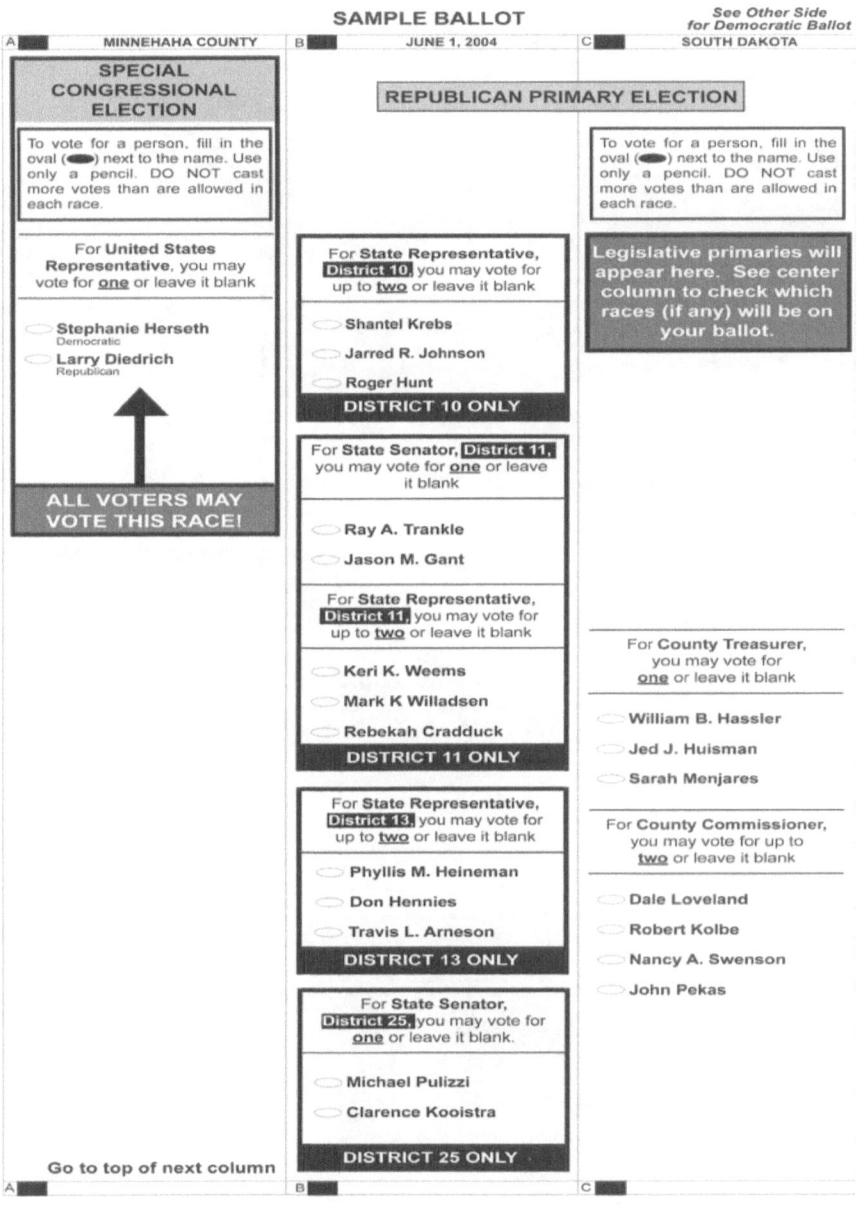

Fig. 5a. Scheda elettorale per le primarie presidenziali 2004 della contea Minnehaha del Dakota del sud (*da internet*). Pagina 1.

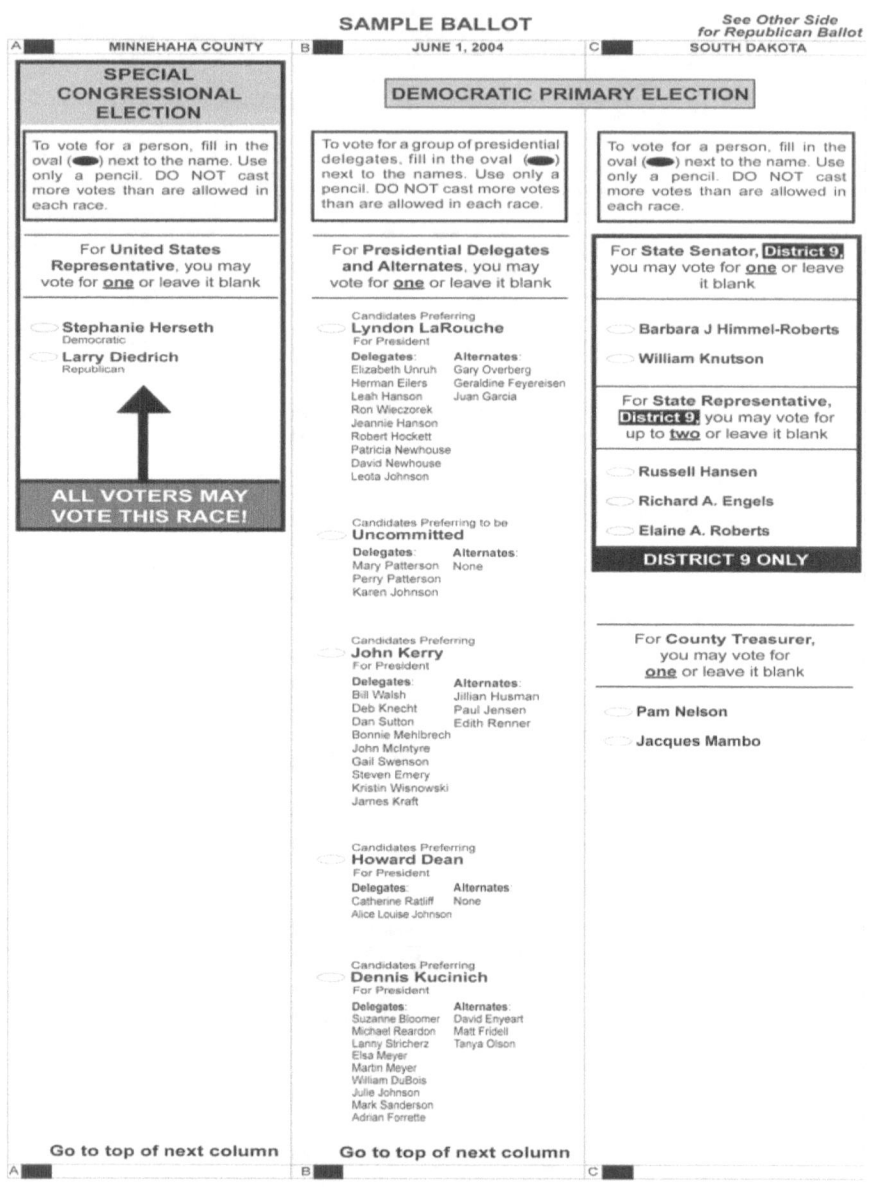

Fig. 5b. Scheda elettorale per le primarie presidenziali 2004 della contea Minnehaha del Dakota del sud (*da internet*). Pagina 2.

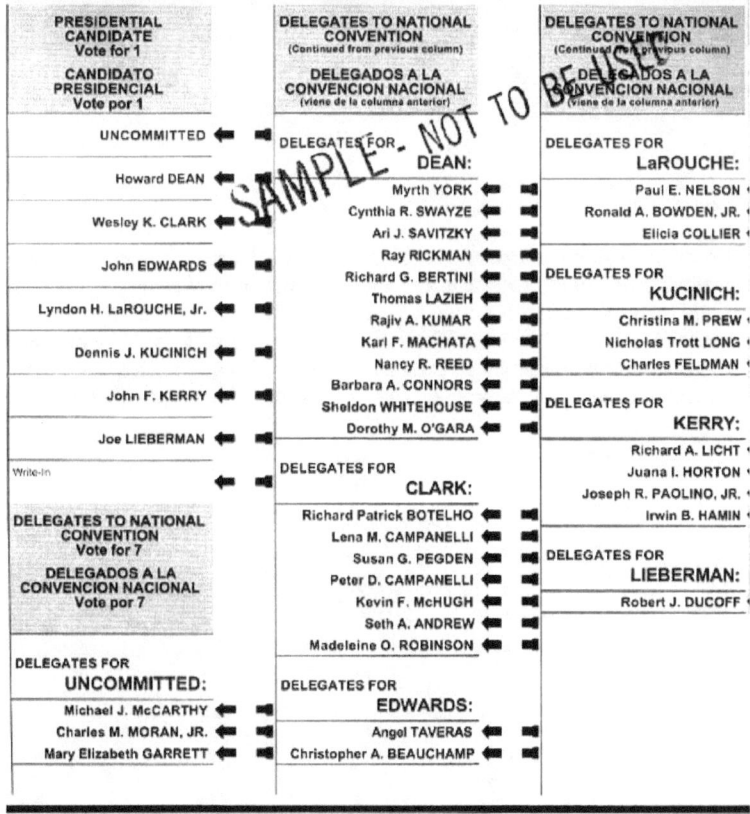

Fig. 6. Scheda elettorale del Rhode Island per le primarie presidenziali democratiche del 2004 (*da internet*). Per motivi di spazio sono state eliminate le istruzioni di voto in spagnolo. L'elettore deve prima scegliere, nella colonna di sinistra, il candidato alla nomina, o l'opzione "uncommitted". Poi deve votare i delegati impegnati al candidato alla nomina scelto, in numero non superiore a 7. Eventuali voti dati a delegati impegnati a candidati alla nomina diversi da quello scelto nella colonna di sinistra sono scartati. I voti sono espressi tracciando con una linea continua per completare le frecce poste a fianco dei candidati.

Dear Mr. _____:

I intend to be a candidate for National Convention Delegate or Alternate supporting _____
and with my signature below pledge my support for _____. I am submitting this letter
pursuant to Section III Rule A.4.b. of the Washington State Delegates Selection Plan for the 2004
Democratic National Convention.

Name: _____
Address: _____
City & Zip Code: _____
Phone and Email: _____

Sincerely yours,

_____
(your signature)

Fig. 7. Esempio di domanda per posto di delegato di distretto alla convention democratica nazionale del 2004, per la contea Lewis dello stato di Washington (*da internet*).
L'interessato deve dichiarare il nome del candidato alla nomina che intende sostenere.
Nella domanda si legge: "con la firma sottostante prometto solennemente il mio
sostegno a ...". Gli "alternate" sono i posti di supplente, designati con lo stesso meccanismo dei delegati, che sostituiscono i delegati impossibilitati a recarsi alla convention.

Note a piè di pagina

[1] Fonti principali: [DE1-3], [M1], [M10] e [L1].

[2] Ove non diversamente specificato, la fonte dei dati relativi ai risultati elettorali fino al 1992 utilizzati in questo libro è [L17], *Congressional Quarterly's Guide To U.S. Elections*, salvo arrotondamenti.

[3] Le fonti principali usate per informazioni e dati relativi ai caucus congressuali sono ancora [L17] e, per il 1824, [M4], Thomas Coens, *The Congressional Caucus System And The Election Of 1824*, SSHA Politics Network News, 1996.

[4] Le fonti delle citazioni virgolettate che seguono, la cui traduzione è mia, sono [M4] e [L17], rispettivamente.

[5] Fonte principale: [M10], Richard E.Berg-Andersson, *How Did We Get There, Anyway? - An Historical Analisis Of The Presiden-tial Nominating Process.*

[6] Fonte: [L17].

[7] Fonte: [DP1], *The Proceedings Of The United States Anti-Masonic Convention.*

[8] La fonte principale delle informazioni sulle convention nazionali, fino al 1992 compreso, è [L17].

[9] Fonti: [M5], John F. Reynolds, *The Crawford County System And The Origin Of The Direct Primary*, SSHA Politics Network News, 1996, e [DE6], Crawford County Pennsylvania.

[10] Fonte: [DE6].

[11] Fonte: [M5].

[12] Fonte: [M6], J. Morgan Kousser, *Historical Origin Of The Runoff Primary*, SSHA Politics Network News, 1996.

[13] Fonte: [M10].

[14] Fonti principali: [L13], Louise Overacker, *The Presidential Primary*, The MacMillan Company, New York, 1926, e [L14], James W. Davis, *Presidential Primaries, Road to the White House*, Greenwood Press, Westport, Connecticut, 1980.

[15] Fonte: [L14].

[16] Le fonti principali sono [L5], Edmund Lester Pearson, *Theodore Roosevelt*, e [L6], Harold Howland, *Theodore Roosevelt And His Times.*

[17] Citazione da [L6], traduzione mia.

[18] Le fonti dei dati percentuali relativi alle primarie utilizzati in questo libro sono quelle spiegate nella tabella II, salvo arrotondamenti.

[19] La fonte principale usata per i lavori delle convention è ancora [L17], cui va aggiunta [L6] per la convention repubblicana del 1912.

[20] Fonte: [L6].

[21] Fonte principale: [L13].

[22] Fonte: [L14].

[23] I dati usati per calcolarla sono quelli di [L13].

[24] Fonte pincipale: [L13].

[25] Fonte: [L17].

[26] Fonte principale: [L7], R.K. Murray, *Warren G. Harding.*

[27] Fonte: [L7], traduzione mia.

[28] La fonte principale utilizzata per l'evoluzione delle primarie nel periodo 1928-1968 è [L14].

[29] Fonte: [M3], T. Michael, *The Democratic Party's Presidential Nominating Process.*

[30] Le fonti principali delle fasi salienti concernenti la transizione del 1968 sono [M3], [L14] e [L17].

[31] Espressione usata da un senatore che sosteneva McGovern. Fonte: [L17].

[32] Le fonti principali sulle riforme democratiche sono [M3] e i documenti di partito pertinenti elencati in bibliografia.

[33] Fonte: [L14].

[34] I risultati dei caucus dell'Iowa dal 1972 in poi sono ottenuti da [DR7], *Caucus History: Past Years' results*, The Des Moines Register.

[35] Ove non diversamente specificato, la fonte principale dei lavori delle convention fino al 1980 compreso è ancora [L17].

[36] La fonte di questi due dati è [M3], mentre gli altri dati che seguono provengono da [L17].

[37] Fonte delle citazioni: [M3].

[38] Fonte: [S13].

[39] Affluenza dello stato di New York non disponibile.

[40] Affluenza della Virginia dell'ovest non disponibile.

[41] Affluenza della Pennsylvania non disponibile.

[42] Affluenza del Distretto di Columbia non disponibile.

[43] Affluenza dell'Alabama e stato di New York non disponibile.

[44] Affluenza dell'Alabama, New York e Texas non disponibile.

[45] Affluenza dello stato di New York non disponibile.

[46] Affluenza del Dakota del sud non disponibile.

[47] Primarie repubblicane cancellate in 5 stati per mancanza di opposizione a Bush. Affluenza della Carolina del Nord non disponibile.

[48] Affluenza del Montana non disponibile.

[49] Primarie cancellate in tre stati. Affluenza non disponibile in 6 stati.

[50] Fonti delle citazioni: [DP12] e [DP13], *The Rules Of The Republican Party.*

[51] Fonte principale: [M9], William Mayer, *The Presidential Nomination Process Reconsidered: The End Of Momentum?*

[52] [L9].

[53] Fonte: [DR7], *Caucus History: Past Years' results*, The Des Moines Register.

[54] Le fonti dei dati sui sondaggi sono [M9] e [L14].

[55] La fonte dei dati riguardanti i sondaggi e il computo dei delegati è [S12], *Real Clear Politics*, mentre la fonte dei dati elettorali è [S13].

[56] Fonte: [DR1], Dave Leip, *Atlas Of U.S. Presidential Elections.*

[57] Questa è la terminologia usata da [S13], fonte dei dati usati in questo libro per le primarie e i caucus per il periodo che va dal 2000 al 2012.

[58] Fonte: [L10], Sam Reed, *History Of Washington State Primary System.*

[59] Fonti principali: [S9], *Federal Election Commission*, e (fino al 1980) [L14].

[60] Fonte: [L14].

[61] La fonte di questi dati è [S15], *CNN*, cnn.com

[62] Fonte: [S9].

63 Fonte: [S13].

64 Per specificare il sistema elettorale dei repubblicani, usiamo un esponente, secondo la legenda seguente: a = WTA, b = WTA corretto, c = WTA per i delegati di distretto e WTA corretto per i delegati "at large", d = WTA per i delegati di distretto e proporzionale per i delegati "at large", e = proporzionale, f = loophole, g = selezione diretta dei delegati, h = primaria consultiva.

65 Fonte principale: [M13], David Yepsen, *Caucus History: Frequently Asked Questions*, The Des Moines Register.

66 Fonti: [M14], David Yepsen, *Caucus History: An Early Test Of Strength,* The Des Moines Register, [DR7], [S13] e [S15].

67 La fonte principale è : [L11], H. Gregg, *New Hampshire's First-In-The-Nation Primary.*

68 Fonti: [DP19-20-21], *New Hampshire Delegate Selection Plan For The 2004-08-12 Democratic National Convention.*

69 [DP4], *The Charter And The Bylaws Of The Democratic Party Of The United States.*

70 [DP13], *The Rules Of The Republican Party.*

71 Fonte principale: [M7], Jon Enriquez, *The Decline Of The Nominating Convention.*

72 Fonte principale: [S9].

73 Fonte: [L17].

74 Il premier (per la precisione, il presidente del Consiglio) è incluso nella lista anche se, secondo la Costituzione vigente, non viene eletto direttamente dai cittadini. La nomina del candidato premier è da intendersi come indicazione al Presidente della Repubblica.